수레바퀴 IX

수레바퀴 IX

발행일	2025년 10월 17일
지은이	정신안
펴낸이	손형국
펴낸곳	(주)북랩

출판등록　2004. 12. 1(제2012-000051호)
주소　　　서울특별시 금천구 가산디지털 1로 168, 우림라이온스밸리 B동 B111호, B113~115호
홈페이지　www.book.co.kr
전화번호　(02)2026-5777　　　　　팩스　(02)3159-9637
ISBN　　 979-11-7224-882-6 04810 (종이책)　　979-11-6299-113-8 04810 (세트)
　　　　　979-11-7224-884-0 05810 (전자책)

잘못된 책은 구입한 곳에서 교환해드립니다.
이 책은 저작권법에 따라 보호받는 저작물이므로 무단 전재와 복제를 금합니다.
본 도서는 (주)북랩이 보유한 리코 인쇄 장비 등 자체 생산 인프라를 통해 제작되었습니다.

작가 연락처 문의 ▶ ask.book.co.kr
전용 게시판에 문의를 남기시면 저자에게 직접 전달됩니다.

(주)북랩 성공출판의 파트너
북랩 홈페이지와 SNS에서 다양한 출판 솔루션을 만나 보세요!
홈페이지 book.co.kr　•　블로그 blog.naver.com/essaybook　•　출판문의 text@book.co.kr
카톡채널 북랩

정신안 에세이

수레바퀴

모든 영혼에게 바치는 위로와 공감의 헌사
저마다의 짐을 지고 굴러가는

*

황골댁 3

- 지랄하게 아끼고 지랄이더니 그것이 치매가 걸렸다는구나. 치매가 와서 어디로 보낼까 한다는구나. 먹지도 못하고 입지도 안 하더니만. 소가 15마리였는데. 농사짓고 돈 벌어서 혼자 잘 살았는데, 갑자기 미자가 나에게 전화해서 말하더라. 그 소리를 들으니까 잠이 안 오는구나. 같이 살 때는 억척같이 물 한 모금을 안 주더니만. 그래도 내 동생이니까 불쌍해서 잠이 안 오는구나. 그러잖아도 내가 시골 할머니 집으로 온다니까 할머니가 그러더라. 그년(황골댁 3)이 사랑채에 살면서 에미라고 물 한 모금을 안 준다고. 그러면서 할머니 농삿거리를 저것들이 다 부쳐 먹으면서 그렇게 지독을 떨더라고.

- 그런데 네가 여기서 저것하고 어떻게 살겠냐고. 그래서. 걱정마요. 내가 많이 가졌으니 그것들 것을 바라지도 않고 내 것을 주면 되니까요 했는데. 그런데 그 할머니가 돌아가셔서 그것들은 할머니네 땅에 새집을 짓고 윗말로 이사를 갔는데 아닌 게 아니라 그렇게도 지독을 떨더니만. 갸이가 소 엄마였잖아. 15마리 소를 키워서 돈을 솔찬히 벌었어. 송아지를 잘 받아서 동물병원 원장만큼 재주가 있었다니까. 나이 들어서 소 키우는 것을 그만두고 아들네로 갔다더니 치매가 걸린 건가 벼. 아마도 소 키우면서 살았으면 치매가 안 걸렸을 텐데. 내가 아파서 요양원으로 가려 할 때 이모가 그러더라.

- 언니, 저 멀리 절에서 항상 아버지가 이 동네 큰어른이라고 보내는 절 제사음식으로 떡이니 나물 등을, 자기가 모두 받아먹었다고. 그래? 잘 했구나. 동생인데 내가 어쩌겠냐. 그런데 받아먹은 값을 해야겠기에 요양원에 가기 전, 절에 다니는 사람에게 그동안 떡 잘 먹었다고 봉투에 시주 값을 넣어 스님에게 주고 왔다니까.

- 잘 했네요. 엄마.

- 그래도 그것이 불쌍해서 잠을 못 자겠구나.

- 그렇네요.

- 그러니까 애끼면서 먹지도 못하고. 너무 지독하게 애끼면 안 된다니까. 잘 해먹어야지. 아이고 딱해라. 미자 그것이 큰고모라고 전화를 했다니까.

010-****-****. 따르릉.

- 누구여?

- 나요.

- 네가 웬일이냐? 황골 이모가 치매 걸렸다며? 막내이모는 알아?

- 아니. 나 몰라. 누가 그래?

- 미자가.

- 그러잖아도 얌채 언니가 전화를 했더라. 왜? 글쎄 오빠가 산소를 모두 합장해서 어떻게 한다는데. 50만 원씩을 내자고.

- 나에게는 엄마가 산소 자리를 합장한다며 내가 돈을 냈으면 좋겠다나. 그래서 그럼 100만 원 내주겠다고 했어. 그래서 외삼촌에게 내가 100만 원을 산소 합장으로 내겠다고 했더니, 외삼촌이 그게 무슨 소리냐고

하셨어. 재산을 받은 아들이 이렇게 많은데 조카인 네가 왜 그 돈을 내느냐면서 넌 안 내도 된다고 했어. 그래서 난 100만 원을 벌었잖아. 아마 호영이(내 동생)는 조금 냈을지도 모르지.

- 오빠가 조카인 너에게 돈을 받는 것은 자기 체모에 안 맞았겠지. 근데 너 어떻게 황골에 사는 심천 이모가 치매에 걸린 것을 아냐?

- 글쎄 미자(큰외삼촌 딸)가 큰고모인 엄마에게 전화를 했다고 말해서 알았다니까.

- 그랬구나. 미자가 나에게는 말을 안 하더라. 고것이 아주 못됐어. 언젠가 미자가 우리 집에를 왔어. 그때 감나무에 감이 많이 열렸거든. 내가 그 감을 따서 큰 박스에 2박스를 따서 누가 사 간다고 해서 묶어둔 거야. 그런데 고것이 그 감 박스를 홀랑 제 차에 싣고 가버렸어. 그러면 안 되잖아. 걔가 그랬는데 내가 부아가 났었어. 감 따는 것이 힘들거든. 내가 분명 고것에게 감을 따서 가져가라고 했거든. 근데 내가 따논 감 박스를 혼자 질질 끌어서 제 차 트렁크에 넣고 가버리더라. 얼마나 괘씸하던지.
고것이 엉뚱하데. 제 어미 닮아서 그렇더라. 큰오빠네 올케가 엉큼한 구석이 있거든. 우리 오빠들은 모두가 착해빠졌거든. 그 뒤로 전화하는 일이 없었어.

- 하여튼 엄마가 황골에 사는 이모가 불쌍하다며 울었어. 엄마 동생이니까.

- 넌 잘 사냐? 잘 살지요. 내가 전화하는 것은 막내이모가 돈을 잘 챙기고 간수하라고. 그러면 치매가 안 걸린다고. 돈이 중하니까 계산을 하고 살면 정신이 바짝 차려지거든. 황골 이모도 죽을 때까지 소를 관리하고 돈을 챙겼으면 치매가 안 걸렸을 텐데. 할 일이 없고 신경을 안 쓰니까 치매가 걸렸을 거야. 막내이모 돈 많지? 현대증권 주식도 많을 테고.

- 그렇지는 않아. 장부책에 성,신 5천만. 성,농 5천만. 성,새 5천만. 가,신 5천만. 가,농 5천만. 가,새 5천만. 이렇게 적어 놓지. 그러면 성남동 신협, 농협, 새마을금고에 오천씩이고, 가양동 신협, 농협, 새마을금고에 오천씩이라고. 그래서 베개 밑에 적어두고 날짜를 확인해 두는 거야. 이모 부자네. 우리가 다 잘 살잖아. 외할머니가 여기저기 집안을 돌아다니고 길거리를 돌아다니면 항상 손에 곡식을 주워서 손에 쥐고 다녔잖아. 그래서 내가 소리치며 그러고 다니지 말라고 했는데…. 그런데 내가 어느 날 보니까 그러고 다니더라.

피는 못 속이나 봐. 할머니가 빈 그릇에 곡식을 주워 던져놓는 거야. 그리고 그릇이 가득 차면 콩, 팥, 밀 등을 가려서 밥할 때 섞는다니까. 나도 그러고 다니더라. 엄마(이모의 큰언니)가 아직도 살아 있고 큰오빠만 교통사고로 죽었지 아무도 죽지 않았잖아. 우리 형제들이 제각각 잘 사는데 모이는 일이 없어. 너네 형제는 다 잘 모이지. 응. 너네는 달라 시원

시원해서. 우리 형제는 아끼느라 밥도 서로 사먹을 줄을 몰라.

- 모두 장단점이 있는 거야. 그러니까 황골 이모가 아끼고 돈 모을 줄만 알았지 먹지도 못했다고 엄마가 불쌍하다는 거지.

- 근데 너 시집 못 간 딸과 같이 사냐?

- 아니. 나 같이 못 살아. 이모는? 장가 못 간 큰아들과 같이 살아? 아니.

- 난 그 애 보고 집에도 오지 말라고 해. 큰아들만 친해질 수도 없으니까. 집에 오면 청소도 잘 해주고, 냉장고 청소도 잘 해주는 효자라며.

- 그래도 난 싫어. 그 애가 온다면 난 나가야 한다고. 오지 못하게 해. 그렇게 난 싫더라.

- (이모가 쌀쌀맞아서 인정이 없는 것은 알지만 제 새끼도 그러는 것은 그 애가 불쌍하다는 생각이 들어서 나는 눈물이 났다.) 우리 막내는 금, 토, 일요일에 우리 집에 와서 목욕하고, 거하게 밥 먹고 가는 편이야. 그러나 나도 싫어. 아빠가 좋아 좋아하는 편이야.

나는 이모랑 그만 전화를 끝내고 싶었지만 이모는 계속 이야기를 하고 싶어 했다. 계속 나에게 오는 전화가 있어서 나는 적당히 구실을 잡아 끝내야 하는 것이 힘이 들었다. 나이가 많을수록 말하고 싶은 이야기가 많으며, 말 상대가 나타나면 통화가 길기를 바라게 되는 것 같다.

*

나의 글쓰기가 온당한 것인가

처음 글쓰기는 나를 치유했다. 그래서 훨훨 날아가는 자유를 즐길 수 있었다. 그러나 주변의 인물들을 욕하고 헐뜯게 되는 것들이 나를 치유하지만 그것들이 부질없는 헛된 것임을 깨닫게 된다. 오히려 죄의식이 느껴지니까 자유롭지 못한 것이 되기도 했다. 아, 이것은 아닌 것 같다. 조용한 삶이 아름다운 것 같은데, 어떻게 조용하게 사는 것이 바람직한 것인지…. 세월은 흘러갔다. 서서히 아픈 친구와 이 세상을 하직하는 친구들이 늘어났다. 하루가 다르게 친구들이 아프면서 자신도 모르고 친구도 구별하지 못했다. 그 친구는 눈이 떠 있으나 친구를 알아보지 못했다.

처음에는 그 친구를 보면 황당했다. 수시로 나를 알아보지 못하는 친구를 대면하는 것이 슬프고 힘들었지만 세월은 그래도 빠르게 지나갔다. 몇 년 후부터 나는 그 친구를 피했다. 모르는 척 하는 것이 내 마음이 편했다. 케어를 하는 언니가 그 친구를 데리고 산책했다. 이젠 그 친구는 그 친구 세상을 사는 거고, 나는 내 세상을 살아가는 것이었다. 시간이 흐르지만 우리는 멀리 자기 길을 가는 삶이 되고 있었다. 어쩌면 우리가 귀히 여기는 가족도 서서히 그렇게 될 것이라 생각하는 것이었다.

나는 이제 글 쓰는 자체가 나를 알고 남을 알고 기억하려는 나의 몸부림이 되었다, 순간순간 내가 하는 행동을 잊어버렸다. 어? 내가 이 아픈 약을 먹었던가? 먹은 것 같기도 하고 아직 안 먹은 것 같기도 하네 하면서 나를 반성하는 것이었다. 뒤돌아서면서 어? 내가 뭐 하려고 냉장고 문을 열었지? 아이고 찌개에 두부를 썰어넣으려고 했지? 하는 것이었다. 어쩌다가 밖에 나가려면 어? 내 차를 어디에 파킹했지? 306동 쪽? 아니면 307동 쪽이던가? 교회 쪽이던가? 하며 한참을 찾아 헤맸다. 어느 때는 오랜만에 만나서 친구 부부와 골프를 치면 친구 남편 이름이 뭐더라? 그때 절대 남편은 친구 남편 이름을 알아내라고 가르쳐주지 않았다. 스스로 알아 내도록 독려했다.

아무튼 나는 이제 글쓰기를 하나의 기억을 밝혀내는 도구가 되었고, 나 스스로를 물리치료 장치로 활용하는 글이 되었던 것이다.

경주를 가다

여고 동창들이 경주를 방문했다. 첫 방문지는 기림사였다. 일주문을 지나 나무가 울창한 숲길을 걸을 수 있었다. 사찰은 산속 깊은 곳에 있었다. 사찰은 오래된 진남루가 임진왜란 당시 의병과 승병의 활동 중심 사원이었음을 알려주었다. 고즈넉하며 옛 고찰의 웅장함을 느끼게 했다. 우측으로 대적광전, 앞마당에 소나무 한 그루가 주변 목조 건축물과 균형을 이루며 조화롭게 서 있었다. 사이 마당에 오래된 삼층석탑(통일신라 석탑의 형태), 오백나한상 등을 볼 수 있었다.

처음으로 차를 빌려 경주를 탐사하니 길이 미숙했다. 내비의 알림을 읽을 수가 없어서 계속 길이 헷갈려 시간이 걸렸다. 그래도 금강산도 식후경이라고 감포 이천식당으로 가서 점심식사를 거하게 했다. 포만감을 가지고 동해바다를 바라보며 해안길을 따라 내려가다가 산길로 접어들어 장항리 사지로 떠났다. 멀리 오층석탑이 보이는데 가까이 갈 수가 없었다. 피해지구로 지금 작업을 하느라 길이 막혔다. 예약한 숙소로 이동했다. 주차장 화단에 화려한 연산홍이 우리를 반겼다. 대충 짐을 옮기고 성동시장 탐방을 했다.

물가는 서울보다 다소 싸서 좋았다. 문어 숙회, 친구들이 좋아하는 족발, 부침이, 딸기, 사과, 김밥 등을 사서 숙소로 돌아왔다. 푸짐히 상차림을 하여 친구들과 축배를 들었다. 그리고 주변 산책을 했다. 넓은 호수와 불빛 장식을 따라 이동하며 산책로를 걸었다. 가로등과 길가 옆 연탄불 같은 조명 장치를 벗 삼아 걸었다. 하늘은 별빛이 빛났다. 콧노래가 절로 나왔다. 학창시절의 노래를 합창하며 숲속길과 호수 위의 다리를 걸었다. 한참을 걷고 숙소에 와서 뽑기로 자리 배정을 받았다. 대부분 침대에서 자는 것을 꺼려 해서 뽑기를 신중하게 했다.

깨소금 친구가 침대표를 뽑았다. 모자란 이불을 주문하여 각자 원하는 자세로 뽑힌 자리에 이불을 깔고 누워서 잠이 들었다. 새벽에 눈을 뜨니 베란다 창문으로 호수전경이 아름답게 보였다. 멀리 해가 뜨려고 붉은 기운이 올라왔다. 호수는 잔잔했다. 우리는 아침 산책을 하고 사우나실로 이동했다. 뜨거운 탕에서 몸을 담그고 찜질방에서 몸을 지졌다. 몸을 씻으니 개운하고 상쾌했다. 1층 로비에서 커피를 사서 숙소로 왔다. 저녁에 먹었던 과일과 커피, 빵으로 조식을 하고 차로 이동했다.

경주 배동 석조 여래삼존입상을 구경했다. 이곳에는 주변에 부서진 채 흩어져 있던 조각들을 모아 1923년에 다시 세운 불상과 보살상이 있다. 이 삼존상은 어린아이의 얼굴과 몸을 연상시키는 모습으로 7세기 신라불상의 대표작으로 평가된다. 이곳에서 나와 깨소금 친구는 초를 사서 촛불을 켰다. 시집 못 간 녀석의 짝을 주시라고. 차를 타고 이동하여 경주 남간사지 당간지주를 탐방했다. 사찰에서 의례나 행사가 있을 때 입구에 높이 다는 깃발을 당, 깃대를 당간, 당간이 흔들리지 않게 지탱해주는 지지대를 당간지주라고 한다. 이 당간지주에는 당간을 고정시키기 위한 구멍 세 개가 뚫려 있는데, 맨 위의 '十(십)'자 모양 구멍은 다른 당간지주에서 찾아볼 수 없는 특이한 형태이다. 이 당간지주는 특별한 장식 없이 만들어져 그 모습이 소박하고 단순하다. 통일신라 중기의 작품이지만 보존 상태가 양호하다.

경주 남산 불곡 마애여래 좌상을 탐방. 바위 면을 90센티미터 깊이로 작은 굴 모양으로 파내고 그 안에 새긴 불상이다. 이 불상이 있어 계곡을 불골, 불곡, 부처 골짜기라 부른다. 얼굴은 높은 돋을 새김이지만 몸과 앉은 자리는 얕은 선으로 새겼다. 고개를 살짝 숙이고 눈두덩이가 도톰하고 입가에 미소를 머금은 편안한 얼굴이 특징이다. 옷자락이 양손을 덮고 있어 참선에 든 모습을 상징하는 선정인으로 보인다. 이 불상은 신라인의 석굴 사원에 대한 바람을 잘 보여주는 대표적인 예이다. 이 불상은 7세기 전반에 만든 것으로 추정된다.

경주 남산 탑곡 마애불상군 탐방. 높이 10미터 둘레 30미터에

달하는 큰 바위의 네 면에 새겨진 34점의 조각들이다. 불상, 보살상, 천인상, 공양상, 사자상, 마애탑 등이 바위의 각 면에 조화롭게 배치되어 있다. 이 불상군은 불상의 부드러운 형태, 미소를 머금은 얼굴 조각 등으로 미루어 7세기경에 조성된 것으로 추정되지만, 조각에 나타난 기법이 다양하여 조성시기에 대한 이견이 많다.

경주 감은사지, 동, 서 삼층석탑 탐방, 통일신라 시대의 신문왕 때 지어진 사찰로 우리에게 무한한 영감을 주는 곳이다. 매번 경주를 가면 들르는 곳인데 동탑과 서탑을 보면 신라시대의 영적 에너지를 받는 느낌이다. 푸른 하늘과 넓은 들이 펼쳐져 있는 공간속에 삼층석탑이 존재하는 모습 자체가 신라의 옛모습을 보는 것 같다.

별채반 교동쌈밥집으로 이동하여 친구 덕으로 맛있는 음식을 대접받았다. 불고기에 쌈을 싸서 별난 음식들을 흡입했다. 끝으로 카페에 들러 아이스크림과 커피로 마지막 인사를 하고 기차를 타고 각자 서울로 올라왔다. 즐거운 경주 여행이여, 안녕.

*

좋은 아침

몸은 어쩌요? 아침부터 병원에 가서 MRI 정밀검사에 피 검사를 했으니 몸이 많이 축나겠네요. 돈은 얼마나 많이 쏟아붓겠는가. 암치료 한다고 수시로 하는 정밀 검사와 MRI 검사는 환자를 위해서가 아니라 병원과 의사를 위한 일이고. 지나친 과잉 치료가 화를 부른다. 의사들의 진심이 살아있기를. 나는 이제 병원을 멀리하려고 한다. 적당히 내 스스로 치료하는 법을 배우려고 애쓴다. 건강검진으로 무엇인가 발견을 하면 문제가 커져서 죽는 경우가 많아지니까. 그냥 병원은 환자라는 구실이 생기면, 잡고 물고 늘어져서 죽어야 끝을 내는 느낌을 받는다니까. 후배 남편도, 남편 친구, 친구 어머니도 너무 과잉치료로 죽음을 빨리 초래했다는 생각이 드네요.

사랑하는 외손자들이 오니까 마음의 치유가 되고 행복하겠네요. 요즘 아들만 있으면 아들네 손자는 냄새도 못 맡는다고. 어제는 30년 전 테니스 멤버가 우리 코트를 왔네요. 그 친구를 영입하려고 한 달 전부터 꼬드겼거든. 나이 들면 공치는 멤버가 없으니 함께 하자고. 그 친구가 미국 언니네 집에 놀러 가서 한 달 만에 왔는데 먹고 놀아서 몸이 비대해졌다네요. 더구나 갑자기 한국에 왔는데 숨이 차서 걸을 수가 없다는 거야. 병원에 갔더니 심장이 비대해지고 어디가 안 좋아졌다나. 다시 종합진단으로 재검진을 해야 한다네요. 더구나 심부전증이 심해서 진단 전에 먼저 약을 먹고 재검을 논의하는 중이라네요.

 그래도 그 잠원동 친구가 테니스장에 왔고 우리 팀들과 게임을 했네요. 잠원동 친구가 두 달 만에 라켓을 들어서 힘겨루기가 시작되었지요. 잠원동 친구는 거의 국화부 정도로 실력이 뛰어난 친구였거든요. 우리 멤버들도 지지 않으려고 열심히 뛰며 게임을 하니까 서로가 팽팽하더군요. 잠원동 친구가 두어 달 쉬었으니 발이 엇갈리고 넘어질 뻔했네요. 나는 가슴이 뜨끔했고. 언젠가 한 친구가 오랜만에 테니스 게임을 하다가 아킬레스가 끊어진 적도 있거든요. 잠원동 친구가 두세 게임을 하면서 원기를 회복하고 리듬을 찾으면서 모두가 즐겁게 운동을 했네요.

 모두들 삼사십 년 이상 테니스 공을 친 멤버들이니까 게임이 재미있었네요. 우리 남자는 모처럼 만났으니 모두가 회식을 하자고 해서 고깃집으로 가서 맥주와 갈비살로 건배를 했네요. 후식으로 커피 카페로 이동해서 다시 병맥주와 팥빙수, 라떼로 입가심을 하고 끝을 냈습니다. 이 나이에 즐거운 테니스 게임을 하고 축배를 드는 것은 최고의 행복이었습니다.

*

책 속의 문구를 생각하다

'인류의 역사에서 지금 시대만큼 권태로웠던 적은 없다.'

나는 가끔 내 삶이 권태롭다는 생각을 할 때가 있다. 그럴 때 남자는 나에게 너무나 평화로운 일상을 가져서 행복한 줄을 모른다고 말한다. 그 말은 맞을 것 같다. 집안에 우환이 있고 속이 썩고 내 몸이 아프고 힘들다면 권태라는 것은 있을 수 없겠지. 만약 전쟁이 일어나서 피란을 해야 한다면? 권태는 무슨 놈의 권태가 있겠는가. 너무 평화롭고 자유로우며 시간이 널널한 것이 화근이 되는 거겠지. 돈이 없고 먹을 것이 없으며, 자기 한 몸 누울 자리가 없다면, 거기에 자유도 없다면 최악의 상황으로 권태는 일어나지 않겠지.

책 속의 글귀를 이해해 본다. 인류의 역사에서 지금 시대만큼 인간이 권태로웠던 적은 없다고 했다. 과거시대에는 항상 가능성이 있었다 했다. 항상 하늘을 향해 열려 있었다. 그대는 붓다가 될 수 있었고, 예수나 크리슈나가 될 수 있었으며, 늘 성장하고 있었다. 그대는 쳇바퀴처럼 살지 않았다. 성장이 있었다. 붓다는 각성을 의미했다. 그대가 진정으로 기쁘고 행복해지길 원한다면 그대의 반응들에 대하여 깨어 있으라 했다. 그리고 선(善)을 신뢰하기 시작하라 했다.

　붓다나 마하비르, 예수나 자라투스트라를 신뢰하는 것은 그대 자신을 여는 것일 뿐 다른 무엇이 아니라 했다. 그대보다 더 높은 존재가 존재했고 살았다는 것이다. 더 높은 존재가 있을 수 있다는 바로 그 생각이 그대를 열어주었다. 붓다가 되는 것은 불가능한 일이 아니었다. 바로 그 생각이 한줄기 빛으로 그대 존재 안에 들어오면 그 빛은 그대를 변형시키기 시작했다. 그것은 그대의 가슴을 여는 일이었다.

　예수나 붓다의 존재를 믿는 것은 그대 자신의 미래, 즉 그대가 성장할 수 있다는 것을 믿는 것이다. 미국 사람들보다 권태로운 사람들을 찾아보기 힘들 것이다. 수 세기 동안 동경해 왔던 모든 것을 가졌지만 미래가 없었다. 그래서 죽고 싶을 정도로 지루해 했다. 사람들은 하찮은 놀이로 겨우 시간을 때웠다. 그것은 권태로움을 창조하는 것이었다.

　내가 좋아하는 글귀인데 이해할 것 같다가도 이해가 안 되는 것이었다. 아무래도 내 머리를 쉬었다가 다시 이해를 구해야겠습니다.

절대 아무에게도 해를 끼치지 말라. 그 모든 것은 그대에게 되돌아오기 때문이다. 좋은 일을 할 수 있다면 하라. 누군가를 도울 수 있다면 도와라. 자비심을 내고 사랑할 수 있다면 그것이 흘러가게 하라. 그것들은 되돌아올 것이다. 그대가 도움이 필요한 순간에 그것들은 찾아올 것이다.

위의 글귀는 나에게 이해가 되었다. 우선 선을 행하라고. 지불된 선은 언제고 무한정 지불한다고.

*

미워하는 마음이 강하게 일어나는 때가 있다

나는 열심히 음식을 만들었다. 만든 음식을 남자에게 상차림을 해주었다. 남자는 깨작이며 먹기 싫은 것을 억지로 먹는 느낌이었다. 이건 뭐지? 갈비에 시래기를 넣고 된장과 고추장을 섞고 다시국물로 정성들여 만든 음식인데. 나는 먹을 만했다. 남자는 여하튼 좋아하지 않아서 먹다 말았다. 남자가 그냥 미웠다. 미움이 번져 그의 행동도 미워졌다. 음식을 만드는데 지루하니까 넷플릭스를 켜서 영화를 틀어놓고 영상의 스토리에 귀 기울이며 음식을 만들었다. 조금 있다가 핸드폰을 남자편 쪽으로 가져다가 자기 취향의 유튜브를 틀었다.

그 점도 더 미워졌다. 어? 이러는 것은 아닌데 왜? 그런 미운 마음이 자꾸만 생겨나는 것일까. 남자가 묻는 것도 짜증이 났다. 내 머리에서는 현기증도 생겼다. 스트레스성인가? 유튜브를 들고 다시 어지럼증을 찾았다. 스트레스성이 많단다. 피곤함도 있고. 사실 나는 이번주 골프를 2번이나 쳤고, 테니스와 수영 등이 너무 무리일 수 있었다. 어쨌든 어지럼증을 없애는 것이 중요했다. 베지밀 두유를 따뜻하게 한잔 마셨다. 그리고 마그네슘과 칼슘이 들어 있는 건강보조 식품을 먹었다. 완화되기를 기다리면서.

마음속으로 기도했다. 남자를 미워하지 않게. 사랑의 자비를 달라고. 그러면 마음이 가라앉았다. 마음이 늙으니까 추해지지 않도록 다독여줘야 할 것도 같다. 어디 하나도 늙지 않는 것이 없으니 말이다. 몸속의 세포는 세포대로, 내 안의 속 마음은 마음대로 늙어가며 흉악해져 갈 것이리라. 요즘 나만 그런 것이 아니다. 주변 친구, 친척 등 우리 또래들과 한참 아래지만 육학년이 넘어가는 자들은 더 왕성하게 마음이 늙어가며, 공격적이기 때문에 그들과의 접촉이 힘들어진다는 생각도 들었다.

어서 빨리 나만의 수행을 해서 포용할 수 있는 힘을 가지기를 빌 뿐이다. 나는 기도한다. 감사하며, 지혜로운 사람이 되기를. 그리고 잘난 척하며, 지적질하는 사람이 되지 않도록. 모든 것을 수용하며 힘든 사람을 배려하고 나 스스로 즐겁게 사랑하는 삶이 되기를 기도한다. 뭔가 자신을 다독이니까 마음이 안정되는 느낌이 들었다. 아마도 기도의 힘이리라.

*

오월의 골프 여행

갑자기 여고 동창들이 뭉쳤다. ㄱ, ㄴ, ㄷ, ㄹ, ㅁ, ㅂ, ㅅ, ㅇ 친구 8명이 용평CC, 버치힐CC로 골프를 치러 가려고. 오월은 계절의 여왕이 아니겠는가. 우리는 신이 났다. 나는 내일을 손꼽아 기다렸다. 학창 시절 소풍을 가듯. 룸배정 401, 402, 403, 404호가 정해졌고 룸메이트 배정을 문자로 보내졌다. '혹여 이의 있으신 분은 연락 주세요. 내일 신나게 대관령을 넘기도록 공을 칩시다.'라고 ㅅ 총무님이 문자를 보냈습니다. ㄱ, ㄴ, ㄷ, ㄹ과 ㅁ, ㅂ, ㅅ, ㅇ으로 조가 짜여졌고 A팀과 B팀이 만들어졌다. 그것에 우리 동창들 모두는 동의하였고 이의 없음을 알려졌다.

　나는 전날부터 바빴다. 내가 필요한 것은 그곳에서 먹을 과일이었고. 대개 리조트에 가면 먹거리가 모두 해결되지만 과일조달이 어려움을 알기 때문에 나는 과일을 준비하려고 마트를 갔지. 대부분 마트가 모두 쉬는 날이구만. 당장 내일 떠나는데 난감했어. 멀리 있는 마트를 찾아갔고. 물건은 좋지 않고 값은 비쌌어. 그래도 어쩔 수 없이 사과와 참외를 샀지. 집으로 오다가 빵집을 들러 씨앗빵, 햄빵, 팥빵을 사서 가져왔고. 집에 오니 마음은 바빠졌지. 며칠 동안 집을 비울 테니 집에 있는 남자를 위해 밥, 반찬, 국, 김치 등을 만들어서 냉장고에 넣어야 했지.

　사흘 동안 입을 옷과 필요한 세면도구, 가서 먹을 잡다한 것들을 챙기려니, 시간이 많이 걸렸어. 우리 나이가 많아지니까 잊어버려서 허둥댈 일도 많을 것이고. 그러나 몸이 건강해서 함께 운동할 친구가 있는 것이 행복했지. 잔뜩 가방에 넣을 것 다 넣고. 이튿날 새벽에 일어나 가방에 빠진 것을 정리하고, 잠실 운동장으로 떠났어. 친구들에게 준다고 달걀과 빵을 총무님에게 넘겨주고 버스를 탔어. 앞 좌석에 앉았어. 서너 시간 걸릴 것이었어. 잠이 안 오니까 넷플릭스에서 로마라는 영화를 봤어.

　시저가 총독관이 되는 과정 마지막 브르투스에게 살해되는 장면을 보았어. 인간의 삶은 옛날이나 지금이나 정치적 욕망을 가진 사람들의 삶이 똑같아 보였어. 중간에 일양약품 직원이 돈태반 약을 선전했고 나도 주문해봤어. 예전에 같은 직원으로 근무를 했던 무용과 교수가 몸이 안 좋으면 병원에 가서 태반 주사를 50만 원씩이나 주고 맞았거든. 이번에 나도 그놈의 태반약을 먹어 보는 거지. 남자도 요즘 몸이 안 좋아서 사줘보는 거고. 병으로 되었는데 먹기가 편했어. 아무리 좋아도 먹는 것이 힘들면 먹을 수가 없거든. 건강하게 운동하며 살 수 있으면 좋을 것 같아서.

어느덧 용평에 도착했어. 방을 배정받고 옷을 갈아 입고, 라커룸을 배정받았고, 식당에서 식사를 하고, 티업장소로 이동했어. 주변 환경이 외국 스위스 여행 온 거 같았어. 산으로 둘러싸여서 제주도로 온 것도 같았어. 하늘은 맑고 파랬어. 하늘 아래 빙 둥글게 오름 같은 산이 필드를 장식했어. 야, 멋지구나. 한 사람씩 티를 꽂고 공을 쳤지. 잘 치지는 못했지만 신나게 공을 쳐 올렸어. 온몸의 근육이 질기게 늘여서 공을 하늘 높이 날려보냈지. 한참을 날려보내면 배가 고파요. 싸갔던 가방에서 초콜릿, 빵, 달걀 등을 먹고 또다시 공을 날렸지.

옛날에는 스코어 경쟁으로 시기와 질투가 생겨나서 마음이 편하지 못했는데, 이제는 몸 아픈 사람들이 많았고 제 몸이 아니니까 공 던지는 것도 성공이라니까. 누구 말대로 공을 잘 친다고 아파트 추첨권이 생기는 것도 아니니까. 그러면서 하하 호호 하고 쳤어. 18홀을 다 치고 샤워를 하고 호텔로 이동하여 생맥주 한잔을 하며 저녁을 먹는 맛은 최고였지. 저녁 후 숙소로 와서 푹 쉬었어. 이튿날 새벽 4시 반에 일어나서 준비하고 버스를 타고 다시 용평CC로 이동했어. 라커룸을 배정받았어. 식당에서 식사를 하고 필드로 갔지.

전날은 버치힐이 얼마나 업 다운이 심한지 공이 제대로 맞지를 않아서 힘들었는데, 용평은 덜했어. 아니면 전날 연습으로 익숙했던지. 오전 내내 공을 치고 점심식사를 하고 숙소로 왔어. ㅂ, ㄱ 친구들과 주변을 돌며 산책했어. 용평지역이 문선명 것이라는데 이렇게 넓고 대단한 곳인 줄 몰랐어. 숙소로 와서 차를 타고 저녁을 먹으러 주문진으로 갔지. 회정식을 먹는다는데 맛은 없었어. 먹고 숙소로 와서 산책을 했어. 불꽃 잔치를 구경하고 산책을 했어. 호텔 카페에서 빵과 아이스크림을 맛있게 먹었어.

셋째날 4시 반에 일어나서 라커룸에서 밥을 먹고 용평CC에서 공을 쳤어. 계속 아름다운 꽃과 하늘, 멋진 산들과 어울리며 공을 치니까 환상의 세계에서 노는 거 같았어. 좋아좋아 소리치고 공을 쳤어. 9홀이 끝나니 배가 고파서 가방 속에 있는 것을 먹어 치우고 다시 나머지 9홀을 돌았지. 끝나고 샤워를 하고 식당에서 밥을 먹고 숙소로 이동했지. 한 시간 후 다시 친구들과 만나서 발왕산으로 케이블카를 타고 올라갔어. 꼭대기의 전망이 최고였어. 바람이 얼마나 센지 몸이 날려 가려 했어. 거기서 단체로 인증샷을 즐겁게 찍었지.

천 년 주목 숲길을 걸었어. 참선주목 등 다양한 주목 나무들이 즐비했지. 거기는 1000년 이상의 주목이 많았어. 천 년 이상 살아온 나무는 혼이 깃든 산신(山神)이래. 그래서 그곳 발왕산이 영산(靈山)이라네. 주변에 꽃향이 가득한 귀룽나무가 있어. 아카시아향 같기도 하고 라일락꽃 향이기도 한데 하여튼 향이 장난 아니게 강해. 귀룽나무는 막힌 혈과 기운을 온몸에 퍼지게 하여 겸손의 꽃을 한가득 피워준대. 예쁘고 신기한 꽃들이 많았어. ㄱ친구가 꽃박사인데 나는 들어도 금방 까먹어. 그래도 또 물어봐. 별같이 생긴 숲개별꽃, 연령초, 엘레지 등 아름다운 꽃이 지천으로 깔렸어.

ㅅ 사진 박사가 스카이워크, 꽃, 천 년 주목 나무숲 길 등에서 우리의 인증샷을 찍고 친구들을 기쁘게 만들었어. 저녁시간이 늦을 것 같아서 서둘러 케이블카를 타고 호텔로 갔어. 식탁은 주류와 비주류로 나누었어. 나는 주류이거든. 시원하게 생맥주 맛이 환상이잖아. 우리끼리 건배를 하고 불고기를 먹었어. 다시 카페로 이동했지. 술도 한잔했겠다 나는 쓸데없는 소리를 마구 해대는 거야. 정말 나 미친다는 거지. 내가 돈이 없다는 둥 근데 집이 몇 채

있다는 등 돈은 없지만 집을 팔면 맛있는 것 언제고 살 수 있다는 등…. 나는 술이 깨면서 내 손으로 내 입을 때렸다니까. 술이 문제로다.

근데 친구들은 사실 말을 안 해요. 나만 헛소리를 하고 있다니까. ㅊ 친구는 전날 잠을 못 잤다면서 자야겠단다. 그것도 밉상이었어. 다음날 떠나는 날이니까 친구들은 이바구를 더 하고싶어 하는데. 빵과 주스, 아이스크림을 먹고 바로 숙소로 이동했어. 떠나는 날 새벽에 일어나 모든 짐을 싸서 버스에 실어놓고 버치힐 라커룸을 배정받고 식당에서 식사를 하고 티업에서 골프를 치고 18홀을 돌았어. 마지막 티샷으로 마무리를 하고 샤워했어. 식당에서 마지막 생맥주로 건배를 했지. 환상이었어. 모두를 정리하고 버스를 타고 서울로 왔어. ㅅ 친구가 집까지 데려다주었어. 친구야 고마워. 더 큰 축복 받으시기를. 우리는 칠학년을 넘긴 골프 여행을 잘 끝내서 감사했어.

*

남자가 미웠다

　골프 여행을 끝내고 집으로 올 때 친구들은 남편이 차로 기다려서 가방을 차에 싣고 집으로 가. 그런데 난 남자가 그날 테니스를 치는 날이고 그가 테니스를 좋아하니까 내가 알아서 한다고 했어. 더구나 테니스 멤버들도 없으니까 멤버가 빠지면 곤란하거든. 나는 고민했지. 택시를 타고 와야 하나 하고. 그런데 택시가 없다는 거야. 그럼 차를 예약해야 하나 생각을 했어. 마침 ㅅ친구 남편이 바래다 준다고. 얼마나 고맙던지. 수지 쪽에서 하차를 했는데 의외로 빨리 도착했던 거야. 집에 와서 못 한 청소를 하고 음식을 만들고 밀린 빨래를 모두 해버렸지.

　저녁준비를 해야 했어. 할 게 없어서 저녁으로 오징어와 소고기볶음을 하기로 했어. 모든 재료를 씻고 잘라서 볶으면 되었어. 그런데 남자가 전화를 했어. 그런데 목소리가 목이 쉬고 탁하면서 기침이 나는 거야. 그러면서 자기는 생맥주를 먹을 거라면서 나오라는 거야. 아니 감기가 심한데 무슨 생맥주냐며 안 먹는 게 낫겠다 했지. 그랬더니 갑자기 성질을 내면서 내가 혼자 얼마나 심심했나 아느냐면서 성질을 내는데, 이건 무슨 상황인 것인지. 속으로 그래 마시쇼 하면서 나갔지. 나가면서 싱싱한 참외와 사과를 잘라서 팩에 넣어갔어.

*

사랑하는 딸

　돈이 없어서 힘든 공부를 많이 하느라 고생이 많겠구나. 그게 큰 공부더라. 인생을 살면서 돈 없이 살아가는 것이 가장 큰 공부더라. 결혼하고 평생을 그렇게 살았으니. 17평에서 엄마는 50살까지 살았잖냐? 엊그제 수박을 먹으면서 너네 가족이 생각났다. 오십 살까지 수박을 사 먹은 기억이 없더라. 어렸을 때는 참외 밭과 수박 밭에서 살아 참외 수박을 공짜로 먹기만 하면 되었는데. 결혼하고 참외와 수박을 돈 주고 사 먹는 것도 아까웠고. 아빠 봉급으로 그런 과일을 사먹을 돈이 없더라. 이번에 롯데 마트에서 수박 세일을 하더라. 그래서 수박을 샀지. 수박을 먹는데 너네가 목에 걸려서, 그 밤에 마트에 다시 가서 제일 큰 수박을 사다가 줬던 거야. 나만 수박 먹으면 왠지 안 될 것 같아서.

　요즘 젊은이들은 임대주택 좋은 것을 분양받아서, 싸게 산다고 좋아하는데. 그것은 세월이 흐르게 되면 후회할 것이야. 당장 쉽고 편하게 사는 것에 길들여져서 자기집을 장만하지 못하는 것이야. 결국 자기집을 장만하지 못하고 편하게만 살다보니 그곳에서 죽을 때까지 살더라고. 그래서 그들의 자식들도 임대주택자가 되어 자기 부모처럼 살아갈 거고. 사랑하는 딸아, 지금 힘들지만 네 소유의 집을 잘 지키고 살았으면 좋겠구나. 그 집이 나중에 보물이 될 테니까. 사랑한다, 내 딸아!

숙희 아줌마 알지? 그 아줌마 강남아파트를 팔았잖아. 갑자기 아저씨가 돌아가셔서. 지금 그 아파트는 60억 이상인데. 그 당시 아마 이십 몇 억에 팔았을 거야. 시골에 상가주택을 십억쯤 주고 샀어. 거기서 임대료가 500만 원쯤 나올 거야. 자기가 살 집으로 전세 6억을 얻고, 나머지는 세금 내고 저축을 해놓았겠지. 그런데 어느 날 통장을 보니까 돈이 없더래. 지금은 하나도 없대. 돈이 물처럼 흘러나가더래. 아줌마는 현금이 무섭더라나. 그리고 작은 아파트가 다른 곳에 있었대. 세금이 무서워서 팔았다나. 팔면 모두가 사라진대. 작은 거 5억쯤 하는데 1억 5천 융자, 세금 1억 7천, 부대비를 다 제하고 나니까 1억2, 3천이 남았는데 1년 2년이 지나니까 5억짜리 집만 사라졌대나 봐. 그런 사람 많다니까.

자기가 가지고 있는 것을 잘 지키는 것이 얼마나 중요한가를 알려주는 대목이야. 함부로 집을 크고 좋은 곳으로 이동하는 것이 결코 좋은 일이 아니라는 것이다. 사랑하는 딸아, 네가 항상 지혜롭게 살아줘서 고맙구나!

*

정영숙 교수 얼마 만인가?

- 란이에게 소식 듣고 참 반가웠어요. 진이도 함께 왔어. 언제 보지? 외숙모 얼마나 보고싶었는데.

- 큰언니, 작은언니 반가워요. 몸 건강하시죠? 언제고 한국에 오세요. 숙식은 해결해 드릴게요. 항상 건강하고 행복하세요.

- 하하! 숙식해결! 참 기분 좋은 제안일세. 란이에게 대충 소식 들어 알고 있어. 그 정도 이상의 재력가라는 것을. 네가 고생하던 시절을 알기에. 백서방도 많이 변했겠군. miss all of you!

- 란이야, 언니 하와이에서 큰언니, 둘째 언니 만나고 있어.

- 나 진이야.

- 란이는 좋겠다. 언니들 만나서. 즐겁게 잘 놀다 와. 진 언니 반가워요. 언니와 동생을 만나니까 참 좋겠네요. 건강하시고 행복하세요.

수십 년 만에 카톡을 통해서 대화를 하게 되었다. 세상은 지금 별세상이 된 것이다. 이렇게 카톡으로 수십 년 전의 친척과 대화를 하다니. 우리는 고종 사촌관계이다. 큰언니는 내가 중학교 입학했을 때 결혼을 했을 것이다. 나와는 10년 터울쯤 되리라. 그 아래 언니도 나이 차가 크다. 물론 막내와 나와의 나이 차이도 10년 이상이 될 것이다. 그러니까 거의 60대, 70대, 80대쯤 된다. 이미 고모님은 돌아가신 지가 한참 되었다. 외숙모인 나의 어머니는 95세로 요양원에 계시니까. 큰언니가 외숙모를 보고 싶어 하는 거다. 고모와 올케 사이인 어머니랑은 죽고 못 사는 단짝이었으니까.

큰언니는 여고시절부터 학교의 재원이라고 중소도시가 시끌시끌했다. 서울로 대학을 보낼 때 고모는 가정과를 보내려 했는데 학교에서 무슨 가정과냐면서 연대 정치외교과를 간 것으로 알고 있다. 아마 대학원도 다니고 정치적 활동도 했을 것이다. 형부는 유명한 부잣집 아들이었다. 그 형부와 결혼했고 형부는 언니의 사회적 활동을 좋아하지 않았다. 결국 둘은 캐나다로 이민을 갔다. 한국에서, 나는 언니의 장점을 살리지 못한 것이 안타깝다. 그 후 작은언니도 큰언니의 조언으로 캐나다로 이민을 갔다.

80년대 초반에 모두가 캐나다로 이민을 갔으니 우리는 서로 한참을 떨어져 살았다. 막내는 서울근교에서 살고 있다. 아마 이번에 막내가 지금 큰언니의 하와이 별장에서 3형제가 만나기로 한 거 같았다. 막내가 올해 60세가 넘는 환갑잔치를 하는 것이 아닐지. 여하튼 나는 어렸을 때 고모네 언니랑 함께 어울려 놀고 먹고 잠자던 기억이 많았다. 그래서 카톡을 해도 생소하지가 않았다. 내가 대학을 갔을 때, 큰언니가 기차역으로 나를 마중 나왔고 자기 차에 나를 태우고 서울의 유명한 호텔로 데리고 갔던 기억. 언니네 집에서 잠을 잤는데 애기들이 한밤중에 내 몸 위에 오줌을 쌌던 기억도 있었다.

큰언니네 거실 어항 속에는 열대어를 키웠고 실지렁이 먹이를 배달받아 먹이를 주는 광경이 생생했다. 처음 서울역에 언니가 차를 가지고 나를 마중 나왔다. 언니는 하얀 목티를 입고 운전하는 모습이 참 멋졌다. 그 후 내가 만일 결혼한다면 나도 언니처럼 흰 목티를 입고 운전하겠다는 생각을 했다. 하여튼 언니를 모델로 삼았던 기억이 있었다. 오래 전쯤 일이었다. 내 여고 동창이 나에게 말하기를 너네 큰언니가 이혼을 했다고. 나는 깜짝 놀라서 말을 할 수가 없었다. 우리 형부와 그 친구 오빠가 동기동창이었다.

그 형부가 항상 말하기를 자기만을 위하는 허 같은 여자랑 살고 싶다고 말했다. 그리고 어느 날 아들 둘 가진 젊은 여자가 형부에게 달라붙었다는 소문이 있었다. 그리고 둘은 이혼을 했다고 소문이 들려왔다.

나는 형부가 실망스럽지만 어쩌겠는가. 그런 사연이 얼마나 많은가. 나의 막내 여동생네 전원주택지인 안성에, 넓고 큰 땅을 많이 가졌고, 여러 개의 배 밭을 가진 땅 지주가 살고 있었다. 그런데 어느 날부터 자기 집 배꽃을 따서 먹고 사는, 허드렛일을 하는 여자가 그 지주를 꼬드겨서 전 부인을 쫓아내고 안방 주인이 되었다 했다. 그 여자는 아들 둘을 둔 과부였다고. 지금은 지주 부인으로 자기가 데리고 온 제 새끼들을 모두 유학시키며, 떵떵대며 산다고. 물론 전실 애들도 함께 데리고 살고 있다는 것이다.

내 남동생이 다니던 회사 사장님도 그러했다. 회사 사장님에게 딸 둘을 가진 과부가 딱 붙어서 사장님을 꼬드겼다. 그녀는 주변에 여러 남자들에게 붙었다는 소문도 자자했다. 어떻게 꼬드겼는지 남동생네 사장님이 그 여자에게 반해서 결국 본 부인과 이혼을 하고 새 여자와 결혼했다. 두 딸은 아빠 아빠 하며 그 사장님을 불러댔다고. 회사 직원들이 그 젊은 여자가 꼴사나웠다나. 회사에 와서 자기가 오너처럼 행동하는 것이 역겨웠다고. 전실 딸은 유학을 했고, 후처 딸은 공부를 못해서 함께 살고 있는데,

대부분의 사장님 재산을 후처가 관장한다고.

　우리 큰딸의 선배 언니는 올해 가슴앓이로 미쳐 죽을 지경이라고. 몇 년 전 그 언니 엄마가 암에 걸려, 선배 언니가 어머니를 돌아가시기까지 등에 업어 케어를 했다네요. 그 후 아버지는 홀로 살았는데 어느 날 부동산에서 일하는 여자가 아버지에게 혹처럼 붙었다. 그 여자는 엄마가 잘 아는 여자였고 엄마가 부동산을 많이 샀는데 거기서 일하던 여자였다. 그 여자는 엄마가 돌아가시고 그 집이 부동산이 많다는 것을 알았고 혼자 사는 언니네 아빠를 꼬드겨서 결혼을 해버렸다. 그 여자는 아들 둘을 가진 과부였다.

　그 후 그 여자는 언니네 아빠를 꼬드겨서 자기 부동산 사무실을 차렸고, 자기 자식들 모두를 유학시키고 있었다는 것을 어느 날 발견했다. 언니네 여동생은 이혼하고 혼자 아들 둘을 힘들게 키우고 있는데, 아빠는 남의 자식 새끼들을 유학을 시키는 것을 발견했으니... 그 언니가 속 터져 죽을 지경이었다. 어머니가 만들어 놓은 부동산을 그 여자가 다 먹어치우고 있으니. 그 언니가 어느 날 아버지와 그 여자 사주를 보러 갔다고. 사주 보는 이가 당신 아버지에게 붙은 여자가 부처님에게 오랫동안 공들여 기도를 했기 때문에 어쩔 수가 없다고. 기도발이 세서 그 여자에게 복이 다 돌아갈 수밖에 없다고.

세상은 요지경 속에서 움직이는 것 같기도 하다. 이십 년 전 이야기이다. 우리 남편이 T시로 노동청장으로 발령이 났다. 그 T시에서 지방 유지들과 기관장회의가 있었고 부부회식에 초청을 받았다. 시장과 국회의원 등 정치인과 기관장, 다양한 사업체 회장 부부가 모여서 밥을 먹었는데 내 앞 좌석은 나의 한참 여고 선배가 앉아 있었다. 그녀는 내가 후배라며 반갑게 맞아주었고 맛있게 식사를 하고 이야기를 하며 회식을 끝냈다. 집으로 돌아오면서 남편은 이야기를 했다. 내 앞의 여고 선배가 자기 친구를 배반한 사건을. 그러니까 그 선배 남편이 일찍 죽었다. 그래서 아주 친한 친구가 남편과 함께 죽은 남편 여자 친구를 위로하러 자주 친구 집에 들렀다.

그런데 남편 죽은 여자 친구가 자기를 위로하는 자기 친구 남편을 꼬드겨서 친구를 내쫓았다는 것이다. 이런 상황? 미치는 일 아니겠는가. 남자 꼬드긴 그녀가 자기 친구에게 네 남편이 나를 좋아하는 거라고. 내 잘못이 아니라고. 그 남편은 유능한 기업체 사장님이었다. 결국 친구 남편을 빼앗아서 내 앞 자리에 앉아 회식을 했고 자기 남편으로 삼았으니. 인류와 도덕이 필요 없는 동물의 세계라는 생각이 들었다. 이런 저런 사건과 사연을 보면서 큰언니의 마지막 인생을 나는 이해했다. 돈 많은 남성들의 여성편력?으로 자기 가정이 파괴되어 그들 자식들과 부인들은 많은 고통을 당하고 살아야 하는 것이 불편한 진실이었다.

이야기가 옆길로 빠져버렸다. 하여튼 큰언니는 오래전에 아프리카에서 선교활동을 한다고 들었다. 그 후 오래되어 재혼을 했다는 소식이 들렸다. 상대자는 한국 컴퓨터 1호 박사라고. 내용은 잘 모르나 지금은 미국 캘리포니아에서 산다고. 마지막 인생을 별 탈 없이 건강하고 행복하게 살다가 가셨으면 좋겠다고 생각했다. 둘째네 형부는 올해 봄에 폐암으로 이미 세상을 떠났다는 소식도 들었다. 인생은 역시 짧았다. 우리 모두 남은 인생을 건강하고 행복하기를 기원하고 싶었다.

*

옥녀봉

어느 날 나는 청계산 입구 다시마 김밥이 먹고 싶었다. 하얀 쌀밥에 다시마와 단무지, 오이가 들어간 김밥이었다. 남자에게 졸랐다. 김밥이 먹고 싶다고. 휴일 아침 6시쯤 차를 가지고 주차장을 갔다. 주차장은 만 원표지가 세워졌다. 굴다리를 지나 도로 옆에 차를 세우고 김밥집에 자리를 잡았다. 오뎅 2개, 김밥 2줄을 시켰다. 삼십 년 전 주인장은 아마도 대기업에서 잘렸던 것 같았다.

젊었고 부인은 지성인인데 처음 김밥을 파는 듯했다. 애기들은 형제로 대여섯 살쯤, 징징대며 장난기를 가지고 엄마 치마폭을 잡아당겼다. 그때 나는 가슴이 아렸던 기억. 뭔가 잘못으로 김밥을 장사하는 듯했다.

세월이 많이 흘러갔다. 어느 때는 그 애기들이 초등학교를 다녔고, 그 다음은 중학생이 되어갔다. 다시 그들은 고등학생이 되었다. 그런데 큰아들이 멋을 부려 머리에 물감을 들이고 귀걸이를 했다. 아이고 많이 컸구나. 그런데 큰아들은 공부에 뜻이 없어 보이는구나. 그렇게 세월은 흘러갔다. 그런데 작은아들은 보이지 않았다. 또 그렇게 세월은 흘러갔다. 어느 날 큰아들의 여자 친구가 보였다. 김밥을 주문받으며 일을 하는. 이번에는 머리를 박박 깎은 두목 같은 폼과 그의 부인 같은 뚱뚱한 여자와 함께 김밥을 만들고 팔았다. 오히려 주인장과 삼촌, 어머니는 그 집에서 일하는 직원 같은. 여러 상황이 아주 달라졌다. 그만큼 세월이 많이 지나갔다.

나는 김밥과 오뎅을 맛있게 먹고 작은 산 옥녀봉으로 산행을 했다. 진달래꽃 동산 쪽으로 산을 탔다. 처음에 산을 탔을 때 소나무 조림을 새로 해서 소나무 묘목이 나의 발 아래로 산 비알에 넓게 펼쳐졌는데, 지금은 소나무 키가 커서 하늘을 덮었다. 야, 멋지구나. 이렇게 잘 커졌으니 고맙구나. 소나무숲은 웅장했다.

작은 언덕 위로 오르면 서울시가 보였는데 나무가 커져서 시가지가 보이지 않았다. 나는 사방 어디를 보나 나무 밑동만 보였다. 이렇게 웅장한 숲이 이루어지다니. 힘들지만 길을 따라 계속 올랐다. 다른 줄기의 산과 부딪혔다.

북쪽이나 남쪽이나 나무 숲이 웅장했다. 강원도 깊은 산골의 어디쯤 같았다. 붉은 소나무의 줄기가 서로 엉겨 잘 자란 모습도 보였다. 그렇게 몇 시간 동안 산을 오르니 정신이 맑아졌다. 근심 걱정이 사라졌다. 오랜만의 산행이라 잠시 쉬었다 일어나니 허리 근육이 삐그덕 했다. 혹 끝까지 못 갈까 봐 걱정이 되었다. 조심 조심 한 발, 한 발을 옮기며 오르막을 올랐다. 정상에서 관악산을 향해 기도했다. 이렇게 탈 없이 오른 것에 대해 감사하고. 가족과 주변 모든 이들에게 건강, 사랑, 지혜를 주시라고.

다시 약수터 쪽으로 내려왔다. 소망탑에 돌을 올리고. 내리막 길은 가팔랐다. 돌 계단은 쉽지 않았다. 계속 하산을 하지만 쉽게 끝나지 않았다. 다시 큰 마음을 다져먹고 하향길을 조심히 걸었다. 다리가 꼬꾸라지려는 상황이 쉽게 일어났다. 정자에서 쉬며 재정비를 했다. 만만한 길은 아니었다. 계곡과 숲은 울창했다. 경관은 정말 훌륭했다. 한 시간 이상이 계속 내리막 길이었다. 이렇게 힘들게 걷는 것은 육체적 물리치료로 대단한 일이 될 것이다. 역시 산행은 정신적 극기 치료로 좋았다. 물론 심신의 단련으로 최고가 되는 것이었다.

　간신히 상가 쪽으로 왔다. 아이더 옷 가게서 신발과 티셔츠 바지 모자를 샀다. 싸고 좋은 것을 고르는 재미가 쏠쏠했다. 내려오면서 다시 굴다리 밑 야채 판매하는 곳으로 갔다. 첫째 야채집 주인은 오래전부터 봐왔던 여자인데 호호 할머니가 되었다. 다리는 부실해서 절룩절룩 움직였다. 그녀는 젊어서 당차고 사납던 여자였다. 가격을 물어보면 냉정하고 공격적이었다. 그래서 그 주인이 무섭고 싫었다. 그런데 그녀가 호호 노인이 되어 아들이 어머니의 시중을 들어 물건들을 여기저기 배치하며 "어머니 뭘 더 도와줄까요?"라고 물었다. 그녀를 보니 인생무상을 느끼게 했다.

　나는 굴다리 야채가게를 둘러보고, 맨 끝집에서 상추, 콩, 호박, 당근, 취나물, 고추, 도라지 등을 한가득 사서 집으로 왔다. 오면서 마음과 몸이 뿌듯했다. 뭔가 큰 일을 성취한 사람처럼 기분이 상쾌했다.

*

하와이에서 카톡이 왔다

첫 사진은 푸른 하늘 아래 짙푸른 바다가 붙어 있었다. 왼쪽에는 하늘로 뻗은 미루나무가 하늘을 향해 있고 바람이 불어서 흔들리고 있다. 녹색 잔디 위에서 란이가 골프공을 놓고 폼을 잡고 있는 그림이다. 두 번째 사진은 바다를 향한 3층 집이 있고 넓은 잔디가 마당에 깔려 있다. 그 앞에 란이가 물색의 멋진 그림 옷을 입고 선글라스와 체양이 넓은 모자를 쓰고 골프카를 타고 있는 모습이다. 세 번째 사진은 넓은 잔디 위에서 푸른 잠옷을 입고 붉은 태양이 솟아오르려고 하늘과 바다가 붉게 물들고 육지로 잔나무들과 넓은 잔디가 있는 곳에서 함박 미소로 행복한 사진을 찍은 모습.

네 번째 사진은 넓고 크고 아름다운 레스토랑에서 집식구들이 테이블에 둘러앉아서 화이트 와인을 들고 건배하는 장면이었다. 다섯 번째 사진은 하와이 해변에서 3자매가 튜브 위로 수영복을 입고 함박웃음을 지으며 즐거워하는 추억의 사진을 찍어 보냈다. 그리고 사진 설명도 덧붙였다. 1번- 폼만 잡음. 2번- 뒤에 보이는 집이 언니 콘도, 골프 5번홀 앞이요. 3번- 언니 집 앞 골프장에서 잠옷 입고. 4번- 미국 100위 안에 드는 레스토랑에서 환갑잔치.

5번- 백년 만에 3자매가 만나 이렇게 놀음.

- 언니처럼 형제 자매간 여유로운 가족이 베푸니까 평안하고 행복하네요.

- 그래, 행복하게 잘 놀다 와. 또 언제 그렇게 쉽게 만날 수가 있겠니.

사진을 보면서 여러 가지가 생각이 들었다. 거기에 란이네 가족, 오빠네 가족, 언니네 가족들도 함께했으면 더 좋았을 것을…. 시간과 경제와 인간 관계 등이 쉽지 않았을 테지만.

- 좋은 아침. 옥녀봉 갔다 온 것이 힘들었는지 허리가 아프네요. 물리치료를 좀 세게 받았다고 생각하네요. 그것은 큰 근력을 키워서 힘센 무수리로 성장할 것이라는. 밖에 비가 많이 옵니다. 차분한 마음으로 조용한 명상을 하며 내 안의 나를 찾아볼까 하네요. 감사한 마음이 내 안에서 충만하기를 빌며. 네비샘은 성당에서 오늘 주말이니까 축복이 가득하기를….

- 좋은 아침. 아침부터 그동안 남겨진 야채와 잔반을 가지고 재생품 만드느라 바빴네요. 잔반이 아깝고 시든 야채가 아까우니까. 우리는 역시 부족한 시대에 산 사람들이라 아까운 게 많은 거지. 네비샘은 신나게 음식 만들어서 딸네 집 가느라 바쁘겠다. 애기들이랑 휠링 많이 하고 오세요.

- 짜증나는 아침이오. 집에서 갈비찜 해 가고 양재동 가서 회를 떠서 갔더니 아파트 입구부터 우왕좌왕 아무튼 집에 들어왔더니 집안은 어찌나 난리 속인지. 오자마자 여기 저기 치우느라 난리를 냈네. 이제 한숨을 쉬고 앉았다니까. 이를 악물고 1일 봉사를 한다고 참고 참았어. 애기들 땜시 인내, 인내 중이오. 우리 때와는 너무나도 다른 문화를 가진 새끼니. 이곳도 없다면 갈 곳도 없는 노인들이잖니. 병원 갔다 온 얘기도 할 수가 없고 그냥 바보처럼 웃고만 있네.

- 그래요, 참고 살아줘요. 조금 있다가 애기들이 크면 갈 일도 없고 만날 날도 없어요. 우리 몸도 안 따라주고요. 애들 인생은 애들네 것이고, 우리 인생은 우리 것이니까요.

- 새로운 아파트는 미리 주인이 차량번호를 등록해야 되는데 우리 딸은 자고 있고 손자는 전화를 꺼놓아서 안 받고. 내가 왔다 갔다 했다니까. 사위는 운동을 가버렸고. 내가 만일 딸에게 용돈을 받아서 썼으면 어쩔 뻔했다냐? 이만하기가 다행이다. 다행이라고 생각하니까 끝이 없네. 모두 다 고맙고 고마운 삶이었다오.

- 죽을 때까지 셀프 인생이 최고 최고인 거요!

*

돈을 번다는 것은 어렵다

누구든 돈을 좋아한다. 그러나 돈을 번다는 것은 어렵다. 70년대 대학을 졸업하고 취업을 해서 돈을 버는 것이 엄청 힘들다고 사람들은 말했다. 물론 나도 교사 자격증을 따고 시골로 발령을 받고 힘들게 출근을 했다. 월급을 타면 타는 날로 월급이 사라졌던 기억. 이거 떼고 저거 떼고 나갈 돈이 너무 많았다. 결혼해서도 마찬가지였다. 둘이 버는 것을 모아 집을 사는 것이 얼마나 어려운지. 둘이 번다고 부모들은 또 얼마나 기대를 하는지. 나갈 돈만 보였다. 돈을 모아서 저축할 수가 없었던 기억.

그렇다고 요즘 젊은이들은 괜찮겠는가? 그들도 월급에서 나갈 돈이 더 많을 것이리라. 생활 수준이 높아졌으니 그에 걸맞은 돈 씀씀이가 더 커질 수밖에. 그들의 월급은 항상 조절할 수 없이 부족함으로 배를 채우니. 그렇다고 무조건 쓰고만 살 수 있는 것도 아니니. 그들은 카드빚 때문에 결국 자살까지 하고 마는. 부모들은 공부 잘한다고 힘들게 유학까지 보내서 자기 자식이 좋은 직장을 다니는 것으로 만족하지만. 그 자식들은 생활 수준이 하늘만큼 높아서 몇 십만 달러를 벌어도 그들의 월급이 턱 없이 부족하여 사실 속빈 강정과 같았다.

우리 시대는 물자가 부족한 시대라 안 먹고 안 쓰고, 불편을 감수하는 생활로 버텼는데. 요즘 시대는 먹고 싶은 것 다 먹어야 하고 사고 싶은 거 다 사야 하는가 보다. 월급은 항상 적자일 수밖에 없으리라. 나는 힘든 시대를 다시 생각한다. 아무리 열심히 직장을 다녀도 내가 살 집을 마련할 수 없었던 것을. 아니 들어가서 살 셋집의 고달픔을. 먹을 것을 아껴서 한 달을 살아야 했던 것을. 전자제품이 고장 나도 AS를 요청할 돈이 없고, 우유 값이 부족했던 것을. 요즘 자식들은 직장을 가지면, 월급의 할부로, 외제 차부터 마련했다.

새로운 핸드폰이 나오면 그것도 교체했다. 잘 난 자식들은 학벌에 걸맞게 위치 좋고 전망 좋고 학군 좋은 아파트를 월급의 반 이상을 지불했다. 유학비로 다 써 버린 부모들은 자식들에게 전세비를 못 대주어 마음 속에 미안함을 가지고 살아야 했고. 요즘 세상은 요지경 속 풍경이 많았다. 나는 생각한다. 자식의 세상은 그들의 삶을 살아야 한다고. 부모라고 무조건 희생의 삶을 가질 수는 없다고. 우리 부모들은 최선을 다 했던 것이다. 대학까지 가르쳐주었으면 끝이었다. 나머지 인생은 그들이 개척하며 살았다.

학창시절 잘났고 대단했던 사람들이 모두들 잘 사는 것은 아니었다. 못났고 부족했던 사람들이 오히려 의리 있고 착하게 주변을 품으면서 행복하게 잘 사는 사람들이 있었다. 더구나 남편이 돈을 잘 벌어서 풍요롭게 사는 친구들을 보면 그들은 돈에 대한 교만함이 가득했다. 거기에 스스로 자기를 높이 내세웠고 자기가 잘났음을 드러내는 소인배들이 많았다. 그런 사람들을 옆에서 보면 정말 꼴불견이었다. 그러나 그들에게 대놓고 뭐라 할 수 없었다. 속에서는 그런 꼴이 보기 싫지만, 한편으로는 그래 그동안 애 많이 쓰고 이렇게 잘 살았으니 정말 훌륭하구나. 너 실컷 자랑하고 지적질을 해서 네 자신이 우위임을 드러내거라. 나는 용서할 수 있느니라. 그러면서 내 마음을 달랜다니까.

*

Jane Nam 언니에게

- 엄마가 있는 사진을 보냅니다. 큰언니가 엄마를 보고 싶어해서요. 초록색 세타를 입은 양반이 엄마이고요. 그 옆으로 우리집 막내 영란이 - 손자 - 나의 딸 큰애 - 사위 - 남동생 호영- 백서방- 나 - 내 작은딸 - 호영이 막내 딸 - 내 손녀입니다. 우리 집에서 함께 식사를 하고 전체 사진을 찍은 거예요. 다음 사진은 맨 앞에가 엄마 - 막내네 신랑 황서방 - 동생 호영 - 백서방 - 나- 막내인 영란 - 손녀가 유튜브를 보고 있네요. 이

사진은 막내 영란네 집에서 찍었어요.

- Wow! 보고 싶은 사람들!
사실은 내 삶이 너무 Dramatic 하다 보니 사알짝 잊어버렸던 사람들을 보니 불현듯 보고 싶어진다. 외숙모는 나의 마음의 고향처럼 언제나 푸근하고 다정했던 분. 너는 늙지도 않았구나. 백서방은 역시 백서방이네. 영란이도 아마 나를 잘 모르겠지? 네가 손자가 있다니. 세월이 참 많이 갔구나. 내가 80이니. 이번에 수진이 정란이 헬렌이가 와줘서 참, 삶이 나더라. 오늘 새벽에 정란이네까지 모두 떠나. California 우리 집에 올 계획도 세워봐!

- 언니가 보내준 사진이 멋지네요. 헬렌이네 부부가 골프를 치고 이동하는 장면 같아요. 큰언니의 흰바지와 와이셔츠, 정란이의 검정 원피스에 멋진 스카프, 선글라스에 멋진 모자를 쓰고 찍은 장면이 배우 같네요. 푸른 바다를 배경으로 파란 원피스와 흰 스카프, 파란색 모자와 선글라스를 끼고 찍은 모습도 젊은 배우 같고요. 이게 무슨 80세입니까. 언니는 파란 파도 같이 싱싱한 젊은 배우 같네요. 골프카터기를 타고 형부랑 언니가 찍은 모습이 행복해서 좋아요. 정란이랑 골프차 타고 찍고, 거실에서도 나란히 찍었네요. 바닷가에서 딸과 함께, 식당에서 형부랑 나란히 웃으면서도 찍었네요. 행복이 뚝뚝 떨어지는 느낌이 나서 좋아요.

- 언니는 항상 금날개를 달고 사는 큰 사람으로만 생각했어요. 그런데 보이지 않았던 힘든 삶이었다니 가슴이 아팠어요. 그러나 그동안의 어려웠던 일들이 새로운 에너지로 언니를 편안하게 만들어 줄 겁니다. 인생은 다 그거고 거기인 거 같아요. 우리에게는 지금이 제일 소중해요. 큰언니가 건강해서 좋아요. 멋진 배우같이 아름다워서 좋아요. 그럼 됐어요. 이 나이에 동생들을 불러서 잔치를 해 주었다는 것도 훌륭하고요. 언니는 평생 동생들을 챙기며 희생하고 살았잖아요. 그리고 또 끝까지 결국 언니가 막내 환갑까지 챙긴 거네요. 언니는 전형적인 한국적 희생하는 맏딸이었습니다.

- 우리 엄마가 80세 넘어서 마지막 미국여행 패키지를 보냈었거든요. 그런데 90세 넘어서 3개월 동안 아파서 움직이지 못해, 다리근육이 모두 빠졌어요. 그때부터 걷지를 못해서 결국 요양원에 가신 거예요. 큰언니는 아무리 아파도 누워 계시면 안 돼요. 아프면 진통제를 먹으면서 날마다 걸으세요. 그리고 단백질(고기)을 꼭 챙겨드셔요. 그것은 걸어서 죽음을 맞이하는 일인 거 같더라고요. 그리고 큰언니 나도 70세가 훨 넘었거든요. 늙어가는 심리적 변화는 비등한 부분이 많을지도 몰라요. 70세 넘어서 제 몸 간수하는 것이 제일 중요해요. 친구들이 암으로 많이 갔거든요.

잘 사는 친구는 너무 잘 살아서 몸을 쓸 줄을 모르니까 더 먼저 후까닥 가버리더라구요. 우리 같이 못 살았던 사람들이 무수리로 평생을 사니까 용감하고 씩씩해서 건강하게 사는 거 같아요. 언니 한국에 오면 멋대로 맛있는 밥은 잘 해줄 수 있어요. 항상 건강하세요. 그리고 언제고 오고 싶으면 오세요. 언니네 집도 갑자기 생기면 갈게요. 항상 건강하시고 행복하세요.

- 고맙네! 칭찬도 듣고. 해야 할 일을 했을 뿐인데. 동생들이 너희 식구들처럼 모두 선한 사람들이라 그게 복이지. 외숙모를 생각하면 젊은 시절 주위를 엄청 잘 챙기시던 모습만 생각되지. 사진 보니 예전 모습이 그냥 있네. 너희 식구들! 모두 한 번은 꼭 만나야지. 백서방도 많이 생각나!

- 언니가 보내준 사진이 영화의 한 장면들처럼 멋지고 아름답습니다. 역시 고모네 식구들은 확실히 멋과 예술성에 조예가 많은 사람들입니다. 푸른 바다와 산, 거기에 걸맞은 몸매와 옷, 모자, 선글라스, 가방 등이 영화의 한 장면 같습니다. 모두가 행복해서 더 좋습니다. 언제고 오세요. 요즘 저는 운동하며 즐겁게 살아요. 아침, 화, 목, 토요일에 수영. 테니스는 월, 목요일에. 수요일에는 골프를 쳐요. 언젠가 영우를 골프에 초대했더니 자기가 정영숙과 골프를 치다니! 했어요. 제가 용이 된 거죠. 그때는 백서방이 기업체 회장이었으니까요.

- 요즘 영란이네와 호영이네랑 함께 한 달에 한 번 정도 골프를 쳐요. 호영이 마누라 땜시, 물론 올케 때문에 나도 고생 많이 했어요. 고것이 바람이 나서 애들을 두고 이혼했잖아요. 호영이가 중국 법인장으로 있어

서 애들 3명 중국 유학시킨 셈이지요. 빚도 많아서 30년 엄마랑 내가 욕봤죠. 애들이 북경대, 칭화대 나왔는데 학비 대느라 힘들었고요. 근데 이제 고것들이 제 어미랑 붙었는데 그것들 정말 못됐네요. 내 복장이 터지더라고요. 다행히 어떤 기업체 사장님이 호영이에게 여자 친구를 소개했는데 나의 정서랑 딱 맞아서 너무 좋아요. 언니 심심하면 소식을 주세요. 언제고 한국에 오시고 싶으면 들렀다 가세요.

- 참, 언니, 우리 올 여름 휴가는 중앙아시아로 10일 갑니다. 7월 17일부터요. 인생은 안 아프고 즐겁게 살면 성공인 거 같습니다. 여기 보내는 사진은 강화도 조양방직 공장이 찻집으로 개조한 곳으로 유명해진 곳입니다. 수영장 팀 아가들이 왕 언니네 찍으라고 해서 찍은 사진입니다. 역시 우리 모습은 예술성이 없는 선머슴 모습이네요. 그다음 사진은 이번 5월에 여고 동창 골프 3박4일 용평cc 해발 778m에서 기념 사진 찍은 거예요. 여기서도 키 큰 선머슴 모양이죠? 못 말린다니까요.

- Wow! 우리 숙이 사는 것처럼 멋지게 사네. 넘 기분 좋다. 네가 잘 사니. 중앙아시아라 카면?

- 카자흐스탄, 우즈베키스탄, 키르기스스탄 3개국입니다.

- 내가 선교사역 다니던 곳이구나. 지금까지 총 153개국을 다닌 것 같아. 너처럼 글을 잘 쓰면 좋으련만. 너무나도 잊고 살았던 것 같다. 너희들

과 외숙모를! 호영이가 고생이 많았구나. 좋은 사람 만났다니 여간 감사가 아니네. 만나면 할 얘기가 많겠다. 여긴 이제 잘 시간 여행 잘 다녀와.

음악을 보냈는데, 〈당신은 귀한 분입니다〉라는 음악이었다.

*

오늘은 일요일

온종일 휴식을 하며 누워서 뒹굴뒹굴하기로. 뜨거운 팩을 등과 엉덩이에 밀착시키고 멍 때리기로. 창밖은 아침 6시가 넘어도 조용하고 고요하네요. 숲속에서 산새들만 짜글짜글 짖어대고요. 온몸은 어제 등산으로 몸이 붓고 힘들었는지 벌떡 일어나지를 못하겠고. 이불과 팩을 몸에 감고 밍기적거리면서 회복하기를 기다립니다. 남자는 벌써 일어나서 내가 일어나기를 기다리는지 거실을 왔다리 갔다리 하고 있네요.

일어나자며 간신히 몸을 펴고 부엌으로 가서 물을 데우고 남자가 먹을 만두 삶는 냄비에 물을 부어 끓였습니다. 냉장고에서 만두를 3개 꺼내서 끓이고 약초물을 데우고 염증을 예방하는 강황가루, 계피가루 등을 물에 타서 남자에게 주었네요. 각종 과일과 고구마, 커피까지 챙겨주면 아침상이 끝나네요. 냉장고를 열어보니 전에 사다 놓아 시들어 가려는 야채가 너무 많네요. 아무래도 오늘은 사다 놓은 것들을 처리해야겠네요.

  먼저 금요시장에서 사다 놓은 오이장아찌를 썰어서 양념을 해 무쳐놓았네요. 미나리와 청경채는 데쳐 양념하고 무치고요. 다른 야채들, 노각, 생오이, 당근, 파프리카, 배추, 무, 양파, 파, 사과, 배 등을 씻어서 쫑쫑 썰어 소금을 뿌려서 절여 놓았네요. 그리고 고민했네요. 김치도 잘 안 먹고, 삶아 국 끓이는 것도 별로고요. 고춧가루와 젓갈을 넣어 담는 것도 그렇고, 물김치도 조금 먹다 말 것이고. 일단 야채를 먹어야 독소가 배출되는 것이니. 독일 양배추김치 사우어크라우트의 방법으로 만들까? 그것도 별반 맛을 즐겨지지가 않는데? 여하튼 절인 야채에 새우젓을 조금 넣고 야쿠르트 2병을 넣어 섞어서 김치통에 담았네요.

  무슨 맛이 날지? 스스로 궁금합니다. 아마도 헝그리 정신이 부족해서 음식 타박을 할 거라는 생각. 이래서는 안 된다고 마음을 다져봅니다. 그러나 지금 건강해서 이런 생각을 할 수 있을 거예요. 이 나이에 고통스럽게 아파서 병원에 누워 있는 자가 얼마나 많겠습니까. 무조건 매사 감사하고 고마운 것이라 생각합니다.

*

나이가 많을수록 소통이 어렵습니다

언제부턴가 말을 하다가 말을 그쳐야 했어. 내가 말을 하면 상대편은 듣지를 않고 자기 말만 하는 경우가 많더라고. 상대편 말을 무시하고 그냥 자기가 하고 싶은 말을 하는 거야. 나이가 젊은 사람들은 자기 말을 상대편에게 말하면, 다시 그 말을 받은 친구는 그에 대한 자기 견해를 말하여 그들만의 의사소통이 이루어지는 경우가 많은데. 어머니나 친구들에게 말을 하면 내 말은 무시하고 자기 말만 하는 거야. 황당한 느낌이 들어. 내 말에 문제가 있는 건가? 그러면서 내 말을 그냥 없애버리는 거지.

일주일에 네다섯 번씩 요양원에 계신 어머니에게 전화를 해. 우리가 전화를 하면 어머니와 나 사이에 서로 알고 있는 사람을 이야기하게 되거든. 우리 친척으로 이모네, 외삼촌네, 고모네, 이종사촌, 고종사촌, 아니면 우리 형제들과 그네 자식들. 누가 무슨 일을 잘하고 산다는 둥 그렇게 말을 이어가면서 말을 하는데, 이제는 소식이 끊겨서 소통할 일이 없어진 거야. 어쩌다 먼 친척, 그중에서 어머니가 잘 아는 사람에 대해 소식을 전하면서 말을 하려고 하면 어머니는 내 말은 안중에도 없고 자기 말만 계속 쏟아내고 마는 거야. 그러니 말을 하나 마나 인 거야. 결국 어머니는 날씨가 어떻다느니, 잘 해먹어야 한다느니, 돈을 너무 아끼지 말라니, 누구가 지독하게 돈을 아끼고 살았는데 치매에 걸려서 재산이 모두 흩어져서 소용이 없다느니 하며 말을 하다가 끝내고 전화를 끊는 거야.

나는 재미있는, 혹은 어머니가 궁금한 사촌들의 이야기를 알려주고 싶었는데. 어머니는 자기 말만 열심히 하고 만다. 내가 말을 할라 하면 그새 못 참고 또 다른 자기 말을 하는 것이다. 말을 많이 했다 싶으면 조금 있다가 너 들어가라, 전화해줘서 고맙다 하고 전화를 끝낸다. 엄마의 행동을 보면 엄마가 치매에 걸렸거나 안 걸렸거나 상황은 비슷해지는 거 같더라고. 그래서 나는 나이가 많아질수록 기도한다. 내 말은 하지 말고 다른 사람의 말을 열심히 들어주겠노라고. 그것이 나를 살리는 길이라고.

노인들만 그런 것은 아니야. 내 친구가 그랬어. 자기 동생도 그렇대. 자기가 한참 언니인데 자기 여동생은 (남동생이 여럿 있으니까) 자기를 기준 삼아 시기와 질투심이 강하여 매사 견제하고 비교하며 언니를 이기고 싶은 욕망이 강하다네. 우리 같으면 친언니가 있어서 좋을 것 같은데. 아마도 그렇게 태어났나 봐. 생물학적으로 그렇게 태어남은 어쩔 수 없는 거지. 언니네가 TV를 사면 언니보다 더 좋은 것을 사고, 언니네가 자동차를 사면 동생네도 더 큰 자동차를 사는 거야. 언니네가 집을 사면 동생네는 더 크고 좋은 집을 사고.

처음에는 언니가 별반 생각 없이 그런가 보다 했는데 나이가 들수록 고집이 세면서 형제간에 협조하는 것보다 자기 주장을 앞세워 자기 멋대로 하는 것이 언니를 이길 수 있는 방법인 거지. 언니에 대한 반란이랄까. 아마도 언니가 더 잘 났다고 생각한 것들이 나이 들고 몸이 부실해지니까 내적으로 이겨야 하는 성격이 밖으로 드러나는가 봐. 언니가 가지고 있는 것들은 옛날식 방식이고 현대적으로 맞지 않다면서 언니를 부정해 버리는 거지. 자연 언니 입장에서 동생은 아직 덜 여물어서 더 잘 여물 때까지 기다리며 시간을 보내는 거야. 동생이 좀 잘 익어가기를 바라면서. 나는 그 친구의 생각이 훌륭하다고 생각했어. 우리네는 차라리 그런 동생과 거리를 두고 말 텐데….

*

제사

시아버지 제삿날이 돌아왔다. 제사 전날 대부분의 음식을 미리 장만했다. 첫 줄은 과일 종류로 밤, 배, 유과 종류, 감, 곶감, 사과, 대추 등으로. 두 번째 줄은 포와 나물류인 황태포, 시금치, 고사리, 도라지, 숙주, 무나물. 셋째 줄은 전 종류로 동그랑땡, 소고기 육전, 두부전, 조기구이, 온갖 야채전과 동태전. 넷째 줄은 술잔이. 다섯째 줄은 밥과 미역국, 떡. 병풍 쪽에 지방을 써서 붙이고, 촛불을 켰다. 향불은 제사상 앞쪽에, 술과 술잔 등을 배치했다. 상차림은 남자가 하고 음식을 만드는 것은 여자가 했다.

전날부터 마트를 다니며 필요한 것들을 사다 날랐다. 이 제사는 우리 선조들의 유물이라 생각한다. 이 유물 때문에 시어머니의 권세는 평생 하늘을 찔러댔다. 그 권세가 곧 권력이 되어 효도의 이름으로, 오형제 아들 며느리를 40년 동안 결박하고 호통치며 모두를 숨죽이게 만들었으니. 가난한 시절 시어머니는 명절과 제삿날을 꼽으며 수시로 제사비를 올렸고. 일년내내 아들네들에게 온갖 잡부금 명세표로 시어머니 통장으로 지불하라고. 다달이 내야 하는 생활비, 명절비, 제사비, 어버이날 행사비, 집수리비, 몸 아픈 치료비용, 친척들 행사비용 등 다달이 내야 하는 잡비 때문에 아들네는 얼마나 힘들었던지. 그사이 환갑잔치, 칠순잔치, 팔순잔치, 구순잔치 등….

그렇게 세월이 흘러 몇 년만 있으면 50년 주기라니! 세월은 참 빠르구나. 이렇게 모두가 잘 살고 있으니 모두에게 축복이리라. 물론 넷째 삼촌이 이미 저세상으로 가버렸지만 말이다. 제사 때가 되면 시어머니의 잔소리가 시작되는데, 요즘은 형제들도 아무 관심이 없다. 큰아들인 남자가 제사를 지내든 말든 누구 하나 군소리가 없어서 여자도 편하다. 내 임무와 책임을 다하면 되는 것이니까. 시어머니가 주장해 왔던 둘째네 큰손자를 세워 모든 제사를 책임지게 하려고 했던 것은 사그라지고 말았다. 집안에 기독교 신자가 많아졌고 당신의 아들들도 아버지 제사를 몰라라 하는데 당신의 남편을 손자에게 모시라고 하는 것은 잘못임을 아는 것인지.

여하튼 제사로 인해 시어머니에게 돈을 내라 산소를 돌봐라 하는 일은 없는 것이다. 우리가 모든 것을 책임지고 단지 제사를 지내고 있으니 시어머니는 할 말이 없는 것이다. 단지 전화로 제사는 지내고 있느냐고 묻는다. 그럼요, 당연하지요라고 대답하는 남자. 어느 날 시어머니는 갑자기 온몸이 쑤신다면서 호관원을 남자에게 사달라고 한다. 남자는 인터넷으로 주문배달을 했는데 가격이 컸다. 이만기가 선전하는 것을 강조해서 확인해보니 보통은 15만 원이면 되었다. 그러나 이만기표는 100만 원이 넘었다.

퇴직자에게 100만 원은 큰돈이었다. 여하튼 약을 먹으며 몸이 엄청 좋아졌다고. 어머니는 약간 미안해하면서 간섭을 덜 하는 느낌이었다. 둘째네 큰머느리가 간호사인데, 가끔은 할머니 구십 세가 넘으셨으니, 건강검진 같은 거 받지 마시고 맛있는 걸 드시라고 했더란다. 우리가 건강검진 안 받는 게 좋다고 했으면 '저것들이 돈 대기 싫어서'라며 벼락을 쳤을 건데, 하여튼 다행이었다. 세월은 빠르다. 여자는 이제 가슴 절인 시어머니에 대한 나쁜 앙금이 사라졌다. 법륜 스님이 항상 부모님 감사합니다 하고 기도하면 인연의 법이 좋아진다나.

여자는 자주 기도했다. 살아계신 시어머니와 친정어머니에게 그동안 낳아주시고 길러주셔서 감사했습니다라고. 계속 기도를 하면 확실히 여자의 마음이 편해졌다. 예수가 원수를 사랑하라는 것도 응용해서 용서할 수 없는 것들을 사랑하리라로 바꾸어 기도했다. 이제 모두가 사라질 텐데…. 그까짓 거 모든 것을 사랑해줄 수 있지 않을까.

*

40% 세일

마트를 가면 나는 세일 코너를 살폈다. 40% 세일이 많았다. 생삼이 삼사천 원이면 살 수 있었고, 당귀, 도라지, 콩나물, 공심채, 양송이버섯, 숙주, 늙은 오이 등 모르는 야채도 더러 있었다. 대부분 싱싱한 것이 많았다. 야채코너에 새 물건이 들어오면 오늘까지 표시된 물건들이었다. 처음에는 싸서 사다가 냉장고에 방치하다 며칠 지나면 모두 상해서 버려야 했다. 이건 아닌데? 차라리 사지를 말았어야지. 그러면서 마트를 가면 또 착한 가격이라고 사오고 말았다. 이번에 공심채를 사오면서 한 번도 먹어보지 못했는데? 어떤 맛일까? 남자는 공심채가 맛있을 것이라고. 베트남이나 중국의 국민 야채라나.

꼭 바로 만들겠다는 다짐을 하고 사 왔다. 한식으로 야채를 무치지 않고 프라이팬에 무조건 올리브유와 참기름을 살짝 뿌리고 공심채를 볶았다. 거기에 마늘과 파를 곁들이고 마지막에 깨소금을 뿌려서 식사할 때 먹으니 먹을 만했다. 남자는 좋다고 맛있다고. 그 후 나는 마트 탐방에서 세일 코너를 찾는 걸 즐겼다. 모두 세일 품목이었다. 살 게 많았다. 순두부도 있고 갈치, 오징어, 크림소스 등이 첨가됐다. 오늘은 당귀와 씀바귀, 인삼까지 그것들을 함께 섞어서 기름에 볶았다. 식품이니까 약품보다 낫지 않을까 생각했다.

나물을 볶으면서 유튜브도 함께 틀어 놓았다. 나이대별 의학적으로 올바르게 사는 법에 대해, 70대에 행복한 고령자들의 삶을 설명했다. 늙음이 두렵지 않게 되는 '삶의 방식' 등도 설명했다. 그리고 70대가 인생의 가장 행복한 시기라는 것도 말했다. 나도 그렇게 생각했다. 물론 많은 친구들이 아파서 누워 있고 죽어 가고 있지만 남자와 나는 열심히 운동하며 체력관리를 한 덕에 행복한 삶을 살아가고 있는 것이다. 그동안 다리근육의 파열로, 많은 고통이 있었고 어깨 파열이 심해서 고생도 많이 했다.

그래서 단백질을 잘 챙겼고 소염제를 복용하며 열심히 다리근육 운동과 어깨 운동을 꾸준히 했다. 세월이 흘러 3년이 넘어가니 이제야 움직임이 좋아졌다. 다행히 운동을 좋아하는 체질이라 파열 근육들이 빨리 회복되었다는 생각이 든다. 어쩌면 이제부터 70세의 행복을 누리고 살 수 있을 것 같다. 화, 목, 토요일은 수영을 하고 월, 목요일은 테니스를 치며, 수요일은 골프를 치고 산다. 그리고 날씨가 좋으면 토요일에 옥녀봉을 오른다. 높지 않지만 다리근육을 기르는 데 좋을 것 같다. 병원에서 물리치료 받는다는 생각을 한다. 푸른 나무와 산 하늘을 보며 치유를 하니 행복할 수 있다.

유튜브에서 70세 넘으면 건강검진을 받을 필요가 없다고 일본 의사는 설명했다. 고지혈증약을 먹지 말라 했다. 우리 어머니도 심혈관 수술을 했는데, 요양원 들어가시고 5년 동안 병원 처방약을 먹지 않았는데 별 탈이 없으시다. 고지혈증약을 먹으면 더 나쁜 것도 생긴다는 것이다. 요즘 의사나 제약회사들의 농간으로 친구들이 더 빨리 몸이 망가져서 고생하는 친구들이 많았다. 아니 수술을 지나치게 해서 죽어버리는 경우도 많았다. 나는 의사가 무섭다. 너무 사람을 돈으로 환산해서 수술을 조장하는 사람으로 보였다.

내 건강은 내 스스로 챙겨야 했다. 칠십 넘는 이 나이는 죽어도 아깝지 않은 나이라던가. 이제 스스로 섭생을 잘 챙기고 열심히 운동하고 여행하며 행복한 생활을 하는 것이 최상의 목표인 것이다.

*

우리는 살아가는 철학이 달랐습니다

오늘은 테니스를 치는데 발이 빨랐습니다. 앞으로 짧게 오는 공을 받고 옆으로 다시 오는 공을 받아치고 몇 번을 했더니 숨이 찼습니다. 어? 왜 이렇게 숨이 차지? 그동안 이런 일이 없었는데. 큰 숨을 들여마시고 다시 내쉬고를 몇 번 했습니다. 내게 오는 공을 계속 쳐서 보내다가 가운데로 깊게 오는 공을 쳤는데 실패했습니다. 내 파트너는 소리쳤습니다. 왼쪽으로 오는 공은 치면 안 된다고 치지 말라고. 내 몸이 저절로 따라간 것이라고. 내 쪽으로 오는 공 같으니까 치게 되는 거라고. 게임은 계속 진행되었고 시간은 빠르게 흘러갔습니다. 결국 게임이 끝났습니다.

공 치던 회원들이 라커룸 쪽으로 와서 의자에 앉아서 쉬었습니다. 여자는 갑자기 공치는데 숨이 차네? 이상하게라고 말한다. A 멤버는 그럼 병원 가서 피검사를 받아야죠라며 거든다. 여자는 갑자기 머릿속이 복잡해지며 상상이 떠오른다. CT 촬영, MRA 촬영, 날마다 의사의 명령을 따르고 여자는 의사의 말대로 날짜와 시간을 맞추고, 의사는 부정적인 말로 여자를 협박하고, 결국 의사는 주인이 되고 여자는 의사의 종이 되어 세월을 보내야 하는 상상. 여자는 머리를 흔들었다. 그리고 말하길, 많이 살았으니 대충 살다 가는 거지 뭐. A멤버는 그게 무슨 소리냐며 요즘같이 좋은 세상 피검사만 하면 된다고.

여자와 멤버 A의 철학은 다를 수밖에 없는 평행선. 여자는 현대 사회 의료체계의 부정적 이미지를 싫어한다. 그에 비해 A멤버는 병에 대해서 무조건 병원을 신임하는 편이다. 여자는 여자대로 고집을 주장하고 A멤버 또한 자기 주장을 굽히지 않는다. 우리는 서로 상대방을 답답하게 여긴다. 여자는 긴 인생을 통해서 많은 사람들이 병으로 죽되 병원의 수술을 통해서 더 빨리 죽음을 맞이한 것을 알고 있었기 때문에 병원을 신뢰하지 않았다. 그에 비해 A멤버는 모든 것을 수술을 통해서 병을 극복한 것들이 많았다. 아마도 서로가 살았던 환경이 달라서 병과 의사에 대한 태도가 다를 뿐인 것이다.

문제는 서로가 자기 주장이 옳다고 하는 것인데, 여자는 미욱했다. 여자여 당신은 어리석다고. 멤버 A도 옳고 여자도 옳은데 왜 다름을 인정하지 못하고 자기 것이 더 옳다고 주장하느냐고. 여자는 반성해야 했다. 남을 인정하는 연습을 해야 한다고. 환경이 다르니까. 바다와 산이 싸운다면 누구를 편들겠냐고. 바다대로 좋고, 산대로 좋은데. 아무것도 아닌 것을 싸우고 있으니 어리석은 일이라고. 우리는 각자 자기 철학대로 사는 것이 인생일 것이다.

그러나 사회를 정치적인 농간으로 국민을 어리석게 하는 일이 많았다. 10년 전에 한국에서 올리브유는 튀김으로 사용하면 안 된다고 야채 샐러드에만 뿌려 먹어야 한다고. 스페인을 갔더니 한국의 참기름, 들기름보다 발화점이 높아서 튀김용으로 사용할 수 있다고. 어? 이게 무슨 일이냐고. 그 후 한국에서 올리브 튀김

닭이 만들어졌어. 장사하는 업계들의 농간이었다. 다시 어느 해 중국을 갔는데 TV에서 한국민은 혈압계에서 140을 나타내면 즉시 혈압약을 처방한다는 거야. 그런데 유럽이나 다른 나라에서는 165까지 혈압약을 처방하지 않는 거고.

나이가 많아지면 더 높아도 괜찮다고. 그럼, 한국은 전 국민을 140만 되면 고혈압 환자로 만들어버리는 것이야. 한국민은 고혈압 환자가 아닌데 처방을 받으면 얼마나 많은 사람들이 혈압약을 먹고 부작용을 감수하고 살아가고 있는 것인가. 거기에 의사와 제약회사가 국민을 상대로 약을 팔아 환자를 만들고 돈을 갈취하는 상황인 게지.

진실이 아닌데 진실처럼 배포하고, 그로 인해서 이득을 얻으려는 것들이 얼마나 많은지. 요즘은 정신을 바짝 차려서 살아야 했다. 정치인들의 농간이 또 얼마나 많은가. 언제고 이완용 같은 매국노는 살아있고 기회를 틈타서 나라를 팔아먹으려 애쓰고 있으니. 가다 보니 옆길로 빠져버렸네요. 우리는 중심이 중요해요. 대한민국이 자유와 평화가 살아있어, 영원하기를!

*

여자가 기도를 하며 사는…

 여자는 조금 방심하면 마음의 색깔이 변하여 여자든 남자든 트집을 잡아 검게 칠을 하여 공격하고 만다. 다행히 운동하면서, 공을 칠 때는 공이 내 말을 안 듣는다고 너 땜에 미치겠다며 공하고 싸운다. 그래서 공치는 것을 끝마칠 때까지, 아이고 미치겠네, 미치겠어 하며 공을 탓하는 것이다. 그러다가도 공치는 것을 잠시 멈출 때, 주변의 산, 바다, 구름, 나무, 꽃 등을 보며 멋있다고, 아름답다며 감탄한다. 그리고 곧 자신의 마음을 달랜다. 그리고 다시 이렇게 아름다움을 볼 수 있다며 감사한다. 그놈의 마음이 요래저래 변덕을 떨죠. 그리고 건강하게 공을 마음대로 칠 수 있게 한 것에 감사하다며 기도하는 것이었다.

 새벽에 막내가 우리 집 현관문을 열고 들어오면, 왔니? 남자가 말하면, 네, 하고 들어와 부엌으로 가서 물을 한 컵 마신다. 여자는 서둘러 옷을 입고 수영가방을 들고 현관문을 열면 남자와 막내가 함께 현관문을 나선다. 밝은 새벽이라도 6월 중순인지라 밖이 훤하다. 여자가 차 키로 시동을 걸면 모두가 함께 차를 타고 빽빽한 주차장을 요리조리 피해서 골목길로 들어선다. 골목길을 지나 한길로 접어들고 우회전을 해서 사거리에서 신호등을 받아

좌회전으로 돌아 큰 거리 사거리에서 신호등을 받는다. 6시 타임 대형 버스들이 한 줄로 서서 고속도로 IC 방향으로 계속 진행을 한다.

사거리에서 한참을 기다리면서도 여자는 속으로 만 번의 법칙에 따라 법륜스님이 기도하면 좋다는 설을 믿고, 결혼성공발원기원문을 왼다. 그리고 신호등이 바뀌면 좌회전을 천천히 한다. 갑자기 차가 끼어 들어 옆차선을 가로질러 파랑 신호등에 맞춰 지나려는 차 때문에 사고날 뻔한 적이 많아 느리게 가는 것이다. 여자는 차에서 가늘게 들려오는 클래식 음악을 들으며, 굴다리를 지나 몇 번의 신호등을 넘어가서, 좌회전을 하여, 수영장 입구에서 주차장 검사표를 뽑아 빈 주차장에 차를 주차한다. 여자는 수영가방을 들고 수영장 입구에서 수영타임을 기다린다.

여자가 기다리면서 책을 읽다가 화장실을 들러 시간이 되면, 회원증을 번호 키와 교체하여 라커룸으로 들어간다. 여자와 막내가 여성 라커룸에 옷을 넣고 샤워장으로 가서 샤워를 하고 수영복을 갈아입는다. 그리고 작은 수영장으로 가서 약간의 물놀이로 몸을 물에 적응시킨다. 벽시계가 00시 50분이 되면 교체 시간이 된다. 남자는 1레인에서, 여자와 막내는 2레인으로 들어가서 몸을 움직이며 물장난을 즐긴다. 곧 코치가 와서 몸 체조를 한다. 1, 2레인 선생이 우리들의 코치다. 코치는 판대기를 주며 자유형 3번, 배영 2번, 평영 2번, 접영 2번을 하라고 지시한다. 그다음 판대기 없이 3, 3, 3, 3 바퀴를 돌라고 지시한다. 그리고 한 타임 쉬면서 간이 체조를 한다. 다시 50분까지 이거저거를 지시하며 계속 타원형으로 수영하며 회전시키고 마지막 체조를 하면 수업이 끝난다.

여자와 남자는 수영팀에서 수영한 지가 벌써 5년 차이다. 젊은 수영 동기들은 이미 6레인 5레인에서 수영 달인자가 되었다. 남자는 아직도 1레인을 벗어나지 못했다. 여자는 간신히 2레인을 고수하고 열심히 수영한다. 막내는 아마 서너 달 되었는데 벌써 2레인에 올라와 있다. 여자는 오리발을 차면 발에 쥐가 나서 곤혹을 치른다. 장딴지가 뻣뻣해져서 수영을 할 수가 없는 것이다. 그동안 여자는 많이 힘들었다. 다리근육 파열로 3년간 다리를 펴고 오므리지를 못했고 어깨근육도 파열이 되어 팔을 올릴 수가 없었다.

이제 다행히 다리근육과 어깨근육을 쓸 수가 있어서 좋았다. 그럭저럭 몸을 움직일 수 있어서 매사 감사하며 수영장에 다닌다. 그러다가 때로는 돌아오면서, 여자는 막내와 이야기를 나누지 않지만 어쩌다가 '너는 계속 결혼하지 않을 거냐'고 물으면, 막내는 안 할 거라고 대답을 하고, 여자는 속에서 치받는 성질로 그래 너 영원히 150년 혼자 잘 살아라면서 소리를 빽~ 질러 버린다. 차 속 분위기는 얼음처럼 차가워져서 고요하다. 여자는 빠르게 차를 운전하고 남자는 신호등 걸린다고 잔소리한다. 차가운 얼음처럼 냉기로 막내네 집 근처에 내려주고 집으로 돌아온다.

세월이 흘러가는 것이 여자는 안타깝다. 멀쩡한 막내가 혼자 사는 것을 보면 마음이 착잡하다. 무슨 놈의 새끼가 저 모양인가를 한탄하면서…. 그래도 집에 오면 수시로 미운 사람일수록 시어머니든 막내든 감사합니다라고 기도해야 업이 사라진다 했으니 (법륜 스님의 말) 무조건 기도하며 세월을 보내는 것이다. 사실 여자를 위한 기도일지도 모른다. 내 마음이 편해지려고 말이다. 세월이 가면 뭔가 새로운 형태의 체계가 이루어질 것을 기대하며 여자는 오늘도 열심히 기도하는 것이다.

*

세상의 장막들

세상은 대부분 검은 막으로 둘러싸여 누군가를 속이며 진실을 말한다. 종교적으로 중세의 성직자들이 그랬고, 불교의 스님들이 대중을 상대로 속이며 진실을 말했다. 대중은 모두가 진실이라 했는데 그 P스님이 공산당이라니! 아니 사이비 불교를 만들어 진실을 말하는 것이 사기라니. 우리는 즐거운 세상에서 살지만 포장된 광고에 속고 있다. 건강하게 살아야 한다며 건강검진을 받아, 의사와 제약회사의 결탁으로 대중을 죽을 때까지 약을 먹게 하거나 수술을 해야 사는 세상을 살고 있다. 결국 사기성을 가진 의사들에 의해서 수술하고, 재발하여 죽고 마는 삶을 본다. 대중이 죽어야 돈을 벌 수 있는 것이니까.

세상은 돈을 중심으로 돌아가고 있다. 전 정권이 아무리 나쁜 짓을 하고 나라를 망쳐놓아도 좌파들은 자기들끼리 이익 카르텔을 만들어 좌파를 지원했다. 그것이 돈이 되니까. 우파도 역시 좌파와 손잡고 돈이 되는 곳에 힘을 실어주고 함께 공조하는 것이다. 대중들 또한 좌파에 붙어 돈을 뜯어먹으니 좌파를 찬양하는 것이다. 어린 세대, MZ세대의 좌파는 30년 전부터 교육계 좌파들 전교조가 그들을 좌파성향으로 교육시켰기 때문인 거다. 성당 좌파도 성직자 좌파로 어렸을 때부터 키웠으니까.

문제는 우리나라가 조폭, 사기꾼 좌파들이 재벌 되고 부자 되는 나라가 되었다는 것이다. 시장에 착한 돈이 선순환 구조를 이루며 건전한 기업 등으로 유입돼야 하는데 보통 사람들의 등골 빼먹는 나쁜 돈이 너무 많아졌다. 라임과 옵티머스를 등록하고 고객들에게 불량품으로 팔았다. 원래 CB는 중소기업들에 자금 줄을 열어주려고 만든 제도인데, 기업 사냥꾼들이 코스닥 한계기업에 빨대 꽂고 땅 짚고 헤엄치기 돈놀이를 하는 통로로 악용했다니. 경제범죄가 미국 같으면 100년형을 선고받을 것을 우리나라는 15년, 25년형이 되고 만다. 몇 년 징역 살고 나와 범죄인들이 떵떵거리고 살고 있다면 이게 무슨 나라가 되겠는가.

세월호 피해지원법은 어떠한가. 세월호 피해지원금만 110억 원이라니. 거기에 4.16 재단 등 관련 단체에 지원된 비용이 수백억 원? 그거로 호화펜션에 놀러 가고 요트 타고 현장체험으로 한옥마을, 제부도, 제주도 놀러 가고. 한 단체는 지원금으로 북한 김정은 신년사, 김일성 항일투쟁의 진실 등과 같은 주제로 세미나를 열었다? 김정은과 김일성이 무슨 상관인데? 세월호 추모사업비로 연간 30억~40억이 든다는데, 어떻게 나라를 팔아먹겠다는 건가? 좌파 정치론자여! 모두 북한으로 가주면 좋겠는데. 그런데 국민 40%가 좌파 정치자를 지원하고 있으니 할 말이 없네요.

이제 새 대통령에게 기대합니다. 무너진 경제 질서를 잡아주기를. 혈세가 허투루 쓰이지 않도록 제도를 정비하는 데 힘을 모아주어 대한민국이 제대로 바로 서는 국가가 되기를 기원합니다.

*

35도의 여름 날씨

햇빛이 뜨거웠다. 차를 타니 차 속에서 열기가 몸으로 왔다. 이런 날도 우리는 테니스를 치러 코트장으로 간다. 코트장이 비었다. 웬일? 뜨거워서일까? 주차장도 널널했다. 회장님은 4~7시 운동합니다라고 카톡에 올렸다. ㄱ은 2번이요. ㅁ은 운동갑니다. ㅈ은 늦 참이요. ㅂ은 우리 갑니다고. 여자는 얼음물을 2개 얼려 갔다. 순간 물을 다시 2병 가져왔어야 하는데. 게임을 시작하러 코트장으로 가려니 찬 얼음물을 먼저 마시고 가야 할 것 같았다. 얼음물이 녹지 않았다. 물을 마실 수가 없었다. 난감했다.

다음부터 후회하지 않게 얼음과 물병을 따로 가져와야 한다고 생각했다. 속으로 12면의 코트장에 정수기가 없다는 게 말이 되나? 얄팍한 상술로 코트 관리 팀장네가 장사를 위해서 설치를 안 하는 것도 얄미운 일이고. 여하튼 구청에 누군가 민원을 넣어야 하는 일 같은데… 몸에서 짜증이 일어났다. 그리고 멤버를 맞추어 코트장으로 갔다. 게임이 시작되었다. 요즘 우리팀이 상대팀에 계속 밀렸다. 여자와 여자 파트너가 몸의 기능이 상대편보다 떨어지는 느낌이다. ㅇ멤버가 원래는 제일 능력자였는데 계속 실수가 생겼다.

아마도 68~69세의 나이가 어떤 신체적 변화가 생기는 것 같다. 여자도 그때쯤 다리근육 파열과 어깨근육 파열로 한동안 공을 못 쳤다. 그런데 ㅇㅇ이나 ㅁ멤버, ㅈ멤버 등이 손과 무릎, 심부전증이 발생하여 계속 병원을 왔다 갔다 하고 있었다. 노화현상은 어쩔 수 없으리라. 그래도 옆 코트를 보면 86세 할머니 90세 어르신들이 열심히 공을 치고 있으니 대단한 일인 것이다. 90세 어르신에게 몇 게임 하셨어요? 하고 물으면, 내가 4게임을 했다고 하신다. 그럼, 우리는 대단하십니다라고 대답한다.

심신을 단련하며 병원을 덜 가게 하는 일이니까 여자는 열심히 테니스를 쳤다. 그런데 오늘 날씨는 정말 대단한 날씨였다. 운동장 가운데로 햇빛이 쨍쨍 비쳐서 열기가 몸속으로 들어왔다. 상대편은 강하게 공을 넘겼다. 여자도 공으로 달려가서 공을 넘겼다. 처음에 여자네 쪽이 약했다. 지는 게임이 이어졌다. 여자는 빵으로 득점이 안 생기면 곤란했다. 여자가 몸을 움직이며 공을 따라잡으며 상대편 쪽으로 공격했다. 최소한 6:2로 지는 게임을 하려고 애썼다. 여자는 계속 함께 가자고 주문을 했다. 6:0으로 지는 게임을 하면 재미가 없고 사기도 떨어지게 될 것이다.

다행히 남자가 여자 쪽에 득점을 주려고 공격을 덜 했다. 이 틈을 타서 여자는 열심히 공격했고 결국 5:5로 게임이 끝났다. 온몸에 땀이 비 오 듯했다. 올 첫 더위가 36도라 숨이 막혔다. 라커룸으로 왔다. 얼음물이 아직 덜 녹았다. 녹은 물은 달았다. 열기가 몸을 식혔다. 여자는 물이 계속 먹고 싶었고 물맛은 끝내주게 맛있었다. 운동이라는 것이 맛있는 물을 먹을 수 있게 하니 얼마나 행복하게 하는 것인가. 잠시 쉬었다가 다시 몇 차례 게임을 더 하고 7시경 운동이 끝났다. 집으로 오면서 남자는 이런 더위는 맥주를 먹어줘야 한다나.

여자는 남자에게 지금 피부염으로 병원에 가서 주사를 맞으니 안 된다고 했다. 회장님은 ㅂ회장님 멤버만 빼고 여성들만 가자고 한다. 결국 모든 회원이 집으로 가려다가 맥주집으로 이동했다. 시원한 생맥주 잔을 들고 축배를 외치며 밤 늦게까지 맥주 잔치를 했다. 모두가 운동의 힘이었다. 대부분 퇴직자라 모이자, 마시자며 함께하는 일은 없기 때문이었다.

*

문화의 차이

외국에 사는 사촌 언니네가 사진을 카톡으로 보내왔다. 나도 우리가 살며 찍은 사진을 카톡으로 보냈다. 언니네는 우선 옷이 패션이었다. 모자, 의복, 배경, 가방, 신발 등이 다양하고 멋스러웠다. 색감도 뛰어났다. 모자 종류도 다양해서 사진마다 모두가 달랐다. 가족이 모여서 먹는 음식도 호텔레스토랑이 많았다. 무슨 기념일 잔치였다. 언니는 레스토랑에서 우아한 옷을 입고 목에 꽃장식을 하여 주인공이 화려했다. 음식도 다양했다. 스테이크와 빵, 샐러드, 와인, 구운 새우, 튀김. 감자, 햄 종류가 접시에 차례로 차려졌고 테이블에서 축배를 했다.

그에 비해 우리 축제는 거실에서 커다란 도래상을 2개 펴서 식구들이 빙 둘러앉았다. 거기에 갈비, 샐러드, 치킨, 김치, 상추, 피자, 횟거리, 소주, 맥주, 막걸리 등 다양한 음식을 차려서 축배를 했다. 언니네는 우아한 사람들이 함께 모여 자리를 한다면 우리는 남녀노소 모든 식구가 모이는 것이었다. 언니네는 서양식이었고 우리는 동양식이었다. 언니네는 격식이 갖추어진 모습이었고 우리는 가장 편안한 모습, 부엌에서 일하다가 축배를 드는, 그리고 모자란 갈비를 다시 구워서 채워가며 먹는 모습이었다.

모든 것은 장단점이 있었다. 언니네는 정해진 식사시간과 헤어지는 시간이 짧을 것이었고 우리는 느리게 많이 그동안 말 못 한 사연을 풀어버리려는 모습이랄까. 하여튼 길면 밤 12시도 넘을 수 있고, 또 다른 음식을 추가할 수 있다. 우리는 몸과 마음을 풀고 휴식하며 잔치를 풀 타임으로 하는 경향이 짙었다. 서로 문화가 다르지만 장단점이 있으리라. 언니네는 격식 있고 품격이 있다는 느낌이 든다. 우리는 격식 없이 편안하고 자유로운 느낌이 많았다. 각자 자기의 취향에 맞게 인생을 즐기면 되는 것이었다.

*

사십 대 중반은 중요하다

인생에서 사십 대 중반은 중요할 것이었다. 요즘 할머니들의 수명이 100세 시대라고 하는데 우리 자식들은 수명이 150세대라고 의료계는 말한다고. 여하튼 인생을 생각하면 평생 자기가 좋아하는 일만 하고 산다는 것은 힘들 것 같았다. 여자든 남자든 한 사람만 경제적인 책임을 지고 자식들을 부양하기도 힘든 것이다. 우리 때만 해도 남자 혼자 경제를 책임지기가 힘들었다. 그런데 지금 시대는 더 힘든 시기이니까. 내 큰딸은 평생을 테니스 치는 것을 좋아해서 테니스에 목매달고 살았다.

삼십 대 초에는 대학원을 다녀보겠다는 둥, 무엇을 해보겠다는 둥 말이 많다더니 어느덧 말이 없이 테니스에 빠져서 눈만 뜨면 테니스를 치러 다녔다. 여자로서 참을 수 없었던 일들이 많았다. 애기들과 남편은 내팽개치고 다니는 느낌이 많았다. 하여튼 여자와 딸이 다툼의 갈등이 많았다. 딸은 엄마 역할보다 테니스에 더 정열을 가졌다. 가정보다 테니스에 더 집중하는 것이 여자는 못마땅했다. 그러거나 말거나 세월은 빠르게 흘러가고 있었다. 딸의 인생은 딸의 것이었다. 물론 큰애가 만든 여행사는 열어 두었지만 코로나로 회사 형편은 미미했다. 어찌했든 그 사이 애들은 자라서 중학생과 초등 고학년이 되었다.

    그 사이 딸은 사십 대 중반이 되었다. 어느 날 딸은 테니스만 치면 안 되겠다고 생각했는지 가까운 곳에서 바리스타를 배우려 했다는 것이다. 그런데 약간의 돈도 벌 수 있는 타임제 직원이 될 수 있는 광고를 보고 찾아갔는데, 즉시 채용이 되었다고 했다. 여자는 딸에게 항상 말했다. 우리는 평생 즐기며 살 수 없는 거라고. 항상 경제성이 있는 자기만의 일을 찾아야 한다고 강조했다. 언젠가 네가 일을 하고 싶어도 오십 대가 되면 할 수 있는 일이 없을 것이다. 어느 날 칠십이 넘은 어느 친구가 부동산 자격 시험을 공부하는데, 그렇게 재미있을 수가 없다는 것이다. 그런데 그 소리를 들은 친구가 자격증을 따면 누가 칠십 먹은 할머니를 써 줄 거냐고 소리를 치더라.

그리고 그 친구에게 어떤 친구가 친구야, 밥 세 때 잘 해먹고 열심히 걸어서 아프지나 말라더라. 여자는 딸에게, 그 말이 옳은 것 같더라고 했다. 여자는 딸에게 그동안 네가 테니스를 쳐서 몸 건강을 만든 것이 그중 큰 힘이 될 것이다. 이제부터 진정으로 큰 애가 좋아하는 일, 경제성 있는 일, 어렵지만 견딜 수 있는 것을 찾는 것이 다행이라 했다. 그리고 여자는 큰딸에게 자기 일을 찾았다는 것을 칭찬했다. 여자는 평생을 치열하게 살았다. 학창시절에는 공부를 열심히 하여 교직생활을 했다.

결혼하고 아이 낳고 퇴직했다. 그 후 생활이 곤궁해지니까 엄청 후회하며 살았다. 그때 정말 어떻게 돈을 벌 수 있는 일이 없을까를 생각했다. 미장원 아줌마를 보면, 기술이 있어야 하는 것이었다. 시장을 가면 신발장사도 돈이 될 것이었다. 여기저기를 훑어보아도 여자가 할 만한 것은 없어 보였다. 결국 여자에게 맞는 것은 다시 공부를 하여 교직을 하는 것이 적절해 보였다. 남자는 여자에게 자격을 갖추어야 기회가 온다는 것이었다. 그 후 여자는 다시 석사 박사를 땄다. 그 후 강사를 하며 경제를 살리려고 노력했다.

큰 수익은 아니지만 확실한 직업이 있는 것이 좋았다. 어찌했든 65세까지 열심히 일을 했고 최선을 다하고 살았다는 것이 뿌듯했다. 지금은 후회가 없다. 가끔 모임을 가지면 친구들이 잘 살았지만 자신이 일을 해서 돈을 벌지 못한 것을 후회하는 친구들이 있었다. 왜? 자기가 젊어서 돈을 벌려고 하지 않았나 모른다면서. 그게 후회스럽다 했다. 예전에 여자는 가정에서 애들 잘 키우는 것이라 어른들이 강조했고, 그렇게 사는 것이 행복이라 했다. 그러나 이제 시대가 바뀌었다. 여자도 돈을 벌어야 하고 벌 수밖에 없는 것이다. 남자 혼자 벌어서 100살까지 살 수가 없는 시대가 됐기 때문이다. 거기에 문화비가 커져서 씀씀이가 더 커지기 때문이다.

젊은이들 남녀는 이제 다 같이 돈을 벌어야 하는 시기가 되었다. 어쩔 수 없이 육아와 집안 일도 함께 공동으로 남녀가 함께 나누어 해야 하는 것이다. 그래서 여자는 딸들에게 자기의 일이 있어야 한다고 강조했던 것이다.

*

노태우 대통령의 딸 노소영을 보고

정치와 경제가 결합되어 노소영과 최태원이 결혼했을지도 모른다는 생각. 하여튼 대통령의 딸과 SK그룹의 아들이 결혼을 해서 아들, 딸이 셋이었다. 나이가 육십이 넘었다. 최태원이 이혼을 요청했고 노소영은 남편이 돌아오기를 기다리며 혼외자도 인정하겠다고 했다. 슬픈 사연이었다. 그러나 최태원은 이혼을 요구했고 결국 위자료를 가장 많이 받는 자로 노소영은 이혼을 해야 하는 것이다. 노소영 어머니는 딸에게 가정을 지키는 것이 중요하다고 지키는 것을 강요했는데, 그래서 노소영 어머니는 자기 딸에게 미안했다.

아는 언니들도 돈이 많은 남자와 결혼했고 애들이 장성한 후 남자는 부인에게 이혼을 요구했다. 부인이 학벌 좋고 대단한 사람이었지만 결국 60세가 넘어서 부인은 할 수 있는 일이 없었고, 말년을 배신과 후회, 그리고 가난으로 말년을 보내게 되었다. 예전에는 여성이 집안일과 아이들을 양육하면 남자는 경제를 책임지는 시대였는데, 돈이 많은 남성들은 물론 세컨드를 얻기도 했지만 부인에게 이혼을 요구하지는 않았다. 새로운 풍조로 이혼하고 결혼하고 하는 것이 찬밥에 물 말아먹듯 쉽게 이루어졌다.

부모가 이혼했으니 자식의 처지는 온전하지 못했다. 자식들이 결혼하면 더 복잡했다. 양가 부모가 이혼해서 재혼한 부모는 더 복잡했다. 명절이 돼도 만날 수가 없었고 손자가 생겨도 보여줄 수도 없었다. 물론 그들도 그럴 것이 함부로 손자를 만날 수도 없다. 아니 영원히 남남처럼 살아가야 한다. 자식과의 관계는 죽을 때까지 만나지 못하는 관계가 되어버리는 일인 것이다. 여자가 대학에서 강의할 때 캐나다에서 온 앨레나 선생이 있었다. 여름 방학이 돌아오고 있었다.

- 엘레나 선생, 방학 때 캐나다 고향으로 가니까 얼마나 좋을까요?

- 아니, 저 안 가요.

- 아니? 엄마 아빠 안 보고 싶어요?

- 엄마, 아빠가 이혼해서 각자 따로 살아요. 만난 적이 거의 없어요. 혼자 대학 학비 빚내서 다녀서 학비 갚으려면 힘들어요.

여자는 깜짝 놀랐다. 아니 어찌 이런 일이. 외국은 그랬다. 그런데 요즘 우리 아래 세대들도 그랬다. 양 부모가 이혼을 해서 각자 살았고 애들도 각자 알아서 결혼했고 각자 살아가는 것이다. 삶의 패턴이 바뀌었다. 친족의 관계가 없이 소통하지 않는 삶이 좋은 것인지 나쁜 것인지 알 수가 없었다. 가족관계가 너무 밀착되어 마마보이 마마걸이 많아 이혼하는 경우도 많았으니까. 무엇이 잘 살고 있는 것인지 알 수가 없었다. 어쨌든 인간은 사회적 동물이니, 우리는 적절한 인간관계로 서로를 존중하며 각자 행복한 삶을 살 수 있었으면 좋겠다.

*

언니 뭐 해?

- 갑자기 웬 전화야?

- 언니, 흑 흑(울면서) 님이 아들이 오늘 11시에 죽었어. 너무 슬퍼서 전화했어.

- 엉? 나도 슬퍼서 눈물이 난다. 왜 죽었는데?

- 일하다가 사고가 났는데 머리부터 떨어져서. 아주대 병원 헬기를 불렀는데 뇌사상태로 오늘 11시에 죽었대.

- 어쩐다냐? 죽은 인영이가 생각난다.

- 옆에 형부가 그러는데 안전장치를 안 해서 사고가 났단다. 대기업은 철저한데, 작은 회사니까 대충 일해서 그랬단다.

- 님이가 아들을 무척 사랑했는데. 착하거든.

- 아빠 회사를 배우며 열심히 일했는데. 땅도 사서 회사를 건립하려 했는

데. 님이가 얼마나 좋아했는데. 일이 잘 풀려서.

- 호사다마라잖아. 어쨌든 슬퍼서 눈물이 자꾸나네.

- 언니, 애들이 취직 못 해서 안달할 것도 없고, 딸이 시집 못 간다고 애달플 일도 없네요. 그냥 함께 살아줘서 고맙네요.

- 그래, 맞아.

- 엄마가 그냥 구십을 사는 게 아니라더니 그 말이 꼭 맞네요.

- 참, 언니 혜경(미혼자)이 아버지도 돌아가셨어. 그런데 그 형제들이 와서 아버지 집이 아파트 48평인데 혜경이 이름으로 모두 이전 시켜주고 엄마 앞으로 연금 60% 나오니까 엄마 죽으면 그 집 모기지론으로 나오게 하고, 노령연금 100만 원 나오면 살 수 있게 했다네요.

- 잘했네.

- 그런데 혜경이가 그러더라고. 자기가 젊어서 돈을 벌었어야 했다고. 그런데 그런 것을 못 깨달은 것이 후회된다나.

- 언니 승이도 학원선생 하고 있는 것이 중요해. 진이도 이번에 아르바이

트라도 하라고 했어. 남자 혼자 벌어서 살 수 없다고. 허드렛일이라도 하는 것이 좋다고. 이모를 보라고 비닐 하우스에서 3년을 버텼다고.

- 잘했구나. 수명이 길어지니까 자기만의 노하우를 만드는 게 좋은 거 같아. 우리 친구 중에 어떤 친구가 금수저인데 어느 날 그러더라. 자기도 뭔가 일을 했어야 했다고. 이 나이가 되니까 후회스럽다고. 또 다른 친구가 자기가 요즘 학원 다니면서 부동산 자격증을 따러 다니는데 엄청 재밌다고. 그랬더니 다른 친구가 "야, 그거 쓸데없어. 이제 우리는 밥 잘 해먹고 열심히 걸어서 건강을 유지하고 사는 게 더 필요한 것이라고. 네가 자격증을 땄다고 나이 칠십인 사람을 어디서 써줄 것이냐"고 한마디 했다나. 여하튼 각자 자기의 삶을 자기 세대에 맞게 잘 사용하며 후회 없이 살아가는 것이 좋은 거 같아. 너도 건강하게 잘 살아.

- 알았어. 언니도 아프지 말고 살아.
- 그래.

*

좋은 아침

- 아침부터 난리가 났네요. 막내 동생이 울면서 전화를 했네요. 가장 친한 친구 아들이 사고로 어제 죽었다고. 나도 잘 아는 친구고. 나도 갑자기 울면서 전화를 받았네요. 인생은 참 허무하네요. 죽음이 우리도 가까이 왔는데…. 일단 우리는 즐겁게 삽시다. 네비샘 화이팅!

- 아이고 가엾어라. 앞날이 창창한 젊은 사람이 어쩌다가? 목숨이라는 것이 질기다고 생각했는데…. 그렇지도 않구나. 몸은 좀 좋아졌니? 나도 좋아졌어. 머리만 괜찮다면 만사 OK. 저번에 김하종(이태리 출신 신부님)을 만났더니 머리를 꽉 잡고 안수기도를 해주시더라. 노숙자를 위해서 30여년 간 모란시장에서 몸 바친 그런 신부가 참 신부더라. 몸 써서 터득한 것이 소중해. 우리도 죽을 때까지 몸 쓰면서 깨달아 가자.

- 신안샘. 영감하고 저녁 먹으면서 네 얘기 했다. 산타 비토리아의 안소니 퀸처럼 배짱과 여유가 있다고 했지. 입장권도 영감이 내주었는데 돈을 받아서 속상했어. JR 크로니클스 때 다시 갚아야지. 네가 항상 뒷받침해 줘서 고마워.

- 좋은 아침. 오늘 비가 안 오네. 계를 탔네요. 오늘 후배랑 골프 오랜만에

치는 날인데 비가 올 줄 알았거든. 후배랑 1년 만에 치니까 비 오면 좀 그렇더라고. 네비샘 난 언제부턴가 그냥 밥 사는 맨을 하기로 했으니까 신경 쓰지 마셔. 그것이 최고인 것 같더라고. 돈은 없지만 집 하나 팔면 된다는 거지. 그런데 밥 사줄 사람의 태도가 불량이면 영~ 아닌 거지. A의 악역을 B가 해서 그 자리를 꼭 누군가는 채우는 어떤 법칙이 있을지도 몰라. B가 모임에서 태클을 걸며 여자에게 지시하는 것도 괴롭고 제 맘대로 여자를 시켜서 네비샘을 휘두르는 것도 네비샘을 위해서라지만 싫더라고. 항상 나쁜 사람 증후군이 생기는 게 인생인가 봐. 그대로 사는 게 사는 걸 거야. 네비샘은 항상 몸! 몸! 몸!을 생각하셔.

- 신안샘. 항상 베푸니까 복을 주시나 보다. 오늘 날씨 아주 좋네요. 후배하고 즐겁게 테니스 치세요.

- 좋은 아침. 새벽에 몸이 많이 무거워서 아! 이게 나이구나 했네요. 오랜만에 몸보신 보조약을 먹으려 하는데 목구멍이 벌려지지가 않으니까 약이 목에 걸려 꽥꽥 거리게 되더군요. 네비샘 지독한 항암치료 참 잘 견뎠네요. 아프고 힘들고 그러면서 친구들 예술 탐방시키고 하여튼 최고 최고입니다.

- 수영 갔다 왔나요? 어제 무리했나 봐. 낮에 집에서 쉬면 다시 좋아질 거다. 잠시 후 병원 가려고 해. 리움팀 후배들이 내 생각이 많이 난다고 하는데 골프팀 중에서는 K 친구를 안 좋아하는데 그냥 모른 척한다. 다

리 힘 있을 때 부지런히 다니자. 같이 가고 싶은 곳이 많은지 15년은 더 다니고 싶다.

*

뜨거운 열기가 어제의 소나기로 식혀졌다

새벽에 막내가 집으로 들어왔고 우리는 서둘러 수영장으로 가려고 차를 탔다.

- 언니가 스타벅스 신입 사원으로 들어간 거 알아요?

- 응, 사진으로 교육받는 거 보냈어. 그런데 언니가 제일 늦깎이 같더라. 직원 모두가 애기들이야.

- 그런 거 같아요. 언니는 그런 게 좋대요. 가르치는 것이 싫대요. 난 사람 만나는 게 싫은데.

- 넌 그런 일 못해. 넌 멀티가 아냐. 이거하고 저거하고 또 따른 일을 못

하잖아. 아빠도 그렇고. 아빠가 아직도 수영이 어렵다는 것이 팔로 수영을 하면 발은 쉰다는 거고. 다시 발을 움직이면 팔이 쉰다잖아. 그래서 발아 넌 왜 쉬냐고 한탄하잖아. 그래도 한 가지 일을 하면 똑 부러지게 매진하잖아. 각자 태어난 것이 다른 거야. 엄마는 멀티잖아. 밥하고 TV 보며, 전화 받고 현관문 열어주고를 할 수 있으니까. 아빠는 한 가지만 할 수 있고. 넌 아빠를 닮고, 언니는 나를 닮은 거겠지.

- 좋고 나쁜 게 아니라 장단점이 있는 거겠지. 각자 자기가 좋아하는 일을 하면 성공인 거지. 넌 애들 수학 가르치는 게 맞는 거고. 엄마는 밴치마킹하는 사업가를 했으면 좋았을 거야. 엄마는 투자 목적으로 부동산을 산 게 아냐. 돈이 없는데 돈을 빚내서 게임을 하는 것이 즐거웠던 거지. 게임 자체가 즐거웠다고. 빚 때문에 이자를 많이 내고 고생했지만. 게임을 성사시키는 재미. 지금도 여건이 되면 썩음썩음한 집을 사는 게 즐겁다고.

- 언니는 오빠(형부)가 지금 회사가 미미하니까 차라리 그만두고 언니처럼 스타벅스라도 들어 가서 일하기를 바래. 그래서 회사 그만두라고 했는데 말을 안 들어 오빠가. 스타벅스에서 계속 직원으로 일을 하면 금방 연봉 5천은 넘을 거고. 직원 배려도 좋다는데.

- 오빠는 언니 같은 마인드가 아니야. 사람 만나는 것을 엄청 좋아하지도 않고, 색깔이 달라. 그 회사는 스트레스 안 받고, 인간 대접을 받으며 큰

돈은 못 벌지만 자신이 견딜 수는 있는 거지.

- 천재교육에서 다시 언니가 일하기를 바라는데.

- 스트레스로 죽어, 그러면. 그래서 사표 썼는데. 죽음을 초래하면서 할 수는 없는 거지.

- 외삼촌은 지금 법원 건이 생겨서 회사가 말이 아니라는데. 무슨 골프야, 골프가.

- 그것도 공부야. 외삼촌이 정직하고 바른 사람이니까 괜찮아. 다 이겨낼 거야. 나쁜 사람이었으면 우리도 힘들지.

- 회사라는 것이 그래. 나쁜 놈들이 많으니까 삼촌이 힘든 거야. 조그만 부레이크를 차에 꽂고 영업하다가 차가 부서졌는데 전체 차를 물어 달라는 그런 나쁜 놈들과 싸우는데, 할 수 없이 싸워야 하는 거야.

- 그런 것도 다 공부야. 임 이사랑 잘 싸우고 있어. 우리는 모두가 바르게 살고 있으면 되는 거야. 그게 힘이야. 잘 살고 못 살고보다 바르게 살면 되는 거라고. 부족하면 나누어 먹으면 되는 거고. 본질이 나쁘면 우리도 어찌할 수가 없는 거지.

- 그래요. 동생이 악질이면 정말 그건 수정할 수 없을 것 같네요.

그랬다. 정말 우리에게 중요한 것은 올바르게 사는 것이었다. 여자는 차를 주차하고 수영장으로 들어가면서 우리 모든 식구가 올바르게 살고 있어서 고맙다는 생각을 했다.

*

여자는 기도를 많이 하고 살려 했다

젊은이들과 서로 소통할 일이 많아졌다. 여자 나이가 많으니까 소통자들은 한결같이 젊은이들이었다. 외제 차를 운전하는 젊은이들은 한결같이 못된 놈이 많았다. 마지막 갓길 차선에서 들어갈 때 절대로 끼어들게 하지 않았다. 외제차 운전자들은 변경 차선에서 뒤에서 한 시간씩 기다리는 차들과 상관없이 맨 앞쪽에서 끼어들어갔다. 하여튼 못 말리는 현상이었다. 나이 든 외제차 운전자는 더 악랄하고 얌체인 자가 많았다.

아파트 단지 내에서도 그랬다. 그런 작자들은 늦게 귀가하면서 모퉁이 옆에다 주차를 해서 새벽부터 볼 일을 보러 가는 운전자를 곤혹스럽게 만든다. 그들 차는 또 엄청 큰 대형 SUV차라서 모퉁이를 돌 수 없게 만든다. 잘 못하면 양옆 차를 박을 수 있는 것이다. 경비원이 차 주인을 부르면 늦게 나와서 외출자가 약속 시간이 늦어져서 괴로워하지만 그 작자들은 그러거나 말거나 불렀다고 심통이 나 있으니 기막힌 일들이다. 서로 양보하며 사는 것이 인생이지만 여하튼 힘든 상황들이 많은 것이다.

테니스를 칠 때 젊은 것들은 자기 중심적이다. 4시 타임에 시작하기로 했는데 일찍 가는 사람, 늦게 오는 사람들이 있기 마련이다. 일찍 10분 전에 코트장에 도착했고 코트장도 이미 비어 있었다. 회원들은 코트장이 아까운데 멤버는 3명일 경우 옆 라인 멤버에서 한 사람을 빌려서 게임을 했다. 게임을 계속하는 중에 젊은 친구 멤버가 도착했다. 그렇다고 빌린 회원보고 그만하자고 할 수는 없었다. 그래서 게임을 끝내고 라커룸으로 들어왔더니 그 젊은 A친구가 회원들에게 악다구니로 말을 했다. 아니 자기가 도착했을 때 4시였는데 그럼 다시 게임을 해야 하는 게 아니냐고. 그럼 빌린 회원과 하다 말고 끝낼 수는 없지 않냐고 했다. 그럼, 자기가 오기 전에 달려오지 않게 회장이 문자를 줬어야 한다고 말했다. 여자는 어이가 없었다. A친구가 미웠다. A는 내로남불의 대가였다. 자기가 하면 괜찮고 우리가 하면 잘못됐다고. 여자는 A를 보면 분노가 쏟아졌다.

여자는 다리 심줄이 손상되어서 고통이 심할 때였다. A는 멤버로 여자를 빼고 옆 팀에서 잘하는 남자, 아니면 여자를 빌려다가 치고 싶었다. 그리고 그렇게 했다. 여자는 A가 괘씸했다. 처음 멤버로 들어왔을 때 A는 테니스 멤버로 실력이 한참 부족했다. 그러나 회원으로 들어왔기 때문에 우리들은 A와 열심히 쳐주었다. 나이 차이도 많았다. 그렇게 우리들은 A와 십오 년 이상을 치다 보니 A 실력이 향상되었던 것이다. 여자보다 실력이 없을 때, A는 상대방에게 공격을 하지 못했다. 그러나 잘 받아서 넘겼다.

어느 날 여자가 다리를 다쳐서 A의 공을 받을 수가 없었다. 오랫동안 치료를 받고 좀 나아져서 테니스 코트장으로 돌아왔다. 그사이 A는 실력향상이 되었고 우리 팀에서 치는 것이 부족해서 다른 팀으로 다시 들어가서 2개의 팀 멤버가 되었다. A는 더 실력이 향상되어 부족한 여자를 게임에서 빼버리고 싶었다. 여자 자신도 통증이 심하니까 밀릴 수밖에 없었다. 그러나 여자 스스로가 게임을 거절하는 것과 A가 일부로 여자를 빼고 다른 사람을 영입해서 게임을 하는 것은 달랐다.

여자는 A에 대해 참을 수 없는 분노가 생겼다. 너를 얼마나 오랫동안 사주고 먹이면서 함께했는데 네가 여자를 배신하느냐고. 여자 안의 뭔가 끓어올라왔다. 거기에 팔 근육이 다시 파열되어 새로운 고통이 따랐다. 여자에게 또 다른 힘든 시기가 되풀이되었다. 여자는 소염제를 복용하고 테니스 게임을 했다. 지는 게임이 계속되었다. 여자는 몸을 살려보려고 무던히도 애를 썼다. A에 대한 말할 수 없는 끓탕이 일어났지만 참고 지나갔다. 세월은 흘러갔다. 서서히 여자의 다리와 팔의 상태가 그만그만했다.

A의 테니스 실력은 의외로 높아졌다. 더불어 콧대도 높아져서 나이 많은 언니들을 제멋대로 휘둘렀다. 상대적으로 우리들은 A의 눈치를 보며 옆 팀의 Y 여자를 끼운다면 끼워서 게임을 했다. A가 좋아라 하면 넣어줘서 게임을 하는 것이다. 여자는 더 끓탕이 일어났다. 그러나 참아야 했다. 승승장구를 하는 A는 모든 게제 중심처럼 보였다. 게임을 하면 A는 여자에게 공격을 해댔다. 여자는 여지없이 받지를 못했다. A는 신이 났다. 게임이 되면 A는 여자에게 짧게, 길게 가혹하게 공격했다.

나이가 많아진 여자는 속으론 끓탕이 일어났고 참을 수 없는 분노로 어떻게 하면 그 공격을 받을 수 있을까 하고 노력했다. 여자는 그래 좋다고, 지는 게임을 이기는 게임으로 바꾸려고 노력했다. 그리고 애써서 몸을 살리려고도 노력했다. 코로나가 창궐하고 새로운 사태가 일어나고, 그렇게 세월은 또 지나갔다. 어느 날 A가 감기에 걸려 왔다. 그 덕에 여자도 일주일 내내 감기인지 코로나인지 혹독하게 기침을 하며 고생했다. 그다음 또다시 A가 감기에 걸려 왔다. 여자는 A 옆에서 멀리 떨어졌다. 한번 곤혹을 치렀던 기억 때문이었다. 그 후 A도 힘들었던지 살이 많이 빠졌다.

어머, A야 너 살 많이 빠졌구나 했더니 살이 빠져서 좋다고 했다. 시간은 서서히 달려갔다. 여자의 몸도 살아났다. 여자는 테니스를 치기 위해서 먹기도 싫은 닭가슴살을 챙기고 돼지고기찌개를 챙겼다. 할 수 없이 비싼 소고기도 챙기며 테니스 게임에 임했다. A의 공격은 서서히 약해지는 느낌이 들었다. 아니? 이게 아닌데? 하며 여자는 실력에서 밀리지 않았다. 그래 A야 너도 이제 육십오 세가 넘어가니 너도 나같이 힘들 때가 다가올 때가 나타날 것이니라고.

그리고 여자는 기도했다. A가 있으므로 여자의 몸이 살아났다고. A야 감사하구나. 힘든 과정을 잘 이기게 해줘서. 더불어 삶에서 힘들게 했던 시어머니, 친정어머니, 막내딸아 나에게 힘든 날을 주었기 때문에 여자에게 더 필요한 것들을 더 많이 주었던 것에 감사한다고.

*

베짱이

수영을 배우는 수강자들은 수영 선생을 베짱이라 불렀다. 베짱이? 왜? 후배는 말했다. 너무 농땡이니까요라고. 처음에 가르치던 선생님은 요란하고 시끄러웠지만 열정이 있었다. 물속으로 들어와서 수강자들에게 시범을 보여주었고 다리를 벌리며 평형법을 가르쳤다. 줄줄이 세워서 하나씩 체크하고 주중 한 번씩 다이빙을 가르치고 입수시켰다. 수강자들은 정신없이 물을 잡고 물차는 연습을 되풀이했다. 가끔은 수강자들이 선생을 초청해서 식사를 대접했다. 가끔 막걸리와 맥주를 마시고 선생과 제자들로서 토론도 벌였다. 시간이 흘러 후배들은 1레인에서 2레인 다시 3레인 4레인으로 올라갔다.

여러 해가 바뀌면서 선생도 교체되었다. 교체된 선생은 4년 동안 한 번도 물속으로 들어와서 수영법을 가르치지 않았다. 그리고 그는 베짱이라는 별명이 붙었다. 그는 수시로 결석했고 다른 수영코치에게 대신 수업시간을 맡겼다. 그는 수업시간에 지시만을 했다. 자유형 4번 돌아라. 평영, 배영, 접영 등을 몇 번씩 해라. 판대기 들고 발차기를 해라. 수강자들은 무엇인가 그 선생에게 불만과 불평만이 늘어났다. 제대로 가르치는 일이 없다고. 어느 날 후배는 말했다. 그 선생은 수영장에 대단한 뒷 백이 있나 보다고.

일주일에 한두 번씩 결석하죠, 토요일은 거의 나타나지 않죠. 그런데도 선생으로 자리를 지키고 있다고. 수상하다고. 그런데 오늘은 여자에게 관심을 보였다. 쥐가 나느냐고. 그렇다고. 그래서 가장 뒤에서 수영한다고. 다리근육이 빠져서 그렇다고. 원래 어렸을 때부터 다리에 쥐가 잘 났다고. 막내가 수영한 지가 6개월이 넘었는데 갑자기 관심을 가지고 가족이냐고. 그렇다고 부모님이시다고. 우리들은 의아했다. 이번 주 계속 안 나오던 베짱이가 토요일에 나왔다는 것도 우습고 수강자들에게 관심을 보이려고 애쓰는 것이 수상하다고.

그리고 그는 지시했다. 작은 수영장에 머물러서 앞 타임이 끝나면 우리는 본 수영장으로 들어갔는데 갑자기 베짱이가 우리에게 지시했다. 55분이 되어야 한다고. 우리는 마지막 체조시간이 끝나면 자연스럽게 회원이 교체하듯 전 타임시간이 빠져나오고 후 타임 시간 수강자가 입수했다. 그런데 베짱이의 지시로 혼란이 생기며, 이제껏 나타나지도 않더니 무슨 지시를 하겠다고. 그는 무조건 제 법대로 지시하는 자로 군림하려는 것이 못됐구나라는 생각. 나이도 어린 것이 어이가 없었다.

선생으로 대접을 받으려면 자기 의무와 책임을 다 해야 했다. 베짱이는 수시로 지적질만을 하는 것이 여자는 못마땅했다. 후배는 말했다. 베짱이를 구청이나 수영 관리자들에게 꼰질러야 한다고. 최선을 하지 않는 자를 교체해야 한다고. 여하튼 오늘 갑자기 여자에게 관심을 보이려 하는 모습이 추했다. 4년 동안 없었던 일이었다. 아마도 누군가 베짱이를 꼰질렀을지도 몰랐다. 안 나오던 토요일까지 출석을 했으니 말이다. 여자는 이때도 기도했다. 베짱이가 있어서 또 다른 인생공부를 했다고. 베짱아 고맙다. 그리고 감사했다.

*

마장동 고기 먹는 날

새벽에 남자는 호수공원으로 공 치러 가자 했다. 눈을 비비고 새벽 공기를 마시며 차로 이동하여 골프클럽에 갔다. 호수 위로 안개가 자욱했다. 여자는 공을 열심히 호수를 향해 쳤다. 힘껏 공을 쳐도 100미터가 고작이었다. 긴 채, 짧은 채를 번 갈아 바꾸면서 쳐봐야 100미터였다. 나이는 못 속여, 나이가 드니까 어칠 수가 없는 거야. 이렇게 여기 와서 칠 수 있다는 것을 감사히 여겨야지. 아침조조로 싸게 치니까 새벽에 왔지만 사람들이 칠 수 있는 자리는 가득 찼다. 우리는 공이 안 나올 때까지 열심히 치고 집으로 돌아왔다.

샤워를 하고 점심 준비를 해놓고 친구를 만나려니 바빴다. 만나는 장소가 빠듯했다. 여자는 편한 원피스와 바지를 입고 달렸다. 30분 동안을 쉼 없이 달려가서 약속시간에 닿았다. 온몸이 땀이었다. 옷이 다 젖었다. 차를 타고 마장동으로 갔다. 마장동은 처음 가는 곳이었다. 마장동은 축산시장으로 유명했다. 여자는 친구들과 마장동에 있는 주차장에 차를 세웠다. 그리고 K 친구가 가는 축산 시장으로 들어갔다. 어느 정육점에서 이거저거를 흥정했다. 한우라 맛있겠다는 생각을 했다. 거기서 K 친구가 흥정을 하여 고기를 샀다. 다른 친구도 영감님을 위해 샀다.

K 친구는 싱싱한 간을 주문했다. 간을 먹어야 어지럼증이 사라진다고 했다. 간과 우리가 먹을 고기를 사서 구워주는 집으로 이동했다. 허름한 음식집인데 2층이었다. 거기서 식탁을 차려주는 비용을 냈다. 불판과 야채, 소스 등을 차려주었다. 친구는 소주를 시켰다. 생간을 그냥 먹기는 힘들었다. 못 먹는 친구는 불판에 구운 고기를 먹었다. 난생처음으로 여자는 생간을 소금과 참기름에 찍어서 소주랑 먹었다. 식감이 아삭아삭했다. 그냥 먹을 만했다.

먹으면서 그래 어지럼증이 회복되겠지 하며 열심히 먹었다.

그렇게 친구들과 생간을 먹어봤다는 것이 특이했다. 마장동시장 여기저기를 돌아다니며 우리는 구경했고 다시 이동하여 시장 골목을 탐방하고 차를 타고 돌아왔다.

*

인간은 거짓 속에서 산다는 말

『42장경』은 중국 한 왕조 때(서기 67년경) 명 황제의 초대로 중국을 방문한 인도의 승려들이 중국인들에게 붓다와 불교를 소개하기 위해 만든 시 편집 형식의 경정이다. 이것은 무척 단순하고 직접적이면서도 알기 쉽게 불교 가르침의 정수를 담고 있다. 여자는 이 책을 즐겨 읽는다.

인간은 거짓 없이 살 수 없다. 모든 희망은 거짓이다. 미래에 대한 모든 기대는 거짓이다. 종교는 아편일 수 있다. 공산주의도 마찬가지다. 그것은 이 세상, 또는 다른 세상에서 미래의 희망을 주는 어떤 것이고, 일어날지 말지도 모르는 것을 위해 현재를 희생하도록 만드는 어떤 것이다. 힌두교인, 기독교인, 이슬람교인, 자이나교인들은 자기네 신앙 속에 있는 거짓들, 마술적인 세계들, 그들의 꿈들, 그들의 기대들을 숨기고 있다. 그들의 신앙이란 가슴 깊은 곳의 어떤 것이 아니라 단지 마음속의 믿음에 불과하기 때문이다.

그 종교인들은 자기네 종교를 파괴할까 봐 두려워한다. 그 두려움은 무엇인가? 그대는 왜 거짓에 집착하는가? 오직 거짓만이 파괴되는 것을 두려워한다. 오직 거짓만이 방어를 필요로 한다. 진리는 그 자체로 명백하다. 거짓은 그대를 세상에 적응하도록 돕지만, 궁극적으로는 그대를 돕지 못할 것이다. 외부의 어떤 것에도 매달릴 필요가 없다. 밖에는 무엇이 진리이고 무엇이 거짓인지 결정할 수 있는 길이 없기 때문이다. 지금 당장 내면으로 들어가 바깥일에 대해서는 죄다 잊어버리는 편이 훨씬 낫다. 내면으로 들어가서 바로 이 의식을 알고, 이 의식이 무엇인지 알고, 내가 누구인지 아는 것을 목표로 삼으라.

붓다께서 말씀하셨다.

한 명의 선한 사람에게 공양하는 것이 악한 사람 백 명에게 공양하는 것보다 낫다.

누가 악한 사람이고 누가 선한 사람인가? 무엇이 차이인가? 악한 사람은 다른 사람을 배려하지 않는 자이다. 악한 사람은 자기가 세계의 중심이고 다른 사람은 모두 오직 자신을 위하여 이용될 뿐이라고 생각하는 사람이다. 붓다는 악한 사람이란 다른 사람들을 배려하지 않는 자라고 말한다. 그는 오직 자기 자신에 대해서만 생각한다. 그는 자신이 존재계의 중심이고, 모든 존재가 자신을 위해 만들어졌다고 느낀다. 그는 자신을 위해 모든 사람이 희생할 의미가 있다고 느낀다.

선한 사람이란? 다른 사람을 배려하는 사람, 자기를 존중하는 만큼 다른 사람을 존중하는 사람, 모든 사람이 세계의 중심이라고 느끼는 사람이다. 다른 사람을 하나의 수단으로 이용하지 않는다. 사람에 대한 그의 존경심은 무한하다. 그는 항상 감사함으로 가득한 사람이다. 이 세상이 선한 사람으로만 이루어져 있다면 전적으로 아이들은 자유로울 것이다. 그들은 자유롭게 자신의 삶을 선택할 것이다. 아이가 그대에게 맞추어 크는 것이 아니라 자신의 존재에 따라 성장하도록 도와라. 그때 그대는 선한 사람이다.

*

나는 왜? 책을 쓰는 것인가

처음에 책을 쓰게 되는 것은 퇴직 후였다. 아침부터 동동거리며 바쁘게 살았는데 막상 퇴직을 하니까 이상했다. 달리기를 사정없이 하던 사람이 갑자기 멈춰 서면 몸은 달리던 쪽으로 쓰러지고 만다. 마찬가지로 몸의 상태가 무중력이 되면서 온몸이 쑤셨다. 시간과 나와의 관계가 모호해지면서 몸이 아팠다. 달려야 하는 상태가 편했다. 제3의 세계를 만들어야 했다. 우리인생을 30, 60, 90세로 나눈다면 말이다. 그동안은 수명이 짧았으니 퇴직을 하면 대부분의 사람은 죽거나 병이 들었다. 아버지는 59세에 퇴직을 하시고 돌아가셨다. 그런데 어머니는 95세인데 지금도 살아계신다. 걷지를 못하니까 요양원에 계신다.

나는 고민했다. 처음에는 농업 쪽에서 일을 하고 싶었다. 자연과 가깝게, 나무도 심고, 작물을 심어보며 이거저거를 해보고 싶었다. 그러려면 농업학교나 농업에 관한 어떤 교육을 받아야겠다는 생각을 했다. 그러다가 시아버지 산소 옆 자투리땅 이백 평이 있어 그곳에 나무를 심기로 했다. 골을 파고 삽질을 하며 열심히 일했다. 재미있었다. 뭔가 사는 힘이 보였다. 그러나 나는 이튿날 허리가 부러지는 느낌으로 일어설 수가 없었다. 그렇게 오랫동안 허리통증으로 고생을 한 후 아! 이것은 나의 일이 아니라 생각했다.

 다시 생각했다. 나와 가장 가까운 일이 무엇인가를. 나는 우선 책을 좋아했다. 매사 스토리가 있는 것이 좋았다. 그럼 평생 사용하던 글과의 관계를 생각했고 글을 써보기로 했다. 처음엔 쉽지 않았는데 일기처럼 그냥 쓰기로 했다. 그러다가 평생 힘들게 했던 시어머니에 대한 사건을 하나씩 나열하기 시작했다. 참을 수 없었던 일과 시동생의 이간질 문제, 시어머니의 분노가 온 집안을 힘들게 했던 사건을 나열했다. 살면서 아이들과의 문제, 남편과의 문제, 살면서 일어나는 일들을 썼다.

 글은 과거로 갔다가 현재로 오고 또다시 과거로 가는 글들이 써졌다. 생각나는 대로 쓰는 것이다. 그런데 글의 힘이 생겼다. 가슴에 답답하고 억울하며 참을 수 없던 것들이 가슴에서 모두 사라졌다. 시어머니에 대한 응어리가 모두 사라졌다. 그 후 나는 더 글쓰기를 즐겼다. 그리고 학기마다 논문 3편을 학회지에 올린 것을 제출해야 강의를 받았던 시절을 생각하면서 지금도 매년 논문을 쓰듯 책을 만드는 것이다. 처음에는 뭔가 뿌듯하고 기뻤다. 친구들도 한 권씩 돌려주며 스스로 즐겼다.

 그런데 올해는 책을 돌리는 것이 쓸데없는 일이라 생각했다. 물론 내가 책을 내는 것에 대해 그것도 뭐라고, 시기 질투를 하며 지적질을 하는 친구도 있었다. 그런 친구들에게 미안했다. 이제 그런 친구들에게 불편한 마음을 주기 싫어서 책을 주지 않았다. 진정으로 책을 좋아하고 공감하면서 낄낄거리고 웃으며 책을 읽어주는 사람에게만 주고 싶었다.

*

중앙아시아 10일 여행을 갔다

오랫동안 그곳에 가려고 애를 썼는데 갈 수 없었다. 여행사 고객이 없었고 코로나가 생겨서 여행을 할 수 없었다. 코로나가 해제되면서 고객이 모여서 14명이 둘씩 짝을 지어 갈 수 있었다. 여행도시는 타슈켄트, 사마르칸트, 비슈케크, 이식쿨, 알마티를 중심으로 관광했다. 오랜만에 비행기를 타니 가슴이 설레었다. 타슈켄트는 비행기에서 내린 사람으로 뒤범벅이 되어 혼탁했다. 사람들과 여행자들은 개찰구에서 오래 기다려서 출구를 빠져나왔다. 그러나 여행자들은 안내자가 없어서 광장을 배회했다. 그러다가 다른 여행자 팀을 만났고, 곧 우리 팀 가이드가 피켓을 들고 서 있는 곳을 발견했다. 가이드가 바로 여행자들을 차로 안내

하고 모두 탑승시켜서 호텔로 이동했다.

　첫날은 숙소에서 쉬고 이튿날 호텔 조식을 하고 기차를 타고 사마르칸트로 이동했다. 우즈베키스탄은 무한한 땅에 메마른 잔디가 온 천지로 가득했다. 가끔 한국의 60년대 슬레이트 지붕을 한 마을이 나타났다가 사라졌다. 사마르칸트역은 고대 도시마냥 기차역사도 고대건축을 현대식으로 만들었다. 먼저 울르그벡 천문대를 방문했다. 1942년 완공. 세계에서 가장 진보한 천문대라 불리었다. 천문대 지하에 남아있는 대리석으로 만들어진 거대한 육분의(천체의 고도를 측정하는 도구)가 유명하며 태양과 별, 달의 위치와 움직임을 정하는 데 사용했다.

　즐거운 점심식사로 만두 요리를 먹었다. 그것은 중앙아시아의 맛있는 음식이다. 이슬람 문화권의 영향으로 소나 돼지가 아닌 양고기를 주로 사용했다. 시큼한 요거트를 찍어 먹었다. 느끼하지 않아서 좋았다. 식당 분위기는 크고 화려했다. 식사 후 샤히진다 영묘에 갔다. 그곳은 사마르칸트 제일의 이슬람 성지였다. 아프라샤프 언덕의 남서쪽 경사면에 자리잡고 있다. 4~15세기 티무르 왕가의 성향이 담긴 건축술이 엿보였다. 샤하진다의 거리는 왕과 유명한 천문학자 이슬람교도의 묘소가 자리하고 있는 사원들이 조화를 이루고 있다.

사마르칸트의 하이라이트 투어

비비하눔 모스크: 사마르칸트에 있는 중앙아시아 최대의 모스크. 1399년에서 1404년 사이에 지어졌다. 티무르왕은 여러 아내를 거느리고 살았는데 그들 중 비비하눔을 가장 총애했었다. 이곳은 티무르왕이 비비하눔에 대한 소중한 추억을 영원히 간직하기 위해 건설한 엄청난 규모의 사원으로 이곳에 그녀가 잠들어 있다.

레기스탄 광장: 이곳은 고대도시 사마르칸트의 심장이라 할 수 있는 곳으로 모래를 뜻하는 '레기'와 광장을 뜻하는 '스탄'이 합쳐져 모래광장을 의미한다. 웅장한 3개의 건물이 있는데, 왼편에는 울르그벡 메드라사, 중앙에는 티라카리 메드라사 그리고 오른편에는 세르도르 메드라사가 자리잡고 있는 것이다. 광장 맨 앞을 차지하는 푸른 돔과 아치형 건물은 울르그벡 메드라사로 중세 시대에 대학과 같은 최고 종교 교육기관이었다. 이 광장은 관광객이 많고 음악이 울리며, 우즈베키스탄 지폐에 그려져 있다. 각종 대규모 기념일과 행사가 열린다.

구르 아미르: 티무르왕과 아들 손자의 묘. 사마르칸트를 티무르 제국의 수도로 정하고 번영시켰던 티무르왕과 그의 자손들이 잠들어 있는 묘가 있는 곳이다. 1404년 티무르왕이 사랑하는 그의 손

자 에미르의 묘소를 안치하기 위해 건설한 것으로 그 후로 타무르 왕가의 가족묘로 사용되고 있다. 돔과 다양한 색상과 정교한 문양으로 아름답게 장식된 모자이크 건물 벽이 인상적이다. 티무르 묘비는 세계에서 가장 큰 덩어리의 연옥을 조각해 만들어졌다.

중앙아시아 전통 꼬치구이, 사슬릭: 러시아뿐만 아니라 러시아와 국경에 맞닿아 있는 카자흐스탄, 우즈베키스탄 등을 포함한 중앙아시아의 전통요리이다. 주로 돼지고기 요리이지만 쇠고기와 양고기, 야채나 해산물 등을 양념에 잰 후, 숯불에 구운 사슬릭 특식은 남녀노소 누구나 좋아하는 요리이다.

사마르칸트, 야경투어: 레기스탄의 광장은 밤이 되면 매우 아름다운 모습을 볼 수 있다. 야경 투어로 산책을 하면 시원하고 아름다운 빛의 광경을 감상할 수 있다.

3일 차 사마르칸트에서 기차를 타고 타슈켄트로 이동했다. 기차는 4시간 소요되었다. 기차 내에서 우즈베키스탄의 풍광을 구경하면 한국의 60~70년대의 농촌 같았다. 지붕이 대부분 슬레이트 지붕이었다. 타슈켄트로 돌아와서 점심 식사는 볶음밥 요리, 쁠롭을 먹었다. 거기서는 오쉬라고 불렀다. 기름에 고기와 야채를 넣고 대량으로 볶는 것이 특징이며 기름이 많아 기름밥이라고 불렀다.

타슈켄트: 핵심 투어

하자티 이맘 광장: 구시가지에 위치한 타슈켄트 종교 중심지. 구시가지에 위치하며 바라크 한 메드레세, 이맘 모스크, 무미 무보라 메드레세 등이 모여있는 곳이다. 유네스코 문화유산으로 등재된 세계에서 가장 오래된 코란을 보관하고 있다. 우리는 경내로 들어갔다. 남자와 여자 출입구가 달랐다. 바닥은 푸른 카펫이 깔려 있었다. 천장 한가운데 푸른색 무늬와 사이사이 갈색 라인으로 장식을 하여 무슨 꽃모양 도안이 장식되었다. 그 중심에 아름다운 전등이 달려있고 주변 천장은 타원형의 조각무늬와 겹겹이 조각장식으로 이슬람교를 상징했다. 거기서 여행자들은 가이드의 설명을 듣고 그들의 생활상을 이해했다.

초르수 바자르: 타슈켄트에 위치한 우즈베키스탄 전통시장. 초르수란 우즈베키스탄 말로 '네개의 물길이 만나는 곳'이라는 뜻이며, 바자르는 '시장'이라는 뜻이다. 이곳은 부하라 아미르의 지시로 변해가던 비비하늄 모스크의 건축자재를 활용하여 만들어졌으며, 큰 돔 아래에 시장이 위치해 뜨거운 햇살을 피하여 장사를 할 수 있다. 이곳에서 과일, 채소, 빵, 향신료 등의 음식과 옷, 카펫, 가구 등을 판다. 실크로드 시대의 옛 정취를 그대로 느낄 수 있는 곳이다.

타슈켄트: 아트메트로(지하철) 투어

알리세르 나보이 역: 내부에는 청록색 작품들이 있는데 이들은 15세기 우즈베키스탄의 화려한 예술 문화의 시기를 이끈 인물들을 조각하였다. 천장은 돔 모양의 화려한 무늬로 되어 있는데 모스크의 천장과 비슷한 모습이다. 지하철을 탔는데 주민들이 엄청 친절했고 젊은 사람들은 나이 든 여행자에게 자리를 양보하려고 벌떡벌떡 일어나서 괜찮다고 하는데도 자리를 양보했다. 어른을 공경하는 매너가 좋았다. 오히려 한국은 요즘 젊은이들이 그렇지 않은 편이었는데….

코모나틀라르 역: 타슈켄트에서 가장 아름다운 지하철역

코스모나브틀라르 역: 이곳은 우주 프로그램 테마를 가진 역이다. 내부는 우주적 느낌을 주기 위해 짙은 파란색부터 흰색으로 옅어지는 모습을 보여주며 밝은 색상의 산화된 알루미늄으로 꾸며져 있고 하늘은 유리로 은하수를 표현한 듯했다.

타슈켄트 중심가 투어: 브로드웨이는 타슈켄트의 번화가이다. 현지 음식점과 오락시설, 각종 기념품, 골동품을 만날 수 있다. 연인끼리 데이트를 하거나 가족이 외식을 즐길 수 있는 곳이다.

아무르 티무르 광장: 세계 정복을 꿈꾸던 아무르 티무르의 동상이 있는 광장이다. 구 소련시절에는 붉은 광장이라고 불렸으며, 타슈켄트시 중심에 위치하고 있어 시민들의 휴식 공간이다.

그동안 계속 양고기, 소고기를 주로 먹었는데 음식이 풍요로워서 즐거웠다. 여행 중에 최고의 음식이었다. 그 후 처음 석식으로 한정식을 먹었는데, 이 또한 최고의 된장국이었다. 이튿날 호텔식도 맛있었고, 사과도 한국 사과처럼 크고 달았다. 수박과 멜론이 얼마나 달고 맛있던지. 맛있는 음식은 여행의 즐거움이었다.

타슈켄트: 우즈벡 종교/문화 투어

미노르 모스크: 2014년에 문을 열었다. 후면 두 개의 첨탑과 푸른색 지붕이 조화롭다. 모스크에 새겨진 기하학적이고 아름다운 무늬들이 감탄을 자아낸다. 관광객, 무슬림교도들이 끊임없이 방문한다. 야경의 아름다움이 모스크 최고의 위엄을 나타낸다.

중식 후 공항으로 이동하여 비행기를 타고 비슈케크로 향한다.

5일 차: 비슈케크 근교, 알라아르차 국립공원 탐방. 여러 가지 모습의 다채로운 산들이 있다. 국립공원은 완만한 능선과 협곡

그리고 만년설을 볼 수 있는 대자연의 모습을 모두 갖추고 있다. 그래서 아시아의 알프스라고도 한다. 1976년에 세워진 첫 번째 국립공원이며, 비슈케크에서 40Km 떨어졌다. 알라아르차는 향나무를 뜻한다. 국립공원에 향나무가 많다는 뜻이다. 여행자들은 공원을 산책했다. 하늘은 파랗고, 흰 구름은 선명하다. 붉게 핀 들꽃이 아름답다. 계곡에 흐르는 물은 맑았고 차가운 계곡물이 힘차게 소리쳤다.

중식으로 맛있는 양꼬치를 먹었다. 버스를 타고 부라나타워로 이동했다. 이곳은 가장 오래된 첨탑이다. 12~13세기 키르기스스탄의 소그드인이 지은 건축물로 천문대의 역할과 전망대의 역할까지 겸한 건축물이다. 중앙아시아에서 가장 오래된 첨탑으로 유네스코 세계 문화유산으로 등재되었다. 계단으로 되었는데 오를수록 좁고 어두웠다. 깜깜해서 계단을 오를 때 힘들었다. 한 사람씩 간신히 오를 수 있는 곳이고 뚱뚱한 사람은 빠져갈 수가 없었다. 꼭대기에서 온 천지가 다 보여서 기분이 상쾌했다.

6일 차: 촐폰아타, 암각화 박물관, 스묘니스꼬에 계곡, 유르트 방문, 르호르도 종교관, 노천 온천.

암각화는 촐폰아타 강의 선상지에 분포되었다. 기원전 2천 년부터 기원후 7세기 사이에 제작되었다. 사람, 산양, 사슴, 말, 표범 등 다양한 동물의 형상과 사냥 장면 등이 돌에 새겨졌다.

스묘나스꼬예 계곡: 유목민의 생활을 볼 수 있는 곳. 산에서 흘러내려온 물들이 계곡을 이루고 초원에는 양 떼, 말무리 등과 함께 대자연과 조화롭게 살아가는 순수한 유목민들의 생활 모습을 볼 수 있다.

유르트 방문: 유르트는 '고향'이라는 뜻이다. 몽골의 게르와 비슷하다. 유목민이 거주하는 주거의 형태이다. 유르트에서 점심식사를 했다. 그들의 삶을 잠시 함께 느낄 수 있었다.

르호르도 종교관: 세계 주요 5개 종파 간의 화합을 위한 곳. 이곳은 '영적 센터'를 의미하며 이슬람, 러시아 정교회, 천주교, 불교, 유대교 등 세계 종교의 화합을 이루고자 하는 목적으로 만들어졌다. 각 종교관 내부에는 그 종교를 의미하는 동상과 미술품이 전시되어 있으며, 야외에는 한국에서 기증한 종도 볼 수 있다.

이식쿨: 세계에서 두 번째로 큰 이식쿨 호수. 키르기스스탄 텐산산맥 북쪽 기슭에 있는 면적 6236제곱킬로미터의 산악 호수로 전 세계에서 두 번째로 크며, 여름 휴양지로 사랑받는 곳이다. 이 호수는 따뜻해서 겨울에도 얼지 않는다. 저 멀리 지평선을 보면 바다로 보인다. 텐산산맥의 빙하가 녹아내린 차가운 호수의 물은 약간의 염도와 지하에서 끓어오르는 천연의 미네랄 온천수가 질병을 치유하는 효과가 있는 것으로 알려졌다. 이곳은 파란 하늘

과 파란 호수, 그리고 만년설이 있는 톈산산맥이 어우러진 아름다운 호수이다. 여행객은 이 호수에서 유람선을 타고 뱃놀이를 하였고 몇몇은 다이빙을 즐겼다.

여자는 수영복이 없어서 이튿날 새벽에 이식쿨에서 수영했다. 처음에는 물이 찼다. 그러나 호수 안쪽으로 들어가면서 물은 따뜻해졌고 수영하기가 편했다. 바이칼호는 단 몇 초도 얼음물처럼 차서 발을 담글 수가 없었는데, 이식쿨은 신기했다. 톈산산맥의 눈이 녹아내린 물이었는데 그렇게 차갑지 않았다.

노천온천: 여러 개의 탕이 있었다. 뜨끈뜨끈한 탕이 많았다. 너무 뜨거워서 물속에 들어갔다가 바로 나와야 했다. 좀 덜 뜨거운 탕으로 들어가서 온몸을 담갔다. 여행 피로가 모두 다 가시는 듯했다. 온탕과 냉탕을 왔다 갔다 하면서 즐겼다. 냉탕에서는 수영을 했다. 다시 뜨거운 탕에서 몸을 달궜다. 대자연을 바라보며 쉼과 수영, 그리고 여행자들과 이바구를 하며 즐겼다.

비슈케크의 시내투어, 알라투 광장: 자유와 혁명이 깃든 광장으로 1984년 소비에트 연방 키르기스스탄 공화국 60주년 기념으로 건설되었고 중요한 국가적 행사나 의식이 행해지는 곳이다. 이곳에는 키르기스스탄인의 전설로 추앙받는 마나스 동상이 자리를 잡고 있으며 국가 호위병 교대식을 볼 수 있다.

승리의 광장: 1945년 제2차 세계대전에서 소련이 승리한 것을 기념하고 전사자들을 추모하기 위해 1985년에 세워진 전승기념탑이 자리잡고 있다. 승리의 기념탑 꼭대기에는 승리의 월계관과 그 아래에는 꺼지지 않는 불꽃이 타오르고 있다.

비슈케크 바자르: 키르기스스탄의 전통시장으로 실크로드의 모든 상품이 몰려들던 교역의 중심지였다. 바자르에는 신선한 과일, 채소, 빵 등 식료품부터 일용품까지 없는 게 없다.

알마티로 이동: 키르기스스탄에서 카자흐스탄으로 4시간 동안 버스를 타고 이동했다. 하차 후 출국심사. 구 소련의 공산주의 시대를 느끼게 했다. 그들은 느리고 힘들게 여권 검사를 했다.

알마티 근교 차른 캐니언으로 이동. 3시간 소요. 중앙아시아의 그랜드 캐니언이다. 알마티로부터 200km 멀리 떨어진 곳이다. 이 협곡은 200만 년 전에 형성되었고 차른강의 침식과 풍화작용으로 만들어진 협곡이다. 협곡 길이가 154Km이고 붉은 퇴적암, 기암괴석 등이 아름답게 펼쳐져 있다. 2004년에 협곡의 지질학적, 생태학적 보호를 위해 국립공원으로 지정되었다.

여행객들은 협곡을 감상하고 차른강 속에 발을 담그고 한가롭게 여유를 즐겼다. 그리고 원두막에서 가이드가 준비해온 도시락과 과일을 먹었다. 커다란 수박을 나무 의자에 박치기를 해서 쪼개고 카드를 이용해 칼 대용으로 수박을 잘랐다. 삶은 달걀과 빵, 오리지널 햄 소시지 등으로 식사를 했다. 뜨거운 햇빛을 받으며 간이용 트럭을 타고 언덕으로 올라갔다. 다시 알마티로 이동했다.

알마티 콕토베 전망대: 다양한 놀이기구와 레스토랑

알마티에서 침블락으로 1시간 버스로 이동. 그곳은 아시아의 알프스였다. 100% 천연설이라 자랑했다. 천연 스키장에 2011년 동계 아시안게임, 2017년 동계유니버시아 등을 유치했다. 여름에는 하이킹 코스로 유명하다. 케이블카를 타고 3500m까지 올라갈 수 있다. 정상에는 흰 눈이 쌓여 있다. 여행자들은 5천 미터 꼭대기에 흰 눈이 쌓여 있다고 환호를 부르며 인증샷을 찍었다. 정말 유럽의 알프스산이었다. 우리들은 산정 리조트에서 맛있는 식사와 맥주잔을 들고 축배를 했다.

알마티 시내 투어: 판필로프 28인 공원, 2차 세계대전 순물용사를 위한 꺼지지 않는 불꽃이 있었다. 공원 내부는 과거 소련에 부속되어 있던 15개 공화국에서 모인 병사들의 모습을 조각해 놓은 거대한 기념비가 있었다. 기념비에는 표정이 살아있는 조각품으로 장식되어 있었다. 그곳은 내전과 2차대전 당시 사망한 전사

자들을 추모했다.

젠코바 성당: 대 지진도 견뎌낸 목조 건물이었다. 1903~1906년에 지어진 목조건물로 못을 한 개도 사용하지 않고 지어진 건물이었다. 구 소련 시절에는 박물관으로 사용했다. 독립 후 1995년 러시아 정교회 측에 반환되었고 1997년 내부수리를 하고 신자들이 예배하도록 개방했다.

질뇨늬 바자르: 알마티의 전통시장으로 알마티의 대표적인 농축산물 시장이다. 사계절 내내 야채와 과일, 육류 등 많은 식품과 각종 생활용품들을 판매한다. 알마티에서 소비되는 야채의 대부분을 공급하는 곳이기에 녹색시장이라고 불린다. 그곳에서 대추야자를 샀다. 대추는 아주 달고 맛있었다. 5킬로에 50불을 주고 샀다. 한국 돈으로 아마 육만 오천원쯤 하는 것 같다. 날씨가 뜨겁고 퇴근 시간으로 도로가 꽉 막혀서 여행자들은 미리 저녁 식당에 가서 한식을 먹고 공항으로 이동했다.

나이 많은 여행객들이 아무 탈 없이 함께 여행을 끝마쳐서 고마웠고 감사했다. 내년에 또다시 여행자가 되기를 기대하면서….

여자는 중앙아시아를 여행한 후 여러 가지로 자신의 철학이 바뀌었다. 키르기스스탄으로 이동해서였다. 키르기스스탄의 수도 비슈케크에 도착했을 때 가이드를 만났다. 그 가이드는 뭔가 바쁘고 서두르는 이상한 느낌을 받았다. 그러나 석식 후 곧 호텔에서 숙식을 하고 이튿날 새 가이드 선생을 만났다. 처음에 그는 조그만 키에 우왕좌왕하며 당황하는 느낌을 주었다. 알고 보니 어제의 가이드 선생 부인이 저녁에 아기를 출산해서 어쩔 수 없이 친구인 박 가이드 선생이 대타로 부탁을 해서 왔단다.

아침에 눈 비비고 호텔로 와서 여행객을 만났단다. 여자는 박 가이드 선생을 이해하게 되었다. 알라아르차 국립공원을 안내 받았다. 여행객들은 박 가이드 선생과 이런저런 이야기를 하며 친분이 생겼다. 박 가이드 선생은 대우자동차 설립 때 직원으로 왔단다. 그러다가 키르기스스탄에서 감자 사업을 하고, 건설업에도 종사하며, 컨설팅 사업도 했다. 이십 년 넘게 여러 업종을 다양하게 사업하여 실패와 성공을 반복했다고 했다. 그는 자기 부인과 35살? 차이가 난다고. 엉? 하여튼 박 선생이 54세라고 들었다. 그런데 박 선생은 한국에서 쉽게 결혼할 수 없는 인물로 보였다. 그는 키가 작고 여성에게 호남형이 아니었다. 그는 현지인과 잘 어울렸고 그 나라 여성들은 한국 남자를 좋아했다. 또 그들은 미모의 아름다움을 가졌다. 한국 남성들이 좋아하는 형이었다. 아마도 둘은 잘 맞았고 결혼했다. 그의 아이가 14살이라 들었다. 그는 부인과 딸을 한국으로 보내서 공부를 시키고 있었다.

박 선생이 말하길 자기가 돈을 벌지만, 학비 때문에 자기 등골이 빠지고 있다고. 여자는 박 선생에게 충고했다. 가족은 함께 살아야 한다고. 시간이 지나면 함께 살 수 있는 시간이 없을 테니까 어릴 때는 붙어살아야 나중에 커서도 서로를 이해할 수 있다고. 박 선생은 여러 이야기를 해주었다. 키르기스스탄은 부모 없는 사람이 많다. 그러니까 그들을 데려다가 심부름을 시켜라. 그 대신 그 애들에게 공부를 시켜 주어라. 이곳은 학비가 무척 싸다. 한 달에 10만 원이 든다. 1년이면 120만 원의 학비를 대주고 10년이면 1,200만 원이면 만족한다. 그 이야기도 좋은 이야기처럼 들렸다.

박 선생은 또 다른 이야기를 했다. 키르기스스탄에서 건설업을 하는 한국사장이 사업을 혼자 계속하니까 어떤 젊은 여자가 붙었다. 청소해 주고 빨래를 해주니까 결국 젊은 여자가 애를 낳았다. 본 부인이 한국에서 여기로 왔단다. 그런데 젊은 여자가 자기 남편을 잘 보살피고 있고 자기는 여기로 와서 살 수가 없으니까 남편을 그 젊은 여자에게 맡기고 인정을 해줬다고. 그래서 본 부인이 한국으로 돌아가서 먹을 해산물과 그 밖의 것을 택배로 보내는 것이다. 그러면 젊은 애가 남편을 위해 맛있게 요리를 해서 애기와 함께 먹이라는 것이다. 여하튼 희귀한 가족 형태가 생성되고 있었다.

*

철심을 박다

여행을 갔다 오니 난리가 났다. 손자인 웅이가 축구를 하다가 다리가 부러졌다고. 엄마 아빠는 일하러 갔고 전화 받는 사람은 주변에 아무도 없었다고 한다. 웅이는 친한 친구가 와서 지켜주었다고. 친구 엄마가 다시 연락해서 엄마가 연락이 되었고 아빠가 와서 응급실로 가서 진단을 받았다나. 3군데 병원을 가니 모두 다 성장판이 파열되어 수술을 해야 한다고. 이대병원에서 사진을 찍으니 일만 오천원이었는데 영동 세브란스병원에서는 십만 원이었다고. 물론 이대병원은 아는 의사가 있었다고. 여하튼 수술 후 이대병원은 다시 철심을 제거하는 수술을 해야 했다나. 그런데 세브란스병원은 수술 후 스스로 철심이 녹아서 재수술을 하지 않아서 세브란스병원에서 했다고.

수술비가 이백 오십만 원이 나왔는데, 모두 너무 비싸다고 말했다. 웅이 아빠는 이대병원은 저렴했을 것이라고 했다. 그런데 오고 가는 데 2시간 이상이 걸려서 가까운 세브란스병원에서 했다고. 그래도 수술이 잘된 것 같다고 말했다. 여자는 손자에게 너 다쳤다며 물으니 그렇다고 했다. 그런데 그 녀석이 방학인데 물놀이를 가고 싶다나. 어이없어 하며, 야 근데 너 물놀이 가면 깁스

한 곳에 물이 들어가서 큰일 난다고 말해주었다. 그래도 자기는 가고 싶단다. 죽어도 가고 싶단다. 여자는 가까운 풀장을 인터넷에서 찾았고, 결국 천안의 대명콘도를 가기로 했지. 때마침 가족들이 여름 휴가가 많아졌고 주말을 끼워서 끝 주의 주중인 금요일을 잡아서 가족 물놀이로 정했어.

웅이의 요청으로 안성 이모 할미네 집에서 잠을 하루 자기로 했다. 7월의 막바지 더위는 기승을 부렸는데 날씨는 화창했어. 여자는 달걀과 맘모스빵, 햄버거, 얼음물을 준비하고 웅이네집 네 식구, 여자네 세 식구가 아침 7시에 물놀이를 떠났어. 이모 할미는 그쪽으로 오라 하고. 가면서 생각하니 콘도 카드를 안 가져온 거야. 이거 야단 났구나, 할인할 수가 없구나. 그래 더 내고 들어가자. 마침 막내 녀석이 할인코너를 찾아서 티켓을 발급받고 아빠 회원번호 확인해서 할인받으며 입장을 했어. 웅이는 절룩거리며 사람들 물놀이하는 것을 보는 것으로 만족한다나.

여자는 그래 웅이는 아파서 하는 수 없고, 그러나 다른 가족들은 휴가를 받은 것이니까 물놀이를 하는 게 좋겠다고 생각했다. 구명조끼 빌리고, 웅이가 누울 간이 침대의자 빌렸지. 그리고 먼저 웅이 아빠가 웅이 돌보고 나머지 가족은 모두 물놀이를 갔어. 구명조끼 입고 파도타기 놀이를 하고 그다음으로 튜브를 끼고 타원형, 파도 타기 놀이를 하러 들어갔다. 온 가족은 손잡고 뭉쳐서 파도 타며 물놀이를 했어. 위험하지도 않고 우선 물속이라 시원한 거야. 거기서 이모 할미까지 함께 노니까 재미가 있는 거야. 식구가 많아야 재미 있잖아. 식구들이 교체하면서 웅이 있는 쪽에서 쉬며 이바구하고 돌아가면서 파도 타고 하루종일 놀았지.

웃기는 것이 웅이 때문에 물놀이를 왔지만 웅이 때문에 모든 식구가 물놀이를 즐겁게 하는 거야. 다시 웅이 쪽으로 가니까 웅이 아빠는 물을 떠다가 제 아들 몸에 물을 수시로 뿌려주고 순번제로 다른 식구들이 돌아가며 웅이를 돌봤어. 여자는 수시로 먹을 것을 사다 주었지. 웅이 덕에 늙은이들도 호강을 하는 기분이었어. 물에서 파도를 타니까 배가 고팠어. 11시 반경 식당으로 이동했어. 메뉴를 시켰어. 불고기 백반 2개, 오뎅탕 2개, 치킨과 떡볶이 범벅 2개, 돈가스 2개, 또 뭐더라? 생각이 안 나네. 그래서 웅이네 식구들과 여자네 식구들이 다른 식탁에서 먹었어. 그런데 어찌나 맛있던지 꿀맛이었어. 사람은 엄청 많았어. 아마 물속에 수백 명이 함께 있었는데도 파도 속에서 몸을 그네 타기 하듯이 하니까 재미있더라고.

남녀노소 즐길 수 있는 것은 역시 물놀이더라 생각했지. 이제 우리는 멀리 물놀이 갈 필요는 없는 것 같았어. 사람 많은 수중 물타기가 짱인 거 같았어. 오후 4시경 철수 준비를 했어. 안성댁이 자꾸만 천안 코스트코에 가서 장을 보자고 해서 여자와 둘이 차를 코스트코로 가고 나머지 식구들은 이모네 집 안성으로 갔어. 그런데 문제가 생겼어. 고속도로를 가는데 너무 뜨거운 탓으로 안성댁 차의 운전대가 움직이지를 않는 거야. 간신히 갓길에 세워서 시동을 끄고 식을 때를 기다려 다시 시동을 걸고, 그렇게 되풀이를 하며 시간을 보내다가 퇴근 시간과 맞물린 거지.

간신히 차는 계속 밀려오지만 시동을 걸고 차는 움직일 수 있었던 거야. 코스트코까지 갈 시간이 없었어. 안 되겠다 싶어 오면서 병천 순대를 사서 차를 빠르게 달려도 저녁 시간에 오는 것이 쉽지 않았어. 안성댁은 애들을 전화로 불러서 밥해라, 고기를 구워라, 상추를 밭에서 따라고 하며 정신없어하는데, 여자는 아직 여행피로로 잠이 쏟아져 왔고 교통사고 날까 봐 걱정을 했다네. 여하튼 집에 간신히 도착을 했는데 집안 분위기는 싸한 거지. 애기들은 배고프다고 난리가 난 거야. 여자가 빠르게 상차림을 했어.

그리고 가족들이 자리를 잡아 건배 술을 한 잔씩 돌리고 축배를 했더니 다시 분위기가 좋아졌어. 맥주를 권하고, 순대와 구운 고기로 축배를 했네요. 금방 마당 밭에서 따온 싱싱한 상추와 오이가 입맛을 돋우고, 식구들은 즐겁게 이야기를 하며 시간을 보냈다. 식사시간은 길어졌다. 여자는 계속 눈꺼풀이 감겨서 참을 수가 없었다. 그녀는 식구들이 먹은 식기를 먹는 대로 설거지를 했다. 더 늦게 계속하는 사람들은 하도록 두고 여자는 설거지를 하고 TV 앞에 앉아 있다가 그만 잠이 들었어. 밤이 어떻게 지나갔는지도 몰랐어.

갑자기 새벽에 출근한다고 웅이 엄마가 깨어났어. 그런데 모두들 더워서 일찍 서울로 가겠다는 거야. 서둘러 짐을 싸서 서울로 올라왔어. 안성댁은 아침밥은 먹고 가야 하는데 아쉬워하며 마늘종과 마늘장아찌를 팩에 넣어서 챙겨주며 웅이네랑 나누어 먹으라나. 차 타고 오면서 막내는 이모를 한바탕 욕을 해댔다. 이모가 감이 없느니, 지혜롭지 못하다며, 아니 힘든데 엄마를 끌고 왜 코스트코 슈퍼를 가느냐고.

제주도에 갈 때부터 이모를 알아봤다는 둥. 거기 가서 왜 백종원네 식당에 가서 밥을 먹어야 하느냐고. 거금을 주고 수족관을 갔는데 바로 나오면 안 된다는 둥, 백종원네 밥도 못 먹었는데 그 밥이 뭐가 중요하냐, 애기들 말 타는 체험을 해 주는 게 중요한데 그것도 생략하느냐면서 욕을 해댔다. 안성댁 이모는 아무래도 지혜롭지 못하고 중요함이 무엇인지 모르고 남에게 보이고 싶은 자기를 과시하는 것만이 중하다고 생각하는 거라고 욕을 했다. 여자는 그런 것을 알지만 말을 안 했다. 다만 그런 점이 있다고 인정했어.

그런데 막내가 똑똑해졌다고 여자는 생각했어. 밥을 먹으며 막내가 말했어. 자기는 요즘 무슨 초등학교 선생이 애들에게 시달리고 학부형에게 시달려서 자살한 사건을 이야기하며 요즘 초등학교 교사 되는 것을 기피한다는 게 사실이라나. 자기는 그런 일 전혀 없이 학원선생을 하고 있다고. 자기네 교실 시계가 맞이 가 버려서 이놈이 계속 시간이 느려진다는 거야. 그래서 자기가 그 시계를 맞춰놓으면 또 시계가 어느 날 느리게 가고 있는데 학생들은 덥고 힘드니까 시간만 쳐다보고 있다는 거야.

그런데 이번에 한 학생이 선생님 저 시계가 느린 거 같아요. 이상해요. 그래서 막내가 쟤가 좀 고집이 엄청 세더라. 내가 수시로 시계를 맞춰놓는데 고집이 세서 절대로 물러서지를 않더라. 저렇게 고집 센 놈 처음 봤다. 너네들도 아마 고집 센 놈 많을걸. 쟤가 너네 닮아서 절대 뒤로 물러서지 않는 거 같으니까 너네가 알아서 시간 셈을 하라고. 여자는 막내에게 말했다. 그런데 너 수학 선생 10년 하더니 엄청 똑똑해졌다. 너 어렸을 때 하나, 둘, 셋과 1, 2, 3을 서로 짝을 못 맞췄는데, 네가 수학 선생이 되다니. 경력이 무섭구나. 이렇게 똑똑해지다니.

마지막은 기술자가 최고인 거 같아. 넌 이제 수학 가르치는 기술자가 된 거고. 자기가 수학을 못했으니까 아이들을 이해할 수 있는 거라고요. 원장 선생님은 10번 가르쳐도 모르면 참을 수가 없는데, 나는 내가 못했으니까 애들이 쉽게 이해할 수 있도록 설명해요. 예를 들어 올리는 것과 버리는 것을 학생들이 힘들어하는데, 사과 34개를 파는데 10개씩 묶으라고 하면 애들은 4개라고 하거든요. 그리고 10개씩 그림으로 묶게 하면 4개가 남아요. 그 4개를 버리는 거라고 하면 쉽게 이해를 해요. 다시 45,300개라는 숫자가 나오면 갑자기 어려워서 힘들어할 때는 돈이 45,300원 있는데 10개씩 묶으라고 하면 자기 돈이니까 아주 잘 풀어요. 4,530개로. 못하면 할 때까지 해주는데 원장님은 힘들어하죠.

가르치는 것이 너랑 맞아서 그래. 그래도 다행인 거지. 원장님과 정서도 맞고. 원장님은 시간이 칼이에요. 나도 물론 시간 지키는 것이 칼이고요. 그러니까 10년을 그러고 살지. 야, 이번에 세금이 너무 많다. 너 돈 있냐? 조금 있어요. 천만 원 있냐? 그거 주면 나 돈 하나도 없는데요. 그럼 800만 원쯤 빌려 줘라. 그래요. 지금 말고 9월이나 10월에. 그럴게요. 살다보니 막내에게 돈을 다 빌릴 수 있다니. 어느 놈 하나 돈 달라고 손 벌리는 놈만 있는데. 알뜰해서 돈을 빌릴 수 있다니 정말 다행이었다.

*

한여름날의 더위

아침부터 열기가 올라왔다. 에어컨을 사방에서 켰다. 아랫집, 윗집, 옆집들은 밤새, 온종일 에어컨을 켰으니. 여자는 에어컨만 켜면 콧물, 기침이 나니까 여름나기를 다르게 해봤다. 우선 욕조통에 찬물을 가득 채웠다. 그리고 뜨거운 물로 뜨겁게 샤워를 하고 찬 욕조통으로 들어갔다. 참을 만했다. 1, 2분이 지나면 찬물에 적응되었다. 10분 동안 유튜브를 봤다. 오이김치 담기를 시청하고 감자 졸임 방법을 다시 시청하고, 욕조를 나왔다. 부엌으로 가서 냉장고 오이를 씻어 뜨거운 소금물에 담갔다가 식혀서 양념장으로 김치를 담갔다.

냉장고에 있는, 세일 때 사다 둔 감자를 꺼내 감자 칼로 겉껍질을 벗겼다. 유튜브대로 프라이팬에 기름을 두르고 썬 감자를 적당히 익혔다. 거기에 진간장 두르고 물엿을 넣고 마늘과 파를 넣어 조리면서 단짠 감자 조림을 했다. 프라이팬 요리에 땀이 났다. 욕조통으로 들어가서 몸을 식혔다. 내 방으로 들어왔다. 넷플릭스를 켰다. 틈틈이 보던 퀸메이커를 틀었다. 줄거리는 대충 이랬다. 이미지 메이킹의 귀재이자 대기업 전략기획실을 쥐락펴락하던 황도희가 정의의 코뿔소라 불리며 잡초처럼 살아온 인권변호사 오경숙을 서울시장으로 만들기 위해 선거판에 뛰어들며 벌어지는 이야기를 그린 넷플릭스 드라마였다.

수단과 방법을 가리지 않고 은성그룹에 충성하던 황도희. 그런데 백재민의 비서 이슬의 자살로 인해 죄책감에 시달린다. 이 사건으로 백재민의 두 얼굴을 보는데. 은성그룹은 백재민을 시장으로 만들 것이라는 계획과 지시에 황도희는 퇴사한다. 은성그룹에 복수하기 위해 백재민의 시장 당선을 저지하기 위해 오경숙을 설득해 시장 출마를 시킨다. 은성그룹의 사위인 백재민은 비영리복지재단을 이끌며 대중에게 좋은 이미지를 갖고 있지만 실상은 복수를 위해 때를 기다리며 모두를 속이고 있는 인물이었다. 그는 당선되기 위해서 자기 비리를 숨기고 악행을 계속하며 상대편 오경숙 아들까지 이용한다.

결국 백재민은 선거에 이기려고 자기 아이를 임신한 비서를 죽이려고 한다. 자살인 줄 알았던 비서의 죽음이 재민이의 소행임이 밝혀져서 오경숙이 당선된다. 경숙의 선거자금을 은성그룹의 장녀로부터 받았음을 고백하면서 황도희는 수감생활을 시작한다. 교도소에서 황도희를 찾아온 새로운 정치인이 나타나며 도와달라고 말하는 장면으로 끝이 났다.

여자는 드라마를 보면서 스스로 정치판에 뛰어들어, 대중과 함께 숨죽였다. 장면 속에서 정신없이 선거하고, 백재민의 악행과 비리가 밝혀져 스스로 자살하는데, 드라마 장면 모두가 끝이 나고 마는. 그래서 여자는 온몸이 긴장 속에 빠져 있다가 풀려났다. 여름 더위가 드라마로 긴장하여 얼음을 끼고 있었고, 언 몸이 얼어 있다가 동시에 몸이 녹아버렸다. 더 뜨거워지면 다시 욕조탕으로 들어가리라.

*

사람의 됨됨이는 알 수 없다

젊어서 우리는 함께 운동하고 맛있는 거 먹고 하하, 호호 하며 초등학생처럼 사이좋게 놀았다. 애기들은 함께 자랐고 이웃에 사니 소통도 많았다. 세월이 지나가면서 우리는 서로 헤어졌다. 오고 가면서 가끔 운동장에서 운동 멤버로 만나기는 했다. 서로 안녕하며 인사를 했다. K는 기존 운동장에서 계속 테니스 멤버로 살았다. 여자는 아파트 단지를 옮길 때마다 운동장이 바뀌었고 멤버도 바뀌었다. K와 돈독한 것은 테니스를 처음 배울 때 함께 코치에게 레슨을 받았고, 처음 똑딱볼을 이용하여 게임을 코치에게 배웠다. K와 여자는 같은 멤버로 게임 멤버였다.

　아침에 애들이 학교를 가면 함께 운동하고 게임을 했다. 세월이 한참 지나가서 각자의 사정으로 이사를 옮겨 다녔다. 40년이 넘어서 우연히 길에서 만났다. 여자는 K에게 말했다. 아직도 옛날 테니스 모임을 하느냐고. 거기서 K는 회장직을 하고 있다고. 여자는 K에게 부탁했다. 아파트 단지 코트장이 곧 사라질 것 같으니 여자와 남자를 그쪽 팀 멤버로 받아달라고. 그렇겠다고 고개를 끄덕였다. 세월이 다시 또 지나갔다. 그리고 K네 코트장이나 여자네 코트장이나 어느 날 모두 사라졌다. 팀들은 종합운동장으로 옮겼다.

　K팀은 토요일에 코트 사용을 받았고, 여자네 팀은 월요일과 목요일에 사용권을 받았다. 여자네 팀은 계속 줄고 줄었다. 4명의 짝 멤버를 채우기가 어려웠다. 어느 날 여자는 잘 아는 K에게 우리 팀원으로 들어와 달라고 사정을 했다. 팀이 부족해서 3시간 동안 계속 운동할 수 없다고. K는 그러겠다고 했다. 미국 언니네 집 갔다 와서 입단하겠다고. 세월이 지나 어느 날 K가 우리 팀으로 왔다. K는 자기네 팀은 회원이 28명이라나. 여자팀은 회원이 없으니 계속 게임을 해줘야 했다. K는 자기가 지금 심부전증이라 숨이 차서 많이 못 한다고 했다.

여자는 다리근육이 파열돼 여러 번 할 수 없었다. 그래도 K와 게임을 하며 우리는 서로 상대편 공을 받고 넘기고를 하며 서로의 실력을 측정했다. K는 자기가 엄청 잘하고 있는 존재로 자부심이 강했다. 여자는 실력 있는 K를 회장에게 추천했고 삼사십 년을 공 쳤으니 당연히 환영했었다. 그렇게 K가 오는 날 우리는 게임을 했다. K는 테니스 기술은 뛰어났다. 상대편이 짧게 보내지는 공이나 사이드로 넘겨지는 공은 발리로 아주 짧게 네트 쪽으로 보내서 상대편이 받을 수 없게 처리했다. 아주 뛰어난 기술자였다.

그러나 뒤에서 공을 받는 것이거나 서브를 넣고 공을 다시 받는 것 등은 잘하지 못했다. 실수를 많이 했다. 거기에 상대적으로 공의 힘이 약했다. K가 생각하는 것마냥 쉽게 잘 되지 못하니까 계속 지는 게임을 해야 했다. 아마도 속이 상했을 것이다. 강남에서 자기가 제일 잘 하는 측으로 생각했을 것이고, 자기네 클럽에서 수십 년 동안 회장을 했던 우수한 인재로 생각했던 사람인데 이게 무슨 현상? 이름 없는 여자네 팀에서 형편없이 깨지니 자존심이 많이 상했을 것이다.

여자는 생각했다. K의 공을 쉽게 받을 수 있어서 적당하구나라는 생각. 그렇게 게임을 하고 그날 저녁에 남자는 거하게 술과 고기를 샀다. K의 입단을 축하하며. 그런데 K는 심부전증이 생겨서 힘들다고, 지금 약을 먹고 있다고 했다. 여자는 느리게 치료하며 천천히 적응하라고 말했다. 병에 대한 물리치료로는 테니스가 최고라고 말했다. 여자는 살살 K를 달래고 으르면서 팀에 적응하게 하려고 노력을 했다. 가끔 K는 병원에 가야 한다며 불참했고, 매주 목요일은 속초 딸네 집이나 동해 친정 집에서 쉰다고 불참했다.

K가 입단한다고 거하게 맥주를 샀고 6개월치 회비를 내서 여자는 박수를 치며 환영했다. 그후 여름 휴가가 돌아와서 여자네 내외는 중앙아시아로 열흘간 여행을 떠났다. 인원이 없으니 불참자가 생기면 사람을 어디서 빌려와야 했다. 역시나 이번에도 다른 팀의 여성 A멤버를 끼워야 멤버 4명이 될 수 있었다. 회장은 A멤버에게 게임을 해달라고 요청했다. 그러나 K는 자기는 A와 게임하기 싫다면서 게임을 하지 않겠다고 했고, 회장은 황당했다. 사람이 없는데 좋고 나쁘고를 따질 상황이 아니었는데도 말이다. 결국 K는 게임을 하지 않아서 다른 남자 멤버를 빌려와서 게임을 했다.

여자는 사실 K의 성향을 알 수 없었다. 삼사십 년 전에 똑딱볼 칠 때 함께 했던 사실만 알고 있었다. 그러나 가끔 이상한 일들이 일어나고 있었다. 여자가 동창 골프를 치러 갈 때 참가하겠다는 K는 참가하지 않았고 자기 대신 어떤 부부를 보냈다. 그런데 그 부부의 테니스 실력은 초보 수준이었다. 여기 멤버들이 30년 이상의 베테랑 수준인데 초보 수준의 멤버를 보내는 것은 예의가 아니었다. 서로가 민망했다. 못하는 사람도 힘들고 잘 하는 사람들도 그 사람들을 배려하니 게임이 될 수 없어서 힘들었다.

 자연적으로 K를 욕할 수밖에 없었다. 이거저거 여기 팀과 맞지 않는 일들이 생겼다. 정서도 맞지 않은 부분이 생겼다. 그 후 우리가 여행에서 돌아와 처음 게임을 했다. 남자와 K가 짝이었고 여자네 팀은 그들의 상대 팀이 되었다. 여자 팀이 처음에 3:0으로 득점을 했다. 여자는 강도를 약하게 게임을 해서 K네 팀에 득점을 주고자 노력했다. 여자가 서브를 넣으면서 남자네 팀이 1점 득점하게 했다. 4:0이 되고 금방 게임이 끝나면 재미가 없을 수도 있을 터였다. 3:1이 되었고 남자가 다소 몸이 풀리면서 반격이 시작되었다.

 남자 팀이 이겨 3:2, 3:3, 그 후 그러나 역전이 되어 4:3, 4:4, 5:4, 6:4로 여자네 팀이 졌다. 그러거나 말거나 여자는 만족했다. 이 더위에 게임을 열심히 즐겁게, 오래 했다는 것에 행복했다. 날씨가 무더웠고 태양이 운동장 한가운데로 열기를 쏟아낸 것은 진짜 대단한 열기를 품어냈던 것이다. 그 열기를 참아 내고 70세의 나이에 게임을 했다는 그 자체가 뿌듯했다. 그리고 집으로 돌아왔다. 남자와 여자는 치맥을 하며 이런저런 이야기를 하는데 남자가 여자에게 말했다. 게임을 하는데 K가 자기보고 왜 언니에게 주느냐 주지 말라는 둥 어쩌냐는 둥 계속 잔소리를 하는 것이 못마땅했다고 말했다. 게임 중에 그것은 아니라고 생각한다고.

맥주를 먹는데 갑자기 열이 올라왔다. 각자 알아서 하는 게임이지 자기가 이래라 저래라 하며 지시하는 것은 옳지 않은 거라고 대답했다. 식사가 끝나고 설거지와 빨래를 하며 고민했다. K에게 한마디를 해야 하는지, 말아야 하는지. 그래도 해야겠다는 생각. 그래서 K에게 문자를 보냈다.

- 부탁할 게 있네요. 게임할 때 우리 남자에게 왜 언니에게만 주느냐, 다른 사람에게 줘라. 또 어떻게 해줘라라는 말 등은 하지 말아주세요. 그것은 게임의 예의가 아니라고 남자는 생각합니다. 남자도 나름의 고집이 있어서 자기의 이론에 맞지 않으면 참을 수 없어 합니다. 왕년에 나름 서울대를 나왔고 사회의 중역을 한 자부심이 있는 사람으로 자기가 잘못하지 않았는데 부당한 지시를 요구하면 끝장을 내는 경향이 있으니까요. 우리 서로 조심하며 성향을 이해하고 게임을 즐깁시다.

- 그렇게 말하지는 않고 왜 볼을 앞 사람에게 갖다 주느냐고 물었는데 뭐가 그리 기분이 나쁘지요? 계속 앞에 있는 사람 발리에 걸려 나한테 얻어맞으니, 물어본 건데 기분 상하네요. 여기서 서울대가 왜 나오며, 그런 말도 못 하고 게임한다면 난 그만둘게요. 회비 한 달치 빼고 돌려주세요.

- 세모와 네모가 다르다는 걸 설명하는 거예요. 수박과 딸기가 다르듯이. 수박은 겉이 단단하지만 속이 달잖아요. 딸기는 겉과 속이 다 달고. 남

자는 수박이라면, 자기는 딸기라는. 남자는 조용하고 있는 듯 없는 듯 한 존재로 여성회원들에게 20년 넘게 공을 쳤어요. 아무 탈 없이. 아마도 너무 덥고 힘들어서 힘들게 느껴져서 나에게 투정이 났을 겁니다. 테니스는 몸을 지키는 보약입니다. 물리치료로 이만한 것은 없더라구요. 이거저거 모두가 공부라고 생각합니다. 마음의 공부도 있고 몸의 공부도 있는 거구요.
모두가 힘들면 못하겠죠. 언제고 선택하세요.

- 볼을 별 탈 없이 오래 친 이유가 있었네요. 아무도 말없이 다 원하는 대로 운동할 수 있으니. 나는 한우리에서 28년을 회장직을 3번 하면서 잘못된 건 지적하고, 고쳐가면서 여기까지 왔어요. 앞으로도 많이 부딪치게 될 텐데 잘 얘기해서 회비를 돌려주기 바랍니다.

- 네. 계좌번호 주세요.

- ○○○-○○○○○○-○○ 하나은행 ○○○. 오랜만에 만나서 반가웠어요! 잘 지내시고 건강하세요.

- 그래요. 그동안 고마웠고 감사하고 미안합니다.

여자는 회장에게 사실을 얘기하고 K의 계좌번호를 알려주며 한 달치를 빼고 송금해 주시라고 전달했다. 그렇게 며칠 보냈고 회원들은 입회한 돈을 다시 돌려주는 일은 없다는 의견이 분분했고 시간은 흘러갔다. 그다음 주 K는 여자에게 다시 문자를 보냈다.

- 인간관계가 이렇게 끝나는 건 아닌 것 같아서 다시 문자합니다. 먼저 아저씨께 죄송하다고 전해주세요. 어떤 상황이든 기분이 상하셨다면 사과는 해야 할 것 같아요. 제가 몸도 아프고 기운도 없고 여러 가지 악재가 겹치다 보니 짜증도 많아진 걸 느끼고 있어요. 생각해보니 여태까지 이어온 클럽을 제가 이래라 저래라 하는 것도 오버이고 잘못했다는 생각이 듭니다. 거듭 사과드리며 몸이 더 나아지면 나가보도록 하겠습니다.

- 늦게 봤네요. 잘 생각했어요. 몸 건강이 최고입니다. 돈이 아무리 많아도 아파서 움직일 수 없으면 인생이 끝이더라고요. 우리 서로 힘들더라도 배려하며 즐겁게 테니스를 칩시다. 몸이 좋아지는 대로 나오세요.

이렇게 일단락되었다. 그렇게 흥분해서 나가겠다고 강력히 주장하더니 왜? 갑자기 사과하며 이 클럽에 있겠다는 건지 알 수가 없었다. 돈 이십만 원이 아까워서일까? 주변의 말은 K가 소속된 클럽 회원은 나이가 아주 많다고. 팔십 세가 넘은 이들이 많다나. 그 클럽에 젊은이들이 들어가면 남자들이 배려하며 난타를 쳐주는데, 나이 든 여자들이 시기하고 질투해서 젊은이들이 나온다고. K는 우리 클럽에 와서 두각을 나타내지 못했다. K네 클럽에서 회장하며 주목받는 주인공으로 대접을 받았는데 생각보다 여기 클럽에서는 실력도 부족하고 주목받지 못하는 것이 참을 수 없는….

하여튼 K는 소위 말하는 관심 받기를 좋아하는 사람일 수 있는 것이다. 올 12월에 가면 K의 진심을 알 수 있을 것이리라.

*

나

나는 몽롱하다. 먹고 싶지도 않고 뭔가 하고 싶지도 않고. 그냥 피곤한 것 같기도 하고. 이게 뭐지? 지금까지 살아왔던 상태가 아니야. 기쁘지 않아. 그렇다고 슬픈 것도 아니야. 긴 줄기를 잡고 끌려가는 느낌이 나기는 해. 자발적으로 뭔가 하고 싶은 거는 없어. 나를 밝혀야 해. 조울증이나 우울증 증세일까? 나는 뜨거운 팩을 허리 쪽에 붙이고 누워 있어. 뜨거워서 나를 데울 것 같아. 졸음은 오지 않았어. 기분이 나쁘거나 좋거나 하지는 않아. 그렇지만 상큼하고 발랄한 프레시한 기분이 없어. 이 나이에 이런 기분을 느끼려고 하는 자체가 문제인가?

사는 데 좋은 감정이 자연적으로 느껴올 수도 있는데. 스스로 그런 즐거운 감정을 만들려고 하는 것은 자연스럽지 않은 거지. 어디에다 비교할까? 먹는 것에? 배고플 때 밥은 최고의 음식인 거고. 배가 부를 때 밥은 최고의 음식이 아닌 거겠지. 그럼, 몽롱한 상태가 되는 것은 평화로움이 계속되고 구속 없는 생활의 자유가 넘쳐흘러서 배가 부른 상태이니 오히려 부정적인 것을 불러오는 것이 아니겠는가. 치열하고 숨 가쁘게 정신없이 생활하는 사람들에게 무슨 몽롱한 상태가 나타나겠는가.

나를 다시 깨닫는다. 싫다는 부정적인 이미지가 나타난다는 것은 자신에게 문제가 있는 것이다. 나는 달려야 한다. 달려서 땀을 내고 숨을 가쁘게 하고 계속 달리면서 내 안의 나를 잠재울 수 있을 것이다. 흠뻑 젖은 몸을 찬물에 식히고 시원한 선풍기를 틀고 오디오 소설을 들으며 낮잠을 한심 자두면 최상의 기분이 살아날 것이다. 내 안의 것들도 고요하고 편안해질 것이다.

가끔은 내가 남자에게 음식을 다 해주고 당연히 이거저거 챙겨주는데, 남자가 밥을 먹다가 무엇이 없네?라고 말을 하면 갑자기 여자는 짜증이 나면서 내 안의 뭔가가 솟구쳐 올라온다. 이런 현상이 왜 일어날까? 내 안의 짜증이 왜 생기냐고? 만일에 산꼭대기에서 밥을 먹는데 어, 무엇이 없네?라고 하면, 여자는 글쎄 빠뜨렸네 미안하게시리라며 변명을 했을텐데…. 그 때 짜증은 나지 않는다. 아마도 힘들게 등산을 하고 땀이 온몸에 배여 있었을 테고, 잠시 앉아서 쉬는 것만도 행복이고, 어떤 부정적인 말이라도 소화가 잘 테니까. 결국 인간은 힘들고 어렵게 사는 사람들이 포용하는 힘이 클 수 있다는 생각을 해본다.

가진 게 많고 힘들게 살지 않은 사람들은 짜증이 많고 화가 많으며 수용 능력이 떨어질 수 있을 것이다. 그런데 대부분의 사람이 죽음 앞에서는 모든 것을 수용할 수 있는 힘을 가진다. 죽음은 우리 모두의 영혼을 달래는 힘이 있어 보인다. 내가 어느 날 갑자기 죽는다는 사실을 내 안에 새기며, 내 안의 나에게 모든 것을 수용하는 수행을 공부하면 좋을 듯하다. 그리고 나를 더 탐구해 보는 거다. 수영을 열심히 할 때는 어떤가. 수영시간은 50분이다. 이 시점에서 수영을 한 지 4년 7개월이 되었다. 토요일은 자유수영 시간이다. 각자 알아서 수영을 한다.

여자는 2레인 반이다. 물론 남자는 1레인 반이고. 같이 시작한 젊은이들은 4레인, 5레인에서 수영을 한다. 여자는 그들에게 한참 뒤처지지만 그래도 수영을 무척 즐길 수 있고 오랫동안 쉬지 않고 수영할 수 있는 힘이 있었다. 젊은이들은 서너 바퀴만 돌면 잠시 숨 고르기로 쉬어야 하는데 여자는 50분 동안 쉬지 않고 수영을 한다. 오히려 쉬면서 수영을 하면 수영하는 것 같지가 않아서 싫어한다. 단지 여자는 속력을 빨리 내지를 못한다. 빨리 속력을 내려면 팔을 빠르게 움직이고 발을 빠르게 움직여야 하는데, 그러면 발에 힘이 들어가서 쥐가 나서 수영을 할 수 없는 것이다.

한번 발에 쥐가 나면 물속에서 엄청 고통스럽다. 되도록 발에 쥐가 나지 않도록 조심하며 살금살금 쉬지 않고 수영을 즐기는 것이 최선이다. 그래서 코치가 3레인을 가라고 한다 해도 여자는 갈 수 없는 것이다. 그곳은 아주 빠르게 속력을 내야 하는 곳이기 때문이다. 일찍이 여자보다 뒤늦게 2레인으로 왔다가 3레인으로 올라가면 그들은 목에 힘을 주고 여자를 무시하는 듯한 느낌을 준다. 당신 별 수 없네요라는 듯한 느낌. 그래요, 젊은이들 당신들이 빨리 올라가서 좋네요. 여기서 당신들이 느리게 버그적거려서 나도 싫네요.

당신들이 빨리 올라가서 좋네요. 여기나 거기나 물 세상은 똑같네요. 어디건 계속 수영을 쉬지 않고 스스로 수영하며 즐기면 그것이 최고네요. 그리고 어쩌다가 수영팀 조찬회를 하면 젊은 언니들은 말한다. 왕언니, 사람이 많으면 자유수영 때 3, 4레인으로 오세요라고. 거기에 언니보다 느리고 계속 쉬면서 하는 사람들이 많다고요. 알고 있어요. 2레인에서 못 해도 사람이 많으니까 올려보낸 사람들 다 안다고요. 여기서 그들이 걸리적거렸거든요. 거기서도 그럴 거라고요.

문제는 자유수영 때 2레인 사람들은 자주 쉬는 사람이 많아요. 여자는 안 쉽니다. 다만 조금 속도가 느리지요. 그런데 여자가 수영하고 끝까지 가면, 거기서 쉬었던 멤버들이 내가 가니까 다시 나를 따라 넘어가려고 수영을 더 빨리하니까 여자의 수영 리듬이 틀어지게 되는 거죠. 여자는 그냥 느리게 천천히 여유롭게 수영을 하고 싶은 거죠. 그런데 그 젊은이들은 이상한 오기로 도전을 하려는 것이 싫더라고요. 그들은 갑자기 여자를 제치고 빠르게 수영하는 모습으로 여자를 뛰어넘어 가려는 몸짓을 하여 여자보다 빠른 수영법으로 우위를 차지하려는 몸짓이 아름답지 않았죠.

여자는 단지 앞, 뒤로 수영하는 사람들을 방해하지 않고 혼자 수영을 천천히 즐기고 싶은 거죠. 그게 자연스럽죠. 여자는 앞, 뒤로 수영하는 사람이 멀리 떨어져서 서로를 방해하지 않기를 바라는 거죠. 그런데 젊은이들은 뭔가 경쟁하는 듯한 모습으로 여자를 넘겨서 빠르게 앞지르기를 하고 싶은 거죠. 그러거나 말거나 여자는 그들을 되도록 멀리 피하고 천천히 스스로를 쉬지 않고 자기만의 수영리듬을 유지하는 거죠. 그리고 여자 스스로 힘들지 않고 지루하지 않으며 수영으로 즐길 수 있는 것을 찾아 즐기자는 것이죠. 이 나이에 수영을 즐기는 것은 최고의 행복이죠.

또한 여자는 40분이 되면 다이빙코스로 넘어가니까 그것도 좋아요. 다이빙을 하면 엄청 상쾌해요. 뭔가 속이 시원함이 좋아요. 50분이면 아마 25바퀴를 돌고 도는 거 같아요. 그렇게 끝나고 샤워하고 나와서 차를 타고 오면 모두가 상쾌해요. 하루가 상쾌해지는 거죠. 그리고 보면 스포츠가 없는 세상은 참 재미없는 세상일 거예요. 조찬회를 할 때 젊은이들에게 물어봤어요. 요즘 재미있는 게 뭐냐고. 수영이래요. 나이 든 사람이나 젊은이나 똑같아서 여자가 잘 살고 있다고 생각했죠.

*

정열을 생각했다

며칠 전부터 손자 웅이를 학교에 데려다주도록 요청을 받았다. 웅이가 다리를 다쳐서 깁스를 했기 때문이다. 시간이 나는 대로 사돈이 한 번 내가 한 번 번갈아가며 웅이를 학교에 데려다주기로 한 것이다. 오늘 아침 웅이는 7시 45분까지 할미가 후문으로 오시면 된다고 했다. 나는 조급했다. 시간이 늦을까 봐. 일찍이 남편 식사를 챙겨놓고 서둘러서 아파트 계단을 내려 가면서 출근 시간이라 차가 복잡하니까 조금 일찍 7시 30분쯤에 갈 테니 웅이가 일찍 내려오면 어떤가를 물었다. 웅이는 8시 반까지라 시간이 많이 남아있어 충분하다고 했다.

나는 서두름을 늦추었다. 아파트 단지를 빠져나와서 길 옆쪽 파킹을 하고 시간을 늦추었다. 그러면서 생각했다. 내가 중학교에 다닐 때 버스도 없고 걸어서 십 리를 다녔고 걸으면서 영어 단어 외웠던 생각. 나는 기억력이 없어서 외우는 것을 못했다. 머리가 약간 수학적이랄까? 휴일이면 일찍 도서관으로 직행해서 줄을 섰다. 그래야 자리를 잡을 수 있었으니까. 대충 집에 있으면 이거저거 심부름을 해야 하니까 무조건 도서관으로 탈출했던 생각이 난다. 학교 갈 때도 새벽부터 서둘러서 학교에서 공부하려고 다른 사람보다 한 시간 빠르게 갔다.

공부를 잘 하려고 노력을 했지만 무엇이 부족해서 잘하지는 못했다. 그냥저냥 10등 안쪽 바깥쪽을 왔다 갔다 했다. 나로서는 최선을 다했다. 어쩌다 잘못 5등 안쪽으로 들기도 했다. 그래도 중소도시에서 최고 좋은 명문학교로 이름이 났던 곳이다. 이때 고종사촌들은 명문을 다니면서 선두자리를 놓치지 않는 특별한 인재들이라 생각했다. 그들은 어찌 그리 공부를 잘했던지 이해가 안 갔다. 그들은 잘 놀고 즐기면서도 공부를 잘했으니…. 나는 머리가 부족한 것으로 생각했다.

망상에 젖었을 때 딸이 웅이를 데리고 나왔다. 웅이를 차에 태우고 가방과 목발을 차에 함께 넣었다. 나는 운전을 하고 가며 웅이에게 물었다.

- 너 왜 공부를 해야 하니? 공부하기 싫은데?

- ….

- 학생은 말이야 공부가 권력 같은 거야.

- 하부나 할미는 그랬어. 우리 때는 판잣집에서 가난하게 살았거든. 할미가 대학 가는 것은 3%이니까 백 명 중에 3명이 대학을 갔어. 하부가 지방에서 서울대를 가려면 얼마나 열심히 했겠냐? 할미도 공부를 열심히 해야 장학금을 타지. 학비를 면제 받으려고. 하부는 알바를 하면서 학비 내고 공부했다고. 그리고 하부는 선생을 하려고 했는데 그것은 아니라고 생각해서 다시 행시를 한 거지. 그래서 1급 차관급까지 했던 것이고. 그래서 이렇게 사는 것이야. 이모나 너네 엄마는 공부를 하기 싫어해서 어쩔 수 없었지만.
네가 이 집안의 힘이야. 권력을 가지려면 공부를 해야 하는 거야. 수박의 맛있는 속을 먹고 차지하려면 공부를 해야 한다고. 공부하기 싫으면 수박표면, 맛없는 곳을 차지하는 거지. 알았니?

(웅이는 고개를 끄덕였다.) 나는 웅이 머리를 비볐다. 그리고 나는 말했다.

- 할머니네 친구 손자들은 지금 외국에 사는데 방학 때 한국에 와서 학원을 다니는데 아침에 가서 밤 10시에 학원이 끝나고 돌아온단다. 그렇게 온 세계가 공부를 열심히 하고 있는 거야. 학교에 다 왔구나. 이거 10만 원인데 네가 다리 아파서 너를 도와준 사람들에게 보답을 하라고. 담임 선생님에게는 조그만 롤케이크를 사다주고 너네 친구들에게는 짜장면을 사주든지. 오후에 몇 시까지 올까?

- 3시 5분에 끝나니까요. 3시 15분까지 오세요.

- 그래. 조심하거라.

저는 결혼을 안 했어야 해요

세입자가 나에게 말했다.

- 몇 년생이에요?

- 74년생이에요.

- 그럼 49살이네요. 애 아빠랑 결혼하지 않았어야 하는데….

- 그래도 지금 혼자 산다고 생각해 봐요. 아니 결혼도 하지 못하고 혼자 산다면, 크게 행복하다고 생각할까요? 이혼을 했지만 딸이 있어 둘이 사는 것은 행복이에요. 그 나이에 결혼도 못하고 혼자 사는 것은 슬픈 일이죠.

- 그렇기는 한 거 같네요. 젊어서 사주를 보면 결혼 안 해야 한다고 했어요. 그런데 결혼을 해서 실패한 것 같아요. 제가 처음에는 헌신적으로 살았는데 계속 자기만 일하고 모든 것을 책임만 지고 사는 것이 힘들고 억울한 느낌이 생겨서 결국 이혼했어요.

- 저는 혼자 살았어야 해요. 결혼한 것을 후회해요.

- 그래도 지금 나이에 아직 50년은 더 남았을 텐데, 좋은 사람 있으면 결혼하지 않아도 연인이 있는 게 좋지 않을까요?

- 아직 생각해 보지 않았어요.

- 우리 친구 중에 갑자기 남편이 죽었어요. 친구가 중학교 선생인데요. 딸이 하나 있어요. 근데 그 친구 엄청 착해요. 어쩌다가 남친이 생겼어요. 남친이 여친을 잘 챙겼어요. 둘이 오래 사귀었는데 내 여자친구가 암이 걸렸어요. 아직 퇴직 시기가 한참 남았는데요. 그때 그 남친이 여친에게 교직 생활을 그만하라고 했어요. 그 대신 그 남친이 퇴직 후 연금 탈 수 있는 연금액을 미리 대납해 주었대요. 그리고 여친 신랑묘지를 다른 곳으로 옮겨야 하는데 남친이 땅 묘지를 샀대요. 그쪽으로 여친 남편을 옮겼대요. 그리고 그곳에 내 친구 묘자리, 자기 부인 묘자리, 자기가 들어갈 묘자리를 모두 함께 만들었대요. 나는 그런 남친도 있구나 하며 감탄했어요. 사람은 모르는 거예요. 가슴을 크게, 열린 마음을 가지세요.

- 이번에 싸게 아주 잘 살게 해주셔서 감사합니다. 덕분에 LH 복지 아파트를 분양받아서 감사했어요.

- 언니 단백질 잘 먹고 몸 잘 챙기셔요. 건강이 최고예요.

- 사실 저는 커피와 맥주로 살아요. 마음을 달래는 거죠.

- 그러시면 안 돼요. 이제부터 몸을 챙겨야죠. 나이가 나이인 만큼 몸이 건강해야 일을 해서 돈을 벌 수 있고 딸도 챙기죠.

- 네, 명심하겠습니다.

요즘 친구들이 아들, 며느리 딸들 때문에 고통받는 친구들이 많았다. 그리고 결혼했지만 불화가 일어나서 부모들이 심적으로 힘들어하는 것을 보며, 그래 내 막내딸이 시집을 안 간 것이 나를 도와줄지 모르는구나를 생각했다. 갔으면 틀림없이 성격 차이로 이혼해서 돌아왔을 것 같았다. 인생의 철학은 어느 것이 옳은지 알 수가 없었다.

*

친구 T와 Y는 아주 친하다

희야는 상냥하고 싹싹하며 매너가 훌륭하다. 매사 적극적이고 긍정적이며 일처리를 잘한다. 친구들은 희야를 좋아하고 사랑했다. 문제는 희야가 주변 대부분의 사람을 모두 끌어모으고 집합하여 주변 친구들을 함께 조합하려 했다. 여자는 희야의 그런 점이 싫었다. 처음에는 몰랐다. 그런데 희야는 주변 인물들을 너무 좋아해서 너무 잡다해지는 것이 여자는 힘들었다. 그 친구들은 어중이떠중이가 다 모였다 보니 불편한 것이 많고 복잡한 일로 매사 힘들어지는 것이 많았다. 여자는 그럴 때 참 난감했다. 여자는 정서에 맞는 사람들만 교류하고 싶었다.

 여자는 시간이 없으니까 너무 많은 사람들과 교류하기도 힘들고 그렇게 널널한 시간적 여유도 없었다. 희야는 모두를 뭉쳐서 모였다 헤어졌다 하는 것을 좋아했다. 여자는 어쩔 수 없이 희야를 매사 따라다녔다. 그렇게 희야를 중심으로 모였다가 헤어지는 일이 너무 많았다. 시간은 흘러갔다. 희야의 생활에 여자는 끌려갔다. 언제까지 끌려가는 것이 힘들었다. 여자는 시간이 흘러가면서 시간소비, 경제소비로 심적 고통이 일어났다. 그렇다고 T를 떨쳐버릴 수는 없었다. 둘은 오랜 친구고 함께한 시간들이 너무 많아 좋은 추억을 가졌기 때문이었다. 여자는 고민을 많이 했다. 희야와 어떻게 지혜롭게 적정한 위치를 유지하며 서로가 행복하게 살 수 있을까를 생각했다.

 세월은 계속 달려갔다. 여자는 다시 생각을 했다. 인생이란 너무 가까우면, 고슴도치들이 서로의 가시에 찔리듯이 서로를 찌를 것이고 너무 멀면 멀어서 보이지 않을 것이다. 그래서 멀어지면 희야와의 친밀관계가 생기지 않겠죠. 거기에 여자와 희야는 이제 나이도 많아져서 감기로 서로 아픈 날이 많아졌죠. 서로 만나는 시간의 간격이 길어졌죠. 어쨌든 여자와 희야는 한참을 못 보게 됐죠. 그리고 서서히 여자와 희야는 서로를 궁금했죠. 서로 어디가 아픈지 카톡으로 확인하며, 몸이 좋아지면 만나서 밥을 먹었죠. 식사 후 여자와 희야는 좋은 카페에서 맛있는 커피를 먹으며 옛 추억을 이야기했죠. 그러면 모든 것이 즐겁고 행복했죠. 여자는 생각했죠. 이렇게 옛 친구를 오랫동안 좋아하고, 비슷한 생각을 조화롭게 주고받을 수 있다는 것은 축복이었죠. 이제는 여자가 희야 친구에게 항상 곁에 있어 주어 감사하다며 살고 있죠.

*

목욕 문화가 생각난다

어렸을 때, 한여름이 되어 외갓집을 가면 막내 이모가 나를 데리고 샘터로 갔다. 샘터는 집에서 멀었다. 큰길을 따라가다가 논두렁길로 접어든다. 이모는 항아리와 바가지, 양동이를 머리에 이고 갔다. 너 나 따라와야 된다고. 어둠이 짙어서 무서웠다. 논두렁길은 불편했다. 가시덩굴들이 내 종아리를 스쳤다. 따끔따끔 살을 긁었다. 짙은 검은 그림자가 나를 따라오는 거같아서 따끔거리는 살갗보다 무서움중이 더 컸다. 한 손은 이모 치마를 붙들고 울며 겨자 먹듯이 따라갔다.

어둠을 한참 지나서 샘물이 보였다. 거기에 가면 이미 동네 아줌마들이 목욕을 하고 간 후였다. 이모는 대충 옷을 벗고 두레박으로 물을 떠서 자기 몸에 뿌렸다. 그리고 바가지로 아이고 시원하다며 계속 물을 퍼서 몸에 뿌렸다. 옷을 벗기고 이모는 내 몸에도 물을 뿌리면 나는 차가워서 숨이 막혔다. 몸을 떨며 그만 그만 도망을 쳤다. 거기에 저 멀리 들에서 부는 바람이 나에게 스쳐 지나가면 왜 그리 춥고 무섭고 힘들던지. 오금이 떨렸던 생각이 났다.

똑같은 상황으로 친할머니 댁을 갔을 때였다. 그때 막 고모가 시집을 갔고 시집간 곳으로 나도 따라갔다. 고모 시댁에 시누이가 나를 업고 다녔다. 한여름 밤에 고모 시누이는 나를 업고 강가로 갔다. 강가에서 고모 시누이와 나는 목욕을 했다. 샘물보다는 차지 않다는 생각. 그런데 강바람이 어찌나 차갑고 센지 나는 오돌오돌 떨었다. 한참을 기다렸다가 고모 시누이 등에 업혀서 돌아왔던 기억이 났다.

어느 해 여름, 여고 동창들이 강으로 해수욕을 가자고 했다. 즐거운 마음으로 강바닥에서 수영을 하며 하루 종일 강변에서 놀았다. 저녁 때 버스를 타고 돌아오는데 등줄기가 따끔거렸다. 집으로 돌아왔는데 살갗이 따가워서 잠을 잘 수 없었다. 그 당시 대부분 집에 목욕탕이 없었는데 아버지는 집 한쪽 끝에 시멘트 목욕탕을 만들었다. 깊이가 있어서 물을 가득 채우면 목까지 잠겼다. 등이 따가우니까 물을 채우고 수시로 등을 식혔다. 며칠 동안 목욕탕 속에서 살갗을 식혀 허물을 벗겨야 했던 기억이 났다.

이제 편리한 목욕탕을 집집마다 가지고 있으니 얼마나 행복한가. 차가운 물, 뜨거운 물을 수시로 사용하며 목욕을 하고 사니 말이다.

*

외할머니

아침에 서둘렀다. 웅이를 차로 학교에 바래다주기로 한 날이기 때문이다. 웅이는 다리 깁스를 열흘 후에 벗긴다고 의사가 말했다. 애매한 시간이라 남편에게 아침 식사를 미리 차려 주고 함께 먹고 떠나려니 바빴다. 달걀, 야채주스, 보조기능주스, 고구마, 과일, 냉커피, 빵 등을 차리고 먹었다. 오늘은 보조약품도 복용하는 게 좋았다. 대충 먹으며 목욕탕에서 고양이 세수를 하고 주차장으로 달렸다. 차를 빼고 돌리고 하는데, 서로 차가 이동하며 진입하려는 차들이 엉켜서 시간이 많이 걸렸다. 진입차선에 다른 차가 막아서 또다시 시간이 걸려서 웅이네집 입구에서 웅이가 나오기를 기다렸다.

시간이 조금 남았다. 유튜브를 보았다. 어느 기자가 향봉 스님에게 물었다. 큰스님이 돌아가시면 방광이나 무지개가 보인다는데, 더 큰 기적은 무엇인가를 물었다. 기적이라는 것은 밥 먹고 똥 싸고, 안 죽고 살아서 마주하는 게 최고의 기적이다. 시한부 선고를 받은 사람들을 보라. 지금 건강하게 가족을 마주하는 것이 기적이다. 큰스님 돌아가시면 방광이나 무지개가 떠오른다는데 그런 요행 쪽으로 가지 마라. 새벽에는 새가 울고 밤에는 별빛이 찬란해 그게 기적이다. 내가 죽으면 기적이 있다. 그것은 해가 동쪽에서 떠서 서쪽으로 질 것이다. 기적은 밥 먹고 똥 싸고 활동하면 그게 기적이다. 생을 마감한다고 알아차리면 하나하나가 소중하다. 그게 기적이다. 내가 살아있는 것 하나하나가 기적이다.

웅이가 아파트 후문으로 나왔다. 웅이를 태우고 학교로 향했다.

- 어제 뭐 하고 지냈니?

- 아무것도 안 했어요.

- 재미있는 일이라도 하지.

- 할미가 이 나이에 생각해 보니 기술이 최고더라. 수영 잘하니까 수영 친구들이 있고, 테니스 잘하니까 테니스 친구가 있고, 골프 잘 치니까 골프 친구가 있고, 등산을 잘하는 친구끼리 놀더라.

- 넌 과목 중에 제일 좋은 게 뭐니?

- 체육.

- 그다음은?

- 수학, 사회.

- 넌 이과를 가야겠구나.

- 그런데 요즘은 영어가 중요해. 외국에서 유학 오는 학생이 많으니까 영어공부를 해야 경쟁력이 생긴다고. 세계 공통어이고. 영어 유튜브를 공

부해 봐 공부는 게임이라고. 너 옛날에 로봇을 통해서 합체원리로 한글을 배웠잖아. 공부를 네 방식대로 게임식으로 공부해 보렴. 자기만의 노하우를 개발하는 거지.

- 학교에 다 왔네. 잘 가. 넌 지금 몸 아픈 공부를 하는 거야. 가장 소중한 공부인 거지.

집으로 돌아오면서 내가 외할머니인데 내가 너한테 차 한잔이나 얻어먹고 죽을랑가 모르겠다. 내 외할머니도 나에게 잘했지만 차 한잔 사준 적이 없거든. 그러면서 웅이와 나의 존재가 뭐 그리 특별한 존재가 될 것인가를 생각했다.

*

'인생은 아름다워'展 여는 팔순의 닥종이 작가 김영희를 보며

한동안 시끄럽고 그녀를 욕했었는데…. 지금 그가 살아온 것을 되돌아보니 욕하는 것이 우습구나 생각했다. 뭔가 가슴에 충격

을 받은 것은 확실하다. 그녀는 인생이 뜻대로 안 되는 것이 인생이라 했다. 대학 졸업을 하니 엄마가 용돈을 안 줘서 하숙비 안 드는 제천(제천서 아버지가 직조공장을 했다)서 중학교 교사로 근무했다. 거기서 유진이(큰딸) 아빠를 만났다. 플랜대로 되는 게 없듯이 사별 후 서울 개봉동에서 시부모 모시고 살면서 인형을 만들어 작가로 살려고 했다고. 무조건 성공해야 한다며, 첫 전시를 조선호텔 복도에서 했다는데.

거기서 전시가 잘됐다고. 내셔널지오그래픽 기자가 리뷰까지 해줘서 독일 뮌헨 전시에서 운명의 청년 토마스를 만났다고. 난 서른 일곱, 토마스는 스물세 살이라 말도 안 되는 건데, 자기는 영원히 날 사랑할 거고 아이들도 먹여 살릴 거라고. 그녀는 서양 남자나 한국 남자나 뻥을 잘 친다고. 어머니는 젊은 양놈한테 미쳐서 애들 밥도 안 해주고 그러면, 내가 죽은 귀신이라도 독일로 날아가 널 잡아먹을 거라고 하셨다네요. '토마스는 경제적 능력이 없고 독일 화단의 벽은 높았지요?' '누가 날 쳐주겠어요.' 그런데 뮌헨 전시 때 그녀의 작품을 눈여겨봤던 사람이 호숫가의 작은 갤러리를 소개해 줘 첫 전시를 했다고. 그때 넷째 낳고 3일 만에 퉁퉁 부은 얼굴로 한복 입고 개막식에 갔는데, 엄청 촌스러웠다고. 그녀는 작품에 시가 있어야 한다고 믿는다.

'토마스와 이혼은?' 제일 잘한 일이라고 한다. 사랑해서 독일로 갔지만, 그는 점점 보수적인 독일 남자가 돼 가고, 그녀는 억센 한국 여자가 됐다고. 그가 성당 안 간다고 어린 딸을 때리고, 배변 못 가린다고 아이 엉덩이에 뜨거운 물 퍼붓는 걸 참을 수 없었다고. '5살 아이는 성인이 됐겠죠?' 맏딸 유진이는 파산 전문 변호사, 윤수는 음악학원 차려 성공, 장수는 자연의학에 관련된 일을 하고, 봄누리는 작곡가로 산다고. 그녀는 언제나 기다리는 엄마가 되었다. '자폐증세 있는 프란츠도 잘 있나요?' 프란츠 때문에 늘 마음 아파하니 장수가 엄마는 프란츠가 잘 크지 못했다고 하는데, 그건 엄마가 다른 애들과 비교를 하기 때문이라고. 정작 프란츠는 아무 걱정 없이 행복하게 지낸다고.

'봄누리 때문에도 맘고생 하셨지요?' 처녀가 애를 뺐으니, 기가 찼지요. 촉망받는 피아니스트였는데 프랑스에서 온 거지 청년과 사랑에 빠져 대학도 그만뒀으니. 결국 혼자 돼 레슨과 작곡으로 돈 벌면서 다시 학위도 땄어요. 이번 전시에 '김영희의 사계절'이란 영상이 나오는데 배경 음악을 봄누리가 작곡했어요.

'여자에게 갱년기는 함정이거나 혁명, 둘 중 하나라고 했더군요.' 나의 갱년기는 엄청난 함정이었어요. 토마스와 헤어져 더 죽을 지경이었죠. 눈물만 나고 죽고 싶은 생각도 들고 스스로에게 물었죠. 죽기 아니면 살기인데 어떡할래? 살기로 결정한 뒤엔 매일 걷고 물 먹고 일했어요. 그리고 거울 보면서 날 칭찬했지요.

야, 얼마나 근사하게 생긴 여자냐, 두 번이나 결혼했으면 됐지, 뭘 더 바라냐.

'예술은 무엇일까요.' 인생은 최고의 예술품이에요. 어떤 오페라보다 아름답죠. 이걸 모르고 죽으면 억울하잖아요. 끝까지 살아봐야 알아요. 인생은!

'사랑도 건강의 비결이겠죠?' 김영희는 67세에 동갑내기 패션디자이너 배용과 연애를 시작했다. 벌써 13년째네요. 매일 아침 전화를 하죠. 잘 있냐, 잘 먹었냐, 죽었나 체크하는 거죠.

젊어서 김영희 씨를 대부분 이해 못하고 욕을 많이 했던 기억이 있었다. 그런데 오래 살아서 80세에 전시회를 하다니! 그동안 많은 허물이 작품으로 녹아졌을 테고. 그녀의 말대로 인생은 최고의 예술품이라는 것, 끝까지 살아봐야 인생을 안다는 말에 정말 공감한다. 그의 말들은 내 가슴속으로 무엇인가의 울림으로…

*

웅이만 보면 정열이 생긴다

　강남 아기들은 한국어를 깨우치기 전에 영어학원을 보낸다. 수강료가 100만 원 이상이다. 아기들은 영어로 놀이를 하며 언어를 습득한다. 부모의 심리와 학원의 심리가 서로 상통하여 서로의 관계가 이루어졌으리라. 웅이가 6~7세 되었을 때 고민이었다. 딸네는 웅이를 가르칠 만한 능력이 되지 않았다. 그렇다고 내가 영어 학원비를 줄 만큼 능력이 있는 것도 아니었다. 나는 우선 시어머니 친정어머니에 대한 책임을 지고 있으니 그들만도 150만~200만 원이 소요되고 있었다. 사실 칠 학년이 넘으니 우리가 케어를 받을 나이 아닌가.

　딸네는 간신히 제 살림을 근근이 하는 형편이니 말이다. 문제는 주변 손자들은 각자의 부모가 능력이 있으니까 영어학원을 보내고 이거저거 별별 것 등을 가르친다. 그래서 하부가 몇 권의 영어책을 선정해서 가르쳐주었다. 그 후 모든 것을 잊었다. 중학생이 되었다. 다리를 다쳐 깁스를 했기 때문에 학교를 데려다주었다. 방과후 다시 집으로 데리고 오면서 오늘 공부 재미있었냐고 물었다. 재미없었다고 했다. 무엇이 제일 재미없었냐고 물었다. 영어회화라고 답한다. 순간, 웅이가 영어회화 과외를 안 했구나.

그래서 어렵구나라고 생각했다.

　나는 고민을 했다. 웅이를 볼 때마다 이야기를 했다. 영어가 중요하다고. 지금은 세계화 시대라고. 영어 유튜브도 있으니, 니가 좋아하는 것을 찾아보라고. 다음날도 나는 아침과 저녁 당번이라 웅이를 학교에 데려다주고 오는 날이었다. 아침부터 무덥고 쪘다. 비는 억수로 쏟아졌다. 좀 일찍 차를 뺐지만 아파트 통로 길은 복잡했다. 길은 좁은데 사방에서 서로 간다고 하니 차들이 우왕좌왕하며 허둥댔다. 차들은 왜 그리 큰지 대형차들이 좁은 길을 당연히 빠져나갈 수가 없으니. 여하튼 늦었는데 후문으로 나오는 웅이도 늦었다. 제 엄마 말이 웅이가 똥 싸느라고요. 그래 후련해서 좋겠구나.

　빠르게 웅이를 데려다주면서 오후에 만나자 했다. 오후에 나는 환타나 사이다를 슬러시로 만들어서 웅이가 차에 타면 주었다. 제 딴에는 깁스 다리로 힘들게 공부를 했을 테니까. 이상하게 웅이 끝나는 시간이 늦었다. 비가 또다시 양동이 물을 하늘에서 퍼붓듯이 내렸다. 차 문만 열었는데 옷이 물로 범벅이 되었다. 무거운 목발과, 책가방, 신발주머니는 목에 걸고 있어서 우산을 받쳐주려고 복도에서 서성였다. 긴 복도와 상담실, 과학실이 1층 현관 쪽에 있었다.

오십 년 전 중고등학교 선생을 했던 생각이 났다. 오늘은 여선생이 위층에서 내려왔고 상담실을 거쳐 과학실로 들어갔다. 현관문 밖에서 그 여선생을 보면서 나도 그 여선생과 같은 행동을 했었는데…. 마침 웅이가 절룩이며 목발을 짚고 나왔다. 그 옆에는 친구가 따라왔다. 그 친구가 웅이를 보조하려고 함께 왔다고. 차를 타고 가면서 복도 유리창을 보니까 할미가 중고등학교에서 학생들을 가르쳤던 생각이 나네? 나중에는 다시 공부해서 대학 교수를 했지만…. 학생들을 보니까 감회가 새롭네라고 했다.

친구 빈이가 '우리 고모도 서울대 교수예요.' '아이고 훌륭하시구나!' '우리 식구들은 모두 서울대 나왔어요.' '너네 정말 훌륭한 집안이구나!' '웅이 할아버지도 서울대 나오시고 행시 하셔서 1급까지 하셨단다.' '잘 됐네. 너네 둘이 손잡고 쎄쎄 하면서 서울대 가면 되겠네.' '웅이는 잘해요. 갈 수 있어요. 근데 저는 못 가요.' '너네 똑같이 서울대 갈 수 있는 DNA를 가졌구만 뭘.' '저는요 유학 갈 거예요. 엄마가 외교관이거든요. 2년 있다가 미국으로 가요. 아빠는 KT에 다녀요.' '너 온 지 얼마 됐니?' '2년 됐어요.' '미국에서 살다가 다시 아프리카로 가서 살다 왔어요.' '어디서 살든 상관없어. 열심히 최선을 다하고 살면 성공인 거야.'

'너 영어 잘하겠구나.' '저는 영어를 제일 좋아해요.' '요즘은 외국학생들이 한국으로 유학 오는 일이 많아. 영어권 아이들도 많고.

그러니까 경쟁력이 세지는 거야. 영어를 잘해야 해. 그러니까 웅이는 영어동화나 게임, 영화 등을 백 편 정도 보도록 해 보는 거야. 즐겁게 보다보면 영어에 익숙해질 거야. 너네들끼리는 국제적으로 카톡하면 되고. 지금 할머니 친구들이나 친척들이 미국 캘리포니아에서 수시로 연락 온다고. 요즘 미국방송에서도 트로트가 유행하는지 방송에서 노래 부르는 것을 보냈는데 그 친척이 너무 잘하더라.'

'아무튼 열심히 어디서든 최선을 다하고 살면 성공한다. 집 다 왔네요. 넌 어디서 사니?' '미도 306동이에요.' '여기 언제 왔니?' '2년 됐어요.' '그래 잘 가.' 그리고 둘은 내렸다.

*

불안한 시대

요즘 수영팀 언니들이 요양사 자격증을 따느라 공부를 많이 했다. 오십이 넘으면서 신랑들이 얼마 안 있으면 퇴직을 할 테고 퇴직을 하면 아무래도 집안 사정이 어려워질 수 있기 때문이란다.

나는 자신을 되돌아봤다. 20대에 많은 걱정을 했다. 확실한 직업을 가져야 한다는 생각이 많았다. 그리고 직장을 가졌으면 사회 초년생으로 직장생활에 잘 적응해야 했다. 그 후 교직생활을 하면서 결혼을 해야 하는 불안한 시대를 거쳤고, 결혼 후 아이를 키우며, 직장을 계속해야 하는 것인지 아니면 직장을 그만둬야 하는지 고민하는 시대를 거쳤다. 결국 직장을 그만두고 아이들을 키우며 또다시 많은 고민을 해야 했다.

남편 월급 가지고 아이들을 키우고, 시부모네 생활비를 보조하는 것은 쉽지 않았다. 그때부터 경제를 살려야 하는 불안한 시대가 계속 연장되었다. 삼십 대 초반부터 다시 어떻게 하면 경제가 살아날까 하는 불안한 시대를 겪어야 했다. 고민하면서 무엇을 해야 나를 살리고 경제를 살릴 수 있는가 고민했다. 결국 다시 공부하여 석박사를 땄고 강의를 하면서 고민했다. 강의로는 경제가 살려지지 않아 보였다. 온 정열을 쏟으며 전국구로 강의를 했다. 야간 강의도 마다하지 않았다. 먼 곳 가까운 곳 강의 자리가 생기면 적극적으로 강의했다.

강의를 하면 경제가 살아나야 하는데 쓸 곳은 더 커져만 갔다. 다시 고민하며 빚을 내서 부동산 투자를 하고 열심히 살았다. 부동산을 산다고 부자가 되는 것은 아니었다. 빚과 이자만 늘어났다. 어려운 시대는 항상 계속되고 나는 수학적으로 살 수 없었다.

40대, 50대는 그렇게 흘러갔다. 50대 후반부터 남편이 퇴직해야 한다는 중압감이 더 혼란하고 불안한 시대를 초래했다. 50대 후반부터는 부모 부양과 애들 결혼 등으로 더 경제가 악화될 뿐이었다. 60대도 결코 편안한 시대는 아니었다. 나는 60대가 되면 열심히 살았으니 매사 안정시기가 돌아올 것이라 생각했다.

그러나 갈수록 태산이었다. 우리 시대는 수명이 길어진 양가 어머님들에 대한 생활비, 요양비 등과 독립을 하지 못한 캥거루족, 독립을 했지만 부족해서 손 벌리는 캥가루족 틈에 낀 불안한 시대가 계속될 뿐이었다. 인생은 아마도 죽을 때까지 불안한 시대를 겪다가 세상을 떠나는 게 인생이지 않는가를 생각했다.

저녁에 큰딸이 전화를 했다.

- 엄마 내가 이십세기인데, 나이 사십 살이 넘어서 이렇게 고생을 하며 살아야 하나요?(딸은 이번에 스타벅스 직원으로 채용이 되어 지금 힘들게 견습을 받고 있었다)

- 그럼, 60세 넘어서 막내 삼촌이 평생 사법고시 공부하다 공무원 말단이 되어 퇴직을 했는데, 다시 경비로 취직해서 경비가 된 삼촌은 어떤 것이야? 삼촌 연금이 150만 원이니, 생활이 안 되니까 경비로 일을 해서 생활비를 보태는 거지. 옛날에 들었어. 독일 수상이 퇴직하면서 자기

가 일할 경비자리를 미리 마련하고 내려온다고. 또 둘째 삼촌 사업 망해서 칠십이 넘어서도 경비를 하고 있잖아.

딸은 갑자기 말을 멈췄다. 그리고

- 자기가 일을 끝내고 11시경 집으로 오면 딸인 예가 '엄마 수고 했어요. 엄마 수고 했어요'라고 말을 해요. 그리고 '엄마는 너무 어려요.' 그래서 내가 너를 낳고 오빠를 낳았는데 뭐가 어려? 그랬더니 '엄마는 마음이 어려요.' '그리고 일하는 언니들이 엄마한테 뭐라 하면 무조건 참아요. 참고 이겨내요. 그리고 집에 와서 풀어요. 나에게 풀면 되잖아요.'라고 말한다니까요.

- 야, 넌 참 딸을 잘 두었다. 너, 엄마가 새벽 4시부터 밥해 놓고 강의 갔다가 밤 강의까지 끝내고 집에 밤 10시에 도착하고 살았는데, 나에게 엄마 수고했어요란 말을 한 적 있니?

- 생각해보니 없네요.

- 그래 네 딸이 정말 대단하다니까. 그래 하여튼 100일을 버텨봐. 하다 보면 익숙해지겠지.

- 열 살 아래 직원이 잘 가르쳐 주다가도 내 속을 긁어요. 그럼 울화통이

치솟지요.

- 너 인생공부 많이 하네. 그게 진짜 공부지. 100일 근무 잔치 해줄 테니 잘 견뎌봐. 50대 아줌마들도 남편이 퇴직하고 자기도 뭔가 보탬이 되고자 하는데 설거지도 안 시킨다더라. 나이가 많다고. 네 나이가 직업을 가지는 마지막 나이일 거야.

- 알았어요. 잘 주무셔요.

- 그래.

잠자던 남편은 딸의 말을 듣고, 원래 공부하기 싫은 놈은 몸으로 때우는 거라고. 그렇기는 했다. 인생을 길게 보면 무엇이 좋은지는 알 수 없었다. 형제 중에 박사를 받고 뭐 대단한 사람이 된 것 같지만, 몸으로 일하는 사람들이 오히려 길게 더 많은 일을 하는 것이다. 교수직, 고급 공무원, 사무직 등보다 기술직인 사람들이 더 직업을 오래 가질 수 있었다. 물론 생산직으로 해녀들, 농부들, 목동들, 어부들 같은 원초적 일을 하는 사람들은 자신이 죽을 때까지 자기 일을 하며 살다 가지만 말이다.

90세인 이시형(의사) 박사가 말했다. 자기네 시대는 모든 것을 바쳐 아들, 딸을 키웠다고. 그러면 자기 아들, 딸이 부모를 봉양하고 부양할 것으로 생각했다. 그래서 그들은 노후 준비를 못 했다. 90세인 그들은 가진 게 없어서 힘든 노후를 보내고 있다. 그는 노후에 가장 불행한 것은 돈이 없는 거라면서 이제는 수명도 길어졌기 때문에 죽을 때까지 일을 해야 한다는 것이다. 그는 자기네가 사랑방을 만들어서 친구들의 근황을 알려주었다. 어느 친구는 며느리가 나갈 때 1,000원을 주었다. 그러면 공짜 지하철을 타고 파고다 공원 쪽으로 가서 놀다가 근처 노인을 위한 배급소에서 1,000원을 주고 점심을 사 먹었다. 그들은 그래도 살만하다고 말했다.

    결국 우리는 마음을 비우면서, 가지고 있는 것을 최대로 활용하여, 건강하고, 성실히, 지혜롭게, 감사하는 마음으로 사는 것이 최고의 삶이라 생각했다.

*

마지막 인생은?

나의 마지막 인생은 어떻게 사는 것이 좋은 것일까. 정말 진정으로 어떤 삶이 나에게 어울리는 삶일까? 매사 감사하고 즐겁고 행복했으면 좋겠지만. 늙으면 아는 게 많아지니까 더 불합리한 것이 많아지지 않을까? 아니면 분별적이기 때문에 심리적인 갈등이 더 많지 않을까? 그러면서 자신의 흑백 논리를 더 따지겠지. 거기에 좋고 나쁨에 대한 판을 짜고 머리를 썩히고 살겠지. 나는 이런 모습들에 염증이 나고 있겠지. 정말 상큼하게 쿨하고 화끈하게 사는 법은 없을까?…. 생각해보자. 각자의 자기 인생은 자기 나름대로 자신이 가지고 있는 색깔을 자기의 환경에 맞춰 자신을 드러내는 인생이라는데….

나는 그동안 바빠서 내 생활에 충실하면 되었고 최선을 다하면 되는 것이라 생각했다. 그런데 지금은 남편과 함께하는 시간이 많다.

둘이 보이지 않는 차이가 많다. 그러나 서로 알지 못했다. 각자의 생각이 다르니까 어떤 행동을 하면 불편했다. 둘이 서로 도움을 주고받는 일은 불편하지 않았다. 내가 못 하는 것은 남편이 하면 되고 남편이 못 하면 내가 하면 되니까. 그런데 어떤 상황이 오면 서로가 달라서 힘들었다. 남편은 뭐든 먹는 것이 느리다. 나는 뭐든 먹는 것이 빠르다. 빨리 먹고 제시간 안에 가야 할 때 나는 남편이 답답하다. 남편은 느리지만 천천히 할 것 다 하고 시간을 맞춰 가는 형이고, 나는 조급해서 안달형이라 빨리 빨리 하며 웬

만한 것은 생략하고 가는 형이다. 조화로워 보이지만 조화롭지 않은 것이 많다.

서로 이해할 수 없는 부분도 많다. 그리고 장단점도 많다. 그것을 잘 이해하며 상대방에 대해 원래 그런 사람으로 생각하며 사는 것이다. 그런데 남남일 경우 나와 다른 것들을 가진 사람들을 부정적인 시각으로 해석해 버리는 것을 나는 없앴으면 좋겠다. 왜 나이가 많아질수록 마귀할멈처럼 고착하고 고집스러워져 가는지 모르겠다. 그런 것 때문에 나이 많은 할머니를 스스로 싫어하면서 나도 그들을 따라가는 것이었다. 나는 좀더 극기훈련을 받을 필요가 있었다. 어떤 극기훈련이어야 할까. 다시 생각해 봐야겠다.

나는 높은 산을 오랫동안 올라가면 마음이 저절로 순해졌다. 티베트의 오체투지도 자기 자신을 무한히 낮추면서 불, 법, 승 삼보에 최대의 존경을 표하는 방법으로 양 무릎과 팔꿈치 이마 등 신체의 다섯 부분이 땅에 닿고 세 걸음 걷고 한 번씩 오체투지 하는 것, 그것도 하나의 자기 극기훈련? 기도방법이 아닐까 생각해 봤다. 아무튼 나도 나만의 극기훈련으로, 기도나 운동, 혹은 새로운 방법을 익혀두는 것이 좋을 듯했다. 물론 그것은 앞으로 죽어 가는 나 자신의 죽음을 위해도 필요할 것 같았다.

에크하르트 톨레의 『이 순간의 나』에서 성숙한 사랑의 의미를 보면 다음과 같이 설명을 한다. 혼자 살든 누군가와 함께 살든, 중요한 것은 현재에 머물며, 지금 이 순간에 좀더 깊이 관심을 가짐으로써 더 강렬하게 현존하는 것입니다. 성숙한 사랑을 하기 위해서는 당신의 현존이 강해져야 합니다. 그래야 당신이 생각하는 자나 고통체에 더 이상 지배당하지 않고 그것들을 자신으로 착각하지 않을 수 있습니다.

우선 자신에 대한 판단을 멈추세요. 그리고 상대방을 판단하는 것도 중지하세요. 어떤 방식으로든 상대방을 있는 그대로 온전히 받아들이는 것입니다. 그러면, 그 순간 당신은 에고를 초월합니다. 모든 마음의 게임에서도 집착에서도 해방될 수 있습니다. 더 이상 희생자도 가해자도 없으며, 비난하는 사람도 비난 받는 사람도 없습니다.

나에게 중독적인 어떤 집착이 나를 구속했나 보다. 관계를 변화시키는 방법은 상대방의 모든 것을 그대로 온전히 받아들이는 것이다. 한마디로 모든 것을 그대로 수용하는 수행이 나를 집착에서 구원을 하며 나를 해방시킬 수 있다는 것이리라. 나는 항상 나를 위해서 좋은 명상의 책들을 계속 반복적으로 읽어서 나를 깨우쳐야 하는 것이 마지막 인생이리라.

*

김창옥의 강의를 듣고

아침에 눈을 뜨면 남자는 정치적인 유튜브를 튼다. 그는 자신이 행정부에서 평생을 몸바쳐 일을 했기 때문에 그 분야의 전문적 일들을 잘 알고 있었다. 청와대나 각 부처의 장 차관, 법무부에서 일어나는 일들을 눈 감고도 잘 이해할 수 있었다. 그들이 하는 일들이 누가 못하고 누가 잘하고 있는가도 잘 알았다. 그는 그것이 취미가 됐다. 세계적 정세도 잘 이해했고 세상의 이야기에도 밝았다. 여자는 주로 경제 분야에 관심이 많았다. 요즘 재건축이 붐인데 빈집이 너무 많아서 한국경제가 힘들어지고 있다. 빈집이 7만 채가 있는데, 건설사는 마구 집을 짓고 있었다.

여자가 가지고 있는 헌집들이 여기, 저기, 재건축 붐으로 집을 짓겠다고 난리가 났다. 여자는 그러고 싶지 않았다. 7만 채의 빈집이 있는데 새로 재건축을 해서 그곳에 들어올 세입자가 있을 것인가 말이다. 새집을 짓는다고 분담금만 넣고 전세자가 없으면 또다시 빈집으로 남겨질 것이다. 그런 사정은 모르고 재건축 회장들은 계속 서류에 하겠다는 확인서를 보내는데…. 여자는 고민 중이다. 이십 년 이상을 그냥 지키고 있었던 건물을 쓰레기마냥 버릴 수도 없고. 이익이 있는 것도 아니고. 보유물로 오랫동안 세금만 많이 냈는데…. 돈이 없어 빚을 내서 세금을 냈는데.

　세계 경제가 말이 아니다. 물가는 올랐고 쓸 돈은 없으니 서민이 힘들어 죽는다. 공부를 잘해서 서울대를 나왔든 공부를 못해서 삼류대, 지방대학을 나왔든 70세가 넘어서, 경제의 동등함이 생겼다는 느낌이 든다. 거기에 젊어서 좋은 대기업을 다녔든, 소규모 기업을 다녔든 삼시 세끼 밥 먹고 사는 것은 모두가 비슷했다. 연금의 비율에 따라 살 뿐이었다. 말하자면 연금이 100만~150만 원이냐, 200만 원, 300만 원, 400만 원이냐에 따라 사는 것이었다. 60세가 넘어 70세가 지나면 대부분 사는 모습은 비슷했다. 의사직을 가진 사람들이 요양원에서 근무를 해야 500만 원짜리 삶을 유지한다고 들었다.

　사실 70세가 넘으면, 여자, 남자를 찾는 공고가 스마트폰에 날마다 뜨고 있다. 신고해 달라고. 치매를 앓거나 병이 들어 있었다. 우리는 이제 그런 세대였다. 그러나 이시형 박사(의사)가 지금 90세였다. 그가 말했다. 요즘 수명이 길어지니까 죽을 때까지 일을 해야 한다고. 자기 동창들을 보면 슬퍼 죽겠다고. 그들 세대는 모든 것을 자식에게 희생을 했다고. 그러면 그들이 부모를 책임져 줄 것으로 생각했다고. 살아있는 그들 친구들은 며느리가 하루에 용돈을 1000원을 준다고. 그러면 종로 파고다공원 주변에 노인을 위한 베푸는 식당에서 천 원 주고 밥을 사 먹는다 했다.

그들이 태어날 때는 일제 강점기였을 때고 우리 부모 세대였다. 그러나 그 자식들도 이제 70세가 넘어서 지금 힘든 세대가 되어 있다. 여자도 사실 양가 어머니를 책임지고 있고, 자녀들이 캥거루 가족이니 연금을 모두가 나눠 먹고 사는 세대인 것이다. 여자네도 힘든 시기인 것이다. 유행가처럼 인생은 다 그런 것일지도 모른다. 더 이상 전쟁이 일어나지 않으면 행복한 것으로, 위로하며 사는 것이다. 오랫동안 우리나라는 전쟁의 시련을 겪고 재건을 하여 여기까지 오지 않았을까. 아마도 한국은 지금이 최고의 시대가 아니겠는가. 밥도 못 먹던 시대가 얼마 전이었으니까.

여자는 남자를 위해 아침 식탁을 차리며 김창옥 유튜브를 틀었다. 거기서 엽서추첨이 있었고 뽑힌 사람은 손자와 할머니였다. 그가 물었다.

- 어떻게 강연장에 나왔습니까?

- 할머니가 김창옥 선생님을 좋아해서 위로 삼아 할머니를 모시고 데이트 나왔습니다.(50년 동안 위로 받지 못한 할머니를 위하여)

- 아, 그렇군요.

- 제가 남편한테 평생을 미안하다, 고맙다를 들어본 적이 없어요. 그런데

내 손자놈이 나를 그렇게 자상하게 위로를 해줍니다. 그리고 손자가 '어이, 한 여사, 이리와 봐 안아줄게요' 어디서 만나기만 하면 '한 여사 이리와요 안아줄게요' 한다니까요.

- 사진 한번 찍으시죠.

- 한 여사 화이팅!

손자가 할머니를 안아주는 장면이 눈에 선하다. 할머니가 얼마나 행복할까. 여자도 손자들이 할미집 방문을 끝내고 돌아갈 때 손자들과 껴안고 뽀뽀하던 생각이 났다. 사실 할머니가 죽을 때 그놈들이 바빠서 찾아오지도 못할 것이지만 말이다. 나도 할머니 돌아가실 때 그랬었으니까요.

*

친구들은 대부분 아프면서 살았다

A 친구는 올해로 10년 넘게 암과 투병 중이었다. A는 엄청 씩

씩했다. 얼굴은 항상 웃었고, 몸은 얼짱을 만들면서 걷고 산책을 했다. 수영을 즐기고, 골프를 즐겼다. 젊어서는 테니스도 열심히 해서 선수 실력을 갖췄다. 올해가 15년째였다. 이번에 함께 골프 여행을 갔다. 항상 웃는 낯이라 그가 힘들다는 생각을 못 했다. 친구는 먹는 것도 적극적이었다. 우리가 술 한잔을 하자고, 정말 맛있는 것을 먹자고 하면, 그 친구는 나를 골렸다. 넌 술 먹는 게 아니지. 막걸리에 물을 타서 먹는 것이 무슨 술을 먹는다고 하는 것이냐며 골렸다.

그 친구는 암을 앓지만 겉은 멀쩡했고 아파도 내색하는 일이 없었다. 그러니까 나는 그 친구가 암환자가 아니라 생각했다. 그냥 똑같이 씩씩한 친구였다. 그런데 이번은 아니었다. 걸음이 느렸고 힘들어했다. 뭔가 다리가 불편했고 내리막길을 조심조심 한 발자국씩 발을 디뎠다. 공을 친 후 카터기를 탔다. 전에는 그가 카터기를 타지 않고 씩씩하게 걸어가는 것을 좋아했는데. 뭔가 문제가 있기는 한데, 물을 수는 없었다. 그 친구의 자존심에 상처를 줄까 봐 난 관찰만 했다. 그런데 밥상 앞에서 젓가락질을 하지 않았다. 국이며 밥공기 뚜껑을 열지 않았다. 난감했다. 나는 그 친구 눈치를 보았다. 먹을 수 없는 모양이었다. 떡과 빵이 왔다. 그것을 조금 먹을 뿐이었다.

A 친구가 매년 새로운 약 처방을 받았는데 이번에도 아마 그랬

을 것이었다. 그중에는 전담 의사가 새로운 약이 나왔으니 더 좋을 것이라고 처방한 것이었다. 그 약은 신약이기 때문에 좋을 수도 있지만 강력한 치료제로 사람을 실험하다가 부작용도 나타날 수도 있다는 것이었다. 그것을 맞았고 여기에 온 것이었다. 친구가 점점 그 항암치료로 더 쇠약해지는 것으로 보여지니까 걱정이 앞섰다. 의사들의 욕심이 더 큰 화를 불러들일 수 있다는 생각?…. 제발 그 의사가 진정으로 환자를 위한 치료를 했으면…. 그리고 그 치료약이 너무 환자를 힘들게 할 때 의사는 일시적으로 처방약 사용을 금지하여 몸이 회복한 다음에 다시 투약하여 치료상태를 확인하면 좋을 것 같았다.

미국에서는 그렇게 암치료를 한다고 들었다. 환자가 음식을 못 먹는다고 링거를 주입하면서 항암치료를 하지 않는다고. 섭생을 먼저 스스로 할 수 있게 한 다음 항암치료를 한다고 한다. 그런데 한국은 못 먹으면 링거로 해결을 한다나. 결국 스스로 음식을 소화할 수 없다면 자력의 힘을 키울 수 없는 것이다. 나라마다, 의사마다 철학이 다르니까. 거기에 처방이나 방법도 개인적인 것이 있으니까. 환자가 맘대로 결정할 수 없으니 뭐라 말할 수는 없는 것이다. 그러나 자신이 못 먹어서 죽을 것 같으면 어쩔 수 없이 치료를 거부해야 하지 않을까. 환자도 스스로 자기의 건강한 몸 상태를 확인하며 스스로 버틸 수 있는 한계를 알아야 할 것 같았다.

*

남편네 학교의 부부 모임

이 모임은 오랫동안 만난 모임이었다. 직장을 가졌던 부부들은 대부분 퇴직을 했다. 거의 퇴직한 지 10년이 넘었다. 아이들도 모두 다 성장했고 이제 자녀들이 중년이 되었다. 손자 손녀들이 중학생이 되었으니. 물론 결혼 못 한 녀석도 많다. 부인들은 서서히 아픈 사람이 생기고 있고, 수술하려고 대기하는 사람들로 구성되어 있었다. 아니면 이미 암 수술을 해서 약을 복용하는 사람도 있었다. 모임을 가지면 산책 코스를 잡거나 박물관을 견학하기도 했다. 모임이 오래되어서인지 모두들 만나면 반가웠다. 그러나 젊어서처럼 발랄하고 활기찬 모습은 찾아볼 수 없었다.

만남을 가지면 이거저거 이야기를 하며, 각자 못 만났을 때 일어난 일들을 이야기한다. 이번에는 국립중앙박물관에서 만났다. 시원한 공간, 하늘을 품은 빈 공터와 계단, 넓은 연못 등이 새롭다. 친구 부부들은 시원한 계단에서 만날 사람을 기다렸다. 오후 3시경 팀원들이 집합되었다. 반가워하며 악수를 하고 인사를 했다. 팀원들이 입장을 해서 박물관으로 들어갔다. 구석기시대 유물전시관, 신석기시대 유물전시관, 철기시대 유물전시관을 둘러보았다. 부인들은 몸이 부실하여 대충 견학을 하고 의자에서 이바구를 했다.

　왕년에는 사회의 유명 인사들이었지만 나이가 들어서 허리가 아프고 눈, 목, 다리 등이 아프니까 조금만 움직이면 쉬는 경우가 많았다. 정신도 집중이 되지 못했다. 한 번 휘 둘러보고 곧 밖으로 이동하여 박물관 뒤곁에서 꽃과 나무를 보며 산책했다. 그곳에는 어렸을 때 보았던 수련, 탱자나무, 회나무, 오가피나무 등이 담장 밑으로 심겨져 있었다. 정다웠다. 탱자나무는 집집이 울타리로 쓰였던 나무였다. 한 바퀴 돌아 등나무 벤치에 앉았다. 한참을 쉬었다가 박물관 앞쪽 호숫가로 이동했다. 거기서 잠시 쉬었다가 거울못 식당 안으로 들어갔다. 에어컨이 시원했다. 연못을 향한 경관이 훌륭했다.

　우리들은 식탁에 앉았다. 식당 테이블은 많은데 함께 앉지를 못했다. 종업원이 그렇게 앉으면 안 된다나. 테이블을 옮길 수 없다고 했다. 답답한 직원들 때문에 떨어져서 모임을 가졌다. 가격은 비쌌고 먹을 것은 빈약했다. 이거저거 시켜서 대충 식사를 하고 식당에서 나와 연못 주위를 서성댔다. 뭔가 많이 부족했다. 모두들 늙어서일까? 참, 재미없는 모임인 거 같다는 생각. 아니면 내가 너무 재미나고 즐겁게 살아서일까? 여하튼 물가 벤치에서 다시 포도와 빵, 떡을 즐겼다. 그리고 곧 인사하고 헤어졌다. 바로 집으로 와서 나는 남편과 시원한 캔 맥주 한 캔을 따서 배를 깎아 안주로 삼으며 시원하게 들이켰다. 배가 시원하면서 온 세상이 통쾌해졌다.

그러고 보면 만나서 맛있고 풍요로운 음식을 즐기며 신나게 이바구하는 것이나 신나게 함께 스포츠를 하는 것이 최고의 기쁨이지 않을까 생각했다.

*

'감사합니다'로 나는 나를 해방시킨다

친구들과의 모임을 갖거나 스포츠를 함께 할 때면 누군가 꼭 주변 사람들을 괴롭히거나 얌체행동을 해서 힘들 때가 많았다. 돈이 많고 자존감이 강한 사람들은 꼭 상대방을 지적하고 지시하며 자신을 높이려는 사람이 있었다. 그들은 몇 번씩 상대방을 지적한다. 물론 개인적으로 지적하는 일이 별거 아닌 경우가 많다. 아니면 신경 쓸 일이 아닌데 지적하는 사람의 취향이 아니라서 지적하는 것이 습관성일 수도 있다. 내게 지적하는 사람들을 보면 다른 사람들에게도 수시로 지적했다. 사실 별일 아니지만 지적을 당하면 기분이 상쾌하지 못하다. 그리고 다른 일을 하는데 부담감이 생긴다.

그렇다고 지적자와 대놓고 싸움질을 할 수 있는 것도 아니다. 그냥 넘어가는 것이 가장 편한 방법이다. 그러나 서너 번 지적을 당하면 나는 그 지적자를 피하고 싶다. 더 깊이 내 마음속으로 들어가면 그 지적자와 상대하고 싶지 않다고 내 마음은 말한다. 이럴 때 나는 나를 변화시키고 싶다. 나를 변화시키지 않으면 지적자에 대한 불편한 마음이 아, 괴롭다, 난 네가 정말 싫다는 생각을 하고 만다. 이때 나는 마음의 갈등을 수정하기 위해서 지적자를 위해 기도한다. 그래, 당신이 있어서 나는 감사합니다. 그렇게 감사합니다를 계속 외치면서 나를 위로한다. 그러면 적의가 사라지고 평온해지는 것을 느낀다.

요즘 나는 수시로 내가 힘든 일들을 많이 겪는다. 수영장에서 샤워할 때 사람이 너무 많다. 수영이 끝나고 나오는 사람들, 수영하기 위해서 샤워하고 들어가는 사람들이 섞여서 항상 붐빈다. 나는 대기줄에 서서 수영하러 들어가려는 사람 쪽에서 샤워기를 기다렸다. 그 여자는 한참을 수영복 입고 샤워기를 뿌렸다. 끝나는가 싶으면 또 샤워기를 사용했다. 그러더니 나를 제치고 지금 막 수영 끝내고 들어오는 애에게 샤워기를 넘기고 저는 수영장으로 들어갔다. 어이가 없었다. 갑자기 속에서 분통이 터졌다. 가만히 있었다. 내 남편 같으면 난리가 났을 게다. 뭐 이런 게 있느냐고. 난 그런 게 싫었다. 옆 라인에 샤워가 끝나는 어른이 있었다. 뭐 저런 사람이 있나요라며 끝나면 제가 하겠습니다 했더니 저기 빈 샤워기가 있다며 가르쳐주었다.

이럴 때 대처 방법은 어느 것이 좋았을까? 소리치며 싸움질하는 것도 나이 든 사람이 좋아보이지 않고, 참자니 속이 터지고. 잠시 쉬었다가 금방 잊어버리는 기도로 그래 너 같은 인간이 있어서 고맙구나, 감사하구나라고 기도한다. 샤워가 끝나고 탈수기에 수영복 탈수를 할 때 탈수할 사람들 것을 수집하여 모두 함께 넣고 탈수를 했다. 탈수기는 계속 돌아갔다. 그때 갑자기 젊은 녀석이 나타나더니 탈수기를 끄고 물에 젖은 수영복을 탈수기 위에 다시 넣었다. 이 또한 무슨 일인가.

내 차가 주차장 쪽으로 진입했다. 꺾어지는 길 쪽에서 주차한 차가 나오려 했다. 내 차가 빠르게 진입했으니 그 차가 기다렸다가 차를 빼야 하는데 오는 차를 보고 그 차가 빠져나왔다. 좁은 주차장에서 옆의 배달 트럭과 내 차와 그 차가 엉켜버렸다. 그 차는 절대로 뒤로 물러가지 않을 기세였다. 트럭은 어쩔 수 없었고 내 차가 뒤로 물러가야 했다. 남편은 그대로 있으라 하고. 그 차는 계속 진입을 하나 빠져나갈 수는 없으니 머무를 수밖에 없었다. 할 수 없이 내 차가 뒷걸음질을 할 수밖에 그러다가 꽈당 했으니 약도 오르고, 차 밖으로 나간 남편이 지나가는 차를 보고 우리 차가 진입했으면 저 차가 늦게 차를 뺐어야 하는 것이 아니냐고 따졌다. 경비들은 저 차가 못됐다고 말한다.

나에게 오늘은 계속 나쁜 일이 생기는 날인가 보다. 이런 날은 조용히 매사 감사합니다, 고맙습니다, 미안합니다, 용서합니다라는 구절을 외며 기도하고 나를 돌보는 날이어야 하겠구나 생각한다. 그것들이 또한 내가 있는 거고, 삶이 있는 것이며, 글이 되는 것이겠네요! 또한 이런 것들이 마음의 공부가 되는 거겠죠.

*

막내딸에 대한 증오가 사라진 것 같다

그동안 결혼하라고 친구나 주변 사람들이 남자를 소개해 주겠다는 말을 하게 되면 딸은 말한다. 경계선을 넘지 말라고. 어미로서 여자는 날마다 기도하고 살았다. 좋은 인연이 나타나서 결혼하여 아들 딸 낳고 행복한 가정이 이루어지기를…. 이제 사십이 넘어 중년이 되어가는 딸을 보면 가슴이 저렸다. 그리고 이제 결혼하면 어쩐다냐? 하다가도 트럼프를 봐라 60세 넘어서 낳은 막내아들 배런이 벌써 20살이 되어 아버지를 따라다니며 정치쇼에 등장하는데 너무 잘 생기지 않았냐? 하는 마음도 생겼다. 그러나 딸애의 이 기심을?..... 어찌 가정을 꾸릴 것인가. 딸애는 절대로 손해보지 않는 삶을 추구했다. 누구에게 손해도 안 보이겠지만, 자기 것에 대한 손해는 있을 수 없는 애다. 나와는 정반대인 편이다.

여자는 매사 조금씩 손해보는 것이 마음 편하다. 그러면 일 처리가 쉽게 이루어진다고 믿는다. 친구들을 만나면 내가 먼저 밥을 산다. 그 다음 만나도 사는 것이 편하다. 그래서 평생 사는 경우가 많다. 그러나 가끔은 부자 친구들이 절대 사지 않으며 평생을 얻어 먹는 친구들이 있는데, 어? 이것은 아닌 것 같은데…. 그러다가도 그래, 이 나이에 살아있는 것도 고맙지 하며 이해했다. 딸은 어떨까? 여지없이 있을 수 없는 일이라며 그 친구를 잘라낼 것이다. 남자 쪽도 아마 딸을 만나면 뾰족한 칼날을 세우고 있어서 힘이 들 것이다. 딸이 유연해질 때가 있다.

그것은 테니스를 칠 때이다. 딸의 공 구질은 부드럽다. 그러면서 강했다. 공격할 때는 매우 강하게, 공격하지 않을 때는 아주 부드럽지만 상대방이 받기 쉽지 않게 공을 친다. 딸은 이제 테니스의 달인이 되어 갔다. 건강하지 못해서 시킨 운동이 이제는 테니스가 목숨만큼이나 중요한 삶이 되었다. 테니스로 살고 테니스로 죽는 것이다. 이십 대 말이나 삼십 대는 그것도 꼴 보기 싫었다. 사십 대가 넘으니 이제는 공존의 시기가 되었다. 너는 너대로 살다 죽는 거고 여자는 여자대로 살다가 죽는 삶이 되겠지. 딸애는 항상 여자네 집으로 와서 금, 토, 일요일에 들러서 거하게 목욕을 하고 빨래를 하며 실컷 먹어치우고 제집으로 돌아가며 살았다.

이제 딸애를 미워할 에너지도 없다며 여자는 한탄했다. 그러나 여자는 딸애가 열심히 사랑하는 신랑이 나타나기를 기도했다. 그렇게 기도하면서 여자는 죽어갈 것이다. 그것이 여자에게 최선의 방법이라 생각할 테고, 딸은 그러거나 말거나 캥거루 족속으로 살아갈 것이니까. 전생에 무슨 연이 있었을까?… 이제 서서히 공존의 삶이 나타나는 것 같았다. 우리는 서로 있기도 하고 없기도 한 공간을 만들어가고 있는 것이다. 딸은 열심히 TV에 집중했다. 혼자 사는 처녀 총각들의 살아가는 모습에…… 여자가 그 채널을 보고 방송국과 그것들을 욕했다. 저런 프로를 날마다 보니까 결혼을 않는 것이고, 기혼자들도 애기들을 낳지 않고 딴 일을 하는 것이지 하며.

저놈의 먹방 좀 그만 찍지. 딸이 보는 채널들이 여자는 못마땅했다. 아이고 지랄들 좀 그만하지. 우리나라가 너무 잘 살아서 문제인 거야. 정신이 틀러먹은 거지. 딸부터도 그렇고. 하여튼 우리나라가 좀더 정신 좀 차려야 하는데…. 여자는 이재명부터 온 사회가 악으로 덮여 있는데, 그런 이재명을 지지하는 자들이 40%라는데…. 갑자기 딸에서 옆길로 빠져버렸다. 여자는 딸에게 희망을 버렸다. 그래, 아프지 말고 죽지 말며 네 멋대로 혼자 행복하게 살아라.

*

유튜브를 통해서 나라를 생각했다

미국 전 재무장관(로런스 서머스)과 국민연금공단 이사장(전광우)이 10년 전에 글로벌 경제전망에 대해 말했다. 미국 장관은 그리스와 로마, 대영제국 등은 자기 선조들이 이뤄놓은 유산과 유물로 먹고사는 박물관 같은 존재라는 것이다. 유럽은 한마디로 세계를 이끌어 갈 존재가 못 된다는 것이다. 그런데 요즘 독일이 병자가 됐다는 충격적 뉴스가 나왔다. 경제가 어렵다는 것은 알지만 환자 수준이라는 것은 상상 못 할 일이었다. 그동안 남유럽의 스페인, 포르투갈, 이탈리아, 그리스가 경제난이 심각해서 유럽의 돼지로 조롱을 받을 정도로 골칫거리였다. 그런데 독일이 최악의 경제난을 겪고 있다 하니 이해할 수 없었다.

독일 총리 올라프 숄츠 총리는 8월 말 대규모 법인세 감면 패키지 법안을 내놓으며 독일경제가 힘들다고 실토했다고. 2차 대전 패전국이었던 나라가 정직하고 근면하여 과학과 기술, 산업을 발전시켜 라인강의 기적을 일으켰는데, 그래서 한국의 한강의 기적을 꿈꾸던 박정희 대통령의 롤모델이었는데…. 유럽은 미국과 비교할 때 상대적으로 가난해졌다는 것이다. 처음에 영국이 최초로 복지국가로 과도한 복지와 고비용 저효율로 파탄지경에 이르러 결국 영국병이 생기더니만, 독일병도 영국병의 판박이라니. 그들은 과거의 성공 모델과 성취에 취해서 혁신과 변화를 멀리했다.

미국과 중국이 전기차 개발을 선도하는 동안 독일은 휘발유 경유를 쓰는 내연 기관차에 집착했다. 결국 독일은 경쟁력을 잃어버렸다. 이런저런 유럽 선진국의 고난을 보면서, 우리도 그들의 뒤를 따르는 것이 아닌지 걱정이 되었다. 우리가 2017년 국민소득이 3만불 시대였다. 그런데 4만불 시대가 계속 지연되어 가는 것은 혁신과 개혁이 계속 늦춰져서 일어나는 조짐이 아닐까. 결국 한강의 기적도 실패해 가는 것이 아닐까 하는 마음의 걱정이 일어났던 것이다.

고요한 한가위

그동안 평생을 시어머니의 농간에 아들과 며느리들이 좌로 우로 흔들려서 살았다. 좌로 가라하면 좌측으로 아니 우로 돌아가라 하면 우측으로 달려갔었는데…. 그렇게만 사십 년 넘게 살았다. 이젠 우리 마음대로 해결하면서 살면 족했다. 그러나 각자의 생각은 여러 가지였다. 남자는 여자에게 말했다. 식품 물가가 비싸니 3찬만 하라고. 여자는 슈퍼마켓에 갔다. 도라지 15,000원, 고사리 15,000원, 시금치 9,000원 등 대부분 제사 용품은 만 원씩이 넘었다. 20종 이상 상품을 샀다. 가격은 20만 원이 넘었다. 둘째네, 셋째네, 딸네 등 열댓 명이 식사를 하면 고기 6킬로에 야채, 과일 등을 새로 사야 했다.

넷째는 삼촌이 죽고 나서 만나게 되지 않았다. 생각도 다르고 시댁하고는 연결이 되지 않았다. 주변에서도 신랑이 죽으면 시댁과는 금방 단절이 되는 것 같았다. 막내 삼촌네도 참석을 못 했다. 그는 공무원 말단으로 퇴직을 했다. 퇴직 전부터 노무사 자격증을 따서 경제를 살리려고 노력했다. 함께 근무했던 둘째 동서는 막내 시동생에게 강조했다. 요즘 노무사는 경제성이 없다고 하나 마나라고. 그러나 삼촌은 듣지 않았다. 둘째 동서는 오랫동안 강조했지만 그 말을 삼촌은 듣지 않았다. 이 집안의 내력은 고시 공부가 취미였다. 막내 삼촌은 10년을 사시 공부하다가 실패했고 결국 공무원 말단으로 들어갔던 것이다.

세월은 흘러 60세가 넘어서 막내 삼촌이 퇴직을 했고 결국 노무사도 떨어지자 삼청사라던가? 대학이라던가? 하여튼 경비로 취직을 했다. 250만 원 급여를 받는다 했다. 거기에 연금 150만 원을 받아서 보태면 살만할 것 같았다. 처음에는 밤, 낮이 바뀌어서 몸이 마르고 고통스러워했다고, 시어머니는 가슴 아파했다. 그리고 당장 집어치우라고. 그러나 누가 그 집안을 책임져주겠는가. 늦게 난 아들 둘이 대학과 고등학교를 다니는데…. 지금은 잘 적응하고 있었다. 그래서 이번 추석은 참석하지 못했다. 물론 사업이 망한 둘째 삼촌도 역시 나이 들어 할 수 있는 일이 없으니까 카이스트 경비로 일을 했고 자부심을 가졌다. 그의 자식들은 모두 다 성장했고 좋은 직장에서 아들 딸 낳고 모두들 잘 살고 있으니 말이다. 그곳은 아마도 퇴직 시기가 늦을 수 있으니 마음은 편해 보였다.

요즘은 참말 이상한 시대이기도 했다. 수명이 기니 60세에 퇴직을 해도 40년을 쉴 수만은 없는 시대다. 당장 시어머니 친정어머니가 95세 이상이니 100세 사는 것은 당연한 일인 것이다. 그런데 좋은 대학에 박사까지 받았지만 길어도 65세가 되면 퇴직을 해야 했다. 그 후의 삶은 퇴직금으로 먹고 살아야 하는 것이다. 그들 연금자들의 분류를 보면, 100만 원, 200만 원, 300만 원, 400만 원으로 분류가 되어 있었다. 국민연금은 대부분 100만 ~150만 원인데 노인에게 이것은 병원비 충당하는 것도 쉽지 않았다. 각자 쓰던 비용이 있으니 말이다. 그러니 요즘에 교장 선생님도 퇴직하고 아파트 경비를 지원하는 시대가 되었다.

그런 교직자가 경비로 지원한 곳은 주민들 입장에서 애기들을 잘 보살펴주고 책임감이 강하니까 주민이 좋아했다. 예전에는 있을 수 없는 일일지도 몰랐다. 신분차이가 있으니까. 그러나 회사 사장하다가 망해서 걸인이 된 사람이 얼마나 많은가. 아무튼 60세가 넘으면 학력의 평등이 생겨버린 것일지도 몰랐다. 60세 이상이 되면 무수리와 기술자가 최고인 것 같았다. 그것은 농사짓는 일, 바다의 해녀, 기계공, 뱃사람, 집 짓는 사람, 음식 만드는 사람, 조각가, 화가, 음악가 등으로 보였다. 그것들은 적어도 경제성은 크지 않지만 오랫동안 일을 할 수 있으니까 말이다. 말을 하다 보니 이야기가 옆으로 빠져 버렸다.

여자는 작은 추석날 아침부터 서둘렀다. 우선 곰국에 매운 새우 다지기 양념을 만들고 안 매운 다지기 양념을 만들었다. 그리고 밑반찬으로 멸치볶음, 양배추 샐러드, 땅콩볶음, 김치, 깍두기를 준비했다. 또다시 찹쌀과 멥쌀을 섞어 흰 쌀밥을 전기 밥솥에 한솥 만들었다. 시간이 금방 흘러갔다. 9시경이 되어, 둘째 동서와 큰아들네가 집에 도착했다. 큰아빠에게 절을 한다고 해서 여자는 절값으로 5만 원씩 주었다. 조카 머느리와 아들은 안 받는다는 것을 억지로 주고 치킨을 사 먹으라 했다. 그리고 이렇게 와줘서 고맙다고 말했다. 그들은 한 상을 차려서 곰국에 밥을 말아 먹었다. 곧 설거지는 우리가 하겠다면서, 시골에서 왔으니 얼른 서울 구경 가라며 떠밀었다.

그들은 아들이 원하는 종묘시장을 가겠다면서 나갔다. 곧 셋째네가 집으로 왔다. 다시 한상을 차려서 곰국에 말아 먹었다. 과일을 먹으며 이바구를 하다가 점심을 먹고 우리는 고투 지하상가로 이동했다. 둘째는 원피스를 만지고 쓰다듬었다. '둘째야 너 원피스를 사봐, 내가 사줄게' '아니요. 됐어요.' 셋째는 여기저기 돌아다니면서 온갖 가게를 다 돌아다녔다. 옷가게, 장신구, 스카프, 손수건…. 여자는 건성건성 돌아봤다. 둘째가 속옷을 사려고 뒤적였다. 여자가 속옷을 모두 다 사주고 다시 가방을 보다가 동서들도 하나씩 사주고, 장신구를 보다가 반지와 목걸이 등도 샀다. 우리들은 목에 목걸이를 걸고 손가락에 반지를 끼고 가방과 속옷을 사서 무겁게 짊어지고 집으로 돌아왔다.

노인이 된 우리들은 다리나 팔이 온전하지 못했다. 그러나 쇼핑을 할 때는 다리와 팔이 아프지 않았다. 집으로 돌아올 때 우리들은 다리와 팔이 아파서 절뚝거렸다. 여자는 강조했다. 과연 우리가 얼마나 이런 시간을 즐길 수 있을 것인가. 우리는 건강을 지켜서 이곳 탐방을 3년씩 늘려가며 10년을 버텨서 살아보자고 했다. 둘째네 아픈 동생이 올 6월에 세상을 떠났고, 그 충격으로 어머니는 치매가 걸렸단다. 아버지는 올해 90세이신데 일어나시는 데 1시간이 걸렸다고. 소풍 간 남동생과 우리는 젊은 시절 함께 설악산에 놀러 갔었는데…. 그리고 테니스도 함께 쳤었는데…. 갑자기 어느 날 소뇌 위축증이 생겨서 온통 식구들의 마음을 졸이며 간병을 했는데…. 5년도 안 되어 갑자기 화장실에서 쓰러져서 소풍을 갔단다. 큰애가 이제 4학년이고 작은애가 그 아래 학년이라는데. 둘째 동서가 얼마나 많이 울었겠는가.

시집살이 할 때, 시어머니 밑에서 우리들은 어떤 사람인지 몰랐다. 시어머니의 명령에 따라 오로지 움직일 뿐이었다. 그런데 이제 우리는 모든 것이 자유로웠다. 첫째가 밥상을 차리려 고기를 굽는데 상을 보던 셋째는 볶음밥을 하겠다며 안쪽 불판을 쓰고 있었다, 둘째 동서는 지금 주 메뉴인 고기를 구우니까 볶음밥은 하지 말라고 한다. 셋째는 자기 음식 솜씨를 보여주겠다고 난리다. 첫째는 셋째가 하는 대로 고개만 끄덕끄덕. 그런데 부엌이 비좁아서 음식을 만드는 데 얼마나 불편하던지…. 그래도 참았다. 둘째는 그것은 아니라고. 첫째는 셋째가 하고 싶다니까 그냥 해보라고 맡긴다. 남자들이 팔보채를 좋아해서 첫째는 팔보채를 만

드는데, 둘째는 하지 말라고 난리를 쳤다. 첫째는 고기만 먹으면 음식이 싫증 나니까 야채를 섞어 먹는 게 낫다며 팔보채를 만들었다.

결국 고기와 팔보채, 피자와 볶음밥으로 상차림을 했다. 식구들이 안 먹을 것같이 하더니, 모두들 모두를 싹쓸이하며 맛을 즐겼다. 세 며느리는 서서히 개성이 나타났다. 둘째는 소금간을 좋아했고, 첫째는 소금간에 참치액젓과 다시다와 꽃게액젓 등 여러 가지 섞는 것을 좋아했다. 셋째는 간이 싱거워야 한다는 것을 주장했다. 셋째는 손주들을 돌보니 거의 간을 안 하고 먹이는 습관에 길들여졌다. 둘째는 시골 어머니네가 쓰는 칼칼한 소금에 길들여졌을 테고, 첫째네는 입맛이 없으니 온갖 양념을 다 쳐서 먹어 그 맛에 길들여졌던 것이다. 서서히 삶의 패턴이 자신의 몸 상태에 따라 변하고, 주변 생활의 손자나 부모님의 케어에 따라 식습관이 변형되었다.

이제 우리는 인생의 마지막 시대로 접어들었다. 우리 몸을 스스로 잘 지키는 것이 중요했다. 그렇지 않으면 우리 자식들을 괴롭히는 일이 될 것이다. 여자는 정신을 바짝 차리며 사는 것이 치매에 걸리지 않는 일이라 생각했다. 추석이 끝나고 모두들 자기 집으로 돌아갔다. 갑자기 온 세상이 고요했다. 일단 푹 쉬고 잠을 잤다. 이튿날 몸에 파스를 붙이고 뒷산으로 가 산책을 했다.

거의 4시간을 걸었다. 그리고 온몸을 뜨겁게 샤워를 하고 푹 쉬었다. 그 다음날 한강으로 다시 산책을 갔는데 몸이 뒤틀리면서 몸이 쑤시고 아팠다.

이렇게 힘들고 불편함을 견디면서 과연 10년을 잘 이겨낼 수 있을까? 그런데 왜 갑자기 힘들다는 생각이 들까? 긴장하고 시간이 조급하면 아프지 않았다. 그런데 널널한 자유시간이 주어지니까 아픈 생각이 드는 것인가? 옆집 아줌마가 암으로 많이 아팠다. 그는 외국으로 골프를 치러 가면 아프지 않았다. 그것은 긴장과 규정된 시간을 준수하려는 정신이 아픔을 잊게 하는 것이었으리라. 이제 생각났다. 여자도 30대 후반에 너무 아파서 대학원을 가서 공부하면서 아프지 않았던 생각이 났다. 인간은 긴장을 하고 집중을 했다가 풀어지는 그런 삶이 건강한 삶인 것 같다.

*

물리치료를 받는다 생각하고 골프 연습장을 갔다

명절 휴일이 너무 길었다. 명절 끝에 많은 사람들이 오고 갔으니 몸은 피곤하고 힘들었겠지. 눈은 퉁퉁 부었다. 허리도 온전하지 않는 것 같고. 묵직한 몸이 아프고 싶다는 신호가 여기 저기에서 났다. 시간이 흘러가서 몸을 휴식시켜야 되겠다. 먼저 뒷산으로 산책을 가기로 했다. 무릎을 묶고 어깨를 동여매고 간단한 주스를 챙겨 산책을 했다. 오르락내리락 중간에서 휴식을 하고 서울시 경관을 구경하며 서너 시간 산책을 해봤다. 집에 와서 뜨거운 탕에서 온욕을 하고 유튜브를 보며 하루를 쉬었다. 몸이 개운했다.

다음 날은 더 몸이 안 좋았다. 눈은 더 붓고 다래끼형으로 변해버렸다. 마이신을 먹었더니 약간 가라앉았다. 한강 쪽으로 산책을 갔다. 뒤뚱거리는 길이 힘들었다. 새로 길을 내느라고 길 위로 노끈망이 덮여 있으니 발이 온전하지 않았다. 몸의 균형이 깨져서 걷는 것이 힘들었다. 차라리 산길이 편했다. 다시 다른 길을 찾아 백화점으로 통하는 큰길로 이동했다. 거기는 새 아파트가 들어선 도로였다. 그 도로를 따라 한강 입구로 걸어갔다. 강변 옆 아파트는 아직 옛날 모습 그대로였다. 아이고 차라리 앞쪽 새 아파트를 지을 때 함께했으면 좋았을 것을. 아마도 자기네는 넓이가 큰 아파트 단지라 작은 세대 아파트와 함께하고 싶지 않았으리라.

아무래도 이제 낡아서 다시 여기도 재건축을 하려는 모양이었다. 플래카드들이 벽에 줄서서 붙어있었다. 조금 손해 보고 함께

했으면 좋았을 것을. 지금은 자재값, 인건비 등이 훨 비쌀 텐데…. 한강 출입구인 굴다리를 지나 한강변으로 들어갔다. 파란물과 하늘의 파란색이 맑고 깨끗했다. 한강의 시원한 바람이 얼굴로 불어왔다. 시원했다. 상쾌했다. 아! 강물이 확실히 좋구나! 건넌 마을 네비샘 집이 우뚝 솟아 있었다. 인증샷을 찍었다. 그리고 카톡으로 보냈다. 나 여기서 산책 중이요라고 멘트를 보냈다. 그 옆에 빌라촌이 산과 어울렸고 한강과 아우러져 멋진 한 폭의 그림이 되었다.

잔디밭에 사람들은 텐트를 치고 점심식사를 했다. 더러는 홀로 족이 벤치에서 혼밥을 했다. 젊은 며느리와 아들을 따라 노모가 힘겹게 걸어서 뒤를 따라갔다. 그 모습은 내 모습 같았다. 아! 그리고 여자는 젊은이들과 함께 놀면 안 되겠구나라고 생각했다. 여자는 나이 든 사람들과 놀아야 젊은이들이 힘들지 않겠구나 생각했다. 그래야 여러 가지 행동의 리듬이 맞는 것 같구나. 여자는 슬슬 배가 고팠다. 남자와 걸어서 중국성을 찾았다. 이미 소문을 들었다. 중국성은 사람이 많았다. 짜장면을 시켰다. 내용이 충실했다. 고기와 새우, 오징어, 야채 등이 듬뿍 들어갔다. 그동안 고속터미널 입구에서 홀대를 받듯이 면에 짜장만 비벼서 나왔던 것과는 차원이 달랐다.

이곳은 확실히 중국인들이 손님들에게 대접을 한다는 느낌이

들었다. 가끔 한국인이 너무 돈에 집착을 하고 음식을 날로 대접한다는 생각이 들었다. 그것은 아니잖은가. 가격도 똑같은데 말이다. 한인의 태도가 성실하지 않음이 못마땅했다. 맛있게 식사를 하고 집으로 돌아왔다. 몸이 무거워 온몸에 짐짝을 싫은 기분이 들었다. 아픈 것은 아닌데 왜 몸이 무겁지? 운동을 안 해서일까? 여자나 남자의 나이가 칠 학년이 넘으니 항상 몸 관찰을 하는 것이 좋았다. 남자는 올 4월부터 피부염으로 지금까지 고생을 하고 있었다.

남자는 4월 지인끼리 만나서 소고기 육회를 잘못 먹은 것이 탈이 되었고, 그로 인해 자가 면역증이 생긴 것 같았다. 자기 몸 세포가 자기를 공격하는 현상으로 보였다. 물론 그 집안의 내력일지도 몰랐다. 애들이나 형제들도 그랬으니까. 다리부터 머리까지 올라오면서 붉은 물집 생기는 염증이 몸 전체를 뒤덮었다. 그것은 죽음을 초래할 수 있겠구나 하는 마음이 들었다. 예전부터 피부염이 무섭다는 것을 알았다. 이조시대 이성계와 이방원도 그 피부염으로 고생을 많이 했다고 들었다. 여자의 외삼촌도 피부염으로 전국의 약을 다 썼지만 낫지를 않았다. 우선 남자는 면역성을 길러야 했다. 진물을 잠재우면서.

여자는 식품으로 염증을 다스리려 애썼다. 생감자에 온갖 식품을 섞어서 주스를 만들었다. 염증에 좋다는 강황가루, 계피가루,

보리새싹, 맥주효모, 결명자가루, 검은콩가루, 검은깨, 사과, 당근, 비트, 양파즙, 요구르트 등 좋다는 것은 다 주스를 만들어 마시게 했다. 6개월이 지나니까 서서히 염증이 가라앉았다. 주변 사람들은 말했다. 어떤 이는 3년이 지나야 한다나. 또 다른 이는 1년을 지나야 한다고. 가렵고 따갑고 고통스럽지 않으면 참을 수 있으니 다행이었다. 피부과 병원 치료, 피부약 등을 처방받아도 별 수 없었다. 이제 우리 나이는 모든 병과 함께 살아야 하는 나이가 되었다.

너무 오래 살아서 그런 것이라 생각했다. 일단 우리는 병을 무서워하지 말고 병과 동침하겠다는 각오로 사는 것이다. 일본 의학박사가 말했다. 70세 이상이 되면 건강검진도 받을 필요가 없다고. 암 수술을 해서 10년을 사나 수술하지 않고 그냥 사나 똑같다고. 늙어서 죽으면 온몸에 암이 함께 공존하고 있는데, 모르고 살다 간다고. 그러나 현대에는 미리 초기에 암을 발견하면 빨리 치료를 할 수 있다고. 그러나 의료계에는 양심적인 진단보다는 과잉진단을 해서 돈을 벌려는 자들이 많았다.

죽어가는데도 살 것처럼 수술을 하게 하고 죽음을 맞이하는 환자가 너무나 많았다. 여자 친구, 남자 친구, 친척들이 수두룩했다. 온몸에 암이 퍼져서 죽어가는데 의사들은 머리를 재수술하고 간을 재수술하며 자궁을 재수술했다. 죽을 때까지 말이다. 여자는 의사를 믿지 못했다. 그리고 칠십 팔십 세 노인들이 여기 아프면 저기 아프지 않겠는가. 자동차를 70년 쓰면 온전한 데가 있겠는가. 여자는 모든 병과 함께 공존하되 열심히 먹고 운동하여 최대로 몸 건강을 유지하며 살기로 했다. 그러면 죽음의 때가 오지 않겠는가. 만일 테니스를 즐겁게 치고 집으로 돌아와서 밥 잘 먹고 잠자다 가면 그것이 가장 행복한 죽음이 아니겠는가.

어쩌다 죽음의 때가 왔는데 아프기만 한다면 그때는 조용히 눈을 감고 식음을 전폐하고 죽음을 맞이하는 것도 괜찮을 것 같았다. 어느 신부님이나 고승들이 말하길 그렇게 죽는 것이 가장 행복하다고. 먹지 않으면 싸는 일도 없으며 고요히 눈을 감고 있으면 도파민이 흘러나와서 가장 행복함을 느낀다고 했다. 여자도 그렇게 죽기를 바랐다.

*

어머니가 울었다

- 엄마 밥 먹었어요? 아픈 데는 없고요?

- 누구냐? 큰애냐?

- 네.

- 아픈 데가 왜 없어, 말을 하기가 그렇지. 어제도 전화했는데 뭘 또 했어. 그놈아가 누나한테 전화나 했냐? 엄마한테도 안 하는 놈인데.

- 엄마, 신부님하고 스님이 그랬어. 60세가 넘으면 부모라고 전화를 받으려고 하지 말라고. 부모님이 너무 오래 살아서 그런다고. 40세나 50세에 죽었으면 전화를 자주 했을 거라고. 자식이 살기 힘든데 부모에게 전화할 사이가 어디 있느냐면서. 그리고 엄마는 아버지랑 큰아들이 오래전에 죽었는데 뭐가 그리 슬퍼서 울어요?

- 그래도 오늘 많이 울었어. 명절이라고 마누라가 있어 뭐가 있어. 그놈아가 밥이나 먹고 사는지 눈물이 나더라고. 나는 너 덕에 요양원에서 해주는 밥 먹으니 괜찮지만 그놈아는 먹을 수가 없잖은가.

- 걱정도 팔자요. 내일 모래면 100세 인생인데 아들 걱정이라뇨.

- 요즘 여기 사는 사람들도 많이 힘들어요. 엄마 아는 부잣집 딸 영자 있잖아요. 그 영자가 이대를 나와서 부잣집으로 시집을 가 아들 딸 낳고 잘 산다고 한 영자요. 그 영자가 남편과 오래 전에 이혼했잖아요. 왜 이

혼했겠어요. 남자가 부자니까 젊은 여자가 딱 붙어서 남자를 홀렸지요. 결국 그 영자 이혼해서 혼자 살다가 자기네 부모도 다 죽고 가진 재산도 없고요. 이혼비는 10년 쓰고 나니 돈이 없는 거요. 결국 살 수가 없으니까 돈이 조금 있는 늙은 홀아비한테 그냥 시집을 가버렸다고요. 한 10년 살다 보니 그 영감 똥 수발하고 지금 살고 있잖아요.

- 그려? 그게 참말이야?

- 그럼요. 인생이 참 허무해요. 초년부터 너무 잘 살기만 했으니 결국 말년에는 힘들게 사는 거겠죠. 인생은 오르막이 있으면 내리막이 있는 거 같아요. 그러니까 실패가 있어야 성공이 있는 거겠죠. 그리고 엄마네 큰손녀인 큰애가 이번에 아들 쌍둥이 낳았잖아요. 큰 녀석도 남자 쌍둥이로. 그러니까 후가 남자만 합해서 3명 낳은 거지요, 후와 그 새끼들도 병원에 있고 추석인데 모두들 병원에 있는 거죠. 엄마 막내 동생 자식이 우리 집 막내와 똑같이 결혼을 안 했잖아. 고모네 큰아들네 막내 딸도 결혼 안 하고, 당숙네 아들도 결혼 안 하고, 하여튼 결혼 못 한 사람이 집집마다 있다고요.

거기에 주변 친척 친구들 짝들이 대부분 죽었거든요. 그래서 모두들 외롭게 보낸다고요. 결혼 못 한 외로운 짝들도 그냥 외롭게 보내고 있어요. 엄마만 외롭고 슬프게 사는 것이 아니라 이곳에 사는 사람들도 엄마처럼 살아가고 있다고요. 캐나다 둘째 언니도 형부가 돌아가셔서 혼자 살테고, 고모네 막내 딸도 60세가 넘었으니 힘들게 살고 있다고요.

- 그렇구나. 모두가 힘들게 살고 있구나.

그리고 전화가 끊어졌다. 사람은 자기 혼자 외롭고 고독한가 했더니 남들도 다 힘들다 하니까 덜 외롭고 덜 힘들다고 느껴지는 것이다. 그것이 인간의 본능일지도 모른다. 인생이란 뭔가 화려한 성공적 삶이라 생각하지만 그 속에 들어가서 이거저거를 살펴보면 대부분 비등하다는 것이다. 그러기에 고통의 질량이나 성공의 질량이 비슷하다는 속설이 있었을 것이다.

*

열심히 먹고 운동하며 기쁜 마음으로 삽니다

- 오늘도 2가지 검사가 있어서 병원 왔다가 주사 맞고 5시간 있다가 오라고 해서 추석장 보고 왔다 갔다 했어. 다시 병원 가는데 버스가 13분 후 온다고 해서 이촌역으로 지하철 타고 환승시간 맞춰 도착했어.

어제까지 이런저런 검사가 있어서 힘들었는데 아침에 일어나니 거뜬하다. 암 생긴 것이 뭐 잘한 일이라고 가까운 친구들에게 신경 쓰게 만들었다. 매일 좋은 글 보내줘서 단백질과 운동 면역력이 입력되었다. 지금은 여의도 치과에서 잇몸 치료 중이다. 난 유목민의 후예답게 돌아다니고 내일부터 추석 준비해야겠다.

- 머리에 쥐 날 일이 많았다. 9월 세금이 두 배로 많아져서 들어논 적금 모두 해약해서 세금 내느라 바빴다. 일단 정리했더니 녹초가 됐네요. 네 비샘 단백질 잘 챙기고 건강 잘 챙기시게.

- 명절 손님들 다 가셨니? 얼마나 힘들었니? 너 같은 대인만이 할 수 있다. 우리 친구 장하다. 나도 6시에 산소 갔다 왔어. 내일이 제사니까 그럼 되었지. 모두들 가시고 나면 좀 쉬렴. 수고했네요.

- 모두들 갔지요. 잠을 설쳤더니 눈이 아파서 눈 감고 있네요. 젊어서 동서끼리 시어머니 욕할 때는 에너지가 많았나 보네요. 이제 욕할 일이 없으니까 뭔가 세상일이 없어진 것 같다. 하여튼 너무 고요한 추석명절이 되는 느낌입니다. 평생 시어머니 때문에 얼룩진 명절이었으니까요. 내일 또다시 제사이니까 고생하시겠네요. 수고하시고 건강도 잘 챙기셔.

- 뭐 하시나요? 어젯밤에 복희씨에게 전화했었다. 추석 때 차례도 지내면서 잘 지내고 있더라. 모범생은 다르더라.

화가들의 달빛이야기 영상 보냅니다. 김환기는 나무와 어울려 있는 달을 그렸고, 이중섭은 가족에 대한 그리움을 달과 까마귀로 그렸다. 고흐는 사이프러스 나무에 걸려 있는 초승달을, 르네 마그리트는 초현실적 초승달 세 개를 화면에 담았고, 터너는 바다 위에서 보름달을 그렸네요. 저는 9월 29일 보름달을 찍었네요.

- 위 바탕은 뭉게구름이 보름달을 감싸고 있고, 아래 화면은 검은구름과 흰구름이 섞여서 산 위의 흰구름과 보름달을 감싸는 명화 같네요. 정말로 훌륭합니다! 달빛이야기를 수십 번 보고 싶네요. 여기 보니까 네비샘도 20세기 화가입니다. 잘 찍었네요. 보고 또 보고 합니다. 요즘 달 보고 사는 사람이 없을걸요. TV나 유튜브에 빠져서 말이요. 네비샘은 확실히 예술적 감각이 있네요.

추석 내내 밥순이로 살았더니 감정이 사라졌네요. 오늘까지 시집 안 간 막내가 집으로 오니까요. 포기한 마음인지 그래 이놈아, 정신병 안 걸리고, 나도 건강해서 밥해 줄 수 있으니 감사하구나 생각합니다. 65세 이상의 여성들이 이런저런 지병으로 아픈 사람들이 많네요. 물병을 못 들어서 놓치고, 병뚜껑을 따지를 못하고, 걸을 수가 없지요. 네비샘은 항암치료를 잘 견뎠어요. 그래도 막바지에 조심조심하며 건강을 챙기셔요.

- 친구들과 동구릉을 가려고 날을 잡았는데 K친구, Y친구들이 안 되더라고. 여기 이 사진 억새풀은 600년 전 함흥 억새풀 토종이라 지금 보는 것과 조금 다르더라. 태조 이성계가 고향땅에 묻히고 싶어서 떼를 잔디

대신 고향에서 가져온 흙과 억새로 마감하고 아래쪽에 억새를 보존하면서 지금까지 이어져 왔단다. 이런 이야기는 그냥 치매 예방 놀이란다.

- 섭섭히 생각하지 마셔. 갈 수 있는 사람들이 복 터진 겨. 네비샘은 좋은 취미 가진 거고. 그 취미가 자기 세포를 튼튼하게 만드는 거고. 당연히 치매가 도망을 가버리겠죠. 복희가 보낸 성모 마리아에서의 기도 사진, 무지개도 떠 있고, 거기서 우리의 은총을 기도했다는 거 아냐. 고맙죠. 복희의 기도 힘으로 더 큰 은총을 받을 거야 우리는.

- 보내준 억새풀이 확실히 축령산 꼭대기의 억새풀과 다른 것 같네?

- 그렇지! 토종억새 느낌이지. 나도 모르게 내 말에서 EBS 방송이 되고 있네. 딸이 하지 말라는데…. 조금 줄여 볼게.

- 아니, 난 좋아하거든. 걱정하지 마. 난 자기 딸이 아니라고. 이 나이에 관심이 있다는 것 자체가 얼마나 훌륭한 것인데.

- 내가 보낸 사진은 오가피나무 열매, 박물관에서. 새로 지어가는 강남 아파트와 반포대교길 전경, 누에다리에서. 바늘꽃, 테니스장에서. 사유의 방, 박물관에서.

- 무슨 나무 열매일까? 했더니 오가피구나. 바늘꽃 네가 좋아하는 테니스

장 산책코스, 박물관의 사유의 방. 수준 높은 삶을 살고 계시네요.

- 그려? 모두가 네비샘의 덕이지요.

*

시대는 항상 변하고 있다

유튜브를 듣다 보면 내가 그동안 알지 못한 사실들이 이 시대에 존재하며 변화하고 있었음을 깨닫게 된다. 어느 작가가 핵개인 시대라는 책을 썼네요. 핵개인은 온전히 자신의 주체적 의지로 살아가는 사람이라네요. 본인 삶의 의사 결정권을 본인이 쥐고 있는 사람이죠. 해야 한다가 아니라 스스로 하고 싶기 때문에 자기가 하는 사람이 핵개인이라 할 수 있다네요. 그것은 남들이 좋다 하는 삶이 아니라 저만의 삶을 살아가는 것입니다. 그렇다면 각자가 자신이 원하는 삶을 생각하고, 찾고, 만들어 가는 것이 필요합니다.

그래서 핵개인은 결혼을 꼭 해야 하는 것이 아니라 자기만의 선택이라네요. 우리같이 구시대적인 사람들에게 이해할 수 없는 상황이지요. 그렇지만 요즘 너무 이혼 사태가 심각하니 그런 문제 없이 혼자 사는 법도 좋을 수 있겠네요. 처음에 좋다가 서로 안 좋으니까 이혼할 수밖에 없겠죠. 이혼하면 아이들 문제, 경제 문제 등 모든 가족이 불행해지는 거죠. 처음부터 결혼하지 않고 혼자 스스로 해결하며 죽을 때까지 살아가는 것이 좋다면 어쩔 수 없다는 것이죠. 막내딸이 바로 그런 족속이네요.

40대가 넘으니 딸에 대한 나의 합리적인 생각이겠죠. 딸의 다른 동창들이 아들 딸 낳고 잘 사는 것을 보면 내심, 아이고 멍청이, 헛똑똑이라고 욕하죠. 아니 별로 잘난 것도 없는 것이 엉덩이에 뿔난다고 결혼을 거부하며 난리 친다고 욕하죠. 웃기잖아요. 결국 아직도 캥거루 족속인 거죠. 오피스텔 관리비 아빠한테 내달라고 책상에다가 놓고 가고. 집세 반값은 내 통장에서 자동이체 해놓고. 저놈이 사람인가 싶다가도 그래 모든 게 내 탓이로다 하며 한탄을 합니다. 누구는 사시를 하고 변호사를 하네, 행시를 해서 세종시에 살고, 또 어떤 놈은 시집 잘 가서 부모에게 100만 원씩을 지원한다는데.

이게 뭔 팔자야, 저런 놈이 껴 있는 거냐고. 그러다가도 어느 친구는 애는 잘 키워서 능력자인데 가끔 정신적 멘붕이 일어나서 병원처방을 받고 있다는 것을 보면, 그래 그런 일보다 백번 낫구나 하네요. 정신적 멘붕은 고쳐지는 병이 아니니까요. 고질병이니 모든 식구들이 그 병에 시달리게 되잖아요. 이놈아는 그래도 어렸을 때부터 알레르기 때문에 테니스를 가르쳤더니 지금은 우리 동네 테니스 선수이네요. 휴일이 되면 코트장에 가서 하루 종일 공치고 우리 집으로 돌아와요. 정신병은 생길 일이 없어요.

이번 추석 휴가 때는 거의 십여 일을 우리 집으로 와서 저녁마다 맥주와 와인을 먹어댔습니다. 테니스를 하루 종일 일곱이나 여덟 게임을 했다나요. 안주 발은 어떻고요. 고기에 야채를 아주 흡입하며 살더라고요. 그래 이놈아 실컷 먹어라, 그리고 아프지나 마라. 그렇게 속으로 욕했네요. 다른 친구들은 자식이 바빠서 집에 못 오니까 집이 적막강산이었대요. 그놈아가 있으니 효도 받는다네요. 자식이 옆구리에 붙어있다고요. 이건 뭔소리 하며 무시했네요. 인생사는 다 그렇고 그런걸 거예요. 장단점이 다 있는 거죠.

자식이 똑똑한 놈은 똑똑한 대로, 못난 놈은 못난 대로 장단점이 있겠죠. 이 시대는 노모가 됐어도 자식에게 함부로 전화할 수 없네요. 내 어머니 수시로 나에게 10번씩 전화를 해서 자기 아들이 전화를 안 건다고 기다리는 모습은 처량하고 불쌍합니다. 이럴 때 난 어머니에게 강조합니다. 엄마, 스님이나 신부님이 자식 전화 안 한다고 하지 마시라고 했다. 부모님이 너무 오래 살아서 그렇다고. 나도 짜증 날 때가 많거든요. 엄마의 전화는, 전화가 길었고 했던 소리 애들 말로 백만 번 들으니까요. 할 이야기가 없거든요.

어머니를 보며, 난 나만의 놀이터를 만들고 즐겨야 한다고 생각했네요. 그래서 난 바빠요. 월요일과 목요일은 테니스를 쳐요. 화요일과 목요일, 토요일은 수영을 하고요. 수요일은 대부분 골프를 치죠. 수시로 체력 단련을 해줘요. 가끔 뒷산도 가고요, 골프연습장도 가지요. 파열된 다리와 무좀 발톱이 몸의 균형을 깨트러서 힘이 들 때가 많거든요. 그런데 나보다 아래 후배들이 몸에 수술을 몇 번 한 친구들은 걷는 것도 힘들어하네요. 거기에 허리 아픈 친구는 거동을 못 해요. 물병 뚜껑를 못 따고 땄어도 힘이 없어서 물병을 놓쳐버리더라고요.

우리는 근력이 있어서 힘이 세야 해요. 그래야 집안일을 할 수 있어요. 체력이 있어야 움직일 수 있는 거죠. 예전엔 잘 사는 집에서 집안일을 하면 천박하게 생각했죠. 식모가 있었으니까. 난 시집가서 원래 무수리였죠. 시댁 식구 밥 다 해 먹였고 집안 청소 다 했으니, 그것도 하루 종일 했죠. 교직생활 할 때 학교가 쉼터였죠. 근데 지금은 무수리가 제일 힘 세고 건강하더라고요. 어느 때부턴가 난 무수리 찬양자가 됐죠. 무서운 게 없어요. 하고 싶은 것은 다 할 수 있네요. 먹을 것이 얼마나 중요해요. 몸속 건강을 다 만들잖아요. 결국 마지막 인생들은 다 그렇고 그런 것 같더라구요.

*

미국 언니에게서 카톡으로 사진이 왔습니다

언니는 고종사촌 언니입니다. 오래전에 이민을 갔죠. 이제는 벌써 80대가 되었습니다. 당신이 사시는 Seal Beach 풍경을! 한가한 주말의 바닷가에 나가면 당신의 시선을 잡는 풍경들이라 합니다. 첫 장면은 투구를 쓴 2명이 보라색 오토바이를 타고 가는 장면, 두 번째는 4명의 가족이 흰 원피를 입은 뚱뚱한 부인이 손가방을 어깨에 메고, 흰 운동화를 신고, 검은 선글라스를 끼고, 오른손에 붉은 튤립 같은 꽃 한송이를 들고 조심스럽게 걷고 있다. 뒤따라오는 성년 딸이 있었고, 왼쪽에는 검은 옷에 밤색 둥근 신사 모자를 쓴 남성이, 그 앞에는 검은 원피스를 입고 검은 선글라스를 끼고 왼손에 튤립 꽃 한송이를 들었는데, 나이는 동년배 같은, 맨발로 모래사장을 함께 걷는 장면이었다.

세 번째 장면은 쑥색 수영복을 입은 여성이 쑥색 서브보드를 가지고 바다로 향하는 장면. 세 번째 장면은 모래사장 위에서 배낭을 베고 누워있었다. 그녀는 붉은 모자를 쓰고 핸드폰을 보고 있는데 무릎을 꺾어 서로 교차했다. 바로 옆에 바닷물이 출렁이고 햇빛은 바다와 모래를 비추며 찬란하게 빛났다. 다음 장면은 화려한 반짝이는 남색으로 된 폭이 넓은 드레스를 두 손으로 붙들고, 머리는 빛나는 왕관을, 목걸이와 화려한 눈썹 화장. 아마도 결혼식 사진을 찍는 것인지. 그녀 옆에는 붉은 티에 흰 바지를 입은 보디가드? 군데군데 가족들이 파도가 밀려오는 바다를 보고 있었다.

80세 언니는 흰색 둥근 모자를 쓰고 흰 바지 위에 흰 원피스를 입고 흰 스카프로 목을 둘렀다. 그녀는 파도가 물밀 듯이 밀려오는 바다를 향해 바라보고 있었다. 또 다른 장면은 돌바위를 걸어서 오르는 모습. 파도를 뒤로하고 모래사장으로 걸어오는 모습들이 완전히 영화장면 같았다. 언니는 자기의 멋진 사진을 가르키고, 이 사진 어때? 해변의 할머니가 아닌 해변의 여인 같지 않냐는 듯 물었다.

나는 답했다. 언니는 영화배우 주인공 같습니다. 난 언니 무수리예요. 그리고 운동맨이지요. 운동하고 밥하면 무조건 쉽니다. 컨디션이 나아지면 책보며 누워만 있습니다. 청소도 못 해요. 먼지가 안 보입니다. 시댁 식구가 오면 먼지가 보여요. 이때 난 장학시찰 왔다고 합니다. 역시 언니는 멋진 여인입니다. 훌륭한 여인이십니다.

오늘 오랜만에 판교 낙생 저수지에다 공을 치는 야외 골프장에 갔다가 돌아오는 중에 언니 카톡을 봤어요. 여기는 헌인능 쪽을 찍은 사진입니다. 그 다음 사진은 우리 집 뒷산 서리풀 공원에서 보는 서울 전경과 공원에 핀 덜꿩나무 사진. 그 다음은 큰딸 스타벅스 취업 100일 기념과 사위 생일 축하파티. 그곳은 우리 동네 양꼬치집에서 찍은 것입니다.

진이 딸이 저렇게 컸어? 아이고 기특해라. 전에 내 아들이 살던 방배동인가 봐. 손녀 딸이 저리 큰 것이고? 난 아직 네가 어리다고만 생각이 드는데.

제 손자는 키와 몸무게가 손녀보다 2배여요. 우리 동네에서 남서쪽으로 버스를 타고 서너 정류장을 가면 방배동입니다.

참, 세월이 많이 갔구나. 이종 고종 사촌들이 가까이 살면 좋을 텐데…. 구문, 구원 외삼촌은 소식은? 누구도 알려주는 사람이 없네….

구원 삼촌은 월남전에 갔다 와서 나 대학시절 정신병으로 일찍 돌아가셨고요. 구문 삼촌은 건강하게 살아계시지만 성격이 마귀할아범으로 변화해서 당신의 아들도 괴로워합니다. 명절마다 사촌인 은영이가 자기 아버지 때문에 하소연을 하며 울곤하지요. 그 작은아버지 욕심 많기로 유명하거든요. 착한 내 남동생이 명절마다 작은아버지께 들르곤 합니다. 젊어서 바람피우고 온갖 나쁜 짓 많이 하며 가족을 힘들게 했어요. 작은아버지는 못된 점이 많았어요.

언니, 내 남동생의 큰딸인 후가 이번에 아들 쌍둥이를 낳았어요. 큰애도 아들이거든요. 이 사진 좀 보세요. 정말 똑같죠. 작년에 난 놈도 아들이거든요. 후네 엄마가 바람이 나서 내가 그것들 학비 대느라 고생했네요. 그것들 어미를 보면 치가 떨리는데 알고 보니 지금 후네 집에서 캥거루 가족이더라네요. 별소리 다 하게 되네요. 삶은 그렇고 그런 거 같아요.

그렇구나, 그리되었구나! 우리 집에도 그런 애가 하나 있지! 네가 맏이 노릇 톡톡히 하는구나. 소식 고마워. 내년에 만날 수 있도록 해보자. 내가 만으로 내년에 80세거든.

그러세요.

*

백신의 어머니 커털린 커리코의 인생을 보고 배우다

커리코는 헝가리 커르처그의 가난한 정육점 딸이었다. 커리코는 기댈 곳이 공부였다. 1978년 세계드대에서 생물학 학사를 받았다. 헝가리 생물학 연구센터에서 일했고 연구실이 1985년 문을 닫았다. 유럽대에서 받아주지 않아 미국행으로 곰 인형에 전 재산인 147만 원을 넣어 밀반출했다. 템플대에서 3년 일했고 메릴랜드 군의관 의대를 거쳐 펜실베이니아 의대 등에서 2류시민 취급을 받았다. 그녀는 실험광이었다. "실험은 결코 실수하지 않는다. 당신의 기대가 실수할 뿐." 그녀는 학교에서 포기하라는 리보핵산 연구를 계속했다. 그래서 연구비도 끊겼다.

커리코는 외부에서 주입한 mRNA(리보핵산)를 사람의 몸이 이물질로 여기지 않게 하는 방법을 개발해 노벨상을 받았다. 코로나가 퍼지며 구세주로 떠오른 인물이다. 'mRNA 백신의 어머니'라는 별명이 붙을 정도로 이번 코로나 사태를 빠르게 종식시킬 수 있었던 것도 커리코 박사의 역할이었다.

그녀는 모국 헝가리에서의 힘든 망명과정을 극복하였다. 그리고 '상처입은 굴이 진주를 머금는다'는 것처럼 자기의 성공을 만들어냈던 것이다. 그녀는 2차례의 암 수술에도 포기하지 않았고 자기의 사명감과 정신력을 발휘하여 강력한 의지와 집념으로 성공을 이끌어냈던 것이다. 그녀는 학내정치나 연구비보다 과학에만 관심이 있었다. 커리코는 실험광이었다. 동료들에게 실험은 결코 실수하지 않는다. 당신의 기대가 실수할 뿐이라 했다. 질병과 싸우거나 예방하는 단백질을 만드는 가능성에 수많은 과학자가 뛰어들었지만 모두 실패했다. 커리코와 극소수만 mRNA의 기능성을 믿었다. 그러나 다른 과학자들은 멍청한 것이라며 비웃었다.

1997년 와이스먼을 만나 공동연구를 하여 해결책을 찾는 데 8년이 걸렸다. 그리고 코로나가 퍼지며 구세주로 떠올라 시련과 역경은 더 큰 성공을 불렀다. 모더나와 바이오엔테크의 목표는 mRNA로 면역치료, 심혈관 및 대사질환 치료제 같은 의약품을 개발하는 것이었다. 단숨에 세계 바이오 시장 판도를 바꿀 수 있는 도전이었다. 그 후 커리코는 바이오엔테크를 떠나 세게드대에서 연구를 계속하고 있다. mRNA로 모든 질병을 극복하는 것이 꿈이라는 이유였다. 지난 2일 의대 노벨위원회는 커리코와 와이스먼을 올해 노벨 생리의학상 수상자로 선정했다.

이런 훌륭한 사람들의 과정을 보면 가장 큰 힘은 춥고 배고픔이라 생각했다. 그리고 그 힘든 과정을 거치면서 스스로의 내적 자아를 형성하고 인내와 끈기 그리고 불굴의 의지를 형성하는 것이라 생각했다. 나는 가끔 서울의 강남 엄마들이 자기 자식을 서울대에 보내고자 온갖 비싼 학원에 보내고 별별 일을 다하여 자식을 공부시켜 서울대에 보냈다. 그러나 역사적으로 볼 때 아직도 서울대에서 한 명도 노벨상을 타지 못했다는 사실이 안타깝다. 강남 엄마들은 대부분 노벨상을 탄 자녀들이 수두룩했어야 하는 것이다.

아무튼 나의 철학은 우리 자녀들이 춥고 배고프고 힘든 일을 하며 어렵게 공부한 사람들이 더 강하고 더 훌륭한 사람이 된다고 확신하는 것이다.

*

좋은 아침

수영장에서 오리발을 차고 수영하고 샤워를 했다. 허리가 뻐근했다. 가방 소지품이 의자에서 떨어졌는데도 잡을 수가 없었다. 수영장을 나왔다. 그런데 비가 억수로 쏟아졌다. 나는 힘들게 운전을 하고 집으로 돌아왔다. 힘들었던지 몸은 불편했다. 간신히 나는 식사를 챙겨먹고 누웠다. 그리고 허리에 뜨거운 핫팩을 두르고 누웠다. 통증이 계속 심해졌다. 아무래도 허리에 염증이 생겨 통증이 더 심하게 생기는 것 같았다. 나는 마이신과 비타민C를 넉넉히 챙겨 먹었다. 나의 몸이 더 힘들게 늘어졌다. 나는 허리 치료방법을 유튜브에서 찾았다. 그것을 귀로 들었다. 피곤하니까 나는 눈을 감고 들었다. '3마라, 3하라'라는 정성근 교수의 유튜브가 나왔다.

그동안 내가 알고 있는 것과 다른 운동법이었다. 의학적 설명이 좋았다. 계속 뒷부분을 들었고 한방 교수님의 내용도 좋았다. 특히 다리 끝 엄지발가락끼리 두드리는(누워서) 방법도 좋았다. 약간의 산책을 하고 점심도 챙겨 먹었다. 그러나 몸이 책상에 앉아 있기는 불편했다. 계속 쉬며 허리 찜질하고 누워서 쉬었다. 오후 4시경 테니스 모임에 참가하려고 소염제 두 알을 먹고 치즈 2장을 먹었다. 그런데 가서 테니스를 치기는 힘들 것 같았다. 결국 포기했다. 일어서고 앉기가 힘들었다.

만감이 교차했다. 인간이란 이렇게 허약하고 별 볼 일 없는 존재인 것을. 움직이지를 못하니까 그렇게 쓸모없는 존재일 수밖에 없다는 생각. 만나는 사람이 있으면 더 잘 해줄걸. 더 맛있는 거 사줄걸. 동창들을 만나면 최고 좋은 것을 많이 사줄걸. 돈이 있으면 뭐 하냐고. 움직일 수 없으니 쓰지를 못하는 것을. 이렇게 아파서 움직이지 못하니까 마음의 깨달음이 온다니까. 그래서 사람들은 자기 몸의 귀중함을 아플 때 깨닫는 거야. 나는 그동안 너무 건강하게 살았던 거지. 한참 아파할 때는 깨닫고 살다가 건강해지면 그 깨달음이 사라지는 거 있지.

돈이 없어서 고생해야 돈의 소중함을 아는 것처럼 몸이 아파야 몸의 소중함을 아는 것이겠지. 몸이 아프니까 잘 살아가는 것이 얼마나 소중한가를 깨닫게 되다니. 몸 아픈 것이 오히려 도를 닦는 것이라니까.

집안이 편안해야 모든 것이 편안한데, 요즘 갑자기 남동생네 막내가 조현병이 생겨서 집안을 쑤셔놓듯 모든 것이 엉망이 되어갔다. 남동생은 막내를 케어하느라 힘들게 살아가는 것이었다. 병원 처방으로 주는 약을 막내가 먹지 않아서 재발된 듯한데. 동생은 시원하게 신경 쓰지 말라며 나에게 말을 했다. 멀리서 나만의 생각으로는 심각했다. 조현병이 고쳐지는 병이 아니니까 말이다. 동창 친구들도 그랬다. 허황되고 욕심이 많으며 자기중심적인 생각만을 고집하는 병이라 주변 사람들이 모두들 도망을 가게 하는 병이었다.

회사에서 휴직하라고 했다는데, 그 녀석은 자기가 열심히 다니는데 무슨 휴직을 하느냐 했다지. 자신이 병에 걸린 것은 아는데 괜찮다고 생각하는 것 같았다. 그 녀석을 아빠가 출퇴근을 시키니까 힘든 것이었다. 아빠는 자기 회사를 운영해야 하는데. 자기만을 공주, 왕비처럼 대접하라 하니 이게 도대체 말이 안 되니까, 또 병이니까. 어떻게 치료를 해서 극복할지 걱정이다. 항상 인생은 도전이다. 이 어려운 병을 또 어떻게 극복을 할 것인지… 남동생도 편안할 날이 없어 보였다. 일찍이 불량 마누라 때문에 먹는 거 제대로 못 먹고 살더니, 또 마누라가 바람까지 나서 또 지랄을 하더니 애들을 내팽겨치더니만.

평생을 남의 나라인 중국에서 회사를 다니며 애들을 키웠는데…. 새끼들을 북경대학, 칭화 대학을 졸업시켜서 독립시켰더니 막내가 조현병이 생겨 또다시 지옥 속으로 걸어가는 느낌이 들었다. 그놈의 병은 낫지도 않는다는데. 뭔 인생이 이런 것인지 남동생이 불쌍했다. 이제 마음 맞는 짝을 찾아 새 인생을 살며 함께 회사를 확장하려 애쓰고 있는데 말이다. 거기에 임 이사는 또 어찌하라고. 굴곡진 인생이지만 어서 빨리 잘 견뎌서 동생이 바라는 삶이 되기를 기원할 뿐이다.

막내 여동생네는 2003년 9월 4일 북아메리카 캐나다로 떠났다. 아르바이트를 해서 모은 돈 5000만 원을 가지고 떠났단다. 언니가 칠십이 넘어서 다리가 아프고 허리가 아프니까 돌아다닐 수 없음을 알았겠지. 그래서 그녀는 북아메리카에서 남아메리카까지 6개월 동안 여행하기로 했단다. 가을 추석이 돌아왔다. 나는 내 딸에게 이모네 큰아들과 작은아들에게 추석에 밥 먹으러 오라고 전화를 하라 했다. 그러나 오지 않겠다나. 그 후 한 달이 넘어 나는 동생네 큰아들에게 문자를 보냈다.

'제현아 잘 살고 있지? 네 동생도 잘 살고 있겠지. 그런데 네 동생 전화가 계속 꺼져있다는데 걱정이 되네. 하도 세상이 험악하니까.' '네, 일 잘 하고 있어요.' 제현이는 공무원이 되었고 매사 일처리를 잘하며 부모에게도 효도를 잘 한다고. 그 후 어느 날 동생네는 그룹채팅에 문자가 떴다.

- 윤제 전화번호 주세요. 010-3303⋯. 전번이 꺼져 있습니다. 전번이 바뀌었나?

- 나도 추석에 전화했을 때 전화가 꺼졌는데? ⋯. 그네 형이 아마도 동생이 전화를 꺼놓을 거라고 하던데. 그런데 계속 지금도 전화가 꺼졌어.

- 어제 제현(형)이에게 전화했는데 모른대요.

- 이거 또 무슨 일 있는 거 아니겠지? 걱정스럽네. 엄마(95세)가 계속 나에게 이상한 꿈 이야기를 해서 불안해 죽겠더라고.

- 정영란 황윤제 주소 및 연락처 주세요. 회사 연락처도 주세요. 현재 뉴욕시간 새벽 3시입니다. 한국시간 오후 4시입니다.

- 윤제는 사는 주소 가르쳐주면 나 차장이 찾아가봐 준다고 하네요. 내일.

- 제현이는 엄마가 더 잘 알고 있다고 했습니다. 윤제에 대하여.

- 걱정 마셔. 윤제 잘 살고 있고 전화 잘 안 받아. 필요할 때만 받아. 그리고 다은이 땜에 그런 것 다 알아. 다은이 무지 아프다며. 오빠 다은이가 나에게 연락 안 하던 애가 나에게도 연락하더라. 어쩌냐?

- 윤제 번호가 010-3303-9001 맞아? 주소 주세요. 다은이가 맹 궁금해 한다고. 다은이가 걱정한다고. 빨리 윤제가 전화해 달래요. 다은이는 지금 내 옆에 있음.

- 오빠 윤제 공부하고 있으니 연락하지 마. 다은이에게 전화 바꾸었다고 해.

- 다은이 지금 괜찮아. 일단 안전하면 다행이고. 공부한다고 전할게요.

- 언제쯤 한국 오세요?

- 그리고 다은이 입원시키고 지금 후은이가 직장에서 자기 동생 때문에

입장이 곤란하다고 다은이 걱정 무지 하더라. 한국은 내년 3월에.

- 오빠 다은이 대학병원 다니지 말고. 잘하는 개인 병원 가보는 것은 어떠한지. 지속적으로 관리해주는 곳. 우리 시누이 잘하는 개인병원 다녀서 공황장애로 3년 다녔는데 다 나았어. 좀 이상하다 하면 그 병원 또 다시 가. 그러면 괜찮아. 꼭 더 좋은 병원 알아봐. 그리고 다은이가 불안해서 모두에게 전화하고 알리고 하니 전화기를 좀 멀리하게 하고 다은이에게 집중시켜. 운동이나 활동으로 해야 해. 그리고 오빠 다은이 전자파 땜에 더 그런 거야. 전화 잘 안 받는 사람, 정호영, 진현, 윤제야.

여동생네는 매사 씩씩했다. 대부분 사람들은 그녀를 부러워하고 위로 쳐다봤다. 넌 참 대담하다. 어떻게 그렇게 할 수가 있을까, 네가 참 부럽구나 하며 찬사를 보냈다. 그녀는 무서운 게 없었다. 종교를 믿는 자를 깡그리 무시했다. 마음이 허약해서 그렇다고 쓸데없는 짓을 한다고 나무랐다. 내 동생이지만 그렇게 대단하게 전투적으로 씩씩할 수가 없었다. 그렇게 살아줘서 고맙다. 그들은 매사 대장처럼 살아야 했다. 이렇게 해야 하면 이렇게 했고, 저렇게 해야 하면 저렇게 했다. 그녀의 남편은 아마도 더 그랬을 것이다.

집안일이 있으면 부부는 수시로 각자 행동을 했다. 남편은 집에 있고 여동생 혼자 참여할 때가 많았다. 우리는 그런 것을 당연하게 받아들였다. 그런 세월이 길어졌다. 그러다 보니 가족 단합이 흐트러졌다. 운동하는 것도 결국 각자 하다가 남편을 따라 하며 그만두었다. 테니스와 골프가 그랬다. 학창시절부터 잘 따라 하던 운동이었는데 싫어하는 남편 때문에 혼자 할 수가 없어지면서 허리가 아파서 그만두었다나. 남편은 좌파였고 여동생은 우파였는데 결국 찍을 사람이 없어서 좌파를 찍었다나.

여동생은 60세가 넘어가면서 독립적이고 강성 좌파 성향이 강해졌다. 매사 독단적이고 힘으로 밀어붙이듯 매사 자기식대로 해버렸다. 이제는 남북 아메리카 종주여행이 무슨 에베르트 산을 정복하는 듯 열심히 즐겨 여행을 하고 있는 중이었다. 카톡에서도 무서운 게 없었다. 오빠나 언니는 제 지시를 따라야 세상이 잘 돌아간다는 식이었다. 겸손과 예의는 찾을 수 없었다. 태극기 휘날리며 무슨 강성 노조의 힘을 발휘하는 힘이 뻗혀 있었다. 나는 동생네가 무섭다. 강한 에너지는 좋지만 그게 지나쳐서 교만으로 가득 찼다. 자기네가 싫으면 모든 이를 칼같이 잘라 냈다. 자기네 것만 옳았다. 이견인 것들은 모두 다 틀렸다고 고집했다.

나는 그들이 가진 마이너스 에너지를 피하고 싶었다. 아직 그들은 자기네가 최고요, 더 최고이기를 바라면서 6개월의 여행을 강행하고 있는 것이 아닐까. 그러나 나는 그들이 잘못된 생각이 아니기를 빌었다. 좀더 진정한 인간 깊숙이 내재한 자기만의 모습을 찾고, 자신을 알고자 하는 깊은 깨달음을 찾으며 여행할 것을 주문하고 싶었다. 그리고 그들이 좀더 좋은 에너지를 받아 강하면서도 부드러운 내적인 깨달음을 가지고 돌아왔으면 했다. 그래서 우아하고 아름다운 에너지로 만인을 수용하고 함께할 수 있는 모습으로 돌아오기를 기원했다.

남동생은 착했다. 매사 적극적으로 자기 사업을 설립해서 자립하고 독립하려 애썼다. 그런데 돈이 안 벌렸다. 사업상 뭔가 문제가 있겠지만 노력에 비해 가성비가 낮았다. 한마디로 경제성이 없어 보였다. 자기의 생각은 대단했는데, 누나 입장에서 남동생이 불쌍했다. 더욱이 평생 새끼들 3명 혼자 키우느라 애썼는데 막내녀석이 조현병이라니. 위 둘은 출가했는데 막내 놈이 또 애비를 괴롭히게 됐으니. 이게 무슨 운명인 것인지. 이제 소개받은 임 이사와 잘 맞아서 오육 년 잘 살고 있는데 말이다. 임 이사는 사람이 진실되고 남동생을 잘 보조하며 열심히 함께 회사를 운영했는데.

임 이사는 자기 집도 몇 개 있고 나름 독립심이 강해서 회사의 중역을 했었다. 퇴직하고 남동생과 합류를 했는데, 여동생네는 임 이사를 무슨 밥 빌어먹으러 온 것처럼 생각을 하는데 기가 막혔다. 앞에서는 아부를 하고 뒷구멍에서 동생 새끼들과 헐뜯는 듯이 오빠를 욕하는 것이 못됐다는 것이다. 내 동생이지만 정말 못됐구나 생각을 했다. 오빠가 좋은 여자 만나서 평생 고생하다가 이제 좀 즐겁게 살 수 있음에 감사해야 하는데, 오빠가 무슨 큰돈을 번다고 사무실도 누나네 것에 빌붙어 운영하는데. 오빠 돈을 엄청 갚아먹을 것이라는 둥, 참 알 수 없는 놈이라는 생각.

조현병 걸린 놈이 제 어미(나은 엄마와 살았었는데) 자동차를 가지고 친구를 만나러 다닌다는데, 내 머리가 갑자기 돌 것 같았다. 그리고 아빠한테 차를 사달라고 했다는데 사줄 것처럼 이야기를 했다는데. 그러다가 사고 나면? 어쩔 것인가. 내 머리에 갑자기 쥐가 나서 멈출 것 같았다. 나는 남동생에게 전화를 계속 했다. 그는 받지 않았다. 결국 폭풍 문자를 핸드폰으로 보냈다.

- 정 사장 정신 바짝 차리고 살아야 돼. 다은이 병은 못 고친다. 100명 중 두세 명 고칠까 말까 한다고. 정 사장이 다은이 날마다 회사로 출퇴근 시킨다며. 그러다가 정 사장 몸 상해서 죽겠네요. 거기다가 임 이사가 대구로 떠나버리겠네요. 정 사장, 자기 인생 잘 챙겨야 회사도 살고 자신도 살지요. 요즘 요양원 어머니가 계속 이상한 꿈을 꾸었다고 말씀하시는데…. 가까운 조상이 태어났다는데, 왠지 다은이를 두고 하는 말이 아닐지요. 당신은 계속 이상한 꿈을 꾸고 계신다네요. 정 사장, 정신 차리시고 지혜롭게 대처하세요.

- 임 이사님 대구로 떠나게 만들지 마셔요. 그 병 고치기 힘듭니다. 그러잖아도 매형도 걱정을 하십니다. 온 천지에 전화만 해대는 다은이 때문

에 옆에서 지켜보는 사람들이 다 지쳐서 미치겠다고. 다은이가 임 이사에게 집을 얻어서 나가라는 것도 임 이사를 쫓아내는 일이라며 그건 안 된다고 하십니다. 조현병은 내 친구들을 보면 평생 자기 가족을 괴롭히면서 지금까지 살고 있음을 말하고 싶네요. 정 사장이 지혜롭게 대처하세요.

- 곧 연락드리겠습니다.

- 정 사장님 정신나가셨군요. 다은이가 정 사장 인생을 챙겨주나요? 임 이사님 떠나갑니다요. 다은가 이제 아주 미친 여자군요. 제 어미 주진미랑 한통속인데 왜 그걸 모르십니까? 주진미가 어미라고 합세를 해서 임 이사를 쫓아내려고 난리가 났네요. 정 사장이 중심을 잡고 빠른 시일에 결단을 내려야 한다고 매형이 말씀하시네요. 정 사장이 임 이사를 선택하려면 다은이에 대해서 단호하게 자기 입장을 밝혀야 한다고. 그렇지 않으면 임 이사와의 관계는 깨진다고 하십니다.

- 그런데 정 사장, 다은이랑 임 이사와 함께 셋이 잠자는 것은 아니겠죠? 그런 미친 짓을 하면 당신은 남자가 아니지요. 성년 29세인 아들을 어미가 끼고 잠을 잔다는 것 있을 수 없는 일이겠죠? 당신의 회사고 뭐고 당신의 인생이 사라지는 것이겠죠. 주진미가 꼬드겨서 다은이와 또 당신의 인생을 망치려고 지랄을 떨고 있네요. 25년 전 바람나서 헤어진 여자가 또 애들을 꼬드겨서 정 사장에게 먹을 것이 없나 하고 지랄을

떠는데 어리석은 당신이 그 구렁텅이를 못 벗어나니, 누나가 평생 당신을 뒷바라지한 것들이 안타깝네요. 뭔 인생이 그런가요.

- 요즘 여자들은 남자에게 밥을 안 챙겨줍니다. 결혼하며 주진미와 살았을 때 그년한테 밥이나 제대로 얻어먹고 살았냐고요. 허구헌 날 12시에 일어나서 초등학교 애기들이 우유 먹고 학교 다닌 것을 다 안다고요. 애기들이 학교 갔다 오면 대충 김밥 사다 놓고 저는 동네 아줌마들이랑 놀러 다녔고. 애기들 팬티는 빨지를 않아서 여기저기 더러운 팬티가 방구석에 나돌아다니고, 새 박스의 팬티들은 하루씩 돌려 입고 버린 거고. 그 여자가 미쳐도 단단히 미친 거고. 당신이 중국 출장 가면 노래방으로 돌아다니며 바람나고 집 팔아서 놈들과 여행 가고 그래도 당신은 그 여자가 좋다냐. 어머니와 누나인 나만 가슴치고 살았네요.

애들은 결국 친정집에 맡겨 두고 학교도 안 보내고 결국 막내가 데려다가 학교 보내고 공부시켰는데. 그것들이 제 어미가 좋다고 유학시켜 놓았더니 제 어미라고 껴들어와서 함께 살더니만 그년이 가진 못된 버릇과 습관을 배워, 여시가 돼 가지고 아빠를 긁어먹으려고 혈안이 되었으니. 차마 그 꼴을 보고 있는 임 이사와 누나인 나는 분통을 참기가 힘들더이다. 당신은 그야말로 어리석은 내 동생이외다. 육십 중반에 이 또한 이상한 변고가 또다시 일어나는지 알 수가 없네요.

어떤 여자가 임 이사처럼 빨래를 해주겠습니까. 당신(남동생)의 미적지근하고 모호한 태도를 알겠네요. 안 봐도 보이네요. 나 같으면 당신 같은 사람하고 벌써 이별합니다. 다은이가 어린 꼬마입니까? 우리 나이로 29살입니다. 채은이 내가 사준 집 팔아달라는 것도 주진미가 꼰질러서 판 거라고요. 거기에 임 이사에게 2~3개월 다은이가 지랄 떨면 스스로 떨어질 거라고요? 그 여자네 어미고 딸이고 다 배우더라고요. 주진미가 명배우 짓으로 온갖 남자들 다 홀린 것을 아직도 모르냐고요. 그년이 자기 차를 다은이에게 운전하게 하면, 만일 차 사고 난다면 그것을 책임집니까? 돈이 있어야지요. 그년 방 한 칸 남은 것마저 전세금을 빼서 쓰고, 후은이네 집으로 옮기고 남은 돈 제 몸 치장하는 데 잔치하고 있을 거네요.

돈이라면 회로 집어먹을 여자니까요. 시어머니가 사준 집과 시어머니 집을 모두 팔아먹었네요. 그리고 바람나서 집 나간 년을 뭐가 좋다고 당신(남동생)은 그럽니까? 바보 천치 아닙니까? 애들 잡을 년이라고요. 애들에게 돈 빨아서 제 얼굴에 100만 원씩 치장하는 여자라구요. 말을 안 해서 그렇지 이혼했는데도 주민등록증을 도용해서 제 큰딸 명의로 핸드폰을 써서 우리 집으로 핸드폰 비용 120만 원을 내라고 엽서가 날아왔네요. 그것들 주소를 우리 집으로 해놓고 중국으로 갔으니까요. 그게 어미냐고요. 미친년이지요. 그 버릇이 계속 살아있어서 애들에게 영향을 끼치니까 문제지요.

- 야, 네가 왜 안산에 사는 거냐? 네 나이가 29살이잖아. 네가 또 아프다고? 그래도 거기 살면 안 되잖아. 너네 불량 엄마 때문에 아빠가 혼자

너네 학교 보내고, 회사 밥 먹으면서 평생 고생했는데. 이제 아줌마 만나서 밥 얻어먹고 편하게 아줌마랑 회사 운영하면서 사는데 네가 왜? 그리 온 거냐고. 너 당장 나가! 너 그 집 고모 집이야. 내가 사준 거라고. 너 때문에 너 네 아빠 속 썩여서 죽이고 싶냐? 넌 독립해야지. 네 어미랑 살든지. 이건 아니잖아. 그럼, 아줌마 쫓아내고, 아빠랑 둘이 살다 죽을래? 미리 아빠가 속 썩어서 죽겠구나. 네 친할아버지 59세에 죽었어. 네 큰아빠도 29살에 죽고. 네 오빠도 일찍 죽었지.

너네 아빠 65세에 죽이려고 작정했니? 거기에 차 사달라며? 네 아빠 회사가 돈 버는 줄 아니? 빚더미야 이것아. 고모 사무실 임대도 한 번도 안 냈다고. 너네들 정말 미친다, 미쳐. 왜? 아프냐? 왜? 무섭냐고? 운동을 해서 힘을 키워! 얼굴에 분칠하지 말고 운동해서 병도 낫게 하고 씩씩하게 살아야지. 차 사서 운전하다 사고 나면 아빠 감옥에 보낼 거냐고.

- 와우. 고모. 나 고모한테 이런 연락받은 거 처음이야.

- 너 분칠하고 손톱이니 뭐니 하지 말고 땀을 흘리고 햇빛을 봐야지 건강해지는 거야. 옛날에 고모네랑 관악산 간 것처럼. 왜? 무서워? 죽을까 봐? 그럼, 너 죽도록 운동하면 힘이 생겨서 무서운 게 없어져. 윤제니 누구니 죽도록 운동하고 공부하고 돈 버니까 죽을 시간이 없는 거야. 네가 남자가 안 만나주느니, 어쩌니 하면 남자들이 다 도망가지 바보야. 오히려 남자가 너에게 만나달라고 애원해야지, 바보야. 네가 어디가 부

족해서 30억도 없는 것이 유학한 사람이잖아.

- 아줌마부터 쫓아내 고모야. 진짜 현명한 사람이 왜 그것을 못 볼까. 보면서 그러는 거야 뭐야. 알면서 그러는 거야? 고모 파이팅. 내가 뭐 유학하고 싶어서 했나? 상황이 하다 보니 유학한 거지. 말은 똑바로 하자 고모야.

- 보이스톡, 보이스톡. 전화는 왜 안 받아.

- 밥하느라 못 받았지. 너네 어미 주진미랑 살았으면 그냥 살아. 왜 안산으로 오냐고. 내 집 팔아서 내가 그냥 다 가져갈 거니까. 아빠 떠나면 내가 가질 거라고.

- 고모가 왜 가져. 아빠가 돈 벌어서 아빠가 산 걸 고모가 왜 가져.

- 너 웃긴다. 네 아빠 중국에서 한국 회사로 왔을 때 우리 집에서 6개월 회사 다녔거든? 불쌍해서 회사 가까운 곳, 안산에 2억 주고 내가 사준 거야. 너네 학비도 안 끝났는데 돈이 어딨어! 수원 집도 내가 사준 거고. 하나 팔아서 사업했고. 너네 아빠 사무실도 고모부 거고. 너 정말 웃긴다 정말! 네 언니네 집도 내가 사준 거고. 너네 언니들이 간신히 월급 타서 반을 준 거고. 아빠가 고모부 거 이용하면서 임대료 50만 원씩 준다고 했는데, 지금까지 한 번도 안 냈거든? 지금까지 임대료 5,000만 원

내야 해. 너 돈 벌어서 학비 고모한테 물어줘. 셋 학비 아빠 월급으로 안 되거든?

말 안 해서 그렇지 고모가 무슨 죄가 많아 너네들한테 돈 뜯기며 싸우는지 모르겠다. 할머니돈 네 아빠가 싹싹 긁어서 다 가져갔네요. 할머니 집도 너네 불량 엄마가 모두 다 팔아서 삼켜버렸고. 정 씨 집 모두 망쳐버린 게 누군데. 네가 또다시 무슨 병 걸렸다고 아프니까 다 망가지고 있다고. 정신 차려 이것아! 네가 고모한테 'ㅋㅋㅋㅋ' 하며 웃을 일이냐? 내가 울화통이 나서 잠 못 잔다, 이것아.

- 그만혀. 그만 화내.

- 아니, 우리 고모 아직도 화낼 힘이 남아 있어? 아직 힘이 펄펄 나네. 우리 고모 건강하네.

- 내가 맘이 다 놓여.

나는 어이가 없었다. 지랄 발광을 하며 지랄병 걸렸다고 깽판을 쳐놓다니 나를 골려대는 놈에게 무슨 할 말이 있겠는가. 처음에는 불량어미 만나서 불쌍타 했는데. 그래서 대학 입학을 하고 그것이 쌍꺼풀 만들려고 눈썹에 테이프를 붙이고 난리를 쳐서, 내가 쌍꺼풀 성형수술도 해줬는데. 카메라가 필요하다 해서 제일 비싼 카메라도 사줬는데. 우리 집 딸들이 왜? 다은이에게 우리는 안 사주면서 그렇게 비싼 것들을 사주냐고 반란을 일으켰는데…. 이것이 대학 졸업 후 그냥, 불량한 어미랑 살더니 또다시 애가 불량아로 변해버렸으니. 사건들이 복잡하게 일어나고 있는 것이었다.

*

예술가들의 영감은 곧 신의 영혼을 느끼게 합니다

'천재화가 미켈란젤로 부오나로티, 신의 예술가, 조각가, 건축가, 르네상스 예술의 대가. 그의 예술성은 그를 독특하게 만들었고 미켈란젤로의 완벽주의에 대한 헌신과 성실함이 그를 완벽하게 만들어줍니다.' 미켈란젤로의 뛰어난 천재예술과 문화세계는 무한한 가치를 낳습니다. 그의 기여는 조각, 회화, 건축을 포함한 여러 매체를 통해서 완성했습니다. 그는 르네상스의 주요 선구자로서 고전적 이상, 균형 및 조화를 추구하는 시대를 대표했습니다. 미켈란젤로는 신의 예술가, 천재 예술가로 불립니다.

그의 혁신적인 기술과 탁월한 기술은 세대의 예술가에게 깊은 영감을 주며, 서구 예술의 흐름의 방향을 제시해 주었습니다. 또한 무수한 예술가들은 그의 작품으로부터 기술을 배우며 영감을 받았습니다.

1. 다윗(1501~1504) - 피렌체 아카데미 갤러리. 이탈리아: 인간의 완벽함과 힘을 상징하는 대리석 조각 걸작.

2. 시스틴 성당 천장(1508~1512)

*

골프 연습장을 가다

남자는 골프공 치기를 좋아했다. 예전에는 공치는 연습을 무시하고 하면 안 되는 운동으로 치부했다. 남자의 극단적 생각인 것이다. 사회 생활이 바빴고 가끔 골프 치러 가는 것은 친구모임으로 가는 일뿐이었다. 그는 골프를 잘 치지도 못했다. 가끔 여자도 따라가는 수준일 뿐이었다. 그럭저럭 세월이 흘러갔다. 세월이 빨랐다. 퇴직을 해서도 취미는 없었다. 테니스를 좋아했고 몸 평형을 위해서 수영을 배웠다. 우연히 수영팀과 함께 골프를 쳤다. 그들은 정열적이었다. 열심히 배우고 연습을 많이 했다. 나이도 젊으니까 쉽게 배웠고 잘 쳤다.

세월이 가면서 그들 따라 스크린 골프도 따라가다 보니 연습에 재미가 붙었다. 남자는 시간이 나면 호수에다 공을 치는 곳인 골프 연습장을 찾아갔다. 여자는 남자를 따라갔다. 서서히 흥미로웠다. 골프는 역시 까다롭고 힘이 들었다. 몇백 개를 호수에 대고 채를 휘둘렀다. 처음에는 재미가 있고 잘 맞아서 더 즐거웠다. 그러나 한 번 픽사리가 나면 공은 죽어도 맞지 않았다. 요상했다. 어디가 문제 있는지 알 수가 없었다. 계속 안 맞는다고 치면 공이 화를 내며 더 안 맞으면서, 여자 속을 썩였다. 그녀는 공하고 싸웠고 그 싸움은 시간이 길어졌다.

연습 시간이 끝나갈 때 가끔 공이 여자가 불쌍한지 잘 맞혀졌다. 공이 여자를 놀렸다. 어? 이건 또 뭐야? 끝나가니까 다시 오라고 공이 불쌍해서 여자 기분을 풀어주려고 맞아주는 것이야?… 요상한 놈으로 생각이 들었다. 그래 그놈이 잘 맞아서 기분이 좋아지네? 고맙구나 요놈아 그렇게 속을 썩이더니만. 그리고 채를 접어 집으로 돌아왔다. 오면서 기내식으로 빵과 주스로 요기를 했다. 음악은 트로트를 틀고 따라 부르며 흥얼거렸다. 창밖 풍경은 가을 단풍으로 한창이었다. 호수와 건너편의 가을 단풍은 환상의 그림이었다. 아름답구나, 너네들. 붉은 색과 주황색 녹색 등의 나무가 아우러져서 정말 멋진 광경이구나.

10월의 마지막 날이 지나서 벌써 11월의 첫날이다니! 시간은 빠르구나. 우리가 참 잘 살아가고 있는가 보구나 생각했다. 여자가 시간을 잊고 살아가니까 말이다. 몸은 그래도 무거웠다. 칠 학년을 넘는다는 것은 몸이 무겁고 움직임이 느렸다. 어제는 바쁘게 볼 일을 하고 나니 15000보를 걸었다. 저녁에 잠을 자다가 소변을 보려고 일어나는데 힘이 부쳤다. 머릿속에서 내 목표가 88세까지 건강하게 사는 것인데, 과연 그럴 수 있을까? 힘겨운 일이 될 거라는 불가능한 마음이 일어났다. 소변을 보고 침대에 누웠다. 조용히 잠을 청했고 다시 깊은 잠에 빠졌다.

새벽 5시 반쯤 눈이 떠졌고 숨 고르기를 했다. 6시경 일어날 때는 몸이 가볍게 일어날 수 있었다. 다행이었다. 역시 잠이 보약이었다. 요즘 죽음에 대한 생각을 많이 했다. 어떻게 죽을 것인가에 대해 생각을 하는 것이다. 어머니가 90세쯤 죽음의 길로 접어들었을 때였다. 갑자기 잠을 자다가 목으로 핏덩이가 쏟아져 나왔다고 했다. 손가락으로 목에 넣고 긁었다고. 그러니까 심한 기침을 했다고. 그때 당신이 이제 죽으려나 보다고 생각했고. 곧 죽을 것이라고 했다. 곧 아들을 불러서 아들 집으로 옮겼다.

당신은 우선 먹지를 못했다. 가끔 물만 드셨다. 일주일 후 서서히 먹고 싶은 것을 찾았고 얼음물과 함께 드셨다. 우리는 당신의 배설물을 받았고 서너 달을 지냈다. 당신의 몸은 점점 회복했다. 그러나 당신의 다리와 허리를 쓸 수 없었다. 결국 당신의 수발로 아들과 딸의 허리를 멍들게 했고 당신을 건사할 수 없어 요양원으로 모셨다. 당신은 아들네 집으로 오기 위해서 다리 힘을 키워보려고 부단히 노력했지만 힘이 살아나지 못해 포기하셨다. 당신은 전화로 여기는 사람 사는 곳이 아녀. 닭 모이 먹듯 밥 먹는 곳이라며 한탄을 하셨다.

우리도 분명 어머니의 길을 걸을 수밖에 없을 것이었다. 요양원으로 모실 때 나는 어머니의 삶처럼 살지 않으려면 마지막 길을 스위스의 죽음의 버튼을 누르고 죽음을 선택해야겠다고 생각해 봤다. 그러려면 3000만 원이 든다고 들었다. 꼭 3천만 원을 예금해 놓아야 한다는 다짐을 했었다. 그 후 남자와 나는 우연히 스위스 여행을 하게 되었다. 거기서 전주에 사는 나이 든 남매를 만났다. 함께 식사를 하며 이런저런 이야기를 하게 되었다. 그때 당신 어머니가 돌아가셨다고. 어느 날 어머니가 아프다고 연락이 와서 여동생이 엄마에게 죽을 끓여주었다.

며칠 후 어머니가 이제 그만 끓여오라고. 그리고 계속 먹지 않고 십오일쯤 누워계시다가 돌아가셨단다. 여자는 충격받았다. 보통 어머니는 여기 아파 저기 아파 하시며 병원으로 달려가는데, 그 어머니는 조용히 눈감고 돌아가셨단다. 내가 고등학교 다닐 때였다. 청량리 고모님이 친척 결혼식에 참석을 하지 않으셨다. 그때 친척들이 말하길 청량리 고모 시어머님이 지금 언제 돌아가실지를 몰라서 참석을 못했다고 했다. 그 시어머니가 자기 방에서 조용히 식음을 물리치고 20일이나 눈감고 누워계신다고. 그 후 곧 돌아가셨다는 것이다.

여러 이야기가 오고 갔다. 여자 친구 어머니가 위독하다고 연락이 왔고 병원으로 옮겼다. 친구들이 함께 골프를 치고 있을 때였다. 그 어머니는 치료하고 요양병원으로 옮겼다. 거기서 그 어머니는 3년을 링거를 꼽고 살다가 가셨다. 이런 죽음은 옳지 않았다. 친구 시어머니도 요양병원에서 사오 년 목에 튜브로 음식을 흡입하다가 돌아가셨다. 언제 자기 죽음을 알고 죽음을 고요히 맞이할 것인가를 알아야 함이 중요했다. 어쨌든 여자는 죽음에 대한 탐사를 하고 있었다. 우연히 찜질방에서 아줌마들의 이야기를 엿들었다.

친한 언니가 고깃집을 했다. 언니네 강아지가 13년 살았다. 인간 나이로 91세란다. 언제부턴가 먹지도 못한단다. 언니가 병원에 데려가서 안락사를 시키려 하다가 마지막을 지켜보기로 했단다. 자기도 10년을 봤기 때문에 미리 죽기 전 보려고 갔는데 먹지 못해서 힘이 없는데도 자기에게 꼬리를 치고 안겼단다. 13일째 아침에 언니가 가게를 열려고 출근하는데 그날 그렇게 안아달라고 낑낑거려서 안아주고 출근을 했는데 저녁에 와 보니 강아지가 죽었단다. 언니가 죽음을 보니 가슴이 아팠다고. 보통은 3~4일이면 강아지가 죽는데 그 강아지는 13일을 버텼다고.

여자는 죽음의 때를 스스로 알아야 했다. 우선 먹지 못하는 때가 있을 테고. 그다음 기운이 없으며 몸을 움직이기가 힘들겠죠. 자연 누워서 눈 감고 있는 시간이 많을 것 같네요. 그렇게 한동안 누워있다가 섭생을 조금씩 하면 힘이 생겨 할 일을 하고, 몸을 이동하여 필요한 것들을 사기도 하겠죠. 몇 번씩 반복하다가 더 이상 힘이 들어 일어서지 못하는 경우가 생기겠죠. 그때 자리에 누워있는 시간이 편해지겠죠. 눈을 감고 있는 것도 편해질 테고요. 먹지 않아도 몸이 편하고. 아마 그때쯤이 조용히 눈 감고 죽음을 맞이하는 시기가 아닐까요.

그렇지 않으면 친구 아버지가 하루 종일 테니스를 치고 오셨는데 아이고 다리아파 하셔서 아버지께 너무 심하게 공치지 마시라고 일렀답니다. 그날 저녁을 잘 드시고 주무셨는데, 아침에 보니까, 아버지는 주무시면서 돌아가셨다는 이야기를 했습니다. 그 후 여자는 더 열심히 운동을 합니다. 여자도 친구 아버지처럼 죽음을 맞이하기를 기대하며, 열심히 테니스를 치고, 등산을 하며,

골프를 칩니다. 그렇게 운동 후에 여자는 막걸리나 와인 한 잔에 저녁을 먹습니다. 그리고 어느 날 잠자면서 죽음을 맞이할 수 있을 것이라고 생각하면서 말입니다.

*

과로사로 죽겠는데요

주변에서 항상 함께 살며 평생을 만난 친구들이 있습니다. 이름하여 반포 산악회였습니다. 11월 첫째 금요일에 을지로 3가 3번 출구에서 6시에 만나, 만선호 호프를 먹기로 했습니다. 가을비가 내렸습니다. 맥주 먹기가 좋았습니다. 처마 밑 좌석을 잡았습니다. 친구들은 각자 곱게 머리 손질을 하고 우아하게 단장을 하고 왔네요. 70세의 나이로 보이지 않았네요. 맥주에 마늘 치킨을 시켰네요. 우리는 맥주잔을 들고 우리의 건강을 외치며 축배를 들었네요. 여자는 사실 전날에 감기가 심하게 들어서 거기까지 가는 것이 힘이 들었고, 온몸에 몸살 기운으로 눈물, 콧물, 기침으로 고통을 동반했습니다.

이미 오래전에 약속을 했고, 한 친구가 가족모임으로 한두 달 미루었기 때문에 다시 약속을 어기는 것은 힘든 일이었습니다. 이상하게 나이가 많은 사람들이 나이 어린 사람들보다 더 약속을 지키기가 어려웠습니다. 나이 든 사람들은 이유와 조건이 많아서 쉽게 만남을 가지지 못했습니다. 죽을 만큼 아프지 않으면 꼭 약속을 지키는 것이 여자의 마음입니다. 그런데 친구들은 하여튼 이유가 많더라구요. 특히 가족들 때문에 약속을 깨는 경우가 많았습니다. 그런 친구들은 실망스럽죠. 그런 친구들은 매번 약속을 지키지 못하는 경우가 대부분이고요.

그래도 어쩝니까. 실망스럽지만 그냥 친구로 대접해야죠. 아프고 죽고, 거동을 못해서 이제 친구들이 서서히 떨어져 가버리니까요. 반포 산악회는 맥주잔을 들고 이런저런 이야기를 하며 추억을 만들었네요. 맛있는 안주를 새로 주문했어요. 낙지소면, 달걀말이, 햄과 달걀 프라이를 시켰죠. 맥주는 적당히 냉기가 있었고, 신선하여 입안으로 마시면 상큼하고 깔끔한 맛을 느끼게 하네요. 갑자기 가랑비가 쏟아져요. 머리 위로 차양을 길게 빼서 비를 막아주네요. 써늘한 가을비가 운치 있는 감정을 일으키네요. 가을비가 지나가고 사람들이 많이 몰려오네요.

맥주는 우리를 취하게 했고 안주로 적당히 배를 채우니 소화를 시킬 겸 젊은이들처럼 위층 프라하 노래방으로 옮겼습니다. 모이면 새로운 노래를 각자 알아서 읽어오라 했거든요. 그것이 치매를 걸리지 않게 할 거라고. 만선 호프는 확실히 독일의 생맥주 광장처럼 거대하고 대단한 맥주 명소 같았습니다. 그곳에서 맥주를 마시면, 대학 학창시절의 추억이 살아났습니다. 유럽의 여행자처럼 맥주파티에 초대된 기분이 들었습니다. 맥주는 가슴을 설레게 하고 뜨거운 감정이 살아납니다. 젊음의 추억이 살아나서 젊은이들과 함께하는 것이 기뻤습니다.

2차로 노래방에 가는 것이지요. 첫 번째 ㅈ 회원이 최진희의 〈천상재회〉를 불렀습니다. 오! 어려운 노래인데, 그리고 신곡이라 더 어려울 텐데. 준비를 단단히 했네요. 옆에서 ㅂ 회원이 ㅈ을 골리며 야유를 보냈습니다. 노래 준비해 오지 않으면, 그리고 춤을 멋지게 추지 못하면 회원에서 삭제한다고. 우리는 낄낄거리며 탬버린을 흔들고 합창을 했네요. ㅂ 회원이 〈미운 사랑〉을 불러서 다 같이 춤추며 합창을 했네요. 모르는 노래를 따라 부르면 힘이 나고 음정을 맞출 수 있어 좋았습니다. 그렇게 1시간 20분을 노래 부르고 밖으로 나왔습니다. 호프집은 젊은이들로 가득차고 축제 분위기로 떠들썩했습니다.

우리는 모두 젊은이가 되었고 함께 공존하는 사실이 실감나지 않았습니다. 감기가 잔뜩 들었는데도 아픈 기억은 사라지고 젊은이의 에너지를 받아서인지 견딜 만했습니다. 시간은 빠르게 지나갔고 우리는 이동하여 전철을 타고 가다가 각자 방향이 다른 노선을 탈 때 손을 흔들며 헤어졌습니다. 다음 약속을 기약하고 말입니다. 일단 건강해서 만나면 인생은 성공이었습니다. 건강 잘 챙기고 다시 만날 때까지 안녕!

감기약을 먹고 뜨거운 매트를 등허리에 대고 잠을 청했죠. 금방 잠이 들었네요. 새벽녘에 배가 아파서 화장실에서 쏟았네요. 이번 감기는 배도 아픈가? 열기가 나가는 것이 설사로 나가는 것인가 하며, 다시 뜨거운 매트를 배에 대고 잠을 잤습니다. 조금 있다가 알람이 울렸습니다. 힘들어서 일어나기가 싫었네요. 곧 딸이 왔고 우리는 차를 타고 수영장으로 이동했습니다. 오늘은 자유수영이라 자유로워서 좋았어요. 여자는 한 시간 동안 20바퀴를 돌기로 마음먹었고, 먼저 몸을 푸는 기능으로 몸을 물 위에 띄우며 걸었습니다.

다음으로 자유형, 평영, 접영, 배영을 3, 3, 3, 3바퀴씩 돈다. 두 번째는 순서대로 2, 2, 2, 2바퀴씩 돌 테다. 그럼 5바퀴씩 4번이면 20바퀴가 될 것이다. 나머지 10분은 다이빙을 하면 한 시간 수업이 끝나리라. 시간이 지나서 여자는 5레인으로 옮겨서 다이빙을 했다. 그때 박 사장이 제안했다. 오늘 조찬회를 하자고. 모두가 좋다고 해서 여자는 딸애를 집까지 바래다 주고 방배동 카페 커피빈으로 이동했다. 오늘은 박 사장이 운동해서 받은 10만 원으로 커피와 샌드위치를 샀다. 몸은 피곤하지만 수영팀하고 이바구하는 것은 행복했다.

- 생각해보니 지금 우리나라가 도입하고 있는 금융정책이 미국의 유형을 따라하는 것 같아요. 우리 친구가 20년 전에 미국으로 이민을 갔어요. 그때 남편은 교육청에서 20년 근무를 하고 연금을 230만 원 받았거든요. 유학 간 아들과 살 수 있을 것이라 생각한 거죠. 그런데 미국에서 의료보험을 한 사람당 60만 원을 낸다고 들었어요. 그러니까 의료보험이 비싸서 살 수가 없는 거죠. 그런데 그 당시 직업이 있으면 의료보험을 안 낸다 했어요. 그래서 그 남편이 차를 세척하는 직업을 가졌다네요.

그네 남편이 박사인데 차를 세척하는 것이 힘들었겠지만 의료보험 때문에 한 거죠. 요즘 우리나라도 우리가 연금 400만 원이 나와도 의료보험이 비싼 거예요. 거기에 다주택자는 더 많죠. 우리 아파트의 경우 다른 사람들은 170만 원인데 우리는 다주택자라고 240만 원을 낸다니까요. 거기에 다주택자는 융자를 안 해 줘요. 그러니 세금 내고 현금이 없다고요. 현금의 씨가 말라요. 요즘 대기업도 힘들다네요. 현금화를 위해서 사옥도 판답니다. 회사 수익금이 40억이라면 이자 내는 것이 80억 혹은 120억이라는데, 그것은 이율이 비싸서라네요. 회사가 그냥 망가지는 거지요.

이런저런 이야기는 계속되었고 시간이 흘러 우리는 헤어져야 했다. 헤어진 후 우리는 집으로 돌아와서 뜨거운 패드를 깔고 누웠다. 그리고 여자는 노는 데 바빠서 죽을 시간이 없구나 하며, 아무래도 스스로 과로사를 하겠다는 생각을 했네요.

*

환절기는 몸을 힘들게 한다

남자가 감기로 콜록콜록 기침을 하네요. 이 감기가 나에게 다시 옮길까 봐 걱정을 했지요. 며칠 후 여자가 목이 마르고 몸이 아프고 싶다는 어떤 신호가 왔네요. 그러나 감기라고는 할 수 없었네요. 평소처럼 열심히 수영을 하고 테니스를 치고 골프를 치러 다녔어요. 조금 피곤하다는 생각은 했네요. 운동 날짜가 겹쳐서 오전에는 오리발 수영을 했고 오후에는 테니스를 쳤죠. 테니스는 2게임이 적당한데 멤버가 빠져서 3게임을 했네요. 집으로 올 때 아이고 힘들다며 돌아왔지요. 샤워하고 저녁은 주스와 빵을 먹었어요.

잠이 들어서, 잠을 자는데 갑자기 아랫배가 살살 아프더니 폭풍 발작이 일어나듯 배에서 통증이 일어났어요. 간신히 일어나서 화장실로 달려갔죠. 흙탕물이 쏟아지듯 배설물이 쏟아졌고 배의 통증이 장난 아니었네요. 왜 이렇게 배가 아프지? 뭘 잘못 먹어서지? 여자는 생각을 했다. 저녁 먹은 게 뭐였지? 상한 음식도 아니고 빵과 달걀, 야채 주스뿐인데? 어디서 탈이 났지? 알 수가 없네요. 그리고 다시 침대로 갔어요. 잠이 들었어요. 새벽에 다시 복통이 일어났어요. 화장실로 가서 배설물을 쏟았죠. 힘이 하나도 없었죠.

여자는 아픈 게 감기 기운인가? 생각했죠. 요즘 감기는 기침, 콧물, 눈물, 각종 통증을 유발해서 사람들을 힘들게 한다죠. 여자는 근육 통증도 올 수 있고 장이 안 좋으니까 장 통증도 올 수 있을 것이라고 생각했죠. 우선 저번에 먹었던 내과 처방의 감기약을 먹었죠. 그렇지만 여전히 장 통증은 사라지지 않고 계속 배설물을 쏟았네요. 내과 처방을 다시 받았죠. 그리고 우연히 장염 유튜브를 시청했네요. 어느 의사 선생은 장염도 하나의 파열 증상일 수 있다고 했네요. 여자는 항상 음식이 부패해서 아니면 나쁜 세균이 장내로 들어와서 그렇다고 생각했거든요. 그런데 근육 파열도 염증이 일어나듯 장 파열로 인한 염증이라는 것이죠. 여자는 바로 마이노신을 먹었죠, 염증이니까요. 아침 점심에 약을 복용한 후 복통이 사라졌죠. 배설물 쏟는 것도 멈추고요.

여자는 신기했죠. 의사 선생님도 환자의 진단을 잘해야 함을 알겠더라구요. 엉뚱한 진단으로 환자들의 고통이 얼마나 심하게 일어나겠습니까. 요즘 생활 속의 의사 이야기가 엄청 소중했네요. 의사들의 종합적 진단을 설명하는 것을 듣고 자신의 염증 현상을 이해하고 내과에 가서 의사 선생님의 물음에 답을 해서 정확한 진단을 받아 치료받는 것이 중요했습니다. 사실 애들 어렸을 때도 의사는 애기들의 병에 대해 여러 가지를 어머니들에게 물어서 애기의 병명을 밝히려 했잖아요.

사실 어머니보다 소아과 의사가 병을 모르는 경우가 많았다는 생각이 들더라고요. 애기를 키우는 엄마가 애기의 병에 대해 더 잘 아는 거죠. 애기를 서넛 키우면 소아과 의사가 된다는 말이 맞더라고요. 우리들은 건강한 음식과 적당한 운동, 그리고 마음을 편안하게 하여 스트레스를 받지 않고, 성실히 살면서 아프지 않고, 살다가 죽음을 맞이하면 행복한 노년이 되겠죠. 주변 사람들 모두 그렇게 살았으면 좋겠네요.

*

남편 대학 동창 어머니가 돌아가셨다고

동창들에게서 남자에게 문자가 왔다. 그 Y동창 부부는 우리의 오랜 친구였다. 사심 없이 오고 간 세월이 길었다. 다만 Y동창은 헛된 욕심이 많았다. 직장을 다니면서도 사업을 했다. 그러나 실패했고 다시 직장을 다녔다. 빚을 갚았고 회복했다. 그러나 또다시 욕심이 생겼다. 퇴직을 했는데, 그의 공무원 연금은 그에게 돈이 아니었다. 그래서 Y는 큰 사업을 벌였다. 그것은 커다란 체육센터였다. 처음엔 잘 운영해서 대박을 냈다. 10억을 빌려서 이자 1500만 원을 낸다고 했다. 수익은 2500만 원이나 되었다고 기뻐했다. 여자는 Y가 불안했다. 10억이 빚인데 그 빚을 언제 갚겠는가를 생각하면 여자는 잠이 안 올 것 같기 때문에 더 불안했다.

사업이 잘될 때 이자내고 1000만 원의 수익은 대단한 돈이었다. 아들이 다니던 회사를 그만두고 아들들은 체육센터로 다 모였다. 각자 사무실을 내주고 아들들에게도 500만 원씩 월급을 주었다. 제2호점, 3호점도 낼 기세였다. 몇 년 후 코로나가 터졌다. 체육센터는 잘 된다고 했다. 그리고 지하 2층 체육센터 자리를 35억에 샀다나. 여자는 어? 이건 또 뭐지? 하여튼 Y는 못 말리는 인사였다. 처음부터 아들이고 아버지고 외제 차를 뽑아 다녔다. 자기 자본도 없으면서. Y의 잘못된 사고방식으로 집안이 망할 것 같았다. Y는 주변에 좌파적 인사가 많았다. 여동생과 그의 제부 역시 좌파적 운동권의 멤버였다.

노 정권 때부터 이제 문 정권 때까지 아마도 그들의 패거리를 이용하여 사업자금을 대출 받았으리라. 아무것도 없는데도 정치권의 협박을 이용하여 대량 대출이 아니겠는가. 자금이 없는데도 성사를 이룰 수 있다는 것이 말이다. 전 세계가 지금 어렵다. 우크라이나 전쟁과 이스라엘 전쟁이 세계를 흔들고 있으니 경제가 더 심각할 것이다. 물론 사업들도 힘들다. 아마도 체육센터 사업장도 매우 힘들 것이다. 35억 대출 이자를 사업이 안 되는데 어떻게 감당하겠는가. 이자에 또 다른 이자 빚을 내기 위해서 대출을 받아야 할 것이었다.

대기업들도 이익은 40억인데 이자 비용은 80억, 혹은 120억을 내야 해서 회사를 감당할 수 없다 했다. 담보가 200%, 300%라서. Y씨도 분명 그럴 것이었다. 큰 회사들도 문을 지금 닫고 있다 했다. Y씨도 아마 1년을 더 버티려고 애쓴다고 했다. 처음부터 Y씨 맘보가 틀렸다는 생각이 들었다. 직장생활을 해서 성실히 돈을 모으고 자금을 만들고 부를 형성하려는 것이 아니라 정치계를 이용하고 자금을 확보해서 회사를 이용하여 돈을 벌되 떼돈을 벌려는 잘못된 생각이기에 여자는 Y씨를 용서할 수 없었다.

만일 그런 사람이 성공한다면 우리나라는 완전히 사기 집단의 나라가 되지 않겠는가 말이다. 건전한 나라, 올바른 나라로 성실한 사람들이 성공하고 사는 나라라야 제대로 된 나라인 것이다. 그동안 좌파들은 정말 나라를 망치는 운동권의 나라이지 않았던가. 문정권 때 특히 최하의 나라를 만들었고 그것들은 아직도 패권을 다시 잡아서 재집권을 해 중국과 북한과 손잡고 영원히 좌파 패권을 잡아 공산주의로 살겠다고 하니 기가 막힌 것이다. 거기에 국민 40% 이상이 동조를 하고 있다는 사실에 여자는 대한민국 국민을 이해할 수 없었다.

옛날에 영화를 볼 때, 독일인이 얼마나 이성적이고 냉철한가? 그런데도 히틀러가 총통이 되고, 독재자 히틀러에게 당하는 독일 국민들을 보면 이게 뭔가 독일 국민이 맞는가? 하물며, 우리 국민 똑똑하기로 세계에서 이름이 났다. 그러나 좌파들을 찬양하는 거 보면 어리석기가 하늘 같구나 생각하게 되는 것이었다.

*

너무 바쁘게 살다 보니, 나의 생각을 조절할 수 있는 것이 무엇일까?

명상을 해서 진정으로 자신의 내면을 들여다보는 것이 있어야 하는데…. 우연히 에크하르트 톨레가 쓴 『이 순간의 나』를 발견했다. 그곳에 이런 구절이 있었다.

> 자신이 투명해지는 것을 느껴보세요. 물질적으로 견고한 당신의 육체가 없는 상태라고 느껴보세요. 이제 소음을 비롯해 부정적인 반응을 일으키는 것은 무엇이든 당신을 통과해 가도록 두세요. 당신의 내면에서 단단한 '벽'에 더 이상 부딪치지 않도록 합니다.
>
> 평화를 찾아 헤매지 마세요. 지금 이 순간이 아닌 다른 상태를 추구하지 마세요. 그렇지 않으면, 내면의 갈등을 겪으며 그것에 무의식적으로 저항하게 됩니다. 평화에 머물지 못하는 자신을 용서하세요. 당신이 평화로운 상태에 있지 않다는 걸 온전히 받아들이는 순간, 그 평화롭지 못함이 평화로 변화할 것입니다. 무엇이든 완전히 받아들일 수 있으면, 당신은 평화로워질 수 있습니다. 온전히 내어주고 맡길 때 이런 기적이 일어납니다.
>
> 있는 그대로를 받아들이면, 모든 순간이 최고의 순간이 됩니다. 이것이 깨달음입니다.

나는 눈을 감는다. 팔과 다리를 늘어뜨리고 멍 때리기를 합니다. 머릿속이 텅 비도록…. 이 방법은 내가 잠을 자려 할 때 쓰는 방법이다. 마음을 비우고 나를 온전히 사라지게 하는 것이다. 어느 순간 손과 발의 무게가 사라짐을 느끼게 되고, 그런 느낌을 느끼려는 찰나 서서히 몸이 사라지고 꿈나라로 가는 것이다. 이 느낌이 처음에 신기했다. 나를 잠 속으로 빠져들게 하는 것이 신비스러웠다. 그러나 대부분은 그런 자각이 없이 몸이 힘들면 누우면 내가 사라졌다. 오히려 잠이 안 올 때 의식적으로 나를 사라지게 하려는 의도를 가졌을 때 나만의 방법을 시도해 보는 것이다.

여기서의 방법은 내면의 평화를 유지하며 평온하게 모든 것을 받아들이는, 말하자면 수용하여 무엇이든 허용하고, 부정적인 것들은 나를 통과해서 지나가게 해버리는 길을 만드는 것이다. 내 몸의 딱딱함이 없이 부정적인 것들을 물과 같이 통과시키려 노력하는 것이다. 마음속으로 불편한 것들이 통과해서 지나가거라. 통과해서 빨리 지나가라고 읊조린다. 수영 잘하는 즈은 그랬다. 언니, 내가 그냥 긍정 마인드가 생기는 게 아니라고. 자기만의 노력이 있었다고. 나쁜 것들을 물리치기 위해서 입을 통해서 거울을 보고 연습을 하며 기도한다고 했다.

각자 자기만의 고통을 스스로 물리치기 위해서 노력하며 애쓰는 과정이 있었기 때문에 부정에서 긍정의 마인드로 바뀌는 것일 게다. 나는 요즘 너무 바쁘게 살다 보니 나만의 방에서 힘든 나를 치유할 수 없었던 것 같았다. 오늘부터 조용히 눈을 감고 나의 모든 것을 투명하게 하여 사라지는 연습을 해야겠다.

*

금융 문제를 읽다

요즘 친구들이 힘들어한다. 70세가 넘으면 경제가 힘들다. 이웃 일본의 노인은 부자라 했다. 그들은 자녀가 20세가 넘으면 부모는 일절 경제지원을 하지 않는다. 집에서 계속 살면 자녀는 부모에게 월세를 내야 한다고. 그러나 한국 부모는 평생 자기 자식들에게 모든 것을 다 바친다. 그래서 나중에는 부모가 가진 집까지 팔아서 자식 사업자금을 부담하여 가난한 노인이 된다는 것이다. 그리고 그 자식은 부모를 케어하지 않기 때문에 부모는 힘들게 살다가 세상을 떠나는 것이다. 그래서 한국의 늙은 부모들은 자식들 때문에 대부분 가난하다는 것이다.

70세 이상이 되니까 친구들이 대부분 아프게 살고 있었다. ㄱ친구는 부자 친구였다. 시집도 잘 갔다. 남편네는 더 부자였다. ㄱ

친구는 대기업에 다녔다. 그런데 부유한 시댁에서 직장을 그만두라고 했다. ㄱ 친구는 돈이 많으니까 삶이 풍족했고 애들도 귀족같이 키웠다. 그러나 40년 사업을 하며 그의 남편은 재산 모두를 탕진했다. 하는 것마다 망했다. 덩달아 친정도 망가졌다. 그들은 결국 우즈베키스탄으로 가서 사업한다고 했지만 거기서도 망하고 결국 허드렛일을 하며 살고 있었다. 다행히 ㄱ친구 애들은 한국에서 직장을 다니고 있었다. 그런데 어쩌다 한국에 오면 ㄱ친구네 자식들은 부모에게 한국에 오지 말고 거기서 사시라고 했다. 그리고 바쁘다는 핑계로 자기네 집에서 머물지 못하게 했다.

ㄴ 친구는 골프를 좋아했다. 수시로 해외로 골프를 치러 갔다. 그런데 몇 년 전 해외에서 골프를 치는데 남편이 심장마비로 돌아가셨다고 연락이 왔다. 결국 ㄴ 친구는 혼자가 되었다. 그런데 어느 날 ㄴ 친구가 갑자기 쓰러졌다. 아들이 병원으로 옮겼다. 병원 의사는 ㄴ 친구에게 머리에 혹이 생겼다는 진단을 내렸다. 곧 수술을 했다. 의사 말이 1년밖에 못 산다고 아들에게 전했다. ㄴ 친구를 보니까 인생이 허무했다. 여자는 이제 서서히 ㄴ 친구가 죽어가는 과정을 지켜보겠구나 하는 마음에 슬펐다.

ㄷ 친구는 좋은 집에서 살았다. 그 집의 시가가 50억이라 했다. 그러나 남편이 퇴직한 지 오래되어 쓸 용돈이 없었다. 그 집을 팔아야 했다. 그러나 세금이 너무 많아서 기다렸다. 그렇지만 해결

할 수가 없었다. 자식들은 해외에 가서 유학을 했다. 결국 그 집을 팔았다. 세금을 내니까 25억쯤 남았다. 경기도 근교에 10억짜리 건물을 사서 500만 원 월세를 받을 수 있도록 했다. 다가구 주택을 산 것이다. ㄷ 친구는 서울에서 전세를 살았다. 그 후 여자는 ㄷ 친구를 못 만나다가 오랜만에 만났다. ㄷ 친구는 남편이 아파서 돈을 많이 까먹었고 남편은 결국 죽었다고. 자기는 작은 방을 얻어 산다고. 자식들에게 이제는 학비를 댈 수 없다고 했다.

그래도 가끔 자기가 쓰는 돈을 아껴서 두어 번 1000만 원씩 보냈다고. 여자는 뭐라 말할 수는 없었다. 그러나 ㄷ 친구에게 네가 아프면 자식이 너를 도와줄 수 없으니 그만 돈을 주라 했다. 만일에 다가구 주택에 물이 새면 돈이 많이 들어가니까 돈을 아껴서 모아야 한다 했다. 이제 서서히 여자 친구나 남자 친구들이 홀로 사는 사람들이 많아졌다. 사는 동안에 안 아프고 마음이 편안하게 살려면 아무래도 경제적으로 넉넉해야 하는데 그렇지를 못했다. 친구들은 매사 안타까운 일이 많았다. 그래도 우리는 자기가 가진 것을 지키려면 지혜롭게 사는 것이 중요했다.

우리들은 이제 서서히 자식들과도 거리를 두면서 무조건 퍼 주었던 것을 자제해야 했다. 그래서 자식들에게 손 벌리지 않도록 말이다. 그리고 마지막 우리의 노후 인생은 아프지 말고 행복하게 살다가 조용히 죽음을 맞이하는 것이 최상의 일이 될 것이다.

*

향봉 스님이 깨달은 사람에 대하여

속이지도 않고 속지도 않는다. 드러내지도 않고 숨기지도 않는다. 비어 있으나 가득하고, 가득하나 비어 있다. 지음이 없으나 작용이 있고 작용이 있으나 머묾이 없다. 보고 듣고 오고 가는 것이 오고 가고 보고 듣는 것일 뿐 더함도 덜함도 없다. 하나를 보여도 열을 보이는 것이요. 열을 보여도 하나를 감추지 않는다. 빛과 어둠이 둘이 아닌 하나이나 그 하나에도 머물지 않는다. 진리는 멀리 있는 게 아니라 가까이 있다. 숨어 있는 게 아니라 드러나 있다. 물처럼 공기처럼 내 곁에 있다.

날마다 좋은 날의 진정한 자유인은 졸리면 자고 목마르면 물마시는 자연 그대로의 사람다운 사람이다. 부처는 신이 아닌 참사람이기 때문이다. 누구나 열린 마음이면 이르는 곳마다 정토이다.

깨닫는다는 것은 자신의 본성대로 자연스럽게 자유롭게 거침이 없이 사는 것인가 보다. 숨길 것도 없고 있는 그대로를 보여주면 되는 것이고 어두우면 어두운 대로, 밝으면 밝은 대로 보이면 되는 것이리라. 진리는 힘들게 찾는 것이 아니고 물처럼, 공기처럼 나와 함께 있다고 하니까 곧 내 마음의 안에 진리가 있다는 것이리라. 곧 내 마음이 편안하면 그것이 곧 진리의 길이리라. 오고 가고 있고 없고 높고 낮음 등에 차별을 두지 않는, 순수와 진솔함으로 자연스러운 삶의 주인공으로 비우고, 버리고, 나누는 기쁨을 가지는 세상이다. 그 세상은 자신이 서 있는 곳이 곧 세상의 중심이 되는 거고. 거기서 만나는 사람들 모두가 부처가 되는 것이리라.

*

입었던 옷을 버리다

오랫동안 입었던 옷을 버렸다. 무슨 미련이 있는 건지 여자는 쉽게 버리는 것을 하지 못한다. 깔끔한 사람들이 우리 집을 둘러보면 버릴 것투성이일 것이다. 화장대 밑에, 장롱 옆에 눈에 보이는 곳에 쌓아두는 것이 많다. 겨울 장갑, 여름용 목장갑, 등산용 밴드 지갑, 간이 서랍에도 스타킹, 덧신 등이 쌓여 있다. 화장대 위에도 묵은 화장품이 다 쓰지 못해서 쌓여 있다. 선물 받은 것 등이 손, 얼굴, 발 등에 사용하는 것이 그대로 남겨져 있으니 아까워서 버리지를 못하는 것이다. 사람들은 손쉽게 쓰다 만 것을 통째로 버리면 그만인데 여자 속성이 버리는 습성이 아니라 버리지를 못하는 것이다.

우리 집 남자는 다르다. 그는 치약 끝이 남아 있어도 쓱 쓰레기통에 버린다. 여자는 나머지 꼭지를 끝까지 쓰려고 남겨두었는데 어느 날 버려졌던 것이다. 남자는 버리는 것을 좋아한다. 여자가 읽으려 했던 신문은 싹 쓸어서 종이 버리는 날 모두 버리고 만다. 그래야 집안이 깨끗해진다고. 맞는 말이다. 그래서 여자는 남자를 거스르지 않으려고 노력한다. 쌓아 놓기만 하면 집안 전체가 쓰레기통이 될 테니까. 여자는 물건 안 사는 것을 원칙으로 하며 산다. 또 쓰레기로 남을 테니까 말이다.

20년 전 이야기다. 새벽녘에 남자가 출장 간다며 현관문을 나섰다. 잠을 자던 나는 혹 남자가 신문을 버리면서 여자가 밤새 학생들 학점처리 해 놓은 것과 시험지를 버린 것이 아닐까? 하는 의구심이 생겼다. 갑자기 긴장을 하면서 거실로 나왔다. 정말 시험지와 채점 성적 처리한 용지가 없었다. 여자는 잠옷 차림으로 현관을 뛰쳐나갔다. 신문을 버리는 커다란 용기로 가서 시험지와 성적처리 용지를 헐레벌떡 찾았다. 신문들이 쌓여 있는 깊은 곳에서 시험지와 성적처리 용지를 찾았다.

그리고 한숨을 쉬었다. 다행이었다. 마음을 진정시키려 달래며 찾은 것들을 가슴에 안고 집으로 돌아왔다. 각자의 성향은 다 같은 것은 아니었다. 각자 장단점이 있는 것이다. 여동생은 깔끔하고 청결했다. 언니인 여자는 버리지를 못하니까 지저분하고 물건이 많으니 집이 비좁아졌고 매사 깔끔하지를 못했다. 여자는 한 번 더 써야지 하는 마음이 컸다. 동생은 조금 쓰면 지루해서, 깨끗하지 못해서, 새롭지 않아서 하는 마음이 강하기 때문에 바꾸는 것이 많았다. 그러니까 엄마가 사시는 시골로 자기가 쓰던 발닦이 타월을 수시로 바꿀 때마다 가져다 주니까 12개가 넘는다며, 그년은 깨끗한 것도 너무 잘 버린다는 것이었다. 여자는 한 번 사면 20년을 쓰니까 바꿀 일이 없는 것이다. 이제 나이가 많으니까 적당히 버려야 하는데 그게 안 된다는 것이다. 그래도 오늘 옷을 버리면서 조금 있으면 내 몸도 버려질 텐데 뭐가 그리 귀하다고 붙들고 있는 것인지….

언젠가 어머니는 말했다. 귀한 아들도 죽어 버려졌는데 뭐가 그리 귀한 것이 있겠느냐 하셨다. 그 말씀이 맞다는 생각. 귀한 것이 세월이 가면서 오히려 귀하지 않은 것이 되는 것도 얼마나 많은가. 여자는 오늘 여러 가지로 반성을 했다. 그리고 여자는 귀한 것과 귀하지 않은 것을 구별할 수 있는 지혜가 생기기를 기원했다.

*

자식들의 교육은 힘이 든다

　인생을 살면서 제대로 갖춘 인성을 자식들에게 가르친다는 것은 얼마나 힘드는 일일까를 생각했다. 부모와 자식 간의 관계? 그것도 이미 결혼을 했거나 비혼이지만 나이가 차서 40대 중반인 자식과의 관계가 어떻게 유지되어야 훌륭한 관계가 되는 것인가를 생각해 봤다. 자식이 훌륭하고 대기업을 다니니까 그 자식이 부모님을 일방적으로 케어한다면 그 자식이 얼마나 힘드는 인생을 살겠는가? 아니면 자식이 시원찮아서 결혼한 자식에게 무조건 부족한 돈을 채워줘야 하는 입장이라면, 이 또한 얼마나 부모의 인생이 힘드는 일인 것인가? 내 주변 사람들은 우선 그렇게 양분되어 있는 경우가 많았다.

　부모 자식 간에 적당한 선이 있어야 하는 것은 확실하다. 그러나 그 선의 기준을 어떻게 잡을 것인가. 고슴도치가 적당한 간격을 두고 살아야 하는데 너무 가까우면 서로를 찔러서 상대방에게 상처를 주게 되는 것이다. 그와 똑같이 부모 자식의 관계도 너무 가까우면 상처를 주게 되니까 적정한 관계를 유지하는 것이 좋겠다는 것이다. 그럼 어느 정도의 어떤 관계를 가지는 것이 좋을 것인가. 어쩌면 영원한 숙제일지 모른다. 한 후배는 말했다. 자기 어머니가 80세인데 자기네 올케가 자기 어머니 그러니까 자기 친정어머니처럼 살고 싶다고. 그래서 시어머니가 롤모델이란다.

그것은 대단한 일인 것이다. 더구나 시어머님을 모델로 삼아 어머님처럼 살고 싶다니 말이다. 나는 후배에게 물어봤다. 어머님의 특징을. 먼저 어머니는 자식을 괴롭히지 않는다. 자식이 어머니에 대해 저항감이 없다. 어머니는 형제들의 말을 언니나 동생에게 옮기지 않는다. 이 말 저 말을 전하지 않는다. 어머니는 모든 일에 있어 큰 그림을 본다. 형제간에 싸우지 않게 하며 각자 알아서 살도록 한다. 어머니는 독립적이시다. 자식들에게 의지하지 않는다. 혼자 알아서 모든 일을 처리하신다. 건강도 혼자 챙기신다. 정말 필요할 때만 이야기하신다.

동생이 어떻고 누나가 어떻고 돈이 많고 적고 하는 것들을 일절 전하지 않는다. 너네는 너네 형편대로 살라는 주의다. 어머니는 욕심을 부리지 않는다. 항상 중간을 선호하신다. 뭐든 그러면 됐다 하신다. 서로 마음을 맞추며 살라 하신다. 누리려고 하지 말라고 하신다. 자기네 올케는 자기네 자식들에게 엄청 돈을 들였다. 외국에 데리고 다니고 과외니 뭐니 하여튼 돈을 많이 들여서 대학을 보냈다. 그런데 그 올케 말이 모든 것이 제자리란다. 남는 것도 없다고. 기준치가 적당한 것이 삶의 최고라고.

어머니는 욕심을 안 부리신다. 올케도 말하길, 어머니처럼 빨리 내려놓고 주어진 대로 어머님처럼 사는 것이 제일이라 했다. 후배가 생각할 때 자기 신랑과 올케 같은 사람이 있어야 이거저거 뒤져보는 발전하는 사람이 되는 것 같다고. 어머니나 자기나 남동생 같은 사람들은 조용히 남의 영역을 침범하지도 않고 자기네 영역을 침범 당하는 것도 싫어하는 사람들은 발전하는 것이 없는 것 같다고. 올케는 남동생과 함께 삼성을 다녔다고. 둘이 결혼해서 올케는 사표 쓰고 집에서 애들 둘 낳고 키우다가 재수해서 약대를 들어갔다고 했다. 분당에서 덕성여대를 다녔는데 차가 막혀서 4시간씩 걸렸다고.

정말 올케가 대단했다고. 후배네는 각자 잘 살면 되지만 남들이 보아서 형제간에 간격이 커서 긴밀해 보이지 않는다 했다. 그러나 너무 긴밀하면 보이는 게 많아서 싸울 것이 많을 수 있는 것이다. 후배네와 같이 무얼 좋아하는지, 무엇을 싫어하는지를 알 필요는 없는 것이다. 어느 날 올케네 친정에서 건물 하나씩을 주었다는 이야기를 들으니까 갑자기 가슴이 찡하면서 불편해지는 것이다. 그 후 후배는 너무 가깝게 밀착되는 것이 좋은 것이 아니라고 생각했단다. 적당한 거리를 두고 만나는 것이 좋을 듯했다.

그 말이 맞았다. 친구들도 자식과 돈독히 자주 만나서 가족들의 모임을 가지는 것은 좋은데 아들과 며느리의 흠이 눈에 보일 수밖에 없을 것이다. 아들이 돈을 잘 버는데 며느리가 헤프게 쓰고 있다는 느낌. 아니면 아들이 돈을 못 버는데 아들 며느리가 돈을 헤프게 쓰는 것이 보여질 때 부모는 자식을 보는 것이 힘이 드는 것이다. 결국 그들에게 야단을 칠 수밖에 없을 것이다. 부모 입장에서 무조건 자식과 거리를 두고 사는 것이 마땅하다. 후배 말대로 상대편의 상황을 알지 못하고 적절히 만나서 함께 밥 먹고 이바구하고 즐거울 수 있는 기간은 2개월 정도가 맞는다는 것이다.

그것도 합리적일 것 같았다. 매달 만나는 것은 서로의 안이 다 들여다보게 되어 상처를 줄 수 있는 것이다. 내 남편의 형제 모임은 추석, 설, 그리고 백씨네 형제 모임 날짜를 정해서 만나고 있는데 적정한 기간으로 보였다. 동서들 사이에 셋째네가 좀 유별나다. 어느 날 자기 딸에 대해 엄청 자랑을 했다. 딸이 광폭 자동차 바퀴가 달린 링컨 외제 차를 사줬다고. 우리 동서들은 셋째에게 말했다. 자네는 어찌 그리 좋은 딸을 두었냐고. 전생에 나라를 구한 조상님이 도와주느냐면서. 그렇게 훌륭한 딸을 두어 대단하다고. 솔직히 나에겐 큰 충격이었다. 아직도 시집 못 간 딸을 둔 어미로서 얼마나 부러운 일인가 말이다.

자동차는 그만두고 제 일이나 잘해서 캥거루 가족이 아니기를 기원할 뿐이었다. 그러나 어쩌겠는가. 그냥 건강하게 함께 살다가 가는 수밖에, 마음을 내려놓아야 하는 것을. 20년을 그놈아와 싸웠더니 제풀에 죽어서 이젠 내 마음도 어쩔 수가 없는 것이었다. 이제 어떤 놈을 소개시켜서 결혼을 했는데 살 수 없다고 난리를 치면 어쩔 것인가. 그것은 나에게 큰 고통으로 고민일 것이다. 혹시 제 스스로 어느 놈을 잡아와 결혼을 하겠다 하면 그것은 제 스스로 책임을 질 수 있는 문제이기 때문에 나와는 상관없는 일인 것이다. 말이 엉뚱한 곳으로 이동해 버렸네요.

어쨌든 우리는 부모 자식 형제간에 적정한 거리를 두고 사는 것(두 달에 한 번 만나기)이 현명하다는 것이다. 서로를 간섭하지 않고 남남으로 사는 것, 제각각 독립적으로 사는 것, 의지 하지 말고 자랑하여 드러내지 말며, 주어진 대로, 마음을 내려놓고 사는 것이 중요한 것이다. 자식들한테 열심히 했는데 남는 것이 없다는 것, 모든 것이 제자리더라는 것을 생각하면, 최고를 지향하지 않고 주어진 대로 적당히 각자 사는 것이 삶의 최고라는 것이다.

*

남자네 형제 모임

 남자는 말한다. 우리는 언제 죽을지도 모른다고. 막내 삼촌은 법대를 나와 사시를 10년 하다가 말단 공무원으로 취직했고 나이 들어 퇴직을 했다. 그리고 청사의 경비로 취직을 했다. 둘째 삼촌도 사업이 망하고 육십세가 넘어서 카이스트 경비로 들어갔고 칠십이 넘어서도 그 일을 했다. 그들은 열심히 일하고 있어서 휴가 시간을 낼 수 없었다. 명절휴가도 함께할 수 없었다. 남자는 일 년에 한 번 가족 모임을 가졌다. 추석과 설날의 중간 날짜를 잡아서 형제 모임 날을 잡았다. 올해는 23년 11월 23일에 천안 콘도에 숙소를 정하고 만났다.

 둘째 동서는 여행만 가면 몸이 아파서 이동하는 걸 싫어했다. 이번에도 몸을 살리려고 무진 애를 쓰고 참가했다. 이번에는 잇몸이 부어 먹지를 못했다. 셋째네는 건강하게 참가했다. 막내네는 애들이 어려서 참가하지를 못했는데 이번에는 동서가 참가를 할 수 있어서 다행이었다. 막내와 형님네와 나이 차이는 많았다. 아마도 십 오육 년은 차이가 날 것이었다. 그래도 막내동서가 나이를 들면서 유연해지고 지혜로워졌다는 생각이 들었다. 막내 몸이 날렵해서 이거저거 잘 챙겨서 한결 수월해서 좋았다. 독립기념관에서 모두가 모이기로 했다.

 둘째 동서는 전화 연락이 되지 않았다. 전화에 대해서 둘째는 무관심했다. 셋째와 나는 연락이 안 된다고 불평했다. 지방 사람들이 그렇다고 비난했다. 서울 쪽은 매사 빠르게 연결되는데 지방은 매사 느렸기 때문이었다. 약속 시간이 지연되어 늦게 만났다. 중앙식당에서 다양하게 식사를 주문하여 먹었다. 돈가스, 육개장, 만두, 꼬치우동, 갈비탕 등으로 속을 채웠다. 식사 후 편의점 쪽에서 커피와 꿀꽈배기로 후식을 즐겼다. 일하는 사람들이 밤새워 일을 했기 때문에 특별히 이동할 수는 없었다. 독립기념관 경내만 산책을 하고 숙소로 이동했다.

 숙소는 깨끗하고 좋았다. 남성들은 각자 편하게 자리를 잡고 누워 핸드폰을 보았다. 여성들은 수영장으로 이동하여 뜨거운 온천욕과 차가운 온천욕을 오후 내내 즐겼다. 수영장은 적당히 운동하기 좋았다. 동서들은 수영장에 익숙하지 못했으나 그런 대로 각자 몸에 알맞은 곳을 찾아 아픈 부위에 강한 수압을 이용하여 몸 풀기 운동을 하였다. 두어 시간을 뜨거운 물과 찬물로 근육을 풀고 밖으로 나왔다. 슈퍼에 가서 음료와 아이스크림을 사서 숙소로 이동했다. 오자마자 밥솥에 밥을 하고 상차림을 했다. 바닥에 신문지를 깔았다. 양쪽 프라이팬에 소고기와 소시지를 구웠다.

신문지를 깐 바닥은 곧 식탁이 되어 반찬이 나열되었다. 생채나물, 김치, 샐러드, 상추, 마늘, 고추, 쌈장 등을 펼쳐놓았다. 접시에 구운 고기와 소시지를 놓고 우리는 건배를 했다. 아픈 사람이 많아서 좋아하는 것들을 먹지 못했다. 그런 동생들을 남편은 안타까워했다. 먹으며 이런저런 이야기를 하며 오랫동안 이바구를 했다. 시간은 흘러갔고 각자 자기가 잘 곳을 정했다. 둘째와 셋째 동서는 침대 위에서 여자와 막내는 침대 밑에서 이런저런 이야기를 하며 잠이 들었다.

이튿날 여자는 신김치 콩나물에 두부를 넣은 국을 끓였다. 오랫동안 스키장에서 먹었던 국이었다. 모두가 한 사발씩 먹었다. 후식으로 포도를 먹었다. 10시경 퇴실 준비를 했다. 짐을 싸고 맨 마지막으로 남자와 여자가 정리를 했다. 내년에는 둘째 삼촌이 회를 준비해 보겠다면서 약속을 했고 우리는 주차장에서 헤어졌다. 두 팀은 서울 쪽으로 갔고 다른 두 팀은 남쪽으로 이동하며 빠이 빠이를 외쳤다. 남자는 헤어지며 여자에게 말했다. 우리가 언제 죽을지도 모른다면서 이렇게 형제가 한 번이라도 만나야지 그렇지 않으면 일하다가, 아니면 어느 날 누구든 갑자기 죽었을 때 그때 울면 무슨 소용이냐고. 건강할 때 하루라도 보고 죽으면 덜 섭섭할 것이라고.

함께 숙식을 하면서 동서들과 삼촌들의 습관적 태도에 대하여

부정적 혹은 긍정적으로 이야기가 펼쳐졌다. 둘째 동서는 소금 이야기를 했다. 왕소금을 물에 약간 타서 먹으면 좋은 점이 많다고. 자기가 운동을 갈 때 소금을 약간 탄 물을 가져가서 마신다고. 그러면 자주 귀찮게 가는 소변을 덜 자주 간다고. 눈이 아프고 가려우면 소금물에 눈을 소독한다고. 가려움증이 생길 때 소금물을 타서 가려운 부분에 바른다고 했다. 그때 막내 동서는 병원을 가야 되는 거지 소금물은 아니라고 다른 의견을 냈다. 여자네 노 친정어머니도 요양원에서 아침에 눈이 침침하면 소금물에 눈을 감았다 떴다 한다고. 그럼 눈이 밝아진다 했었다.

사실 감기가 들어 목이 아프고 기침이 나면 여자는 소금물을 엷게 타서 목구멍으로 소금물을 넣고 가글을 하고, 다시 소금물을 코로 흡입하고 입으로 뱉었다. 감기가 나을 때까지 그렇게 하면 쉽게 감기가 사라진다. 여하튼 소금물에 대해 둘째 동서는 예찬을 했다. 막내는 후시딘에 대해 예찬을 했다. 부엌일을 하다가 손을 베면 후시딘을 바르고 그곳에 뜨거운 드라이기를 뜨겁게 지진단다. 그러면 곧 세균 침입이 차단되고 이튿날 낫는단다. 또 살갗 어디에 뽀루지로 부풀어 오르면 그곳에 후시딘을 바르고 드라이기로 뜨겁게 지지면 그곳 뽀루지가 가라앉는다고 했다.

언젠가 막내가 여자에게 가르쳐주었다. 발바닥에 안티푸라민을 바르고 드라이기로 지지면 편안하다고. 여자는 그 후부터 넘어지지 않게 운동을 가려면 안티푸라민을 발바닥에 바르고 양말을 신고 운동을 간다. 그러면 발바닥의 부작용이 덜한 느낌이 든다. 발이 꼬이거나 돌에 부딪혀도 빨리 방어하는 힘이 생기는 듯했다. 여자는 말하길 수영장을 다녀와서 갑자기 귀가 아프고 불편하면 과산화수소를 약국에서 사다가 귀이개로 담갔다가 귀지를 닦아내듯 귓속을 돌려서 살갗에 과산화수소를 묻혀두면 귀가 시원하고 귀앓이를 하지 않는다고 설명했다.

여자가 오래전 젊었을 때 중고등학교 선생을 할 때였다. 하숙집에서 어느 날 갑자기 생손을 앓아서 퉁퉁 부었다. 손가락이 쑤시고 아파서 잠을 잘 수가 없었다. 그때 어머니 생각이 났다. 생손을 앓으면 투가리에 간장을 끓여서 손가락을 담그면 낫는다고. 여자도 한밤중에 연탄불에 간장을 끓였다. 그러나 손가락을 집어넣을 수 없었다. 그래서 끓은 간장을 수저로 떠서 손가락에 부었다. 아픈 통증이 사라졌고 이튿날부터 부기가 빠졌던 기억이 났다. 셋째는 자기 신랑이 이제 계단을 잘 올라가서 독립기념관 계단을 한 번에 올라갔다고 칭찬했다.

셋째 삼촌은 처음에 못 걸었는데 요즘 가만히 서서 팔을 발아래로 뻗는 운동을 하더니 걸을 수 있었다고. 둘째 동서는 자기 신랑이 먹지를 않는다고. 자기가 이거저거를 먹으라고 입에 넣어 줘도 먹지를 않는다고 했다. 막내가 다니면서 어린애처럼 떠 먹이는 것은 잘못이라고. 굶든 어쨌든 밥 주지 말라고. 그러면 다 먹을 거라고 말한다. 둘째 삼촌은 굶어 죽어도 안 먹을 거라고. 둘째는 그래서 먹이려고 노력하는 거라고 말했다. 여자 기억에 시어머니 말씀이 생각났다. 전쟁이 끝났고 나라가 거덜 나서 모두가 배고픈 시절에 날마다 밀가루 수제비로 때를 이었다고. 그런데 아들 5명이 대부분 잘 먹었는데 둘째만 안 먹었다고.

시어머니는 둘째가 죽어가서 할 수 없이 쌀을 꾸어다가 몰래 밥을 먹여서 살렸다고. 지금도 역시 둘째 삼촌은 입이 짧고 잘 먹지를 않아서 동서가 힘들다는 것이다. 그에 비해 셋째 삼촌은 뭐든 잘 먹는다고. 아침 먹고 잠잤고, 점심때 잠을 자니까 삼촌을 깨우지 않고 자기네끼리 점심을 애들하고 먹었는데, 곧 삼촌이 다시 일어나서 우리는 점심을 안 먹느냐고 묻는단다. 그래서 삼촌에게 다시 점심을 차려주면 그것을 다 먹고 다시 또 잠을 잔다고. 그리고 저녁에 일어나서 저녁을 다시 먹는다는 것이다. 아침에 둘째 삼촌은 일어나자마자 베란다에서 담배를 피우고 커피를 한 잔 마셨다. 우리들은 아침으로 김치 두부 콩나물국에 밥을 한 사발씩 먹었다. 둘째 삼촌은 자기는 안 먹는다고 했다. 여자는 삼촌에게 한마디했다.

삼촌의 습관은 나쁘다고. 담배에 커피를 마시면 밥이 먹기 싫다고. 우리가 걱정하는 것은 삼촌의 나쁜 습관으로 죽을 때 누워서 10년을 보내게 될까 봐 걱정스러운 것이라고. 우리 대부분은 금방 곧 죽지 않는다더라며. 무조건 건강악화로 누워서 10년을 보내야 죽는다고 의사들이 말했다고 했다. 그러니까 우리가 건강하다가 빨리 죽으려면 나쁜 습관을 버려야 한다는 것이라고 했다. 둘째는 저렇게 밥을 안 먹고 집에 가면 배가 고프다면서 출근을 할 거라는 것이다. 여자는 국과 밥, 그리고 두부를 싸줬다. 가서 배고프다면 다시 끓여서 주라고.

여하튼 이 집 식구들의 이상한 고집이 문제라며 동서들이 입을 모아 투정을 부렸다. 그래도 남자는 며느리들이 시어머니 때문에 오랫동안 고생했다며 즐거운 모임으로 행복을 주고 싶었다고 했다.

*

추억을 찾아서

친구들과 우아한 호텔 뷔페에서 맛있는 걸 먹기로 했다. 주변 사람들에게 가자고 하면 거부하는 사람이 많았다. 당장 우리 집 남편도 거부했다. 그걸 먹자고 거기까지 가느냐면서. 우리가 많이 못 먹는데 무슨 뷔페냐며 반대했다. 초대하는 공짜표가 있다 해도 말이다. 다행히 친한 친구가 호응을 해줬다. 역시 호텔이고 올해의 마지막 달이라 로비가 화려했다. 꽃이 잘 배치되었고 크리스마스트리형 탑에 꽃과 반짝이는 전등, 아름다운 장신구들이 조화롭게 어울려 우리를 환영했다.

갑자기 우리의 신분이 업되는 기분에 즐거웠다. 노인이라도 걸을 수 있으면 가끔 이런 대접을 받으며 즐길 수 있는 것도 행복이었다. 우리는 식당으로 들어갔다. 직원이 나와서 예약자 배석으로 안내했다. 창가 좋은 자리였다. 창가로 살짝 눈발이 서렸다. 첫눈이 스쳤다. 기분 좋았다. 우리는 각자 일어나서 좋아하는 음식을 찾았다. 나는 처음에 초밥은 너무 배부르니까 회 몇 점을 그릇에 담았다. 생선 초밥 코너를 지나 뜨거운 국물요리를 지나 눈에 띄는 갈비코너로 갔다. 뜨겁게 갓 구워내는 티본 양갈비, 그 옆에 뜨거운 엘에이 갈비를 접시에 담았다. 야채코너로 가서 야채를 조금 담아 식탁으로 왔다.

친구들도 수프, 회, 갈비, 중식 가지찜 등을 한 접시씩 담아 왔다. 우리는 신나게, 맛있게 먹었다. 난 다시 맛나는 곳을 훑어보았다. 육회, 새우튀김, 다시 한번 티본 양갈비 한 대, 온갖 야채를 듬뿍, 소스를 야채에 뿌리고, 중식은 생략, 피자 코너도 생략, 갈비찜, 갈비탕 생략 그리고 제자리로 돌아왔다. 물을 한 모금 마시고 또다시 맛있게 시식을 했다. 이제 난 더 이상 먹을 수 없었다. 옆 좌석엔 아주 노부부가 앉았는데 정말 다양하게 드셨다. 갈비, 곰국에 피자, 조개 종류, 아이스크림, 햄, 빵, 밥 등을 다양하게 드셨다. 대단하신 양반들이었다.

빈 접시를 들고 나는 후식코너로 갔다. 내가 좋아하는 달콤한 것이 갑자기 생각이 안 났다. 동그랑땡 같은 건데? 그리고 엄청 달달한 것? …. 아, 맞다. 그것은 마카롱이었다. 하여튼 하나를 접시에 담고, 케이크 한 조각, 파인애플 조금, 포도 몇 알, 커피코너로 가서 블랙커피를 한 잔 가져왔다. 쓴 커피에 달콤한 것을 곁들이니 기분이 최고였다. 역시 먹는 즐거움이 최고인 거 같은 생각. 풀타임으로 즐기고 우리는 오랜만에 양수리 쪽으로 한강을 따라 이동했다. 내가 자주 오던 곳인데 아마 온 지 10년이 넘었을 것이었다. 그때는 등산을 하느라 자주 왔는데 지금은 등산을 할 수 없으니 올 일이 없었다.

그때의 추억이 일어났다. 새 길이 생겼고, 새 다리가 생겼다. 우리는 그 새 길을 건넜다. 그리고 그 옆 주차장에 차를 세웠다. 산책길은 멋지게 만들어져 있었다. 우리들은 멋진 한강 옆길을 따라 이동했다. 하늘은 맑고 흰구름이 아름답게 장식했다. 멀리 산과 강이 우리를 향해 달려오고 있었다. 늦가을의 바람은 찼다. 우리는 코트로 몸을 감싸고 강을 따라 거닐었다. 과거의 시간들이 다시 나를 맞이하면서 즐거웠던 기억이 새로웠다. 걷다가 두물머리 나루터에서 친구들과 인증 사진을 찍었다. 사진은 잔잔한 강물과 인접한 산 등이 하늘과 경계선을 나타냈다. 실제로 멀리서 잔잔한 물결이 우리에게 다가왔고 끝없는 강물의 흐름이 산과 손잡고 하늘을 향해 우리에게 달려왔다.

한참을 거닐다가 다시 되돌아섰다. 그리고 우리가 돌아왔던 그 길을 향해 나란히 거닐었다. 우리의 곁을 따라 흐르는 강과 산이 또다시 하늘을 향해 걸어가는 듯했다. 오늘은 우리가 이 자연과 한 몸이 되어 인생의 아름다운 추억이 곱게 물들여지겠구나 생각했다.

*

강화도에서 뭉쳐 볼까요?

- Y씨 가을이네요. 11월 11일 18일 중 괜찮은 날 강화도에서 뭉쳐볼까요? J씨네도 불러요.

- J에게도 물어볼게.

- J네도 괜찮다네. 18일에 봅시다.

- 외포리 젓갈시장 10시 30분에 만납시다.

- ㅇㅋ

- 11월 18일 외포리 젓갈시장 10시 30분에 만납시다.

- 네 알겠습니다.

- J씨 오빠네가 30분 늦는다네요. 참고하세요.

- H씨 사촌네가 30분 늦는다네요. 참고하세요.

여자는 빠르게 강화도 숙소로 이동했다. 날씨가 추우니 미리 보일러를 세게 틀어야 했다. 고종사촌끼리 강화도에서 모임을 갖기로 한 것이다. 이 시대에 고종사촌끼리 만남을 가지고 식사를 한다는 것은 쉽지 않을 것이다. 오육십 년 전, 그러니까 여자가 대여섯 살쯤 고모님은 우리 집에 자주 오셨다. 물론 나나 내 동생들도 고모 집을 자주 찾았다. 고모 집은 서쪽 신도시에서 살았고 여자네는 동쪽 구도시에서 살았다. 생활 환경이 많이 달랐다. 고모 집은 신문물이 대거 집안에 배치되었다. 신기한 것들이 많았다.

여자 기억으로 건축, TV, 수돗물, 자가용, 탁구대, 커피잔, 구공탄, 라면, 설탕, 엽총, 앵무새, 하와이 무궁화… 일반 가정에서 볼 수 없었던 것들이 많았다. 고모부는 불편한 사람이지만 그 집에만 있는 특별한 것들에 여자는 호기심이 많았다. 새로 지은 집도 특별했다. 다듬이 방이 있었고, 긴 복도와 거실이 있는 것도 별났다. 전통적 한옥집과는 달랐으니. 여하튼 뭔가 부유함을 가졌다고 여자는 생각했다. 고모 집에 항상 식모와 가정교사가 있는 것도 달랐다. 긴 겨울 방학이 되면 삼촌은 나를 데리고 고모 집을 찾았다는 기억이 있다.

세월은 흘러 여자는 서서히 성장했고, 어느 날 큰언니는 거대한 약혼식과 결혼식을 했다는 생각이 난다. 그 후 고모네 집 아이들은 서울에서 공부를 했고, 어느 날 고모부가 돌아가셨다는 소식을 들었다. 고모네는 갑자기 이사를 갔는데, 집은 전보다 좋아 보이지 않는다는 생각을 하고 뭔가 좀 슬퍼진다는 느낌이었다. 그렇게 세월은 흘러가더니 고모네가 서울로 모두 이사를 가버렸다. 작은언니네와 고모네가 합쳐서 아파트에 살았고 작은 형부가 사업을 해서 고모네 집을 이끌어간다는 생각을 했다.

그 후 큰언니네는 캐나다로 이민을 갔고 작은언니네도 캐나다로 이민을 가려고 대기하는 중 안양 고모네랑 잠시 함께 살았다. 그때 우리도 안양에 살았다. 그 당시 Y씨는 교수가 되었고 어머니와 막내동생인 J씨를 데리고 살았다. Y씨는 결혼하여 아들 딸이 있었다. 여자도 결혼하여 남자가 과천 종합청사를 다녔다. Y씨는 가장 좋다는 새 아파트로 입주를 했고 여자네는 가장 저렴한, 춥고 작은 연탄 아파트에 세를 들어 살았다. 고모는 여자에게 Y씨가 지닌 포니 차를 중고로 50만 원에 사 가라 했다.

여자는 고모에게 포니를 살 돈도 없고, 사서 운영할 돈도 없다고 했다. 나중에 남자가 자기네 부처의 선배에게 포니를 팔아주었다. Y네가 맨션에 살았는데 관리비가 남자의 봉급보다 많았다. 월급이 20만 원인데 부처에서 집을 빌려준다 해도 관리비를 낼 수 없어서 거절했다. 관리비와 임대료를 내면 먹고 살 비용이 없었다. 여자는 그때부터 항상 경제성을 따졌다. 가계부를 쓰는데 항상 우윳값이 없었다. 그때 쓰던 가계부를 찾아서 확인하고 싶었다. 여자는 버리지는 않았을 텐데…. 보이지 않았다. 어쩔 수 없이 정부미 14,000원에 사서 풍년 압력솥에 밥을 해서 먹었던 기억. 일반 쌀을 살 돈이 없으니까 그렇게 10년 이상 밥을 해 먹었으니….

대기업을 다니던 친구 남편들이 아마 150만~200만 원, 남편이 의사인 경우 500만~1,500만 원을 받았다. 대기업은 보너스로 몇 백만 원씩을 연말에 또 받았다고 기억한다. 그러나 여자네는 이 삼십 년을 허덕이며 살았다. 남자가 타는 월급은 애들과 3명이 먹고 살 분량이었는데 시댁식구까지 먹여야 하니까. 여자는 따로 스스로 벌어야 한다고 생각했다. 그러나 Y 입장도 쉬운일이 아니었으리라. 대식구에 생활 수준은 높았으니 대학교수 월급으로 쉽지 않았으리라. 다행히 Y의 처갓집이 부자였고 고모네도 적당히 살만했으니까 그런 대로 경제가 있었으리라.

거의 40년 세월이 흐르고 모두 함께 뭉쳤으니 대단하다는 생각이 들었다. 모두가 노인이 되어 있었다. 우리 세대는 칠 학년이 넘고, 막내네는 육 학년이 넘었다. Y씨네와 여자네는 연금으로 살아갔다. 여자네는 다행히 모아둔 것으로 월세가 나오는 건물을 만들어서 적당히 세금을 내고 살 수 있었다. 그래서 뭉칠 수 있었다. 살기가 빡빡하면 쉽지 않았으리라. 우리는 11시경 만났다. 모여서 막내는 배가 고프다고 아우성을 쳤다. 새벽에 아침을 못 먹고 출발했다고. 우리는 횟집으로 이동했다. 회 2접시, 공기밥, 조개칼국수를 주문했다.

우리들은 큰 그릇에 밥과 회 참기름과 야채를 넣고 비볐다. 회 비빔밥과 칼국수로 우리들은 배고픔을 달랬다. 그리고 우리들은 주변을 산책했다. 망향돈대 주변을 산책하고, 바다위 바위에서 인증 사진을 찍었다. 그리고 우리들은 석모도로 이동했다. 우리들이 가다가 멋진 커피숍에서 바다를 보고 커피와 케이크를 먹으며 오랫동안 이바구를 했다. 그리고 우리들은 마지막으로 입구에 설치된 크리스마스트리를 배경으로 인증샷을 찍었다. 다시 차를 타고 우리들은 민머루 해수욕장으로 이동했다. 바닷바람이 우리를 날려버리듯 세차게 불어왔다. 우리들은 모래를 밟으며 산책하고 돌을 주워 뾰족한 바위 위에 돌세우기를 했다. 그것은 쉽지 않았다. Y는 뾰족한 바위 위에 돌을 가장 잘 세웠다. 우리들은 그것을 보고 박수를 쳤다. 우리 모두는 다시 팔짝 뛰는 모습을 하며 인증샷을 찍었다.

차를 타고 회 센터로 이동했다. 회와 젓갈을 사서 숙소로 갔다. 상 2개를 폈다. 사온 회와 야채로 상을 차렸다. 오자마자 밥솥에 스위치를 넣었다. 남자 4명, 여자 4명이 앉았고 오랜만에 술을 따르고 건배를 했다. 어렸을 때의 이야기를 했다. 고모부가 돌아가셨을 때 막내가 초등학교 일이 학년쯤 되었다나. 그 당시 상갓집에서 손님에게 소주와 막걸리로 대접을 했는데, 고모네는 맥주를 대접했다고. 손님들이 밤샘을 하는데 화장실에다 많은 양의 소변을 배출해서 똥통에 오줌이 가득 찼다고. 그때 막내가 똥을 쌌는데, 그 똥이 오줌에 튀어 오줌이 입으로 들어갔다고.

그 이야기를 하며 모두가 배꼽 잡고 웃었다. 사실 형제간에도 서로가 바쁘다고 만나지 못했다. 그러나 뭉친다는 모임으로 못 보던 사촌들이 함께 어울리는 모습이 좋았던지 막내네 신랑은 매년 만나자고 제안을 했다. 봄날의 벚꽃 피는 때와 가을의 새우철에 만나자고. 그래 보자고. Y 부인은 옛날에 커피만 먹는 여자. 밥은 한 숟갈만 먹는 여자로 몸은 말라깽이였다. 요즘은 두리뭉실해졌으며 잘 먹고 몸이 튼튼했다. 탁구를 일주일에 4번 치고, 오카리나를 배우러 다닌다고. 거기에 Y가 밥을 잘 한다고. 밥물을 화학실험 하듯 잘 맞춘다나. 고모님이 계셨다면 난리가 날 일이겠구나 생각하게 되는.

여하튼 모두가 새롭게 살아가는 모습들을 엿볼 수 있었고, 각자의 생각들을 공유하는 바탕이 될 수 있는 것이 재미있었다. 이렇게 어울릴 수 있는 것은 어쩌면 대단한 일 같았다.

*

분명 새로운 시대는 오고 있는데…

내 딸이 시집을 못 간다는 사실에 오랫동안 힘들었다. 그리고 언제나 시집보내고 싶어 안달을 했다. 그러나 딸은 나를 혼냈다. 딸이 아니라 원수였다. 어디서 소개가 들어오면 선 넘지 말라고 협박했다. 중매쟁이에게도 강렬하게 그런 거 안 한다며 위협했다. 완전 괴물 같은 존재로 변했다. 그런데 요즘 이슈로 핵개인의 시대란다. 어쩌면 막내딸의 시대가 나타났는지도 몰랐다. 신문의 뉴스에는 우리나라 출산율이 0.7이라며, 한국이 인구 감소로 나라가 망가지고 있다고 외국의 학자들은 말하고 있다. 앞집을 봐도 결혼 못 했고 옆집이나 아랫집을 봐도 결혼하지 않은 자녀가 수두룩했다.

여자는 할 말이 없었다. 내 새끼가 결혼을 하지 않는데 어쩔 수가 없었다. 그런데 오늘 뉴스에 유명한 로펌 회사 다니는 남자가 부인과 싸우다가 부인을 때려서 살해했다고 나왔다. 쇼킹한 뉴스였다. 자막만 봤지만 끔찍했다. 남자는 여자에게 말했다. 틀림없이 돈 문제가 있었을 것이라고. 요즘 사람들은 부부라도 돈 문제가 생기면 죽기로 싸우고 끝장을 보는 싸움을 한다고. 아마도 그들은 돈도 넉넉했을 것이다. 가난한 사람들은 그렇게까지 싸우지 않는다. 그들은 아마 학벌도 좋았을 거라고.

남자는 저런 분란이 일어나서 가족이 파괴되는 것보다 결혼 안 하는 게 훨 낫다고 말한다, 막내는 조용히 혼자 사는 것이 결혼하는 것보다 낫다는 것이다. 여자는 말했다. A 친구네 아들들은 둘이 결혼 안 했는데, 그들 박사 부부는 문제가 있어서 자식 결혼 못 하는 것이라고. 박사 엄마도 마인드가 평범하지 못하고, 박사 아빠도 그 엄마 못지않게 이상한 데가 있다고. B 차관 아들도 결혼하기 어렵다는데, 그 차관도 이상한 성품을 가졌다고 한다. C 친구는 대기업에 다녔는데 딸 둘이 의사라 자랑스럽지만 결혼하지 못했다. 그네 부모도 둘 다 성품이 괴팍하다고 한다. 여자는 이런저런 생각을 하며 막내딸도 아마 내 남자와 여자 중 어느 한쪽 나쁜 DNA를 닮아서 결혼할 수 없을 것이라 했다.

여기에 핵개인 시대가 도래했으니 홀로족이 많아졌단 말이다. 미혼자들, 이혼자들, 나이 들어서, 아니면 젊었지만 짝들이 먼저 세상을 떠나면 홀로족이 되고, 늙은 부모도 남자든 여자든 이미 홀로족으로 살아가고 있을 테고. 이래저래 이 세상은 홀로족으로 핵개인 시대인 것이다. 그러니까 핵개인은 독립적이어야 한다고. 혼자 모든 것을 짊어지고 살아가야 하니까. 자녀들도 이제 핵개인적 삶을 위하여 사회에 적응하는 공부를 시켜야 한다는 것이다. 직업도 다양해야 한다. 이삼십 대의 직업, 삼사십 대의 직업, 오육십 대의 직업, 칠팔십 대의 직업 등을 가질 수 있는 사람이어야 하는 것이다. 왜냐하면 수명이 120~140세까지 살 수 있다니 말이다. 너무 오래 먹고 살아야 하니까.

어느 학자가 말하기를, 한국은 그동안 선진국을 따라가기 위한 빠른 교육을 시켰다고. 그래서 한국이 이렇게 발전할 수 있었다고 한다. 말하자면 벤치마킹을 빨리 하는 교육 방법이었다. 그러나 이제는 한국이 성장할 힘이 없다. 이미 다 따라왔으니까 성장할 수 없다고. 이제는 창조할 수 있는 힘을 기르는 교육을 시켜야 한다고 말한다. 핵개인이 독립적으로 성장할 수 있는 창조적 인간이 되어야 한다고 설명했다. 맞는 말이었다. 그동안 주입식 교육으로 무조건 외우며 단답형 시험을 치르는 교육이었는데, 이제부터는 한 문제를 한 시간이나 두 시간에 풀수 있는 능력을 키워야 한다는 것이다.

그 학자는 말했다. 일본이 한때 노벨상을 가장 많이 탄 시대가 있었는데, 그 사람들은 생각하는 교육을 받았던 사람들이다. 그래서 입시 시험이 2~3문제를 출제해서 한두 시간에 해결할 수 있게 하는 교육을 받은 사람들이라고. 그 후 좀 쉽게 하는 방향으로 교육이 바뀌었고, 노벨 수상자가 나타나지 않았다고 한다. 이제 다시 교육제도를 예전으로 돌아갔다고. 한때 우리 한국도 일본식으로 몇 문제 출제하고 생각해서 푸는 시험제도가 있었는데, 어느 때부턴가 쉬운 방향으로 돌아갔다.

그 학자의 이야기를 들어보면 한국도 이제 정말로 노벨상을 탈수 있는 환경의 교육제도로 바뀌기를 기원하고 싶었다. 여자는 이런저런 이야기를 들으며 자신을 생각해 봤다. 한때 교육의 열정을 가지기도 했지만, 교육적 이야기가 나오면 자신도 모르게 정열이 생겼다. 그쪽으로 에너지가 쏠렸다. 뭔가 몰입이 생기며 기분이 즐거워지는 것이었다. 아직 마지막 여자의 에너지를 교육 부문에 쏟고 싶어졌다. 그러나 아직 보이는 것은 없었다.

*

몰입이라는 아카데미가 있다고

몰입 현상은 어떤 활동에 완전히 집중하고 몰두한 상태를 말한다고 했다. 이 개념은 심리학자 미하이 칙센트미하이가 제안했으며, 인간이 가장 창의적이고 생산적으로 느끼는 심리상태 중 하나라고 설명했다. 몰입의 특징은 시간 감각 상실, 자기인식 상실, 높은 집중력, 자발적 동기부여, 행동과 인식의 통합, 도전과 능력의 균형 등이 잘 일어난다는 것이다. 거기에 몰입이 잘 일어나는 조건은 명확한 목표가 있을 때, 즉각적인 피드백이 있을 때, 자신의 기술 수준과 과제의 난이도가 적절히 맞을 때, 집중을 방해하는 요소가 없을 때 일어나는 것이다.

예를 들어 예술가가 그림을 그릴 때, 운동선수가 경기에 몰입할 때, 개발자가 코딩에 몰입할 때, 게이머가 게임에 깊게 빠져 있을 때, 독자가 책을 읽으며 현실을 잊을 때 몰입이 나타나는 것이다. 그리고 그 몰입의 이점을 찾는다면, 그것은 높은 생산성과 창의성, 강한 만족감과 행복감, 자기 효능감 향상, 성취감과 자아실현 등의 이점을 알 수 있다. 이런 사전적 의미보다 나 스스로 몰입을 생각해 보자. 자기가 하고 있는 것에 대해 너무 깊이 빠져서 나를 잊어버리는 현상? 그런 것이 몰입이라고 해석이 되는 것이다.

내가 몰입을 좋아하는 것으로 소설책을 읽을 때이다. 너무 재미가 있어서 책 속에 빠져 버리는 그때는 정말 온몸이 사라졌다. 그러나 그런 책을 만나는 것은 쉽지 않았다. 가끔 글을 쓸 때, 글쓰기에 빠져서 나를 과거로, 혹은 현재, 아니면 미래로 나를 옮겨 이동하여 그 세상에서 살고 있는 느낌이랄까? …. 친구들과 재미있는 이바구를 할 때 특히 같은 여고시절에 일어났던 사건을 두고 회상하면서 함께 웃고 떠들 때…. 대학 학창시절 치맥을 시켜 먹으며 그 시절 유명했던 음악을 들으며 생각하는 추억들….

테니스를 칠 때 나는 몰입했다. 우선 상대방이 우리 쪽에서 넘어간 공을 받아넘겨서 우리 편 쪽으로 다시 그 공이 넘어오면, 나와 나의 파트너는 최선을 다해 그 공을 받아서 네트 위로 넘겨서 상대방에게 다시 돌려주어야 했다. 양쪽에서 그 공을 받지 못한

편이 실점을 한다. 그 게임은 실력, 강한 힘, 그리고 각자의 노하우로 공중의 공을 처리하는 것이다. 나에게 오는 공을 나는 즐겁게 상대방에게 넘겨주는 것을 좋아한다. 그럼 그 공을 되받아서 나나 내 편에 넘겨주어서 서로 결전을 벌이다가 실수하는 사람이 실점을 하는 것을 나는 좋아한다. 그러나 요즘 게임자는 한방에 공을 공격해서 득점 내는 것을 좋아한다. 각자 너무 득점에만 강렬해서 짧게 혹은 길게 하는 플레이로 상대방이 받을 수 없게 하는 방법에 치중하는 게임이 많은 것이다.

이런 게임은 쉽게 끝나버리고 운동을 한 것 같지 않아서 짜증이 나는 운동이 된다. 좀 신나게 땀을 흘리며 열심히 집중하고 게임의 내용도 훌륭해서 게임이 끝나고 나면 통쾌한 모습들로 행복하구나!라는 생각이 드는 것이다. 나는 이런 게임을 바라지만 그렇게 쉽게 이루어지지 않을 때가 많았다. 그래도 나는 테니스 칠 때의 몰입이 나를 행복하게 했다. 나의 인생에서 테니스는 가장 탁월한 선택이라 생각했다. 물론 칠 학년이 넘어서까지 테니스를 하려면 날마다 몸을 갈고 닦아야 한다. 무릎 운동, 팔다리 운동, 허리 운동을 하여 몸의 균형을 갖추어 주어야 테니스를 칠 수 있기 때문이다. 그러나 그렇게 노력함으로써 건강해지는 것이라 생각한다.

젊을 때는 달리기하는 것도 몰입현상이 일어났다. 처음 달리기는 힘이 들었다. 그러나 계속 달리고 달리다 보면 어느 순간에 나 자신을 잊었다. 그러면서 계속 달리면 무중력 상태에서 나만 달리게 되면서 어떤 기쁨과 희열이 생겼다. 의식을 뛰어넘어 하늘 높은 구름 속에서 일어나는 현상을 즐기게 했다. 정말 환상이 일어나는 것이었다. 그때 나는 몰입현상으로 이해했다. 나는 그런 현상을 추구했다. 그러나 그것은 나의 무릎을 손상하는 일이었고, 그 운동은 더 힘든 다리를 만들 수 있을 것이었다. 그 후 나는 할 수 없었다.

가끔 수영을 통해 달리기의 묘한 몰입현상을 느낄 때가 있었다. 그러나 그것은 쉽지 않았다. 여하튼 우리가 예술이나 운동, 혹은 어떤 일이나 사건 등에 몰입현상이 일어날 수 있다고 생각했다. 결국 우리에게 가장 힘들고 어려운 일에 몰입현상이 일어나면 쉽게 극복할 수 있을 것 같아서 좋은 결과를 얻을 수 있을 것 같다는 생각을 했다.

*

첫눈 오는 날

　남자는 여자에게 제안했다. 오늘 첫눈이 오니까 맥주 한잔하고 싶다고. 여자는 그러자고 했다. 남자와 여자가 둘이 맥줏집에 가서 마시는 것은 심심하고 재미가 없을 듯했다. 여자는 운동 멤버 A에게 전화했다. "우리 맥주 한잔합시다."라고. 그러나 여행 후 힘들어서 움직일 수 없다고 했다. 여자는 다른 친구에게 전화했다. 시간은 저녁으로 어스름한 어둠이 내려오고 있었다. '야, 너 뭐해?' '응, 지금 잠이 살짝 오려 해서 눈을 감았다 떴다 하고 있어.' '그래, 잘 됐다. 맥주나 한잔하자. 당장 맥줏집으로 나와.' '그래.' 그리고 남자에게 반포댁 부르기로 했다고 말했다. 여자는 한 명 더 있으면 좋겠다고 생각했다.

　때마침 남자는 대전댁도 부르라고 했다. 여자는 대전댁이 대전에 있는데 무슨 말이냐고. 그 친구가 딸네 집, 서울에 자주 오니까 누가 아느냐고. 서울에 있나 확인해 보라고 하는 것이다. 여자는 대전댁에게 전화했다. 친구야 너 지금 어디냐고. 나 지금 영등포라고. 그래? 잘 됐다. 당장 고속터미널로 전철 타고 만나자고 했다. 반포댁과 맥주 한잔 하기로 했으니까. 알았다고. 우리는 서둘러서 맥줏집으로 갔다. 즉시 거기서 낄낄거리며 반갑게 만났다. 깜짝쇼 번개팅에 우리 모두는 놀랐다. 우리들이 이렇게 지역과 시간에 상관없이 젊은이처럼 빠르게, 그리고 화끈하게 모였다는 사실 때문에.

　남자는 새로운 메뉴 치킨과 오뎅탕을 시켰다. 하얀 소스가 뿌려진 순살 치킨이 매콤했다. 커다란 사각 오뎅탕 냄비가 불판 위에 올려졌다. 여러 종류의 오뎅과 만두, 우동 등이 칸막이 냄비 위에서 끓었다. 우리는 생맥주를 시켜 건배를 했다. 대학 학창시절 이야기가 나왔다. 그 당시 맥시컨 샐러드가 유명했고 튀김 치킨을 즐겼다는 이야기. 맥심 맥줏집이 젊은이들의 모임 장소였다는 것. 거기서 미팅을 많이 했다는 둥…. 이야기는 계속 이어졌다. 주변의 빈 테이블도 가득 채워졌다. 사람들은 셀프 코너로 가서 팝콘을 빈 그릇에 계속 담아 날랐다. 우리도 비어 있는 빈 그릇을 가지고 셀프 팝콘 코너로 가서 팝콘을 가득 채워 왔다.

　시간은 빠르게 지나갔다. 건배를 외치고, 대전댁이 딸네 집에 가서 먹겠다고 사온 샐러리를 개봉했다. 하얀 치즈와 양상추, 여러 종류의 야채가 뒤엉켜 버물려 있었다. 남자는 다 마신 맥줏잔을 연이어 주문했고, 우리들은 맥줏집에 앉아 오가는 사람들을 구경하고 안주와 맥주를 먹으며 추억을 이야기했다. 그리고 복잡하게 오고 가는 인파들과 함께 연말연시의 분위기를 함께 즐겼다. 행복은 멀리 있는 게 아니었다. 지금 여기 이런 것이 행복이지 않았을까.

어느 유튜브 채널에서 어느 박사가 말했다. 우리들 나이에 0.8을 곱한 나이가 로마시대의 나이와 같다고. 예를 들어 40세인 사람은 32살이라고. 70세인 나이는 56세라는 것이다. 그런데 그 이론이 아주 괜찮은 이론이었다. 20대인 사람은 16세가 되는데, 로마시대에 비해 요즘 결혼 연령이 40세인 사람은 32세가 되니 결혼의 해가 적령기라 할 수 있다는 것이다. 아이들이 너무 결혼을 하지 않는 것도 문제고 결혼했다 하더라도 아이를 안 낳아서 우리나라가 망해 가고 있다는 것이다. 마음이 답답하니 이런 이론이 솔깃하여 막내딸에 대한 안정성을 찾아내려는 것이리라. 그러면서 우리들도 사는 날까지 자기 나이에 0.8을 곱한 숫자에 맞춰 건강하고 행복한 나날을 보낼 수 있기를 기원했다.

*

새로운 변화의 시대가 오려나 보다

우리 아파트가 재건축을 하려나 보다. 신문에 대문짝만하게 공고가 나왔다. '서울시 재건축 계획 확정, 반포 미도 아파트 49층 1739 가구로'. 큰딸아이가 카톡으로 엄마, 친구가 신문에 난 기사를 사진으로 보내줬는데 '우와 ^^' 하며 보냈다. 갑자기 내 머리에서 멘붕이 일어났다. 가지고 있던 책들을 모두 버려야 하는가를 생각했다. 그동안 사서 모은 책도 많고, 전공서적도 많았다. 어떡하지? 나는 많이 고민해야 했다. 물론 나이가 많으니까 언젠가는 정리해야 하는 일이었다. 누가 내 책을 보겠는가 말이다. 그래도 내가 쓴 책은 보관하겠지만, 석사 박사 논문집도 모두 버리려니까. 어려울 때 숙고를 하고, 황 교수가 말한 몰입을 해보자. 정말로 지혜로운 선택이 나타나겠지.

　밤이 되어 잠이 오지 않았다. 이런저런 생각들이 밀려왔다. 이럴 때는 오디오 소설을 들으며 잠을 청하자. 무조건 유튜브를 켰다. 눈이 시려 뜰 수가 없었다. 시간은 새벽 2시 50분. 파피루스 채널에서 어렴풋이 작가 이야기를 했지만 비몽사몽 대충 들었다. 주인공은 중학교 3년생이었다. 그 녀석은 이 집에 입양된 소년이었다. 이 집으로 입양한 것은 10살 때였다. 엄마 아빠는 그에게 고등학교 3학년까지만 이 집 아들이 되는 것이라 했다. 소년은 고아원에서 처음에 남의 집으로 입양을 갔는데 양부모의 형편이 어려워져서 다시 고아원으로 보내졌다. 그 후 다시 이 집으로 입양되어 왔다. 처음에는 최지운이었는데, 여기서는 강지운이었다. 아빠는 광고맨이고 엄마는 큐레이터였다. 아빠와 엄마는 서로 사이가 좋았고 거실이나 방, 어디서나 그들은 뽀뽀하고 껴안았다. 내가 있으나 마나 상관하지 않았다.

그들은 각자 애인이 있었다. 그러나 상관하지 않았다. 아빠는 퇴근하면 거실에서 TV 2대를 놓고 선전 광고 등을 모니터하면서 자기의 것을 확인하고 새 광고를 창조했다. 엄마는 늦게 퇴근했다. 청소하는 파출부가 일주일에 2번 왔다. 저녁에 소년은 냉장고에 있는 것을 이용하여 파스타를 만들어 먹었다. 엄마는 퇴근을 하면 스타킹, 팬티, 속옷 등을 가며 오며 아무 데나 놓아버렸다. 아빠도 여기저기 자기 쓰던 물건을 아무 데나 놓았다. 그런 것들을 소년은 주우며 제자리에 갖다 놓았다. 어느 날 소년은 아빠에게 제안했다. 파출부 아줌마를 일주일에 한 번만 부르고 한 번은 자기가 청소하고 정리할 테니 파출비를 자기에게 달라고.

그러면 그 돈을 모아 대학학비를 벌 수 있을 것 같다고, 자기가 심부름도 다 하겠다고. 그럼 용돈 5만 원과 파출비 20만 원을 저축하면 거의 1,500만 원을 저축할 수 있을 것 같다고 말했다. 그러기로 했다. 엄마와 아빠는 챙기는 것을 매일 까먹었다. 강지운은 둘에게 자동차 키, 현관키, 지갑, 핸드폰 등을 챙겨줘야 했다. 오늘은 같은 반 친구가 생일이라 친구들이 생일잔치에 갔지만, 자기는 일부러 빠졌다. 내 생일에 친구를 초대하는 것이 미안했고 엄마는 한 번도 내생일을 기억하지 못 했기 때문이다. 아빠는 네

생일이 크리스마스 때지? 하며 함께 생일로 하잔다. 내 생일은 봄인데 말이다.

그래도 내가 복이 있다고 고아원 원장님은 말씀하신다. 처음에 입양 갔을 때 그 새 엄마는 엄청 까탈스러워서 밥 먹는 것도 조용히 예절을 지켜 먹도록 혼냈기 때문이다. 아마도 이번 양 엄마 아빠가 고아원에서 애들이 밥 먹는 것을 보고, 그중 내가 멋있게 밥을 먹어서 선택을 했단다. 또한 내가 잘 생기고 공부도 잘해서 선택했단다. 첫 번째 양 엄마 덕에 두 번째 양 부모에게 선택된 것이다. 그 후 내가 고아원에서 원생이 밥 먹는 것을 보니 모두가 얼굴을 그릇에 들이밀고 먹는 것이 꼭 강아지들이 입을 그릇에 맞대고 먹는 것처럼 보였다.

어느 날 학교에서 집으로 오는데 경비 아저씨가 지운이를 불렀다. 저기 너네 할머니가 네 집을 찾아왔다고. 지운이는 한 번도 할머니 이야기를 들은 적이 없었다. 할머니는 지운이 얼굴을 보고 네 모습이 네 할아버지를 닮았다고 난리를 쳤다. 지운이는 할 말이 없었다. 아빠에게 전화해서 할머니가 왔다고 말했다. 아빠는 절대로 집으로 들여보내지 말라고 했다. 할머니가 아니란다. 지운이는 몰래 집으로 들어갔다. 할머니는 계속 초인종을 누르며 문을 열라고 닦달했다. 결국 집에 들어와서 자기 집처럼 살아가는 할머니와 아들, 며느리, 지운이의 삶이 혼탁해진다.

할머니는 아들이 10살 때 동생인 딸과 함께 버리고 나갔단다. 그리고 방송에서 자기 아들이 나오니까 방송사로 가서 아들 주소를 확인하고 이 집으로 쳐들어왔다. 결국 며느리는 나가서 딴 살림을 차렸고 할머니는 이복동생인 할머니 아들 2명을 또다시 데리고 와서 이 집에서 살았다. 아들은 고통 속에서 살다가 아파트를 담보로 돈을 빌려 전셋집을 얻어서 셋을 쫓아내 보냈다. 한 달 후 다시 그 셋은 돌아왔다. 아들이 다른 사람과 싸우다 다쳐서 합의금으로 전셋집을 빼서 주었다고. 감옥에 갈 수 없어서라고. 아빠는 고통 속에 살면서 가족을 어찌할 수 없는 상황, 그래도 지운이랑 끌어안고 살아갈 듯한 분위기로 발전하면서 이야기는 종료되었다.

요즘 이상하게 이런 류의 어미가 참 많다는 생각이 들었다. 내 주변에도 그랬다. 바람난 어미가 가정을 버리고 나가버리면 그게 끝인데 말이다. 염치도 없는 어미들이 헤헤 호호하며 다 늙어서 오갈 때 없으니까 제 새끼에게 달라붙어 기생충처럼 살고 있으니. 어미 없는 것을 불쌍히 여겨 친할머니와 친족들이 손자들을 위해 과외시켜서 좋은 학교 다 보내고, 반듯하게 잘 키워서 대학 졸업시켜, 대기업에 취직시켜 평안한 가정을 이루게 했더니. 어느 날 어미라는 것이 찾아와 온갖 아양으로 배우처럼 살살거리더니만, 제 새끼 피 빨아 먹으며 함께 살아가고 있으니! 애들 키운 친족들은 열불이 나 죽을 지경이라는데… 소설 같은 이야기가 여기도 있었던 것이다.

　인생은 참 어렵다. 벌 받아야 할 것들이 기생충처럼 끈질기게 달라붙어서 살아가는 것을 어찌하라고. 누군가 죽어야 살 수 있는 것이리라. 아니면 둘 다 죽든지 말이다. 인생은 항해라고 사진 작가 구본창이 말했듯이 인생은 항상 어렵고 힘든 과정인 것이리라.

　나는 가끔 예술가들이 자기의 길을 어떻게 개척했을까? 어디서 영감을 얻었을까? 하는 것을 찾고 싶었다. 40년 사진 인생 회고전을 여는 한국 현대사진 거장 구본창은 대우실업에 다니다가 6개월 만에 사표를 냈다. 회식이 제일 싫었고 주말도 없어서 살 수 없었다. 독일 주재원을 찾는 작은 무역회사에 들어갔다. 미술을 좋아했다. 중학교 때 천재적 재능을 가진 친구를 보고 화가의 꿈을 접었다. 함부르크 조형미술대에서 유학했다. 일하면서 공부했지만 행복했다. 사진을 즐긴 것은 순간포착의 즐거움, 뭣보다 결과가 빨리 나와서 좋았다.

　그가 좋아하는 작가 안드레 겔프케어를 만났는데, 작가는 그에게 너의 눈으로 너의 이야기를 하라고 충고했다. 그때 조형적으로 완벽하고 아름다운 사진만이 최고가 아니라는 걸 깨달았다. 80년대 어디선가 커다란 달항아리 옆에 서양 할머니가 앉아 있는 사진을 본 적이 있다. 항아리에 새겨진 세월의 흔적이 할머니와 묘하게 어울러서 깊은 인상을 받았다. 15년 뒤 교토를 여행하다 일본 잡지에 소개된 백자를 보고 우리 백자의 아름다움을 표현하고 싶었다. 속을 텅 비워 무욕의 아름다움을 성취한 백자의 손맛을 담아내고 싶었다.

구름 위에 떠 있는 듯 수수하고 단아한 기품을 찍고 싶었다. 시간의 흔적은 내 사진의 흔적은 주요 테마다. 아버지의 임종 사진으로 '숨' 연작도 사랑받는다. 말라가는 식물처럼 치매를 앓는 아버지의 육체에서 사멸될 수밖에 없는 모든 것 그들의 마지막 경계, 영혼의 흔적을 기록하고 싶었다. DMZ 연작으로 총탄에 뚫린 철모, 주인의 생명이 빠져나간 허리띠, 일그러진 군화 등도 좋았다. 전사한 아들이 살아올 거라고 믿고 평생을 산 101세 어머니 사진이 뭉클했다. 그는 오래된 사물을 피사체로 즐겨 찍었다.

그는 통이나 작은 상자 등 옛날 잡지, LP판, 어머니 저고리 등을 이사할 때 끌고 다녔다. 그것들은 그의 영감의 원천이었다. 마지막으로 그는 전쟁으로 아들을 잃은 어머니들을 찍고 싶다. 그는 후배들에게 꿈은 꾸는 자만이 가까이 갈 수 있다고. 처음부터 원대한 꿈을 이루려 말고 작은 것부터 하나씩 일궈가라고 했다.

결국 예술은 자기만의 이야기, 자기만의 색깔을 찾아야 하는 것이다. 그리고 거기에 세월과 시간의 흔적이 묻은 역사가 있어야 하고, 영혼의 흔적, 생명의 흔적이 살아있는 모습 등을 찾는 것이 아닐까.

*

뭔가 영감을 받을 때가 있었다

친한 친구가 책 한 권을 주었다. 압록강은 흐른다는 책이었다. 그 책에 감동을 받았다. 그리고 나도 책을 쓰고 싶었다. 할 수 있을 것 같은 마음이 들었다. 그리고 한참 후 책을 썼다. 그 친구는 두 번째 선물로 국토박물관 순례를 보내줬다. 그 책을 읽으면서 박물관 순례를 하고 싶다는 생각을 했고, 뭔가 연대감이 일어날 것 같은 예감을 느꼈다. 아직은 모르지만… 초상화 김원용 선생? 전곡 선사 박물관? 연천에는 고인돌 공원이 있고 신라왕인 경순왕의 능도 있고, 고려시대 종묘격인 숭의전도 있다는데….

나에게 다시 매력적으로 집중하고 몰입할 수 있는 일이 생긴다면 정말 축복받는 일이 될 것이다. 그게 뭔지 아직 발견하지 못했다. 친구네 집에서 영화 다큐로 페르시아의 시장과 부하라의 시장, 이맘 모스크를 화면으로 보면서도 매력이 느껴졌다. 아직 뭔가를 더 찾아야 할 것 같다. 내가 사람을 좋아할까? 그동안 못 만났던 사람들에게 전화를 했다. 대개 80대인 친척들이었다. 코로나로 갑자기 떠난 친척들이 많았다. 갑자기 부고소식을 들으니 멘붕상태였다. 미리 전화 연락이라도 했어야 되는데…. 그러나 나랑 친한 숙모는 수시로 전화를 했었는데…. 코로나로 병원에서 열흘 만에 가버리시기도 했다.

K 외삼촌에게 전화했다. 이제 80세가 넘었다. 우리 집에서 학교를 다녔다. 어릴 때 내가 밖에서 뛰어놀다 집에 오면 너 공부 좀 해야지라며 소리쳤다. 아마 초등학교 1학년이나 2학년이었을게다. 삼촌은 공부를 열심히 했다. 머리에 띠를 두르고 역기를 하며 공부했던 생각. 엄마 친구가 오면 시끄럽다고 아줌마들을 쫓아보냈던 기억.

- 오랜만이다, 정 박사.

- 건강하시죠?

- 허리 협착증 때문에 수술을 했는데 신경을 건들었는지 한쪽 다리를 못 쓰는 거야. 그래서 많이 못 걸어. 그리고 스텐트 6개를 박아서 약 먹는

게 많아. 수술할 때는 일주일 간 약을 먹지 않아야 수술을 할 수 있었어.

- 삼촌, 우리 엄마는 스텐트 4개 박았어요. 그런데 요양원 가셔서는 지금 5년 되었는데 일절 안 먹었어요. 바로 죽을 건데 뭘 먹냐고요. 그런데 아무렇지도 않아요.

- 그래, 누님한테 전화했더니 아주 말씀도 똑똑하시고 건강하시더라.

- 그럼 삼촌 운전은 하실 수 있어요?

- 못하지. 오른 발쪽에 신경을 쓰지 못해. 잘 못 걸어. 걷기 연습만 하는 거야.

- 나도 왼 다리 근육이 파열하여 3년간 고생 많이 했어요. 진통 소염제를 3년간 먹었다니까요. 걸으려고요.

- 나도 진통 소염제를 먹어야 걸을 수 있어. 약 먹는 게 많아서 걱정이지.

- 삼촌 그래도 계속 걸으셔야 해요. 엄마가 3개월 못 걸어서 근육이 빠져서 못 걷는 거잖아요. 그래서 요양원을 가셨죠. 계속 나온다고 나를 괴롭혔죠. 나도 허리가 안 좋으니까요. 변을 받을 수 없으니까요. 그리고 나도 칠 학년이 넘었잖아요.

- 야, 그래도 큰누님이 너 잘 산다고 얼마나 자랑하는데.

- 삼촌 내가 뭘 사서 보내면 그런 것 보내지 말라 하시니까 나 부자라 괜찮다고 말했더니 그런 거예요. 사는 게 다 그렇잖아요. 내가 요양비 내니까 미안해서 그런 거예요.

- 야, 너 강남에 사니까 부자인 거지.

- 하여튼 삼촌 단백질 잘 챙겨요. 나 심줄 끊어지니까 하루에 달걀 6개씩 먹으라고 의사 친구가 말했어요. 어느 간 환자는 달걀 한 판씩을 먹어야 단백질을 보충한다고 했어요. 두부, 콩, 고기 등 많이 챙기셔요. 그리고 염증에 강황가루가 좋다니까 강황 가루도 야쿠르트나 꿀을 타서 함께 드셔요.

- 그래? 그렇구나. 달걀 2개 더 먹어야겠구나.

- 그럼 삼촌 우리 예전 같이 모일 수가 없네요? 천안에 대명콘도가 생겨서 거기서 만나 밥 먹고 이바구하려고 했더니.

- 운전 거기까지 못해. 그리고 이모들이 못 걸어.

- 왜요? 집순 이모는 수술한 지 10년 되어 재수술하고 치료받는다고 하

고, 막내 이모도 다리가 아파서 잘 못 걷는다고 들었어.

- 그렇군요. 막내 삼촌이 모두들 차로 모시는 성질도 아니고. 어쩔 수가 없네요.

- 걔는 원래 내성적으로 태어난 앤데 어쩔 수 없지 뭐. 내가 빨리 다리를 낫게 해서 만나야겠다.

- 그러세요.

- 정 박사 네 말대로 단백질 챙기고 강황가루도 먹고 몸이 좋아져야겠구나. 고맙다, 전화해 줘서.

- 하여튼 몸 건강 잘 챙기셔요.

그리고 전화를 끝냈다.

*

메리 크리스마스를 위하여

여자는 가족모임을 갖기로 했다. 갑자기 35년 동안 여동생네, 남동생네가 모여서 함께 동해안 쪽으로 스키를 타러 눈 오는 날 달려갔던 생각이 났다. 참 오래도 함께했던 세월이었다. 여자네 아이들, 여동생 아이들, 남동생 아이들까지 여름과 겨울 여행을 했던 기억. 눈발 휘날리며 눈길을 따라 콘도로 가기 위해서 길이 막혔던 기억들…. 각자 바리바리 음식을 준비해 갔던 세월이 35년이었다. 그 사이 여자네 아이들이 결혼하고 손자들이 다시 15세가 되었다. 동생네 아이들도 다 큰 성인이 되었다. 그만큼 여자가 늙어 호호 노인이 되었으니. 세월은 참 빠르다.

아직은 여자가 건강하니 모두가 함께 콘도에서 크리스마스를 보내고 싶었지만 각자 사정이 생겼다. 막내 여동생은 환갑을 기념하며 남북 아메리카 일주를 하고 있었다. 영혼의 순례길을 자청하며 6개월간 길을 떠났다. 올 9월 4일에 출국을 했다. 지금은 페루에 도착했다고 들었다. 언니가 무릎관절이 아픈 것을 보고 다시는 여행할 수 없을 것 같은 예감에 미리 떠났던 것이다. 남동생네는 자기 친구들이 이제 퇴직을 해서 그들 자식들이 모두 출가를 하고 부부가 살다 보니 친구 지간의 만남이 필요했던지 고향 친구 모임을 가지게 됐던 것이다.

그동안 여자는 여자네 아이, 동생네 아이들을 갓난아이 때부터 성년이 될 때까지 여름과 겨울 여행을 했다. 그들은 이제 성년이 되었고 그들이 아이를 낳아서 10대가 넘었다. 그런데 그때 그 애들을 키웠던 생각이 났다. 갓난아이들이 방이 뜨겁다고 밤새워 울었던 기억, 다 자라면 또 다른 둘째 녀석이 태어났기 때문에 또 밤을 설쳤다. 훗날 여자네 손자가 태어나 또 날밤을 세웠다. 이제 그 녀석이 14살이니까 이제 울 놈이 없었다. 둘째 놈도 11살이다. 이번에는 딸네와 우리, 막내딸까지 단출히 떠나기로 했다. 여자네도 나이가 들어 동해안 쪽으로 운전하고 대여섯 시간을 여행하는 일은 힘겨운 일이기 때문이다.

우리는 천안 독립기념관 쪽 콘도로 숙소를 정했다. 손자가 여름에 축구하다 다쳐서 깁스를 했기 때문에 여름 물놀이를 못 한 것을 아쉬워했기 때문이다. 사실 나이 많은 우리들과 함께 노는 것으로는 물놀이만큼 좋은 것은 없었다. 만약 스키를 타러 갔다면 숙소 지키기뿐이었으리라. 처음의 만남은 독립기념관이었다. 대단한 것은 아니지만 적어도 역사공부를 시키고 싶은 마음도 있었다. 그러나 춥고 힘들다고 애들은 싫어할 것이지만 만나는 장소가 그곳이니까 말이다. 일단 넓은 공간이 시원해서 좋았다. 푸른 하늘과 흑성산을 배경으로 산 꼭대기엔 흰 눈이 쌓여서 멋진 풍경이 되었다.

쭉 뻗은 도로에 흰 눈이 쌓였고 들어가기 전에 쭉 뻗은 기념탑이 우리를 반겼다. 끝없이 넓은 광장, 기념관 건물에 독립운동을 하는 모습이 화려하게 장식돼 있다. 저 벌판 한쪽은 수 많은 태극기가 휘날렸다. 우리는 먼저 식당을 찾았다. 갈비탕, 육개장, 돈가스, 우동, 만두 등을 시켜서 맛있게 먹었다. 금강산도 식후경이라 했던가. 우리는 다시 편의점을 들러 커피와 과자 등으로 입가심을 했다. 이동하여 윤봉길 동상, 안중근 동상, 김좌진 동상을 배경으로 사진을 찍고 영상을 보러 갔다. 둘기의 비행이었다. 일본놈을 악동 비둘기로 독립운동가는 선량한 비둘기로 표현했다. 비둘기가 비행을 하며 하늘에서 싸우는 장면이었다.

그 장면을 따라 관객은 입체 안경을 쓰고 의자가 들썩임에 따라 움직였다. 관객은 진짜 날아갔고 실제로 하늘을 날아다녔다. 환상적으로 착각을 일으키며 싸웠다. 관객은 신이 났다. 아이들도 재미있어했다. 영화가 끝나고 산책을 하여 차로 이동했다. 콘도로 와서 체크인을 하고 방을 배정받았다. 도심 한가운데지만 창밖으로 가까운 산에 눈이 쌓여서 멀리 동해안 산속의 숙소를 이동한 것처럼 보였다. 창밖 북쪽으로 눈썰매장을 만들어서 애기들이 비글바글 놀았다. 우리는 짐을 풀고 주변에서 산책을 했다. 이곳은 아마도 온천지역인 듯했다. 새로운 공원 조성으로 파헤친 곳이 많았다.

키 큰 나무와 하얗게 쌓인 눈을 밟았다. 그네를 타고 푸른 하늘과 먼 산이 우리에게 달려와서 안겼다. 공기는 상큼했다. 모두가 자유로웠다. 숙소로 와서 상차림을 했다. 맛있는 참치회를 개봉했다. 누구 입에 들어갔는지 순식간에 사라졌다. 다시 광어회와 다른 종류의 회를 개봉했다. 모두들 맛있게 쌈을 싸 먹었다. 후식으로 케이크와 아이스크림을 먹었다. 배가 부르다고 야광 산책을 나갔다. 날씨는 싸늘했다. 콘도 주변의 야광 빛은 찬란했다. 인증사진을 찍고 숙소로 와서 푹 쉬었다.

이튿날 든든히 아침을 챙겨 먹었다. 모두들 수영복을 챙겨 입고 수영장으로 나갔다. 파도 타는 타원 수영장은 대단했다. 파도에 따라 튜브에 구명조끼를 입고 파도를 타고 빙빙 돌면 되었다. 호텔 야외용 수영장처럼 빙글빙글 돌게 만들었다. 우리같이 나이 든 사람들도 파도를 따라 움직이면 쉽게 할 수 있었다. 거기서 우리는 하루 종일 물길을 따라 빙글빙글 돌았다. 안쪽 바깥 쪽을 돌고 돌아 실내와 실외를 빙빙 도는 일이라 즐거웠다. 쉴 때는 노천탕으로 이동했다. 다시 실내 풀장으로도 이동했다. 점심은 각자 먹고 싶은 것을 골랐다.

짜장면, 돈가스, 비빔밥, 불고기 백반, 우동, 꼬치 등 원하는 대로 먹었다. 우리는 서너 시경 숙소로 왔고 애들은 대여섯 시경 숙소로 왔다. 애들은 배가 고프다고 난리가 났다. 소고기구이로 축배를 들었다. 할아버지는 알레르기 관계로 술 축배를 못했다. 늙음은 어쩔 수 없나보다. 하고 싶다고 다 할 수 있는 게 아니었다. 모두가 피곤했다. 여자는 설거지를 했다. 모두가 힘들어하니 애들 시킬 수도 없었다. 여자는 술을 한 잔 더 먹으면서 설거지를 했다. 술기운이 나야 힘이 났다. 노가다들이 막걸리를 먹고 일하는 심정을 이해할 것 같았다.

이튿날 우리는 헤어져서 각자 집으로 갔다. 오면서 남편은 여자에게 고리오 영감이 두 딸을 위해 죽을 때까지 봉사했는데 슬프게 죽는 것같이 왜 당신이 바보같이 사는지 모르겠다며 화를 냈다. 나이 칠십이 훨 넘어서 바리바리 싸서 가서 먹이고 힘들면 애들에게 설거지를 시키는 것이 마땅한데 왜 그걸 못하느냐는 것이다. 그 말 맞다고. 그러나 우선 내가 할 수 있어서 다행이라고. 하고 싶어도 이제 못할 때가 올 거라고 이야기했다. 지금은 내가 일을 하고 움직여야 잠도 잘 잘 수 있다고. 내 아는 지인이 부잣집 딸이라 운전기사, 식모, 침모 모두 다 데리고 시집갔다. 그런데 나이를 드니까 혼자 할 수 있는 일이 없어서 결국 아파서 누워 있다가 죽었다고.

그런 인생보다 무수리로 일하다 죽는 편이 낫지 않겠냐. 우리

후배 박사 교수는 절대 친정을 안 간다. 그 엄마는 교수 딸에게 밥해라, 뭐해라 하니까 친정 집에 안 간다고. 자기도 힘 드는데 친정엄마 집 밥하기 싫어서라더라. 또 하나 후배 교수는 시집을 잘 갔고 외국에서 살았는데 그 후배는 호텔에서 생활하다가 외국으로 간다고. 엄마를 불편하게 하지 않으려고, 폐를 끼칠까 봐 집에 오지 않으니까 손자 볼일도 없다고. 이것도 아닌 것 같았다. 여하튼 여자는 막내딸에게는 뭔가 지시를 하여 날마다 입만 가지고 다니는 얌체 족속에서 벗어나는 게 좋을 듯했다.

　여행 후 여자는 작은딸과 큰딸에게 지시했다. 다음부터는 엄마가 와인 먹고 힘들게 설거지를 하지는 않아야겠다고. 이제 죽을 나이가 되었으니까 너희들이 돌아가면서 설거지를 해달라고. 막내에게는 올해는 내가 설거지를 하지만 내년부터 우리 집에 와서 밥 먹은 후는 네가 설거지를 해야 한다고. 누구누구 친구들이 암 수술 후 남편들이 설거지를 하고 사니까 엄마도 그럴 때가 된 것 같다며 부탁을 했다. 그들은 알겠다고 했다. 남편도 생각이 많아졌으리라. 여자는 남편에게 노 신부들이 팔구십 되어도 앞치마 두르고 봉사를 하는데 내 식구들에게 내가 건강하면서 하는 것도 좋은 운동이 되는 것이라 말했다.

*

친구들과 국립중앙박물관 관람

선사, 고대관, 석기시대로 이동하며 선생님의 설명을 들었다. 구석기, 신석기, 청동기, 철기 시대 유물을 관람하면서 해설사 선생님이 유물을 설명했지만 나는 새벽 수영을 하고 참석했기 때문에 몸이 나른하고 눈이 감겨서 혼이 났다. 나를 억제하면서 해설에 집중하려 했지만 집중할 수가 없었다. 처음엔 열심히 들었다. 머릿속에 남은 것은 연천 전곡리 출토인 주먹도끼였다. 그것은 인간이 만들어 낸 최초의 규격화된 도구라는 것이다. 그것은 자르고, 찍고, 땅을 파는 기능을 했다. 거기까지만 기억하고 나는 눈뜬 봉사였다. 해설사만 따라다녔다는 것이다. 그렇게 1시간을 소비하고 점심식사 하러 식당으로 친구들과 이동했다.

어려서나 늙어서나 먹으려니 눈이 떠졌다. 친구들 얼굴도 잘 보였다. 네모, 세모, 별표 등의 형태가 보였다. 미안해서 얼른 밥은 내가 사겠다며 주문을 했다. 만나기도 어렵고 언제 죽을지도 모르니까 비싼 것을 먹어야 한다며 친구들에게 주문을 재촉했다. 나는 가장 비싼 두레 정식을 시켰다. 돈가스, 생선가스, 돌솥비빔밥, 뚝배기 불고기 등 다양한 메뉴를 시켜서 맛있게 먹었다. 생선가스 시킨 친구는 몸이 좋지 않아서 먹지 못했다. 잘 먹는 친구들에게 저녁 먹지 말라며 못 먹는 것을 거들며 먹게 했다. 두레정식은 동그랑땡 같은 고기 2점에 시금치, 김칫국, 김치, 게튀김 2조각, 고구마강정 2조각, 낙지젓갈, 콩나물국, 밥 한 공기 등을 둥근 채반에 진열해서 상차림한 것이었다.

아침도 못 먹었으니 나는 맛있게 한정식을 먹은 것이었다. 식사 후 우리는 적당히 이바구를 하며 즐기다가 글과 그림의 힘 탕탕평평 전시실을 관람했다. 2024년은 영조 즉위 300주년이 되는 해인 것이다. 인간은 결함을 극복하기 위해 노력하는 존재이다. 그런데 영조와 정조 모두 왕위 계승에서 결함이 있었기에 부족한 정통성을 보완하려 했다. 그래서 그들은 글과 그림의 힘으로 왕위 계승의 정통성을 강조하였다. 뿐만 아니라 정통성 문제나 붕당 간의 갈등을 탕평의 정책으로 소통했고 탕평정치를 계속하여 문제를 해결했던 것이다.

다시 이동하여 K 친구네 집에 있던 화각화조 서수무늬 사층장을 관람했다. 우리나라에서 하나밖에 없는 귀한 것이라고. 보관하기 어려워서 K 친구네가 작품을 위해 제자리로 돌려보냈다는 것이다. 관람이 끝나고 박물관 주변을 산책했다. 산사나무에 달린 빨간 열매가 나무를 장식하고 있었다. 용산 가족공원의 최평곤 작품 꼭대기에 쏙독새의 집이 머리부분에 지어져 있었다. 나무와 호수가 여기저기 산책길을 따라 반겼다. 추운 겨울 산책길은 매섭지만 상쾌했다. 어느덧 해가 서산으로 넘어가고 있었다. 우리도 집으로 가는 시간이었다. 친구들과 안녕을 외치며 헤어졌다. 친구여, 내년에도 건강하고 행복하길 빌게.

내가 글을 쓰는 의미가 뭘까? 황창연 신부님이 말씀대로 아는 척, 가진 척, 잘난 척하고 싶어서일까. 진정한 내 본심?…. 갑자기 작은딸이 문을 열고 말했다. '엄마, 나 지금 설거지를 할 수 없어요. 싱크대 그릇에 담긴 고기 때문에(핏물 빼는 중) 음식 만들고 하겠어요.' '그래.' 밝은 목소리로 나에게 말하는 딸을 보니 왠지 엄마 눈에는 슬퍼 보였다. 엄마의 생각이겠지만…. 새해가 오고 가는 연말 연초는 가족과 함께하는 것이 좋아 보인다. 나이 40세가 넘어서 혼자 외롭게 살며 늙은 부모네 집으로 왔다 갔다 하는 꼴이 엄마는 밉다. 왜 제 삶을 꾸리지 못하는가를 묻고 싶은 것이다. 사지 멀쩡하면서 눈 코 입 다 달렸는데 왜 연애를 못하는지….

하고 싶은 말을 못하고 내 안에 쌓여 있는 것들을 쏟아내려 하는 것인지. 어쨌든 나에게 문제가 있었다. 어느 유튜브를 보니까 결혼성사 시키는 매니저가 말했다. 결혼 못 하는 여성들의 이유는 너무 여성적이지 못하다는 것이다. 예를 들어 남성이 보는 자기만의 여성을 찾는데, 우선 여자가 너무 뼈대가 크고 억센 여자 같이 보이는 사람, 두 번째 방송사에서 일하다가 여자가 아무 데나 철퍼덕 앉으면서 자기 일에 열중하는 여자, 세 번째 집안 좋고 학벌 좋으며 직업 좋은 여의사들이 싫단다. 남자 의사들은 여의사를 선호하지 않는 이유가 병원에서 보이는 사람들이 여자들 천지인데, 여의사들의 말투가 전문적 용어로, 특유한 자기식의 언어를 툭 툭 내뱉는 것이 여성답지 못하다는 것이다.

한마디로 남자들은 온순하며 자기 말을 잘 따라주는 여자, 또한 그들은 자기에게 헌신하는 여자, 자기에게 봉사하는 여자를 좋아하겠지. 그러나 여자 쪽도 똑같이 그런 남자를 좋아하지 않겠는가. 우리는 서로를 상대편에게 잘해주고 헌신하며, 각자의 단점을 이해하고 인정하며 사는 것이 좋을 듯한데…. 요즘 나이가 들수록 사랑의 감정이 메말라서 사라지고 있다는 느낌이 든다. 여자가 어느 여성을 보면 사랑스럽구나 하는 마음이 들 때가 있다. 그런 여성은 남성이 봐도 사랑스러운 감정이 일어나지 않겠는가 하는 생각이 들었다.

나는 어느 때 사랑이 느껴질까? 할머니라서 그런지, 금방 태어난 갓난아이가 꼬물꼬물 움직이며 배고프다고 입으로 밥 달라고 몸짓하는 것이 사랑스럽다. 큰손자가 돌 지나고 뒤뚱거리며 달리는 모습도 사랑스럽다. 어쩌면 나에게 사랑이라는 감정이 사라졌을까? 내 안을 들여다본다. 의무와 책임에 강한 집착이 있어서 사랑의 감정이 사라진 것이 아닐까. 여하튼 나에게 새로운 감정을 생각해 볼 일인 것이다. 어쩌면 분노와 짜증, 참을 수 없는 감정들이 늙은이들의 에너지가 아닐까. 96세인 친정어머니, 94세인 시어머니는 싸우듯 소리치며 혼내고 성질낼 때 에너지가 폭발했다는 생각이 든다.

그래서 나는 가끔 힘든 등산을 좋아한다. 아니 운동을 좋아한다. 그 운동은 내 안에서 일어나는 폭발 같은 참을 수 없는 감정을 잠재우는 힘이 있다는 생각이 든다. 힘들게 운동을 하고 난 후의 평화로움이 나는 좋았다. 거기에는 마음을 고요하게 하는 작용이 있었다. 또한 거기에는 뭐든 용서할 수 있는 힘이 생겼다. 어떤 에너지의 작용인지는 확실히 모른다. 분명 에너지의 이동이 있는 것은 확실한 것이다. 그래서 가끔 나는 히말라야 산맥의 트레킹, 태백산의 등반, 파미르공원의 트레킹, 티베트의 트레킹 등을 꿈꾸면 마음이 행복했다. 그런 꿈속에서 가끔 나의 행복을 찾았다는 것도 기뻤다. 비록 내 나이가 많아서 그런 것을 하지 못해도 유튜브를 통해 산행을 하는 영상을 보면 즐거웠다. 그런 영상을 통해 나는 그들을 따라 함께 트레킹을 하는 것처럼 느껴서 좋았다.

*

요양원에서 새해가 오기 전에 어머니의 만남

2023년의 마지막 날 남동생과 어머니를 만나러 가자고 약속했다. 다른 부모들의 자녀들이 와서 자기네 부모를 만나고 맛있는 것 사주고 선물도 할 것 같았다. 우리도 기다리시는 어머니를 만나는 것이 좋을 듯했다. 항상 어머니는 큰딸이 오는 것을 불편하게 생각했다. 내 나이가 많다고. 나는 죽은 조상보다 산 조상이 먼저라며 당신을 더 소중하게 여기라는 시어머니 말씀이 맞는다는 생각을 했다. 어머니는 산 조상이니 좋아하는 음식을 제사 차례처럼 골고루 샀다. 딸기, 샤인머스켓, 검은깨 인절미, 팥시루떡, 카스테라, 팥 앙꼬빵, 밤만주, 순대 등을 샀다. 남동생에게는 효돈 귤 한 박스를 사서 가져오라 했다.

미리 도착한 나는 요양원 둘레를 산책하고 넓은 들과 벌판이 내려다보이는 언덕에서 큰 숨을 쉬면서, 요양원 위치가 아름답다고 생각했다. 11시가 넘으니까 승용차들이 대거 올라왔다. 요양병원과 요양원에 있는 부모를 만나려는 사람들 같았다. 나는 언덕을 내려와서 약속한 11시 30분경에 어머니와 미팅을 요청했다. 곧 동생이 도착하여 어머니 휠체어를 차에 싣고 어머니를 승용차에 태웠다. 어머니가 좋아하는 음식점으로 이동했다. 좋아하시는 갈비탕을 주문했다. 당신은 떡과 만두, 포도, 딸기, 콜라를 드셨다. 갈비탕은 국물만 드셨다.

'늙은이가 엄청 많아. 그런데 죽지를 않아. 잘 먹이니까 안 죽어. 맨 죽어야 할 사람들이여.' 라고만 말하셨다. 식당은 사람이 많아지더니 가득 찼다. 우리는 자리를 빼주어야 했다. 커피를 기계에서 받아서 차로 이동했다. 남동생은 우리에게 칠장사를 구경시키겠다며 이동했다. 사찰로 들어가는 입구는 산이 둘러쳐 있어서 길이 높고 깊었으며, 길도 넓고 길게 펼쳐져 있었다. 최근 칠장사에서 자승 스님이 자살했다는 보도가 있었다. 절에서 불을 지르고 자살했으며 제자들에게 돈을 내서 불탄 절을 지으라고 유서로 써 놓았다고 신문에 보도되었다.

이동하면서 남동생이 말하길 이 동네 주민인 깡패두목이 있는데 그가 아는 친구가 자기에게 말해주었다고. 그 아는 친구가 어렸을 때 깡패두목네 어머니는 매달 쌀을 머리에 이고 칠장사에 기도 드리러 갔단다. 그때 아들인 깡패가 하루는 쌀을 메고 칠장사에 가서 부처님 앞에 쌀을 내려놓으며 힘들다고 욕을 하고 내려오려니까 자승 스님이 불러서 화 나지만 밥이나 먹고 내려가라고 불렀단다. 그 깡패가 그러는데 그 자승 스님 부인이 둘이고 아들들이 많은데 미국에서 유학한단다. 총무원 하면서 돈을 1조나 빼돌려서 검찰이 수사 들어왔단다. 내일 모레면 사건이 터질 일이었다고.

　결국 그래서 절에서 자살했다고. 제자들에게 2억씩 내서 절을 새로 지으라는 유서를 남겼단다. 나는 그게 사실이냐고 의문을 했더니 남편은 아마 그게 사실일 것 같단다. 나는 뭐야? 하면서 가슴을 쓸어내렸다. 그 사건은 종교계의 타락이었다. 곧 칠정사에 도착했다. 사찰은 훌륭했다. 단청이 새로 올려지지 않아서 옛 모습 그대로 그 모습이었다. 고풍스러웠고 원형 모습이 웅장하고 장엄했다. 사찰의 뼈대가 원형이라 더 진실함이 보였다. 절 기둥 밑의 기초돌도 그대로의 모습이었고 축대를 쌓은 돌도 원형 그대로였다.

　칠장사 대웅전의 최초 창건시기는 알 수 없었다. 1790년경 중창되고 1828년 순조 28년 건축된 건물로서 조선 후기 사찰 중심 불전의 건축 상황을 잘 보여준다. 정면 3칸, 측면 3칸, 지붕은 옆면이 사람인 사자 모양인 맞배지붕이다. 내부천장은 우물천장으로 불화와 연꽃무늬로 채색되어 있고 중앙에는 석가삼존불을 모셨는데 아주 웅장한 부처님 모습이었다. 대웅전 앞마당에는 죽림리 삼층석탑이 있었다. 죽산에 흩어져 있던 탑부재를 현 위치로 이전 설치했다. 탑신부의 체감비율이나 옥개받침 등으로 미루어 볼 때 고려 전기에 제작된 것으로 추정된다는 것이다.

절을 한 바퀴 돌고 우리는 요양원으로 이동했다. 창밖을 보며 어머니는 하얀 눈이 좋다느니 가로수가 벚나무라 봄이 되면 참 아름답겠다느니 하며 혼잣말을 계속 하셨다. 무엇보다 좋은 사찰을 관람한 것이 즐거웠다. 다음부터는 꼭 주변 관광을 하는 것이 좋겠다는 생각을 했다. 한 해의 마지막 날에 어머니를 모시고 식사를 하고 나들이를 하니 뭔가 뿌듯했다. 딸의 입장으로 숙제를 끝냈다는 생각이 들었다. 전날에 너무 많은 눈이 쏟아졌고 이미 요양원에 미팅을 주선해 놓았는데 기다리시는 어머니도 걱정이 되고 떠나가는 우리도 길이 미끄러우니 사고가 날까 걱정이 컸던 것이다. 막내딸은 위험하다고 취소를 하라 했던 것이다. 무엇이든 일을 끝낸다는 것은 쉽지 않았는데 무사히 끝났음에 감사했다.

*

수골회 종강 파티

12월이 되면 남편은 종강 파티를 하자고 제안했다. 한 해에 2번 종강 파티를 하는 것이다. 6월 말과 12월 말이다. 가끔 우리는 학창시절이 떠오른다. 어느 해던가. 용문산을 가면서 남편 동창 부부모임에서 약속을 했다. 우리가 환갑이 넘었고 대부분 퇴직을 했으니 학창시절처럼 봄학기 OOO, 가을학기 OOO을 하자고. 그러나 한 번도 지키지 못했고 어느 날 친한 친구가 소풍을 가버렸다. 그리고 영원히 그 모임은 사라졌다. 그 후 골프를 치면서 이런저런 사계절 모습을 운동하며 자연경관의 흐름을 확인하게 되었다.

젊은 수영팀은 수영과 골프의 모임을 했고 이름을 수골회로 정했다. 가끔은 모여서 조찬회를 했다. 갑자기 만나고 싶으면 단골 커피숍에서 수영 끝나고 만났다. 온갖 잡다한 이야기를 함께 했다. 여행, 음식, 수영, 골프, 친구 등 다양한 이야기로 꽃을 피웠다. 그러면 스트레스가 확 풀렸다. 봄 가을은 강화도로 가서 밴댕이 회와 생새우 구이를 먹으며 축배를 들었다. 혹은 골프 대회를 하기도 했다. 어느 날 K 사장네 집에서 갑자기 만두를 빚어 먹으며 이바구하기도 했다. 종강 파티는 종로 3가 만선 호프집에서 저녁 6시에 만나서 축배를 들었다.

나이가 많아 남편과 나는 수골회의 외국가기에 빠졌고, 그들은 엊그제 일주일 만에 한국으로 돌아와서 종강 파티에 참석했다. 태국에서 운동하며 일어난 일들을 얘기했다. Y가 말했다.

- 언니 우리 팀에서 글쎄 홀인원이 나왔어요. 공을 빡, 쳤는데요 캐디가 어? 홀인원 같다는 거예요. 모두들 눈이 동그래지면서 그럴까 생각했

죠. 그런데 그린에 갔더니 구멍에 들어갔더라고요. 3년 차 골프를 쳤다는데요. 대단했어요. 내 눈 앞에서 홀인원을 하다니요. 그런데 그 친구가요 10년도 넘은 아빠를 꿈에 봤다는 거예요. 꿈을 꾸고서 생전 안 보던 아빠가 보였다네요.

- 아빠가 도와줬나 보네요.

- 그러게 말이에요.

- 왕 언니도 내년에는 함께 가요. 거기에 80대인 어르신들도 많이 왔어요. 언니도 충분히 할 수 있어요.

- 알았어요.

- 내년에 꼭 가세요. 12월 초에 예약할 테니까요.

- 네 그럴게요.

- 이것은 언니 가방이고요. 쌀 튀밥 과자인데 맛있어요.

- 고마워요.

우리는 마늘치킨과 생맥주, 오뎅탕을 시키고 즐거운 축배를 들었다. 온갖 이야기가 쏟아졌다. 즐거운 여행 이야기가 계속 진행됐다. 다시 빈 잔이 채워질 때마다 수골회 파이팅!을 외쳤다. 어느 정도 배가 찼고 술도 많이 마셨다. 우리들은 위층 프라하 노래방으로 이동했다. 가장 큰 방을 빌려서 노래잔치를 했다. 돌아가면서 제목이 주어지고 반주가 나왔다. 처음에 박 사장이 고래사냥을 부르면서 흥을 돋우었다. 오 대장은 정말 들어보지 못한 노래를 불러서 우리를 즐겁게 해주었다. 제목이 2대8이라던가? 하여튼 재미있는 사람이었다. 오 대장은 춤의 대가였으니 우리에게 웃음을 선사하는 보물이었다.

남편은 원래 내가 노래에 재주가 없으니까 함중아의 내게도 사랑이라는 노래를 함께 부르라고 청했다. 우리는 반주에 맞춰 노래를 부르면서 나는 그 노래에서 흥이 생기지 않았다. 템포가 느리면서 엇박자로 매력적이지 못했다. 속으로 다시는 이 노래를 하지 않겠다는 생각을 했다. 그 후 시간이 흘러 다시 내 차례가 되었다. 제목도 까먹고 뭘 할지 걱정이었다. 그런데 내 앞 팀이 〈여행을 떠나요〉라는 신나는 음악을 불렀다. 순간 내가 즐겼던 옛날 학창시절의 노래가 생각났다. 목로주점을 선곡하기로 마음 먹었다.

다음 순서로 내 차례에 〈목로주점〉을 선곡했다. 나 스스로 신이 났고 리듬도 즐거웠다. 적당히 내가 부르기가 좋았다. 다른 팀은 내 노래가 어땠는지 모르나 나만의 즐거운 노래가 나를 즐겁게 했다고 생각했다. 노래방에서 즐기는 맛이 이런 맛인가 보다는 생각을 처음으로 해봤다. 결국 나를 즐길 수 있는 그런 선곡을 해야 하는 것이었다. 그런데 과연 내가 나를 즐기게 하는 그런 노래가 무엇일까를 생각했다. 맨정신으로는 노래하기가 나는 힘들었다. 맥주 한잔을 먹어야 얼떨떨한 기분으로 노래를 부를 수 있을 것이었다. 모두들 흥겨워서 노래 시간을 더 늘려가며 즐겁게 노래를 했다. 수골회의 송년회 잔치는 이렇게 행복하게 노래를 부르며 끝냈던 것이다.

*

1년에 딱 한 번 만나는 친구들

12월이 되면 생각이 나는 친구들이 있었다. 맨 처음 튀르키에서 강의가 끝났다고 연락이 왔다.

- 선생님 저 왔어요. 제11회 영축문화대상으로 수상자로 상을 받게 됐어

요. 여기 영상 보낼게요. 가문의 영광을 전할 가문이 없어졌지만 종씨인 선생님께 이 기쁨을 전합니다.

- 오! 축하합니다. 그동안 애 많이 쓰셨어요.

- 남편이 준 상 같아요. 20일 상 받으러 갑니다.

- 정말 축하합니다.

통도사, 월하 대종사 추모다례, 제11회 영축문화대상 시상식에서는 동국대학교 세계불교학연구소 정진원 연구교수가 학술 문화상을 수상했다. 수상 후 나는 정 선생과 호남선 표를 사는 곳에서 만나기로 했다. 조금 있다가 문자가 왔다. 통화 가능하세요? 정 선생은 자기 집을 팔겠다는 이야기를 했다. 나는 문자를 보냈다.

- 선생님 지금 집 팔면 안 됩니다. 세금으로 다 빼앗깁니다. 이번에 내 것도 6억~7억짜리 아파트를 팔려고 했는데 안 팔렸어요. 세금을 내려고 1억을 내려서 6억에 팔려고 했죠. 근데 세무사가 세금을 내면 9000만 원을 더 내야 한다고 했네요. 그 집을 사려면 3억~4억을 더 내야하는데 말이죠. 때를 기다려요. 친구가 그러는데 나이가 많아지면 세금을 80% 삭감을 해준다고 그랬어요. 그러면 몇 억 버는 거잖아요. 그냥 융자를 내서 쓰세요.

- 네, 알겠어요. 감사합니다, 선생님.

며칠 후 나는 정 선생을 만났다. 상을 탔으니 축하파티를 하자고 했다. 나는 숯불 갈비집으로 갔다. 거하게 갈비살을 숯불에 구워 먹었다. 아마도 우리는 고기만 3인분을 먹었을게다. 정 선생은 붉은 보라색 스카프를 선물로 주었다. 멋졌다. 선생님은 역시 예술성이 있었다. 홍대 화가 교수의 핏줄이 내재해 있으리라 생각했다. 식사 후 스타벅스로 자리를 이동했다. 나는 커피를 먹으면 잠이 오질 않았다. 다른 종류를 시켜야 했다. 딸에게 물었다. 문자가 왔다. 바닐라플랫화이트, 클래식밀크티, 크리스마스 루비뱅쇼라고. 나는 밀크티와 뱅쇼를 시켰다. 우리는 몇 시간 동안 차를 마시며 즐겁게 이바구를 하고 노브랜드로 가서 쇼핑을 하고 각자 헤어졌다.

*

한강 산책을 하다

새해가 되고부터 남편은 기침이 심했다. 뒷산을 가려니 부담스러웠다. 남편은 한강 산책이 어떠냐고 물었다. 좋다며 걸었다. 오후라 서쪽 하늘이 붉었다. 바람은 차가웠다. 2차 아파트 담벼락을 따라 성모병원 쪽 계단으로 내려갔다. 공사가 한창이었다. 작년부터 엘리베이터 철심만 박아 놓고 사람들에게 계단 쪽으로 직선 길을 따라 내려가게 했다. 그 계단은 굴곡졌고 계단을 따라 내려가려니 길바닥에 무슨 볏단에 가마니를 짜서 만들어 이어붙인 것이 덮여 있었다. 길 위는 질퍽해서 물이 스며 올라왔다. 그 포대는 길 위에 깔아서 인도로 만들어 놓았다. 결국 길은 흙과 물이 범벅이 되어 신발에 붙었다. 그 길을 미끄러지지 않도록 조심하며 병원 앞길의 포장 위로 올라갔다. 그곳도 자동차, 자전거, 사람이 섞여 건널목이 위험했다.

건널목을 건너서 일반 도로를 걸을 때, 나는 자전거와 씽씽카가 뒤에서 밀치고 사람을 지나쳐 가는 것들이 싫었다. 어느 날 갑자기 그것들이 사람 뒤편에서 몰아쳐, 어느 할머니를 부딪쳤고, 그 할머니 양팔이 부러져, 1년 내내 두 팔을 못 썼다. 그리고 내가 아는 지인이 고등학생 자전거에 치여 다리를 다쳤고, 결국 곧 돌아가셨던 것이었다. 그 후 나는 길을 갈 때 가끔 뒤에서 자전거가 따라오는가 하고 뒤를 돌아보며 걸었다. 그것은 내가 미리 그것들을 피해서 사고가 나지 않게 하는 것이었다.

사거리를 건너 샛강을 따라 둑길을 걸으면 마음이 편안해졌다.

한 쪽은 시냇물이 흐르고, 다른 편은 넓은 종합운동장이 있었다. 그 운동장에서 나는 일 년 내내 테니스를 치며 즐기는 곳이었다. 넓은 운동장에서 사람들이 여러 가지 운동을 하는 모습을 보며 걷는 것도 좋았다. 냇가에는 물고기도 많았다. 봄이 되면 팔뚝만 한 잉어들이 한강 길을 따라 이 냇가로 떼를 지어 올라왔다. 강태공들이 진을 치고 그 큰 잉어를 잡으려고 텐트를 치고 기다린 적도 있었다. 그러나 어느 때부턴가 강태공들은 사라졌다. 그 대신 큰 황새들과 청둥오리들이 떼를 지어 놀고 있었다.

샛길 중 언덕 위의 길을 가다 보면 피천득이 앉아있고 뒤판에는 시가 적혀 있었다. 사람들은 피천득이 앉아 있는 벤치에 함께 앉아 쉬면 나도 쉬었다. 그리고 나는 다시 길을 따라 아래 샛강 쪽 길로 내려갔다. 물은 맑고 투명했다. 쌍쌍이 청둥오리들이 떼를 지어 고기를 잡았다. 수컷과 암컷이 어디고 항상 짝을 이루고 고기를 잡았다. 나는 남편에게 말했다. '저기 쟤들 좀 보서. 저렇게 짝을 이루고 사는 게 동물의 본능이라고요. 왜? 작은애는 혼자 살겠다고 난리를 치는지요. 저런 게 본능인데요.' 그는 아무 말이 없다. 사람만 소개시킨다 하면 선을 넘지 말라고 지랄을 떠니… 하며 속으로 말을 읊조렸다. 시간은 빠르게 지나갈 것인데. 나는 작은 애를 욕했다.

그놈은 항상 저 잘났다고 했다. 그런데 '그렇게 잘난 놈이 뭐든 필요하면 왜? 나를 찾냐고요.' 나는 그놈이 어떻게 살아야 하는 것인가를 새롭게 생각해야 했다. 나는 돈이 없어도 열심히 공부를 시켰다. 그리고 그놈도 자기 스스로도 공부를 열심히 했다. 그런데 그놈은 제대로 자립을 하지 못했다. 그놈은 무엇이 문제인 것인가?를 생각해 봤다. 아니 아는 지인의 자식들을 생각해 보자. 아들이 의사였다. 돈도 잘 벌었다. 그런데 장가를 안 갔다. 부모랑 함께 살았다. 또 다른 지인의 딸은 대기업의 유능한 자리에 있다. 돈도 잘 벌었다. 그런데 결혼을 못 했다. 내 딸과 똑같았다. 요즘 나는 어떻게 사는 것이 올바른 삶인지를 모르겠다. 결혼을 시켜야한다는 부모의 마음이 틀린 것인지 대학 나온 자식이 자기 멋대로 결혼하지 않고 혼자 살아야겠다는 것이 옳은 것인지 알 수가 없었다. 행복하게 살겠다 하는 것에 초점을 맞춘다면? ….

하여튼 어려운 문제였다. 샛강은 어느새 한강에 다다랐다. 올림픽길의 다리 밑을 지나면 한강 따라 산책로가 길게 이어졌다. 잔디는 누랬다. 나무들은 앙상하게 하늘로 뻗었다. 강 건너 친구 집이 다리 위로 솟아 있었다. 쭉쭉 뻗은 미루나무와 수양버들이 엉겨서 한강 변의 잔디밭을 장식했다. 우리는 걷고 걸었다. 서쪽에서 동쪽으로 강을 따라 걸었다. 강은 파랗고 잔잔했다. 다리가 아팠다. 잠시 벤치에 쉬었다. 서쪽 하늘에 노을이 지며 해가 나무에 걸려 있었다 멋있었다. 다시 우리는 천변을 따라 이동했다. 한참을 가다가 원베일 아파트 입구 쪽으로 이동했다.

새로 난 길은 길었다. 끝없이 긴 길처럼 보였다. 지루했다. 벽에는 여러 가지 그림으로 장식했다. 그러나 지루해서 힘들었다. 한참을 걸어서 시장통으로 나왔다. 옷 가게와 먹는 가게가 즐비했다. 고투몰 시장은 즐거웠다. 쉽게 몸도 움직였다. 지하에서 밖으로 나왔다 시원했다. 어둠이 내렸다. 집에 다다랐을 때는 캄캄했다. 운동을 꽤 많이 했다. 만 팔천 보는 한 것 같았다. 오늘 밤 잠은 맛있게 잘 것 같았다.

*

나에게 지금부터 5년은 황금기가 아닐까 생각했다

몸이 건강하니 하고 싶은 것을 할 수 있으니 그것처럼 좋은 일은 없을 터였다. 지금 나에게 진정으로 내가 좋아하는 일은 무엇일까. 책 읽는 것도 좋아하는데 진정으로 좋아하는 책 속에 빠져서 내가 존재하지 않고 책의 주인공으로 즐겁게? 슬프게? 어렵게 극복하는? 과정을 겪는 것일까? 과거에 무엇인가를 이루어보려고 노력하던 시기가 생각났다. 경제를 살려보려고 할 수 있는 일을 찾으려고 애썼던 기억. 그러나 할 수 있는 일은 하나도 없었다.

애들은 기어다니고 아장아장 걸어다니는데 아픈 곳이 많아 잠을 설쳤고 날이 새면 업고 안고 애들을 데리고 시골 병원에서 줄 서서 대기를 했던 기억. 소아과가 없어서 서너 시간을 지나야 내 차례가 되었다. 애들을 진료를 하고 집으로 돌아오면 나는 파김치가 되었다.

그렇게 한두 달을 다녀도 아픈 애는 낫지를 않았다. 의사는 진찰을 잘 못 했던 것이다. 홍역 걸린 애를 날마다 해열제 주사를 몇 개월씩 했으니 애가 말라서 죽을 수밖에. 후에 다른 병원에서 역으로 열이 더 솟구치는 주사를 놓았고 위로 아래로 먹는 대로 쏟게 했다. 그리고 의사는 한 달 동안 환타를 궤짝으로 먹으며 견디게 했던 것이다. 결국 한 달 후 애는 눈 코 입이 붙었고 앙상한 뼈다귀만 남았는데 살아났던 것이다. 그때 나는 오로지 애를 살리겠다는 의식만 있었다. 그 당시를 생각하면, 나는 지금 너무 호사스러운 생각만 하고 있는 것 같았다.

지금 아픈 친구들은 병마에서 벗어나려고 얼마나 애를 쓰고 있을까. 내가 무릎 심줄과 어깨 근육 통증이 심할 때 잠을 잘 수 없었다. 아리고 쑤시고 통증의 자극으로 잠을 못 잤다. 통증이 너무 심했다. 6개월이 지났지만 계속 통증이 심하니까 과연 내가 이 통증을 이겨낼 수 있을까 하는 절망적인 생각도 수없이 했는데…. 지금 나는 온몸이 적절히 그 고통을 견뎌낼 힘이 있다는 것에 감사했다.

 한때 나는 몰입을 하면서 나를 즐길 수 있는 일을 찾을 수 있을까? 하고 생각했었는데…. 그런데 또 동시에 내 앞에는 넓은 광야에 부연 안개만 쌓여 있다고 생각하게 되었는데…. 처음 내가 아이들을 키우면서 새로운 직장을 가지려고 애썼을 때, 교직을 했으니까 그것의 연장선인 공부를 해야겠다고 생각했다. 그래서 석박사를 따보려고 오랫동안 쉬었다가 다시 하고, 또다시 쉬었다가 또 하고를 반복해서 아마도 10년은 걸렸을게다.

 어쨌든 15년간 대학 강의를 했다. 그리고 세월은 흘러갔고 또다시 퇴직 후 나는 뭔가 나를 위해서 좋아하는 일을 찾아야 했다. 처음에는 농업과 관계되는 일들이 좋아보였는데…. 식물 키우기, 과일나무나 나무 키우기 등이 매력적이었다. 그런데 허리가 안 좋아서 그런 일은 할 수 없었다. 결국 책을 좋아하니 글쓰기를 해보기로 했다. 그리고 글쓰기를 하면서 나를 치유하고 나를 돌아보며 즐기게 되었다. 세월이 다시 지나갔다. 이제 칠 학년이 훨 넘어갔다.

 그리고 지금부터 5년이 나에게 가장 소중한 시간이라 생각했다. 나는 이제 어떻게 편안하며, 아프지 않고 건강을 유지하며, 주위 사람들과 잘 어울려 조화롭게 살 수 있는가를 생각했다. 그리고 우리의 마지막 죽음을 어떻게 멋지게 맞이할 것인가도 생각했다. 위대한 죽음이란 죽음 앞에서도 자기답게 받아들이는 것이라 들었다. 거기에 훌륭한 죽음이란 삶을 마무리하는 마지막 태도에 사랑과 수용이 담겨 있는 것이라 했다. 여하튼 나는 남은 생을 나에 맞는 내가 좋아하는 일을 하다가 죽을 것이며, 나의 죽음이 진실하고 따뜻했으면 좋겠다는 것이다.

*

사진작가 구본창 씨에게 배운다

구본창 씨는 '인생은 항해'라고 했다. 그는 '사멸될 수밖에 없는 모든 것, 삶과 죽음의 경계를 기록하고 싶었다'고 했다. 아름다운 풍경과 물건을 카메라에 담는 순간 내 것이 된다는 희열감이 컸다고 했다. 그가 좋아하는 작가 안드레 겔프케에게 사진을 보여주었다. 그는 그 사진이 유럽인이 찍은 건지 한국인이 찍은 건지 모르겠다고 했다. 그는 작가에게 너의 눈으로 너의 이야기를 하라고 충고했다. 조형적으로 완벽하고 아름다운 사진만이 최고가 아니라는 걸 깨달았다.

그 후 구본창 씨는 한국 사진계의 대표 거장이자 '빛과 그림자의 마술사'로 불리는 아티스트가 되었다. 그의 경력을 보면 그는 1975년 연세대학교 경영학과를 졸업하고 대기업을 입사했다. 6개월 만에 회사를 그만두고 독일 함부르크 조형예술대학교에서 사진, 디자인을 공부하며 디플로마를 취득했다. 1985년 귀국 후 사진작가, 큐레이터, 교수 역할을 수행하며 국내 현대사진 기반 구축에 기여했다. 그의 작품 세계와 스타일은 사소하고 오래된 사물, 인체 일부, 탈, 비누, 벽, 백자 등 다양한 오브제를 통해 '사라지려는 것의 아련함'을 포착했다.

그래서 작가의 작품들이 색채를 절제하고 흑백, 회색으로 '빛과 그림자'의 조화로운 운율을 창조했던 것이다. 그의 작품과 의미와 영향을 살펴보면 작가의 사진이 단순한 기록을 넘어 회화, 조각, 인쇄 등 다양한 예술적 접근을 섞어 '사진을 만드는' 새로운 방식을 적용했다. 작품들은 한 번 떨어지기 쉽고 손에 함께 했던 사소한 사물들에 대해, 시간과 아련함을 품은 새로운 생명력을 부여하는 것이 그의 핵심 작업이었다.

그의 예술작품은 그만이 새롭게 발견하는 훌륭한 철학을 담고 있는 것 같았다. 그것은 인간이 죽어가는 어떤 순간?을 포착하게 되는 것 같기도 했다. 나는 그를 통해서 어떤 우주의 생성과 사멸에 관한 애틋한 아련함을 작가가 사진이라는 작품으로 설명하는 것이 아닐까 생각했다.

*

하얀 백발 친구가 됐네요

초등학교 친구를 만났네요. 60년도 넘은 친구지요. 남자들이 불알친구를 찾는 것은 발가벗은 모습에 편안하고 고향 향기를 느껴서겠죠. 고속터미널 여객실에서 만났죠. 커피값도 안 들어서 그곳이 좋죠. 그리고 그곳 주변은 실내 기둥에 설치된 영상이 환상이에요. 서로 말이 필요 없어요. 파란 잔디밭과 푸른 하늘, 넓은 파도가 우리에게 처들어오는 것 같은, 우리를 바다 한 가운데로 밀어붙여 파도가 몸에 철썩 붙어버리는 환상을 맛보게 하죠. 카톡이 왔네요, '친구야 나 8번 앞에 있어.' '어! 여기.' 우리는 서로 위 아래를 훑어 보았어요. '너 건강하네.' '이렇게 만나면 성공이지. 이리 나가자.' 우리는 걸어서 이동했어요. 신세계 백화점을 나왔어요. 눈이 왔어요. '너 등산화 신었네. 잘 했어. 역시 지혜가 있구나.' '우리 집 나올 때 어제 미끄러워서 혼났거든.' '그래, 넘어지면 큰일 나지.'

- 너 근데 작년보다 건강해진 거 같다. 항상 실버타운 가겠다고 난리를 치더니.

- 딸이 조금 더 있다가 들어가래.

- 맞지. 네가 지금 들어가서 이삼십 년 살래? 그건 아니지. 그리고 너네 아버님 구십 넘어 살아계시고 어머니가 85세에 가셨는데. 너도 아마 DNA가 좋아서 구십은 훨 넘을걸. 아버님이 몇 살?

- 92세. 셋째 동생이 요양원 왔다갔다 하면서 케어를 잘해. 미국 캘리포니아에 집을 사서 놓고 자주 왔다 갔다 해.

- 아주 고맙네. 무조건 동생에게 훌륭하다 고맙다, 너 복 많이 받으라고 좋은 말만 해주면 되겠네.

- 난 아버지 용돈 200불씩만 보내. 근데 셋째 여동생이 자기가 다 한다고 하지 말랬대나. 그러나 난 내 할 도리 할 수 있는 만큼만 하는 거야.

- 잘했어.

- 우리 친정어머니와 시어머니는 아마 100살 넉넉히 사실 거야. 이제 96세, 94세인데. 100살도 금방 갈 것 같아.

눈은 부슬부슬 왔다. 내려오면서 반은 비가 되었다. 사람들은 우산을 썼다. 우리는 그냥 걸었다. 길을 따라 올라가서 다리를 건넜다. 길은 질퍽했다. 계단을 따라 오르막길을 건너서 산비알의 아파트 단지 쪽으로 올라갔다. 계단은 가팔랐다. 공중으로 엘리베이터를 설치 중이었고 샛길도 설치 중이었다. 숨이 가팔랐다. 미끄러지지 않게 손잡이를 잡고 올랐다. 아파트 단지가 나왔다. 우리는 큰 차도를 따라 단지 아파트를 지나고 담벼락을 지나 빌딩 사잇길로 빠져나왔다. 상가들 사이에 있는 식당으로 들어갔다. 쇠고기 갈빗살 한 근을 주문했다. 좌석에 앉았다.

- 야, 너 하얀 밍크 옷 엄마 거야?

- 아니, 난생 처음 경희 아빠가 사준 거야.

- 그랬구나. 하여튼 몸이 건강해서 실버타운 안 간 게 장하다고.

- 그냥, 아침에 떡 먹고, 점심은 사 먹고, 저녁은 있는 거 대충 먹어.

- 매일 입에 맞는 거 사 먹는 것도 힘들어. 하여튼 잘했어. 많이 먹어. 난 스테이크 150그램 먹고 이거저거 먹으면서 십만 원씩 내는 거 싫어서 그냥 한 근을 숯불에 구워 먹고 된장국과 밥을 먹는 게 좋더라고.

- 언젠가 고기 먹으러 갔다가 너무 비싸서 기겁을 하고 나왔어.

우리는 열심히 구워서 고기를 먹었다. 상추 겉절이와 김치, 추가로 된장국과 밥을 시켜 먹고 폴바셋 커피숍으로 이동했다. 친구는 키오스크를 잘했다. 커피와 밀크티 따뜻한 것을 시키고 자리에 앉았다.

- 네가 초등학교 때 다니던 교회는 온전하게 있니? (그네 집은 교회의 광신도 자였던 걸로 기억)

- 응 그럼. 그런데 언덕에 있던 교회가 그 밑에 절의 땅을 사서 내려왔다고 들었어.

- 너 참 대단해. 미국에서 살다가 이렇게 강남에 자리잡고 사는 것을 본 적이 없거든. 너 어렸을 때 네가 좋아하는 만화책의 힘인 거 같아. 난 만화를 좋아하지 않았어. 그리고 만화를 보면 안 된다는 부모의 말도 그렇고. 여하튼 나는 그냥 책을 더 좋아했어. 만화책은 읽으면 안 된다는 부정적 느낌을 받았기 때문에.

- 우리 아버지가 만화를 좋아해서 나를 데리고 만화방에 갔거든.

- 너 하여튼 그 만화의 힘으로 다시 한국에 와서 살 수 있는 힘이 된 거라

생각한다고.

- 너, 네 딸 시집 못 갔다고 안달하지 마. 갔어도 별 수 없고 안 갔어도 그렇고 그래. 내 딸 이혼하는데 정말 죽을 만큼 힘들었어. 결혼하는 것은 기분이나 좋지. 이혼은 장난 아니었어. 나 잠깐 사진 좀 찍어야지.

- 그랬구나.

- 그놈아가 고대를 나왔는데 내 딸과 결혼할 때는 잘나갔지. 큰 회사 이사를 했으니까. 근데 내 딸과 9살 차이가 났어. 그러니까 회사를 일찍 잘린 거야. 내 딸이 직장 다니면서 애를 키웠어. 나중에는 폭력도 쓰는 거야. 딸이 와서 이혼하겠다는 거야. 변호사를 샀어.

- 얼마?

- 500만 원.

- 경희(내 딸) 집을 살 때 신랑이 2억을 댔어. 집을 팔아서 주기로 했지. 그래서 이혼 기간이 처음에 합의하고 한 달 후 다시 만나 해결하는 건데 신랑이 안 왔어. 처음 1억 주고 후에 1억 주는 거였어. 아들은 아버지에게 주기로 해서 우리 식구들은 애기 때문에 날마다 울었어. 근데 애기가 아버지한테 안 간다는 거야. 결국 강제로 변호사한테 이혼을 해결해

달라 하고 미국으로 갔어. 그래서 딸을 다시 공부시켰어. 석사를 공부시켜 대기업을 들어간 거지. 그리고 손자를 공부시켰어.

처음에 공립이 후져서 사립에 보냈다가 다른 지역으로 이사를 가서 공립을 보냈는데 안 좋더라고. 다시 사립 쪽으로 이사를 가서 사립학교 보냈어. 교회에서 건반을 치는 것을 좋아하고 재능이 있어 보였어. 자기는 피아노가 치고 싶다는 거야. 피아노를 시켰어. 그리고 레벨 테스트를 하는 거야. 계속하면서 올라갔어. 카네기까지. 그런데 손자는 하루에 20분씩을 치는데 참가자들은 연습을 하루 종일 하는 거잖아. 그래서 피아노는 아니라고 했지. 지금은 대학 가서 화학을 전공하고 있어. 딸은 회사가 너무 힘들어서 월급이 회사보다 반밖에 안 나오지만 공무원이 좋대.

- 근데 너네 신랑 왜? 공무원 사표를 내고 미국에 간 거야?

- 교육부 건축과 과장 자리가 감옥에 가는 자리래. 신랑이 승진하고 조금 있다가 학교 담벼랑이 비가 와서 넘어간 거야. 그런데 자연재해라 담당 공무원을 닦달하지 않았지. 그런데 그 잘 못이 남편에게 돌아와서 책임을 물은 거야. 변호사를 사서 해결했는데, 더 있어도 감옥행의 자리가 된다면서 사표를 썼어. 20년이 넘으니까 연금 230만 원은 나오니까. 그리고 공무원이 아들 유학을 어떻게 보내냐면서 돈을 많이 먹어서 그렇다고 하니까 열받은 거지.

내가 서점 운영해서 학비를 보태느라 얼마나 고생했는지. 월급은 쓰지 않고 보냈는데 1년에 3,000만 원씩을 보내는 것이 버거웠거든.

- 그때 우리 남편이 서기관이었는데 세무사가 놀래더라. 어떻게 직급이 높은데 연봉 3,000만 원이 안 되느냐고.

- 맞아. 힘들었지. 그런데 그때 내가 딸을 미국 언어 연수를 보냈거든. 남편 눈이 휘둥그래지면서 난리가 났어. 그런데 아들과 동등해야 하잖아. 기회를 줘야지. 그런데 경희가 자기는 한국에서 살겠다는 거야. 그 후 이혼하느라 다시 미국에 갔다니까. 대학을 갈 때 대학가는 게 어려웠어. 실력이 안 되는 거지. 연구 계속 연구를 했지. 경쟁이 없는 서울여대 기독교학과를 선택했던 거야. 간신히 들어갔어. 아들은 중학교 때 수학만 잘하는 거야. 다른 것은 형편없었고.

그런데 친구가 유학을 간다니까 자기도 간다는 거야. 전 과목을 공부 잘하는 애로 한국 대학을 들어가는 것이 힘들 것 같아서 미국으로 보내는 것이 낫다는 생각이었어. 미국에 가서 언어코스 하고 9학년에 갔는데 선생님이 수학을 잘하니까 11학년으로 가라는 거야. 영어를 못하는 것은 괜찮다고. 돈을 번 거지. 대학 갈 때 이모가 동부 뉴욕 쪽 대학을 보내고 싶어했어. 자기는 딸이 둘이니까. 그런데 성만(아들)이가 말을 안 해. 그런데 어느 날 시애틀 대학에서 컴퓨터학과로 오라 했어. 다만 영어 점수를 높이면 좋겠다 해서 공부를 해서 그쪽으로 간 거야.

- 너 훌륭하다. 네 아들과 딸을 잘 맞추어서 선택도 했네.

- 석사 박사까지 다 끝냈는데 마지막 박사논문을 못 쓰겠다고. 가르치던 교수가 데려갔어. 회사 차려서. 그리고 다른 회사에 넘겼는데 성만이는 그대로 그 회사에서 일하는 거지.

- 연봉이 많겠는데. 얼마야?

- 안 가르쳐줘. 연봉 20만 불은 받지 않겠냐?

- 하여튼 이번에 방 5개 있는 데로 이사 갔어. 집값으로 사오백 낼 거야. 딸이 셋이거든.

- 미국에 가면 아들네 집에서 자냐?

- 아니. 딸네 집에서 자. 그래서 딸이 골려. 아들네 집에서도 못 잔다고.

- 한국도 그래. 아들네 집에서 안 자고 호텔에서 자더라. 그게 편하다고. 그런데 애들과 서로 교감이 안 생기는 거지. 어디 놀러는 가냐?

- 응 함께 가지. 아들이 한 달에 500불 보내줘. 부모 못 모신다는 것으로.

- 그래 그렇게 살면 되는 거지.

다시 우리는 커피숍으로 이동했다. 거기서 어렸을 때의 추억을 생각하며 이바구를 하고 맛있는 커피를 마시고 헤어졌다.

*

손자 웅에게 심심하면 문자를 보냈다

어제 네 꿈을 꾸었어. 네가 멋지게 깃발을 흔들며 신나게 놀더라. 근데 너 공부하기 싫지? 공부 안 하면 어떨까? 그런데 너 뭐 하고 싶어? 네가 좋아한다는 정신과? 축구선수? 청소맨? 사업가? 법률가? 선생님? 아르바이트맨? …. 2년 후에는 고등학교를 가겠지. 다시 3년 후에 대학교를 가고. 그때 어떤 좋아하는 과목을 선택할까? 이제 딱 5년 남았네. 그럼 청년이 되겠다. 영어공부는 어려워서 안 해도 되는 건가? 하기야 집에서 적당히 놀며 학교 다녀도 되는 것이고. 그래도 행복하게 살려면 뭔가 돈 버는 일을 하기 위해서 공부를 해야겠지. 네가 좋아하는 일이 공부가 되었으면 좋겠고.

'네 좋아요 할머니.' 그런데 이제 전 세계 학생이 경쟁자더라. 할미는 모르겠다. 네가 책임자니까. 단 체력을 키워서 싸워야 싸울 수 있다는 거지. 한 방에 때려넘길 수 있는 힘! 말이야. 할미랑 약속했잖아. 방학을 하면 권투하겠다 했잖아. (웅이는 이미 중학교 입학을 해서 어느 날 권투를 하겠다 했고 6개월 동안 권투를 해서 100킬로였던 체중을 빼서 정상 체중으로 만들었다) 방학 내내 권투로 체력을 단련하고 네가 좋아하는 물놀이 잔치로 한 번 더 놀러 갔다 오는 것도 좋고.

'후후 좋아요.' '권투시작 언제부터 할 거니? 할미가 권투 레슨비는 내줄게.' '우리의 희망! 파이팅!' '일단 물어볼게요.' 그 후 소식은 감감했다. 아 그렇지 그 녀석은 딸기를 보고 딸기를 입에 넣고 먹는데도 1년이 걸렸지. 이것은 아마 대학 들어갈 때까지 소식이 없을지도 모를거다. 그 집 식구들이 그랬다. 뭐든 이루어지는 일이 없고 그렇다고 안 되는 일이 없는 집안이었다. 그런데 왜? 내가 안달을 하는 거지? 모든 것은 스스로 자연스럽게 시간이 흘러가는 것인데…. 위대한 모든 것, 아름다운 것, 진실하고 참된 모든 것은 언제나 자연 발생적인 것을. 나는 평생 학교 교육과 부모 교육에 따라 계획적으로 살아왔기 때문에 아마도 계획하는 것을 통해 삶을 살았기 때문에 점점 더 무의식적인 것이 되었을 것이다.

어느 유튜브에서 책 읽어주는 것을 들었다. 잠이 안 오면 그 채널을 틀고 눈감고 듣는다. 삶은 계획을 모른다고. 삶은 삶 자체로 충분하며, 나무가 어떻게 자라고 성장하고 어떻게 꽃피울 것인가를 계획하지는 않는다고 했다. 나무는 그냥 자랄 뿐이다, 그 자라남을 의식하지도 않는다. 거기 스스로를 의심하는 일도 없을 것이다. 나무는 분리되어 있지 않는 것이라 설명했다. 그리고 종교에는 두 가지 형태가 있다고 말했다. 하나는 머리의 종교로 죽은 종교라 말했다. 그런데 그것이 신학이라는 것이다. 그리고 또 다른 형태의 종교는 진실하고 자연 발생적이라는 것이다. 그것은 신학적이 아니라 신비적인 것이라 했다.

붓다, 예수, 장자, 노자 이들은 모두 같으며 동일하다고. 그들은 종교적이며 신학자가 아니라고. 그들은 머리로 말하지 않으니까. 그들은 그들의 가슴으로 말하니까. 그들은 논리적이지 않아서. 그들은 시인과 같다고. 그들은 단지 내면의 필요에 따라 반응하니까. 그들의 말은 훈련하지 않았고, 기성품이 아니며, 고정적으로 계획된 것이 아니라는 것이다. 그래서 나는 의문이 생겼다. 내가 아는 종교와 달랐기 때문이다. 천주교 신자, 불교 신자, 개신교 신자들이 믿는 것은 신학자처럼 경전을 읽는 것이고 그것은 계획된 기성품인 것이다. 종교는 신비스럽고 훈련이 없는 가슴에서 일어나는 시인 같은 어떤 뜨거운 어떤 에너지가 나타나는 것이다. 하여튼 나는 그렇게 해석을 하는 것이다.

종교적인 것에 대해 난 무엇을 구별할 수 없었다. 그런데 갑자기 나만의 해석을 할 뿐인 것이다. 내가 언젠가 말레이시아의 이슬람 사원에 들어간 적이 있었다. 모스크의 한가운데에 눈을 감고 앉아 있었다. 갑자기 온몸이 편안해지면서 내가 사라지는 느낌. 그리고 천장에서 내려오는 어떤 고요함의 신비가 나를 구름 속으로 밀어주는 느낌? …. 여하튼 살아서 느껴보지 못한 편안함이었다. 신비스럽다는 느낌이었다. 두 번째는 처음 케냐의 국립공원 쪽 숲속에서 였다. 저 멀리 아득한 건너편의 산을 향해 바라보고 있을 때 갑자기 신비스러운 안개가 펼쳐지는데 아! 알 수 없는 신비감과 경이로움을 느꼈다. 그리고 그런 곳에 신이 있을 것 같았다.

*

국립고궁박물관 만남

경복궁 5번 출구에서 이동하여 대한민국 역사박물관 옥상으로 갔다. 옥상에서 보는 경관은 훌륭했다. 그 앞 중앙에는 경복궁이 그리고 그 옆으로 국립고궁박물관, 광화문, 국립민속박물관, 국립현대미술관이 보였다. 경복궁 뒤쪽으로 북한산과 북악산이 경복궁을 지키고 있었다. 한참을 구경하고 우리는 벤치에 앉아 간식으로 요구르트와 빵, 커피를 마셨다. 즐거운 이야기를 하며 월대로 이동했다. 월대는 넓은 단상 형태의 석조인데 국왕이 공식 행사를 할 때 신하들이 줄지어 서던 장소로 사방을 수호한다는 의미를 담고 있다.

마침 경복궁 수문장 교대식 시간이 있었다. 절도 있고 위엄 있는 모습이 멋졌다. 외국인 관광객들이 많았고 모두들 사진을 찍느라 바빴다. 조선시대 그들은 궁궐의 문을 지키는 책임자 였고 광화문을 여닫고 왕과 왕실을 호위하는 역할을 했다. 화려한 색감의 의복이 멋졌다. 고궁박물관 입구에서 내려다보이는 경관은 참으로 아름답다. 경복궁 건너편에 현대식 빌딩과 기와로 된 경복궁의 모습이 한데 어우러짐은 참 묘한 풍경이었다. 현대와 조선이 믹서되어 새로운 창조적 세상이 펼쳐지는 새 시대의 미래가 존재하는 것 같았다.

교대식이 끝나고 우리는 광화문을 탐사했다. 경복궁의 정문인 광화문은 조선 왕조와 현대 한국을 상징하는 역사적 건물로 '빛으로 교화를 베푼다'는 의미가 있었다. 친구들은 경회루로 이동했다. 맑은 물에 담겨 있는 연회장 모습이 아름다웠다. 경회루는 조선 왕조의 위엄과 풍류, 조화의 미학을 알려주는 누각으로 '기쁨과 모임을 경축하는 누각'이라는 뜻이었다. 결국 국왕의 행사용 건물이었다. 연못 안의 섬에 세워졌기 때문에 호수 위에 떠 있는 모습이 매우 아름다웠다. 그곳을 거쳐 우리는 북촌 마을로 이동했다.

주변 환경은 많이 변형되었다. 도로 주변의 집들은 옛집과 현대적 건물로 믹서되어 조화롭게 자기네의 자리를 새롭게 했다. 우리들은 도로를 따라 계속 올라갔다. 방장님은 뮤지엄 한미 삼청으로 안내했다. 담벼랑에 붙은 우람한 나무를 추위에 견디라고 집으로 감싸준 것이 특별했다. 뮤지엄을 입장했다. 그곳에는 워터가든 위에 설치된 작품이 훌륭했다. 사람의 어깨 위로 여러 종류의 인물이 다양한 모습으로 서 있었다. 친구들은 그 사람들이 몇 명인가를 셈하고 있었다. 그 공간은 물 위에 떠 있는 듯한 미니멀하고 현대적인 조형미를 보여주며, 건축과 조각, 빛과 반영이 어우러져 고요한 예술적 경험을 선사했다.

이번에 전시한 것은 강운구의 암각화 사진이었다. 주로 중국과 키르기스스탄의 암각화 사진이 많았다. 강운구는 60~70년대 산업화 시기부터 지금까지 한국의 사회 변화에서 잊히는 사람들과 장소를 주목했고, 소외된 이들의 얼굴, 폐허가 된 장소, 낡은 물건들 등 시간과 축적과 퇴적을 보여주는 이미지에 집중한 작가였다. 그 작가는 시간의 흔적과 기억을 형상화한 작가였다. 그리고 작가는 암각화를 '돌 위의 시'라고 말하며, 인간과 자연의 오래된 대화를 사진으로 되살리고자 하였다. 따라서 사진의 경향은 인간의 삶과 기억, 한국의 역사와 풍경, 사라지는 전통의 기록을 작품으로 읽어내는 작가였다.

*

40년지기 동료 부인들을 만나다

추운 날씨였다. 아직 잔설이 남아 길가에 남은 눈을 거쳐 불어오는 바람은 찼다. 옷이 무거워 속내 옷들을 잔뜩 껴입고 겉옷은 무겁지 않은 오리털 긴 옷을 입었다. 만날 시간은 넉넉했다. 나는 약속 장소로 나갔다. 오랜만의 만남이었다. 동료 부인들에게 이거저거 다 챙겨주고 싶었다. 화과자도 샀고 젓갈도 챙기고 먹을 것도 챙겼다. 남편들과 함께 만나면 속내 깊숙한 말들을 하지 못했다. 부인끼리 만나니까 남편들도 흉보고 전 근대적인 잘못된 남자들의 사고방식도 욕했다. A씨는 나와 함께 T시에서 살았다. 우리는 애기들을 데리고 강원도 콘도로 놀러를 가서 옛 추억도 있었다. 그의 남편은 바다에서 모래를 발로 비비며 조개를 잡아 애들에게 주었었다.

　아이들은 좋아서 서로 손잡고 파도를 타며 놀았다. 아저씨가 잡은 새끼 갈치를 손으로 흔들며 놀았다. 어느 해는 설악산 계곡으로 물놀이를 갔는데 그곳에서 어항으로 물고기를 잡았다. 잡은 고기로 요리를 해 먹었다. 나중에 그 어류를 잡으면 안 된다는 것을 신문에서 읽었다. 우리는 무지한 사람들이어서 미안했다. 세월은 흘러갔다. 서로 만나는 일들은 없었다. 사는 게 바빴다. 아이들은 자랐고 결혼했다. A씨네 아이들은 결혼해서 미국에 살았다. K씨네는 애들을 훌륭하게 키웠다. 그 집안은 딸 둘에, 사위 둘이 모두가 의사였다. 그리고 딸, 아들, 아들, 딸을 두어 동료 친구들 중 가장 다복하고 훌륭한 가족을 만들었다.

　모두가 부러워하며 축복했다. S씨네도 훌륭했다. 아들이 서울대 교수가 됐고 딸은 교사가 되었다. 아들은 아이 셋을 낳았다. 아이를 돌보느라 시간 가는 줄도 몰랐다. K씨와 S씨는 손자 키우는 데 정열을 다 바치는 형이었다. 그들은 눈만 뜨면 아마도 손자들 생각으로 자신을 잃어버릴 것이었다. 뭐 국가를 위해서나 가정을 위해서 모두가 훌륭하신 분들이었다. 다만 우리는 그들이 너무 과해서 몸이 아프지 않기를 바랄 뿐이었다. 우선 나는 만나서 뭘 먹을까 생각했다. 스테이크 150g에 칠팔만 원 하는 것보다 실속 있는 소고기 갈빗살 300g 숯불에 구워 먹는 게 낫다고 생각했다.

우리 동네 숯불고기집으로 안내했다. 4명이니까 2근을 시켰다. 고기를 숯불에 굽고, 샐러드, 상추절임, 양파소스, 무김치 등으로 식사를 했다. 이야기는 계속 이어졌다. 어렸을 때 우리 작은딸이 S씨의 아들과 안양 유원지에 함께 놀러를 가서 남자아이가 찡찡 댄다면서 누나라고 혼내 주었다는 이야기를 했고, S씨는 몰랐다고 했다. K씨네 별난 시어머님은 지금 91세이신데 항상 맛있는 소고기를 주문하신다고. 밥도 안 드시고 고기만 집중해서 드신다고. 며느리는 입에 대보지도 못했다고. 또 시어머니는 딸들과 수시로 콘도로 놀러 가기를 좋아하신다고 했다. 거기에 노래방 가는 것을 좋아하신다고. 딸들이 여러 가지로 돈도 부족하니 쩔쩔매며 산다고. 우리는 당신네 시어머니는 자기밖에 모르는 불량 시어머니라며 함께 욕을 해주었다.

어쩌면 우리는 아직 힘이 있는 며느리일지도 몰랐다. 예전 같으면 7학년이 넘었으니 모두가 골골하며 자리보전하고 있을 테니까 말이다. 시간은 금방 가버렸다. S씨가 애기들을 데리고 병원에 가야 했다. S씨는 어제는 애기들이 장염 걸려서 못 온다고 했는데, 오늘 아침에 다시 참석해도 되느냐고 물어서 물론이라고 답했다. 그래서 왔다는데, 이번에 참석을 안 하면 다시는 초대받지 못할 것 같아서 왔다고. 하여튼 우리는 식사를 끝내고 터미널로 이동했다. S씨는 떠났고 우리는 커피숍에서 오랫동안 이바구를 했다. 끝으로 우리는 이제 다시 즐겁게 만나자는 제안을 했다. 그리고 K씨는 우리에게 4월에 자기가 식사 대접을 하겠다고 했다. 우리는 좋아요라며 헤어졌다. 그동안 서로 소원했던 것들이 다시 옛 추억을 더듬으며 따뜻한 마음으로 사람 사는 맛을 가질 수 있어서 즐거웠다.

*

1월의 강화도

 오늘은 강화도에 있는 호야에게 물을 주고 관리비도 정산해야 할 것 같아서 나들이로 나섰다. 우중충한 날씨가 마음을 흐리게 했다. 차를 타고 가며 방송음악을 틀었다. 방송이 되지 않았다. 어? 뭐가 문제지? 이상하다. 아마 날씨가 추워 코드연결이 안 되는 것이겠지. 차는 계속 달렸다. 강 쪽 철조망이 가까이 눈에 잡혔다. 우리는 분명 한강 서쪽 철조망을 보면, 휴전이지만 전시처럼 감시하고 살고 있는 것이다. 저 멀리 강 건너에도 철조망이 한 강을 둘러싸고 있겠지. 한참을 가다가 마을 쪽 입구로 들어갔다.

옛날 길을 찾아 돌아갔다.

아니 웬 아파트를 이렇게 많이 지은 거야. 금호어울림 아파트? LH 아파트? 아이고 저기도 또 무슨 아파트야? 평지를 모두 아파트로 도배를 했네요. 근데 여기 누가 와서 다 살 건데?…. 요즘 불경기라 분양도 안 되고 살 사람도 없는데? 온 곳에 다 아파트를 만들어 놓았네. 걱정되네요, 정말. 나라가 망하겠다. 이거 다 문정부가 시행했을 텐데…. 윤정부가 또 독박을 쓰겠네요. 왜들 그러는지 알다가도 모르겠네. 건설사가 망해야겠다니까. 이 물건들 어떻게 처리하냐고요. 이 동네는 전철도 없지. 사람들도 없지. 큰일이네요.

다시 강화도로 직진했다. 섬으로 들어가니 자동차가 한산했다. 여기는 역시 시골이야. 바다와 논과 산이 다 있잖아. 읍내는 시내이고 별별 것이 다 있지만 시골이야. 저저 봐, 상점마다 사람이 없잖아. 인구가 없다니까. 장날이나 사람이 좀 있는 거고. 꼬끼오 마트도 사람이 없고 길상면을 지나 마니산 쪽으로 길을 따라 차가 이동했다. 논과 밭이 눈으로 덮여 있었다. 멀리 불어오는 비 같은 눈발이 산과 바다를 적셨다. 을씨년스럽게 스산하며 슬펐다. 농촌의 겨울은 쓸쓸하고 외로웠다. 바다도 외롭고 벌판도 외로웠다.

외포리 젓갈시장의 불빛은 훤했다. 주차장이 한산하고 몇몇 사람들이 오고 갔다. 어느 노 부인이 꼬부라진 할머니를 모시고 바닷가를 걸었다. 나는 바닷물이 난간까지 밀물로 차오르는 물을 보았다. 난간 위로 갈매기가 촘촘히 앉아 있었다. 멀리 눈비에 가려 있는 산그림자들이 바다 끝에 파도처럼 굴곡져 있었다. 철망으로 말리는 조기 새끼들이 바다를 향해 누워있었다. 싸늘한 바닷바람을 몸으로 받으며 젓갈시장 내부로 들어갔다. 단골 사장인 어부가 회를 뜨고 있었다. 나는 작은딸 사장에게 얼구젓 15통과 조개젓을 주문하여 계산하고 차를 탔다. 영수증을 확인하니 65,000원을 덜 계산했다.

다시 어시장으로 돌아가서 65,000원을 계산해주고 농협으로 이동했다. 쌀과 찹쌀을 2포씩 사서 차에 실었다. 설맞이 쌀이었다. 옆 코너에서 도넛 냄새가 코를 자극했다. 금방 만들어낸 빵이었다. 2개를 사서 빌라로 이동했다. 현관에 들어가면서 호야야, 늦어서 미안하다. 네가 좋아하는 맛있는 물을 주마. 물항아리에 새 물을 갈아주고 샤워를 시켰다. 집을 정리하고 관리비 용지를 수거하여 마릿골 식당으로 이동했다. 서서히 큰 눈이 쏟아졌다. 금방 폭설로 변해버렸다. 온 천지가 눈으로 덮이고 있었다. 식당으로 들어갔다. 맛집으로 소문이 나 있었다. 그러나 손님은 없었다.

경기가 없어서 손님들이 없는 건가? 사장님과 그의 어머니는 많이 노쇠해졌다. 부인은 부엌에서 요리를 했다. 예전보다 가격은 조금 올랐다. 그리고 고기 양도 줄고 반찬도 좀 빈약했다. 고기맛도 좀 떨어졌다. 남자는 다시 다른 맛집을 찾아야겠다고 말했다. 나는 좀 그들이 불쌍했다. 10년 넘게 열심히 잘했는데…. 사장님 몸도 많이 상해서 떨림증을 가지고 식탁을 차리는 모습이 안쓰러웠다. 나는 속으로 빌었다. 식당이 잘되기를. 식사를 끝내고 차를 타고 서울로 오는 길은 복잡했다. 눈발은 굵고 더 커졌다. 다행히 영하가 아니라 얼지는 않았다. 눈이 곧 녹아버려서 다행이었다. 서울의 복잡한 길을 뚫고 집으로 오는 길은 외로울 수 없었다.

*

100세를 산다는 것

TV에서 다큐를 봤다. 90대와 100세를 사는 사람들의 일상을 영상으로 찍었다. 여자는 벌써 70대를 훨 넘었다. 여자가 앞으로 어떻게 살아야 하는가를 그 영상에서 배울 수 있었다. 노인들은 대부분 홀로 살았다. 어쩌다가 80대 노인 친구가 90대 친구에게 왔다. 이런저런 이야기를 하다가 80대 친구가 그냥 가버렸다. 서로 그들은 소통이 안 됐다. 90대 노인은 눈이 어둡고 귀가 안 들렸다. 말을 하지만 무슨 말인가를 알 수가 없었다. 80대 노인은 그래서 떠났다. 100세 할아버지는 혼자 살았다. 방 안에서만 살았다. 옆집 언니가 와서 청소를 해주고 싶었다. 할아버지는 싫다고 했다. 자식이 함께 살자고 해도 싫어했다. 나이 많은 할머니도 혼자가 좋았다. 자식네를 가면 자유가 없어 싫었다.

그들은 방 한 칸에 모든 것이 다 있었다. 가스 스토브, 전화기, TV와 서랍장, 밥상, 냉장고, 싱크대와 찬장, 전기밥솥, 선풍기, 에어컨, 이불, 간이침대, 거울, 빗과 화장품, 요강 등이 사방으로 진열되었다. 우선 몸을 써서 걷는 것이 힘들었기 때문이다. 그래서 필요한 것들이 손에 닿는 곳에 있어야 했다. 100세 할아버지 빨래는 물에 담가서 몇 번 흔들었다가 줄에 그냥 걸쳤다. 할머니들이 야무지게 비비고 문질렀다. 며느리랑 사는 할머니는 둘이 살림의 주도권 때문에 다툼이 생겼다. 며느리는 치매가 있어서 일을 못 하게 했다. 불내서 태우기도 하니까. 그러나 시어머니는 일하던 며느리보다 자기가 일을 더 잘한다는 주장이 강했다.

시골에 사는 할머니는 농사일을 잘했다. 자식이 못 하게 해도 일을 했다. 일하는 것이 할머니의 자존심이었다. 바닷가 할머니는 90세가 넘어도 물질을 했다. 그것이 자기의 기쁜 삶이었다. 바다에서 건져 오는 것을 말리고 냉동시켜 애들을 주려고 노력했다. 노인들의 고집과 자식들의 고집은 항상 충돌하고 싸움이 되었다. 여자도 그랬다. 요양원에 가서 면담을 하고 어머니를 식당으로 모실 때 싸움이 일어났다. 어머니에게 날씨가 추워 영하권이니까 케어 선생들이 마후라와 조끼를 껴입히고 다시 오리털 잠바를 입히는데 답답하다고 안 입겠다고 케어 선생에게 난리를 쳤나 보다. 덜렁 조끼만 입었으니 바깥 바람이 얼마나 찹니까. 여자는 자기가 입었던 옷을 어머니에게 덮어주었죠. 어머니가 성질을 내면서 자기는 괜찮다고. 여자는 어머니에게 소리쳤다. 그러다가 감기 걸리신다고. 그러나 날씨는 장난 아니었다. 결국 옷을 입고 이동했다. 엄마, 제발 케어 선생들이 하라는 대로 좀 하시라고.

여자는 생각했다. 나이가 들수록 젊은이의 말들을 수용하며 살자고. 그 말을 수용해서 경제적 손실이나 해로운 것이 아니면 되는 것이다. 여자의 시어머니는 평생 아들과 며느리의 말을 들어본 적이 없었다. 아니 역발상으로 이재명의 꼼수처럼 아들 며느리에게 뒤집어씌워 황당한 일을 당하게 하는, 시어머니는 그런 쪽에 머리가 뛰어났던 기억이 난다. 이제 무서워서 여자는 갈 수가 없었다. 여자는 평생을 시어머니에게 당했다. 젊어서 제주도 여행권을 만들어주면, 바꿔서 돈으로 가져오라고. 북한의 여행권은 사돈이랑 가지 않으련다며 그것도 돈으로 바꿔 달라고 했다.

시댁에 간다면 오지 마라. 안 가면 안 온다고 타박했다. 다시 간다면 오지 말라고. 당신의 밀당에 지쳐서 여자는 환갑이 넘어서 이혼할 테니 호적에서 빼달라고 간청을 했을 정도였다. 그러다가 그래도 마지막 90세를 함께 모여서 형제간의 우애를 가져보자 했다. 모든 준비가 되었다. 셋째 삼촌네가 이번에는 어머니가 그런다면 자기가 말릴 것이라며 자신 있게 주선을 했다. 그렇지만 마지막 차 타고 가는 날 시어머니는 너네가 오면 자기는 사라져 주겠다나. 결국 돈만 부치라는 말인 것이다. 어머니의 습성은 죽어도 변하지 않을 일인 것이다. 당신의 생신 잔치 장소를 수도 없이 바꾸고 바꾸는 것이 당신의 취미였던 것이다. 마지막 아버님 산소 문제도 끝까지 몇 번의 밀당을 거쳐서 당신의 뜻대로 이루었던 것이다.

여자는 생각했다. 백 세를 살려면 혼자 독립적으로 자유롭게 사는 것이어야 한다는 것을. 그리고 자기만의 즐길 수 있는 경제적 힘이 있어야 한다는 것. 또한 남의 의견을 수용하고 이해하며 사랑하는, 그래서 원만한 소통이 이루어져야 행복한 삶이지 않을까를.

냉장고 청소

구정이 가까워지면서 냉장고가 더 복잡해졌다. 새로운 제물을 더 넣어야 할 것인데 아무래도 버릴 것은 버려야 했다. 아침부터 냉동실 물건을 끄집어냈다. 어제 만든 만두소가 꽉 차서 공간이 없었다. 얼어붙은 바위덩어리 4개가 냉동실에 들어찬 게 더 큰 문제였다. 알 수 없는 얼음덩이를 소쿠리에 담았다. 생새우 덩어리, 먹다 만 빵, 오뎅, 소시지, 국수, 야채덩이, 파채덩이, 홍합, 생새우 봉지, 멸치 봉지, 유부 부스러기…. 함지박으로 가득 2개가 찼다. 여자는 이상했다. 먹지도 못하는 것을 이렇게 많이 채우고 있으니 말이다.

여자는 아까워서 못 버렸다. 월급 20만 원으로 평생 살면서 아끼고 아낀 살림이지 않는가. 고기 2만 원어치를 사다가 10등분을 하여 고기 조금에 야채를 넣고 모든 음식을 만들지 않았던가. 고기 20g에 당근, 양파, 시금치 등을 알뜰 재래시장에 가서 할머니들에게 사다가 잡채를 만들었고, 싼 두부를 사다가 기름에 지져서 야채와 배추를 많이 섞어서 중국요리라며 상차림한 것이 수십 년을 하고 살았는데…. 냉동제품은 안 상한다는 의식으로 조금씩 아껴서 고기를 조금씩 뜯어 넣고 요리를 평생하고 살았다. 고기맛이 살아서 냄새를 피우면 조미료처럼 맛깔스럽다고 말이다.

그런데 이제는 이가 시원찮으니 마르고 딱딱해진 것을 먹을 수도 없었다. 여하튼 오늘 여자는 모두를 버렸다. 먹지 않는 소스들도 함께 버렸다. 막내가 사둔 소스지만 언젠가 먹을 거라고 옆구리에 박아둔 것들도 모두 버렸다. 남자는 좋아했다. 그는 원래 버리는 것을 좋아했다. 안 먹고 안 입고 안 쓰는 것 등을 버리기를 좋아했다. 시어머니가 그랬다. 당신은 밥하고 남는 누룽지를 불에 불려 수채구멍으로 버려버렸다. 여자는 깜짝 놀랐다. 그 후 여자는 누룽지로 만들어서 친정으로 날랐다. 친정어머니는 엄청 좋아했다. 누룽지 밥이 맛있다고.

시댁은 반찬 남는 것들도 모두 버렸다. 여자는 그것이 아까웠다. 여자 살림은 항상 남는 음식 찌개에 여러 소스를 바꾸어 새 음식처럼 변화를 주어 재탕하며 먹었다. 그러나 이제는 음식이 잘 먹히지 않았다. 스스로 음식을 즐기지 않으니 맛있게 한 음식은 한 번만 먹고 다시 먹지 않았다. 남자는 음식 좀 만들지 말라고 권했다. 여자는 음식 만드는 것을 좋아했는데 이제는 그러면 안 되는 것이었다. 정말 좋아하는 음식, 여러 번 먹을 수 있는 음식을 만들어야 했다. 어쨌든 오늘 냉장고에 있던 여러 종류의 식재료를 모두 버렸다. 남자가 물었다. 어째서 오늘 냉장고를 청소하느냐고.

생전 버리는 일이 없는 여자가 갑자기 청소를 하니 이상했던 것이다. 여자도 감히 할 수 없는 일을 하는 것을 왜? 하는 것일까? 분명 이상했다. 아마도 지금 시기가 버리는 시기가 된 것이리라. 그러면서 또 생각했다. 이제는 책을 언젠가 버려야 하는데 언제 버릴 시기가 돌아올 것인가. 음식은 어쩌면 여자네 음식 메뉴가 정해졌기 때문일지도 몰랐다. 아침은 남자가 만두 2개, 여자는 1개에 다양한 ABC 주스에 들깨가루, 콩가루, 율무를 탄 것. 또 하나의 주스는 염증방지용 주스다. 염증이 심해서 마이신을 너무 많이 먹게 되니 위가 나빠지고 간이 나빠지는 것이라 식품용으로 바꿨다.

처음에 양파즙을 배달시켰다. 양파즙에 염증이 좋다는 강황가루, 또 뭐가 좋다는 계피가루, 눈이 안 좋아서 결명자가루, 새싹보리가루, 머리털에 좋다는 맥주효소 등을 섞어서 먹기 힘드니까 요구르트와 꿀을 섞어 마신다. 힘들기는 하다. 그러나 병원에 덜 가니 좋다. 모든 약처방을 끊었다. 일 년을 적당히 넘길 수 있어서 좋았다. 여하튼 나이가 많아지니까 나만의 노하우를 만들어 내가 할 수 있는 것들을 단순화시키는 루틴이 필요한 것 같았다.

*

미국 언니에게서 카톡이 왔어요

- 외숙모 최근 모습 보내주어 고맙네! 영원한 우리의 외숙모! 통증 없이 잘 살아내시네. 감사 감사!

- 건강하시죠? (눈이 쌓인 산책길의 정원과 숯불에 고기 구워 먹는 사진을 보냈다) 저도 열심히 살아요. 친구가 미국에서 오랜만에 와서 갈비 사줬어요.

- 정교수! 열심히 사는 모습이 아름답지. 나태하게 사는 것은 죄악이라고 말하는 사람도 있더군. 언젠가 널 만나 얘기하면 재미있는 시간이 될 것 같구만.

- 항상 건강하고 행복하세요.

- (펠리칸이 바다 위를 나르는 장면, 바다에서 먹이를 잡는 모습, 작은 흰새가 풀가 위에 서있는 모습, 형부가 집에서 싸온 도시락을 펼쳐놓고 핸드폰을 보고 있는 장면의 사진이 왔다) 날씨 따뜻해서 가까운 곳에 있는 Wet land에 나가 봤지. 큰 부리를 뽐내는 Pelican이 멋지지! 한 장 한 장 자세히 보면 내 사진 찍는 솜씨가 보이지?

- 언니 사진사네요. 멋져요. 펠리칸이 멋져요. 사진 달인입니다.(사진 몇 장 추가) 위의 사진은 우리 집 뒷산이고요. 애들과 독립기념관 나들이 간 거입니다. 마지막 사진은 시집 안 가겠다는 막내딸입니다.

- 막내동생 영란이 좀 닮은 것 같네.

- 미국은 날씨가 너무 좋군요.

- 시집 안 가겠다는 여자애들이 왜 그리 많지, 요즘엔!

- 남자도 그렇죠.

*

죽음을 생각하다

P 친구가 말했다. 친한 친구 Y가 힘들다고. Y는 암 투병 13년째다. 이제는 물이 차서 힘들었다. 걸으면 수중에서 둥둥 띄워지는 느낌이었다. 옛날에 친구 아버지가 물이 차서 한 달 만에 돌아

가셨다는 생각을 했다. 그런데 Y 친구와 걷다가 갑자기 넘어져서 손이 까지고 다쳤다. 약국에 가서 밴드를 사서 상처에 붙였다. 이번 항암치료가 Y를 괴롭혔다. 그동안 잘 참아 냈는데 이번은 쉽지 않았다. 친구로서 어떻게 도와줘야 할지 몰랐다. 나는 죽음의 공부가 필요했다. 그래서 죽음의 다큐를 봤다. 호주의 생물학자 데이빗 구달 박사는 104살의 나이에 스스로 안락사를 했다. 100세가 넘은 나이에 병들고 제 기능을 못 하는 몸 때문에 사는 것이 더는 아무런 의미가 없다고 느끼고 스스로 인생을 마감한 것이다.

나도 구달 박사의 생각과 같았다. 그런데 나이가 더 젊은 사람들에게 그런 생각을 하기란 쉽지 않을 것 같았다. 우선 내 나이 칠십 대는 어떤가? 칠십 대가 아주 젊은 나이는 아니다. 살 만큼 산 나이다. 지금 죽어도 아까운 나이는 아닌 것이다. 그런데 정말 몸 기능이 떨어져서 거동이 불편하고 통증이 심하면 그때는 나 스스로 나만의 방법으로 죽음을 선택하겠다는 마음이 있는 것이다. 이미 나는 스스로 죽음을 선택한 사람을 알고 있었다. 청량리 고모 시어머니가 그랬다. 어느 날 문간방으로 들어가셨고 며느리에게 당신을 찾지 말라 하셨다. 그런데 가족 모임으로 오빠가 동생에게 모임 장소를 알려주었더니 동생은 어머님이 방에 들어가셔서 죽음을 기다리셔서 참석할 수 없다고 연락이 온 것이다.

또 하나 2018년 스위스로 여행 갔을 때였다. 여행자 중 전주 사람과 함께 기차를 타고 가며 이야기를 했다. 그 여자가 60대가 넘었는데 어머니 죽음에 대해 말했다. 어느 날 어머니가 아파서 연락이 왔다. 딸이 어머니 집에 들러 죽을 끓여 주었다. 3일 후 어머니는 아무것도 가지고 오지 말라고 하셨다. 그리고 보름 후 돌아가셨다. 황창연 신부님은 말씀하셨다. 죽음이 다가오면 조용히 아무것도 먹지 않고 편안히 죽는 것이 최고의 죽음이라고. 병원을 가면 코 뚫고 링거 맞고 오히려 고통스러운 일이 너무 많다고. 나도 그렇게 생각한다. 내 스스로 몸 상태가 아니다 싶으면 편안히 눈 감고 죽음을 맞이함이 가장 좋을 것 같았다. 먹지 않으면 도파민이 나와서 조용한 기쁨을 맛볼 수 있다는 것이다. 난 그런 죽음이었으면 싶다.

*

나를 몰입하며 실험하다

아침에 수영을 50분 했다. 오리발을 차고 수영을 했기 때문에 힘들었다. 거의 25미터를 20바퀴는 했을 것이다. 집으로 돌아와서 음식을 충실히 먹으려고 했다. 그래야 오후에 테니스를 칠 수 있기 때문이다. 아침 요기를 주스로 대충했다. 그리고 점심을 위해 3,000보를 걷고 점심밥을 먹었다. 뜨거운 팩을 하며 충분히 쉬었다. 오후 4시 넘어 테니스장으로 이동해 간다. 움직일 때 나는 가만히 입속으로 감사의 기도를 한다. 특히 어려운 일, 아니면 미워했던 사람들에 대해 감사하다고 기도한다. 감사기도를 하고 나면 몸에 묻은 때가 씻겨지는 기분이 든다.

어쩌다 회원들과 말을 섞으면 어색하고 즐거운 마음이 없어진다. 각자의 생각이 강해서 자기 생각만 옳다는 것이다. 말은 결국 충돌이 생기고 서로 상처를 입어서 분위기가 어두워지는 것이다. 나는 이제 안녕 하며 인사를 하면 끝인 것이다. 웃긴다. 애기들은 만나면 재잘거리며 웃는 일이 많은데 늙으면 순수하지를 못해서일까? 이럴 때 나는 그냥 나만을 위한 기도를 하는 것이다. 심심하지도 않고 뭔가 나를 세워주는 기운을 받는 느낌이 나는 것이다. 그래서 나는 테니스 게임에 임하면서 나를 지켜보는 것이다.

첫 게임에 들어갔다. 상대편이 나에게 서브를 넣었다. 나의 몸 상태는 긴장을 하고 그 공을 받아서 정확히 네트 위로 넘겨 상대편으로 보내는 게 내 임무인데 우선 몸이 나른하며 긴장이 되지 않았다. 이러면 안 되는데. 긴장하고, 근육이 수축하여 정신을 차려야 하는데, 왜? 몸이 나른하며 정신이 바짝 들지 않을까? 이러면 안 되는데? 결국 공을 놓쳐서 한 점을 잃었다. 우리 팀이 서브를 했고 다시 실점을 했다. 지는 게임이니까 정신을 차리려고 노력했다. 입으로는 공에 집중하려고 몰입, 몰입하고 읊조리며 공에 집중했다.

정신없이 공이 오고 가며 공격했다. 게임 중에 정신을 놓치지 않으려고 몰입의 기도를 하며 집중했다. 나의 서브 게임도 기도하며 몰입했다. 서서히 몸이 조여지면서 게임에 집중했다. 기도의 효과인지 이기는 게임으로 전환됐다. 서서히 희열을 느끼면서 기도의 힘을 크게 느끼게 했다. 일시적이라도 좋았다. 온몸을 다 바쳐서 테니스에 올인할 수 있는 것이 좋았다. 삶은 온 힘을 쏟아 넣어서 자신을 불태우는 것에 기쁨을 느꼈다. 나는 그래서 테니스를 좋아할지도 몰랐다. 나는 지고 있던 게임을 이기는 게임으로 만들었다. 그리고 게임 내내 내 몸과 정신을 몰입하고, 기도하며 최선을 다하는 것이 즐겁고 행복했다.

아마도 내가 글쓰기를 좋아하는 것도 나만의 몰입이 있어서였다. 이런저런 생각을 하다 보니 예술가들도 자기만의 도취를 하는 인생이었다. 어쩌면 행복이라는 것은 술에 취하듯 자신도 모르게 즐거워서 쫓아가는 길이 아닐까. 각자 자신이 좋아하는 것을 찾아가는 것이 인생의 길이 되기도 하는 것이었다. 내 친구는 가끔 나를 부러워했다. 이 나이에 아직도 테니스를 칠 수 있다는 것에 대하여, 또 평생 음식을 만들어 먹고 살다 보니 그냥 아무 거나 보이는 대로 음식을 만들 수 있다는 것에 대해서도 그랬다. 사실 60세가 넘으면 국영수보다 예체능에 능숙한 것이 훨 유리한 삶인 것이었다.

*

각자의 마음은 제각각이다

이미 지난주에 운동 회원들은 약속을 했다. 다음 주에 운동을 끝내고 술 한잔을 하자고. 장소와 모이는 시간도 정했다. 그리고 운동을 하며 이야기는 다시 논의되었다. 오늘 너무 춥지 않은가? 다른 몇몇 회원이 감기가 걸려서 참가할 수 없다는 것이다. 나는 이래도 좋고 저래도 좋으나 이미 약속을 한 것이니까 그냥 하는 것이 좋았다. 다시 시간 조율하는 것도 힘들고 다음 주에는 명절도 돌아오고 제사상을 차리려면 미리 해야 할 일처리도 많았다. 그러나 회원 팀장은 오늘은 감기 든 회원이 많으니 미루기를 바랐다. 다른 회원도 이왕 정했으니 그냥 하는 것이 좋다고 했다.

시간은 흘러갔다. 찬반 논란이 많았고 특히 팀장은 내적으로 미루는 것에 찬성표를 던졌다. 다행히 회식비를 내는 주인공이 오늘 하겠다고 선언을 했다. 나는 다행이라 생각했다. 그런데 결정과정에서 팀장은 은근히 미루려고 술수를 쓰는 것이 웃겼다. 자기중심주의로 회원들에게 날씨가 춥다는 것을 강조했고, 감기가 든 사람들이 많다는 것을 강조했다. 팀장으로 중심을 흐트러지게 하여 자기가 원하는 날을 선정하려고 애쓰는 모습이 웃겼다. 그러면서 가는 장소가 정해지자 팀장은 유튜브를 통해서 가장 맛있는 음식을 미리 찾았다. 그리고 그 음식을 골고루 시켰다.

팀장이 식대비를 지불하는 것도 아니면서 이것저것을 자기 입맛에 맞는 것을 시키는 것도 웃겼다. 우아한 척하면서 먹을 것은 다 먹는 것도 웃기고, 자기 입맛에 안 맞으면 쳐다보지도 않고 자기 입맛에 맞는 걸로 다시 시켜 즐기는 것도 웃겼다. 자기가 돈을 안 내니까 안주 메뉴 책에 있는 것을 모두 시켜 먹어야 된다는 의식도 웃겼다. 여하튼 우리는 이거저거 맛볼 수 있어서 고맙지만 식대비 내는 회원에게는 미안했다. 나이가 들면 들수록 염치없이 행동하려는 것이 문제이다. 나는 생각해 봤다. 내가 언제 겸손하며 부끄러워하는 마음을 가졌는가를.

어렸을 때 나는 너무 부끄러워서 얼굴이 빨개졌고 고개를 들고 쳐다볼 수 없었던 때가 많았었는데…. 언제 부턴가 교만해지고, 잘난척하여 남보다 위에 있는 것으로 착각하지 않았을까. 그래서 뭐가 좋아지는데? 자신이 높아지는 건가? 아니면 남이 깔볼까 봐 자신감을 보여줘야 해서? 그런 것은 왠지 나랑 맞지 않는다는 느낌이 들었다. 그러나 하여튼 좀 덜 성숙해서 한 번쯤 잘난 척을 하기는 했을 것이다. 가끔 이화여대 나온 사람들이 자기는 이대 나온 여자라는 존재를 부각시켜서 꼴불견일 때도 많았다. 그들은 자기의 자존심을 중요시해서 부족하고 없어 보이는 것을 참을 수 없어 했다.

그들은 똑똑했고 아는 것도 많았다. 그래서 어떤 찬반 논리가 나타나면 자기 주장을 굽히지 않았다. 항상 옳다는 주장이었다. 그러나 먼 발치에서 보면 그들의 이론이 맞지 않았다. 그래서 그들은 낭패를 볼 때가 많았다. 한마디로 지혜롭지 못한 것이다. 예를 들면 그들 중에 정치적으로 좌파가 많았다. 그들은 자기의 정치 성향을 자신 있게 밝히며 우파들을 꼰대들이라 했다. 그러다가 경제적으로 불리한 상황이 오면 그들은 언제 그랬느냐는 식으로 우파로 바뀌었다. 그들의 주장을 세워서 싸울 필요는 없는데 젊을 때는 서로가 옳다며 싸웠다. 그리고 서로 마음의 상처를 입었던 것이다.

지금 생각하면 모두가 부질없는 일이었다. 이제 나이가 들었으니 마음을 다스려서 더 겸손하게, 따뜻하게, 자비스럽게 조용히 있는 듯 없는 듯 살고 싶다. 요즘 노인의 말소리가 강하게, 억세게, 소리 지르는 느낌이 났다. 나는 차라리 말을 안 하는 게 낫구나! 생각했다.

*

엄마 전화 왔어요

- 엄마 나요. (큰딸)

- 그래, 엄마 오늘 시어머니 칠순 잔치를 백화점 음식점에서 거하게 했어요. 아마 8만 원씩 할 거예요. 그런데 우리 애들 음식량이 안 차서 집에 와서 다른 걸로 배를 채웠어요. 근데 꼭 그래야 하는지. 시어머니가 웃겨요. 큰아버지 돌아가셔서 이제 당신도 새로운 마음으로 생신상을 차리겠다는 것은 이해하는데요, 그것은 순전히 작은집 애들에게 과시하는 것처럼 보이더라고요. 작은아버지네가 의정부에 사시는데 결혼한 딸네가 특히 그의 사위가 한 번 큰어머니네랑 밥을 먹고 싶다고 했다네요. 그런데 시어머니는 당신네가 강남에 살고 아들네가 강남에 살고 있다는 것을 보여주고 싶은 거 같았어요.

- 그럼 그냥 시어머님 마음을 이해해 줘. 너네가 돈 내는 거 아니잖아.

- 그건 그래요.

- 시어머님이 자랑하시고 싶구나. 우리가 잘 사는 것을 보여주고 싶구나 생각을 해주면 된다고.

- 엄마 나는 사실 힘들어요. 밥 먹는 것도 힘들어요. 퇴근해서 눈이 감기고 내일 새벽 타임 또 출근하거든요. 손자 자랑, 손녀 자랑. 그것도 우습고요. 사실 키가 번쩍 커서 큰애나 작은애가 많이 컸죠.

- 얼마나 좋냐? 너도 좋잖아. 자랑하게 두어.

- 엄마 근데 이모가 뭐 그래(동생 욕을 하고 싶은 거다) 용현(시동생)이는 애들한테 돈도 주고 공부도 가르치고 얼마나 잘하는지 몰라. 근데 이모라는 것이 애들 용돈도 한 번 안 주고 엄마, 아빠 죽으면 우리랑 살아야 하는데 어떻게 살지 궁금하다고. 생전 오고 가는 것이 없으니.

- 그냥 내버려두어. 걔는 걔대로 잘 살 거니까. 그렇게 태어났으니까 태어난 대로 사는 거지 뭐.

- 시동생도 결혼을 안 했으니까 돈 많아도 결국 너네 애들한테 재산 물려줘야겠네. 물론 승현이도 그렇고. 결혼을 못 했으니까.

- 엄마, 나 그럼, 승현이 신경 안 쓸래. 누구를 소개시켜 주려 했는데 오라고 해도 안 오고 신경 안 쓸래.

- 그러거라. (솔직히, 너 맨날 소개시킨다고 해서 엄마가 술값을 몇 번 주었는데 소개도 안 했으면서…. 말은 잘하지. 약속을 지키지도 못하면서) 지가 알아서 잘 살겠지. 야, 지금 아빠 저녁 차려줘야겠다. 전화 끊는다.

한참 후 머리가 복잡해졌다. 지구상에 형제 간에 우애 있게 사는 집이 얼마나 되는가?를 생각했다. 나에게 이모들이 많았다. 어머니는 나름 평생 동생들을 위해 사셨다. 남동생들은 밥 해주면서 도시에서 학교를 다니게 했고, 여동생들도 애기 낳고 집 얻어주고 시집가게 해주고 하는 것들을 나는 거들며 살았다. 그러나 늙어갈 때, 진정으로 언니, 언니 하며 살뜰히 챙기는 모습을 보지 못했다. 이모들은 자기 힘들고 괴로울 때만 언니를 찾았다. 그리고 그들은 자기 새끼들에게 헌신하는 모습만 강했다. 인간의 본능은 나이 들수록 자기 중심적인 것으로 보였다. 나도 사실 엄마 따라 주변 친인척 가족들에게 최선을 다하며 살았다.

그러나 그들은 이상하게 60대가 넘으면서 공격형으로 바뀌었다. 이상했다. 그것은 나에 대한 시기와 질투였다. 친척인 K 고모가 그랬다. 평생 서로 챙기며 따뜻한 마음을 가졌는데 언제 부터인가 K 고모는 나를 만나 이야기를 하다 보면 나를 공격했다. 물론 친족인 R 동생도 똑같았다. 나는 R 동생에게 무엇이든 주었고 그를 도와주려 했다. 그런데 어느 날부터 R은 모든 일에 아니야, 안 돼, 싫어였다. 이게 무슨 일일까? 만나면 좋은 관계가 아니라 불편한 마음이 든다는 것은 서로 거리를 두는 게 나아 보였다. 어쩌다 불편한 일이 생기면 그것은 내 책임이 되었다. 경제적 문제는 내가 책임을 지지만 그런 것에 고마워하지 않으면서 다른 잡음을 일으켜 나를 괴롭혔다. 나는 생각했다. 아! 이제 헤어질 때가 왔구나라는 생각이 들었다.

처음은 힘들지만 나 자신 거리를 두고 필요에 따라 자연스레 소통하기로 했다. 그들이 나에게 소통을 하면 그에 맞춰 소통을 하면 되는 것이었다. 그런데 자식들도 그랬다. 40대가 넘은 딸들도 역시 항상 마음의 상처를 가지고 엄마를 공격했다. 엄마는 엄마대로 딸은 딸대로 공격하며 상처를 주었다. 서로 생각이 다르니까 말이다. 엄마는 딸들이 못마땅했다. 엄마는 평생을 시어머니 친정어머니 봉양하며 경제적 지원을 하며 살았다. 물론 지금도 칠 학년이 넘어도 그렇게 살고 있었다.

그러나 딸들은 나를 위해서 경제적 지원을 하며 보살피고 살지 않는데, 왜 그리 찡찡대는지 나는 알 수 없는 것이었다. 자기네가 스스로 씩씩하게 살면 그것으로 족했다. 오히려 내가 그들에게 경제적인 지원을 할 수밖에 없었다. 애기들 학원비라든가 비혼자 껍딱지의 관리비와 비품비 등을 말이다. 여하튼 나는 건강을 추구해서 스스로 독립적으로 살아내는 것이 나의 목표가 되었다. 계속 경제력을 갖추고 노력하여 딸들에게 손 벌릴 일은 없어야 하는 것이었다.

아무튼 나에게 돈은 권력이었다. 줄 돈은 없어도 나 쓸 돈은 있어야 했다. 아직도 딸들은 나의 도움을 받았지 나를 위해 쓸 돈은 없기 때문이다. 그런데 큰애는 작은애를 욕했다. 자기 새끼에게 동생이 한 푼도 쓰지 않는다고. 자기 시동생은 자기 새끼에게 용돈도 주고 공부도 가르치며 서로 우호관계를 맺고 있는데…. 그러면서 '자기 동생이 결혼을 못 해서 나중에 엄마 아빠 죽으면 외로워도, 자기는 모른 척할거야'라고 말했다. 나는 '그래 네 맘대로 해. 모두들 그렇게 살다 가는 거지 뭐.' 걔는 그렇게 태어났다고. 자기가 태어난 대로 살다 죽으면 되는 것이라 했다.

작은애는 아마 우리 시어머니처럼 살다 죽을 것 같았다. 시어머니는 평생 사람이 오고 가는 것을 싫어했다. 지금도 94세에 혼자 돈만 손에 쥐고 사신다. 아들네가 가려 하면 오지 말고 돈이나 부치라고 한다. 아마도 작은딸도 그런 유형이 아닐까. 그래도 어미와 소통되는 점은 있었다. 함께 수영하고 테니스 운동을 좋아했기 때문이다. 오늘도 수영장에서 '엄마 어제 몇 게임 했나요?' '어제 3게임 했지. 아이고 힘들어 죽겠다.' '오늘 수영하면 몸이 잘 풀릴 거예요.' 이것이 우리의 대화다. 아마도 딸들도 모처럼 만나면, '언니 몇 게임 했어? 누구랑 테니스 쳤어?' 하는 것이 그들 대화의 화두일 것이다. 대화를 한다는 것은 곧 소통이고 소통을 하면 만사가 잘 이루어지리라 생각했다.

*

친족에 대해 마음이 불편할 때 추억의 사진을 보면 불편함이 사라졌다

Y는 친족이다. 평생 함께하고 살았다. 그런데 언제부턴가 Y는 나를 공격했다. 평생 함께하면서 둘도 없는 단짝이었는데 말이다. 나는 Y를 보면 참을 수 없었다. 내 안에서 부글부글 끓어올랐다. 그래도 친족이라는 것 때문에 참고 참았다. Y는 시기심과 질투심이 많았다. Y는 항상 양보하고 배려하며 나를 존중해주었다. 물론 나도 Y를 좋아하면서 존중하고 Y를 위해 여러 가지를

함께했다. 나는 내 것보다 Y를 더 챙기고 무엇이든 더 주었다. 그렇게 평생을 살았다. 그런데 나이가 들면서 자기주장이 더 세졌다. 그런 일은 Y에게 그럴 만한 일이 있을 거라 생각하며 이해했다.

세월은 흘러갔다. Y의 성격은 더 강해졌다. 강해짐은 도를 넘어 선을 넘나들었다. 나는 서서히 Y의 만남이 즐겁지 않았다. 같은 핏줄이라도 외면하고 사는 일이 얼마나 많은가. 더구나 왕권을 두고 왕자의 난으로 얼마나 많은 사건이 일어나고 역사가 바뀌었던가. 이제 나는 머리 아프게 살고 싶지 않은 것이 몸으로 나타난다. 몸은 Y를 보면 밀어낸다. Y가 싫다고 몸이 말한다. 이러면 안 되는데. 마음이 몸에게 타이른다. 몸아 그러지 마라. 마음이 몸을 달래면서 이해를 시키려고 노력한다. 마음아 비교하지 마라. 그런 놈도 있고 저런 놈도 있는 거다. 부처님이 비교하면 못 쓴다고 하지 않았느냐. 자비를 베풀라고 하셨잖아.

혼자 계속 중얼거린다. 그래도 오랫동안 Y를 두고 가슴앓이를 한다. 뭐가 문제이지 무엇 때문에 명쾌한 기분이 안 드는 것일까. 몸과 마음이 거부반응을 일으키는 것이 싫다. 즐겁게 기쁜 마음으로 만날 수 있어야 하는데 그것이 안 되는 것이다. 무슨 큰 문제를 일으키지도 않았다. 내가 줄 것은 다 해주었다. 그러나 기쁘지 않았다. Y가 나한테 받을 때는 고맙다, 감사하다고 백만 번 말을 했다. 그러나 내 안의 나는 Y에게 의무와 책임이지 그 이상은 아닌 것이다. 내 안의 나는 진정한 진심이 서로 소통하는 어떤 에너지 교류가 있어야 하는 것이다. 이런 때는 시간과 거리를 두고 서로 뭔가 그립다는 생각을 가질 때까지 기다리는 것이다. 고향이 그립다든가, 어머니 음식이 그리운 것처럼….

*

요양원으로 어머니를 만나러 가다

음력 설이 다가오고 있었다. 이불 빨래, 청소 여기저기를 닦고 버릴 것은 버려야 했다. 나는 원래 게을렀다. 대충 옆에 쌓고 밀어붙이고 산다. 그러다가 명절이 오면 손님이 온다고 마음이 바빠진다. 먼지가 보여서 청소를 한다. 손님들이 먹을 김치도 빨리 만든다. 그래도 먼저 할 일은 요양원 어머니를 만나는 일일 것이다. 나는 남편과 서둘러서 길을 떠났다. 차는 많았다. 그러나 밀리지는 않았다. 가면서 고속도로 주변 건물이 하늘 높이 솟았다. 아! 걱정스럽네. 하향할수록 아파트 층수가 더 높아졌다. 인구도 줄어드는데 저렇게 아파트를 무조건 지으면 누가 다 채우지?

동탄 근처는 상업용 빌딩이 빽빽하게 늘어섰다. 청년도 없는데 저 빌딩 채울 사람이 있는 건가? 지금도 초등학교에서 대학까지 인구가 없어서 폐쇄된다는데 선생이고 교수고 모두 사퇴해야 하는데 빌딩 속을 채울 사람들이 있기나 한 거냐고. 건설업자들이 무조건 빌딩과 집을 짓고 있는데 걱정스럽다. 회사가 빚내서 땅 사고 건물 짓고 할 거 아냐? 다 지으면, 그런데 분양이 안 되는데 어쩔 건데. 또 국가가 국민 세금으로 회사 빚을 채워 넣으려고? 건설사가 망가지면 내수가 안 좋아지고, 경기가 안 좋아져서 국가 경제가 하락하니 어쩔 수 없이 세금 다 털어 넣어 경기를 부양하겠다는 것인데. 모두가 걱정스럽구만.

우리가 잘 산 지가 얼마나 됐다고. 그동안 여당이고 야당이고 국민 세금 억세게 걷어 흥청망청 쓰고 살았으니 나라 망할 일밖에 없네요. 여기에 국회의원 연봉이 1억 5,700만 원이라니. 국회의원이라는 것들이 국민 세금 뜯어다가 자기네들 배 채우고 있으니. 대학교 교수며 박사인 사람들이 그런 돈 받는 사람 있으면 나와보라고 해. 아무도 없을걸. 우리가 50년 전에 월급 칠팔만 원씩 받고 교직이나 공무원 봉급으로 살았는데.

그래서 요즘 석사 박사에 입학하는 사람들이 없어서 자리가 텅텅 비었다네요. 학생들이 경제가 안 되니까 석박사를 안 한다잖소. 요즘 경제가 안 좋아 중년 회사들 봉급이 400만~500만 원이라는데 맨날 쌈박질을 하는 국회의원의 연봉이 일억 오천칠백만 원? 정말 국민 세금으로 그것들 돈지랄 떠는 거 웃기잖소? 좌파 정권이 그동안 평생 데모질하면서 민주통일 외쳐대며 온갖 돈을 북쪽으로 퍼서 날랐잖아, 김정일과 김정은에게. 그것들 핵 만들게 했잖아. 그리고 국민 세금은 자기들끼리 이익을 배분하며 나누어 먹었고. 그런데도 국민 41%가 북쪽이 좋다는데 할 말이 없네요.

웃기게도 그놈의 좌파 자식들은 왜 미국에서 유학하고 미국에서 사는 건지 몰라. 북한 가서 유학하고 사는 것이 마땅한 게 아닌가. 이런저런 공산당을 처벌하지 못하는 국정원이 우리는 우습다. 진정한 우리 국민은 이런 꼴을 보면서 속이 터졌다. 경찰들은 또 어떡하고. 이재명이 피습당한 것도 그렇다. 왜 경찰은 어떤 소속의 사람이 어떤 목적으로 흉기로 찔렀는지를 명확히 밝히지도 않고 계속 살인 미수 혐의만 적용하고 추궁하고 있다는 설만 나타내고 있으니 국민들은 경찰들도 웃긴다.

거기에 배현진 테러 사건도 마찬가지다. 15세 중학생 범인이 틀림없이 배후가 있을 것 같은데 완전 살인 범죄로 여겨지는데, 피의자가 미성년자임을 감안하다면 피의자 부모가 밝혀져서 아들의 잘못을 사과해야 하지 않는가. 자기 아들이 살인 혐의 짓을 했으니 말이다. 아무튼 경찰들은 확실하고 명쾌한 사실들을 밝히지 않은 것이다. 그러니 우리가 국정원을 믿을 수 있나, 경찰을 믿을 수 있나. 판사 검사를 믿을 수 있나. 한국은 지금 아주 불안한 사회가 존재하고 있는 것이다.

그런데 왜 내가 옆길로 빠진 거지? 이런 것은 아닌데. 차는 계속 경부고속도로를 타고 수원 쪽으로 내려갔다. 차는 밀리지 않았다. 주중이라 그럴 것이다. 나는 심심했다. 이럴 때는 음악이 좋았다. 징기스칸 노래를 틀었다. 1979년에 만들어진 독일 팝 그룹이 하는 노래였다. 우리의 추억이 담긴 노래였다. 우리가 진해에 살던 기억도 있고 딸이 아장아장 걸었을 때 춤을 추던 기억도 났다. 음악은 신이 났다. 후! 하! 후! 하! 징 징 징기스칸 음이 빠르면서 신나는 곡이었다. 우리는 계속 모스코우, 마추픽추, 징기스칸 등을 들었다. 갑자기 에너지가 상승하면서 신이 났다.

유튜브 AI는 남편이 좋아했던 음악으로 변경되면서 음악이 계속 흘러나왔다. 웃겼다. 기계가 자동으로 움직이며 샹송 살바토레 아다모의 '눈이 내리네'가 흘러나왔다. 다시 눈이 내리네의 음악 이숙, 김추자의 노래가 흘러나왔다. 기분은 업~ 되었다. 지루함은 사라지고 멀리 눈 쌓인 산과 넓게 펼쳐진 들판 사이로 차는 빠르게 달렸다. 동생과의 만남이 이루어졌고 어머니를 미팅하여 모시고 나왔다. 어머니는 건강하셨다. 어머니를 차에 태웠다. 어머니가 좋아하는 검정깨 인절미를 차 안에서 드렸다. 목이 메이니까 떡을 입에 넣고 씹으면 곧 샤인머스켓 한 알을 먹게 했다.

'뭐 하러 왔어. 미안하게. 안 와도 되는데.' '오늘 온 간호사는 아주 못됐어야. 얄미워 죽겠어. 어떤 할머니가 오면 쫓아 보낸다니까. 말도 못하게. 아주 지랄여, 그년이.' '엄마 그놈 없으면 또 더 나쁜 놈이 온다고요. 옛말에 그래서 구관이 명관이라매요.' '그렇긴 그려.' '고년이 얼마나 못됐는데, 어서 바뀌어야 하는데.' '엄마, 그런 놈이 있어야 치매가 안 걸린다네요.' '뭐라고? 안 들려.' 어머니는 제법 많이 떡을 드셨다. 포도도 많이 드셨다. 우리는 식당으로 왔다. 좋은 자리에 앉았다. 나는 어머니가 좋아하는 참외를 반 갈라서 드렸다. 어머니는 긁어 드셨다.

어머니가 좋아하는 갈비탕이 나왔다. 당신은 국물만 드시겠다 했다. 나는 빈 접시에 딸기, 포도, 체리, 참외, 떡, 빵 등을 나열했다. 이거저거를 드셨다. '야, 늙으면 금방 배가 불러서 못 먹는다. 그러니 젊어서 잘 먹어라.' 그러나 먹을 것은 다 잘 잡수셨다. 요양원 친구들 줄 빵과 과일 등을 챙겨서 가방에 넣었다. 우리는 식당을 떠났다. 어머니가 좋아하는 절로 이동했다. 산 굽이굽이 들어가는 길이 깊었다. 산새가 웅장했다. 한참을 들어가서 칠장사 대웅전까지 휠체어로 절과 탑을 답사했다. 남동생과 나는 대웅전에 가서 부처님께 기도했고 어머니는 탑을 돌며 기도했다.

대웅전은 볼 때마다 웅장했다. 1790년에 중창되었다 했다. 여하튼 대웅전과 탑을 둘러보고 가는 것을 어머니는 좋아하셨다. 물론 우리도 여행을 다녀온 듯해서 기뻤다. 돌아오면서 아버지가 59세에 돌아가시고 시아버지가 74세에 돌아가셨으니 아마도 우리가 이제 죽어도 괜찮은 나이라 했다. 남동생이 갑자기 깜짝 놀랐다. 누나와 매형이 벌써 그런 나이냐면서. 그래도 이렇게 서울에서 운전하고 어머니를 보러 오는 것은 훌륭한 일이라 했다.

*

눈이 오는 날 테니스를 치는 것은 행복하다

눈발이 살살 왔다.

- 회장님은 운동합니다. 6번 코트 4~7시.

- (한 회원님이) 이따가 비가 안 와도 못 갈 거 같아요. 이빨 좋다고 자랑쳤는데… 어금니 잇몸이 붓고 아파서 치과 다녀와서 쉬어야 할 거 같아요. 운동장 잔디도 미끄러울 듯. 무서워요. (나는) 우리는 갑니다.

- (다른 회원은) 오늘 하루종일 비 온다는 예보인데. 저는 사우나행입니다.

- (그 후 회장님은) 오늘 운동은 못 하겠네요.

- (내가) 네.

한참 후 오후에 3시경부터 잠시 비가 그쳤다. 나는 남편에게 가지고 했다. 그러면서 아니 영혼의 순례길 영화에 영하 40도인데, 산모가 아기도 낳고 순례길을 다닌다면서, 이게 무슨 힘든 날씨냐고 말했다. 어렸을 때 우리도 얼마나 춥고 힘든 삶을 살았는데…. 남편은 아무 소리 없이 따라왔다. 나는 차를 몰았다. 날씨는 흐렸지만 비는 오지 않았다. 코트장으로 들어갔다. 구정이 다가와서 한산했다. 센터장들에게 젓갈을 주며 구정인데 약소하다며 선물을 주고 6번 코트로 이동했다. 코트장은 보송보송했다. 공 치기에 좋았다. 남편과 둘이 넬리를 했다. 살살 공을 네트 위로 주고받았다. 워밍업으로 200번을 쳤다. 그리고 둘이 단식을 했다.

한참 게임을 해서 아마 2:3 정도의 스코어가 되었을 때였다. 은날개팀 남선생님이 회원을 데리고 왔다. 함께 게임을 하자고. 편을 가르고 열심히 했다. 나이 드신 금날개 어르신과 남선생님은 매너가 아주 좋았다. 테니스를 치면 그 사람의 성격이 나타났다.

두 분은 공 구질이 유연했다. 상대편이 잘 받아서 넘기게 하는 공이었다. 공이 공중으로 높이 날려서 보냈다. 상대편은 그 공을 잘 받아서 넘길 수 있었다. 만일 욕심이 많은 사람이라면 이기고자 하는 욕망이 강해서, 공 구질이 까다로워 공을 받았을 때 상쾌하지 않았다.

이 두 분의 공 구질은 유연하면서 강했다. 강렬하면서 통쾌한 맛이 있었다. 이기고 지는 것은 상관없었다. 계속 공이 이어졌고 각자 개인의 실수로 득점이 생겼다. 서로 주고받는 공의 맛은 즐거웠다. 한바탕 적수를 만나서 한판으로 대결하는 맛이란 진짜 행복감을 주었다. 여기에 하늘에서 내리는 눈을 맞으며 게임을 한다는 사실이 행복한 것이다. 곧 게임 아웃으로 끝이 났다. 우리는 서로 인사를 하고 헤어졌다. 날씨는 쌀쌀한데 온몸에서 땀이 났다. 공을 쫓아다니느라 계속 뛰었기 때문이었다. 나이 칠 학년을 넘어서 운동장을 뛰어다니며 땀을 흘렸다는 것 그 자체로 나는 성공한 것이다.

나는 오늘 가장 행복했다. 그날이 그날인 날들이 이어진다면 지루할 것이다. 그러나 내가 좋아하는 테니스 게임을 즐겁게 했을 때 정말 행복한 것이다. 온몸에서 일어나는 에너지가 피돌기를 하며 땀이 솟아났던 것이다. 그리고 내 안의 행복한 에너지가 오랫동안 내 몸을 감싸는 것이다. 그리고 다시 또 둘만의 단식 게임, 한판 승부를 하고 집으로 돌아왔다. 집으로 와서 우리는 샤워를 했다. 그리고 소시지와 맥주로 축배를 하며, 신나는 옛 추억의 음악 징기스칸 노래를 들었다. 아! 정말 즐거운 하루였다.

*

대한민국 역사박물관에서 모입니다

문화사랑방에서 공고가 떴다. 나는 예전에 몇 번 간 적이 있지만 그때는 네비샘(문화사랑방장님)을 따라갔을 때였다. 갑자기 혼자 가려니 지하철 노선이 헷갈렸다. 3호선? 5호선? 어디가 가까울까? 그때 카톡이 왔다.

- 안국역 6번 출구에서 광화문 쪽으로 오면 됩니다. 간식은 가지고 오지 마셔요. 내가 가져갑니다. 잘 먹고 많이 걸으세요. 주변에 발목, 팔목 부러진 분이 많아요. 아침에 위문 방문했답니다.

나는 3호선을 타고 안국역 6번 출구를 지나 역사박물관 로비에서 친구들을 만났다. 우리들은 엘리베이터를 타고 옥상으로 이동했다. 넓게 펴진 경관이 아름다웠다. 한가운데 산이 북악산, 왼쪽으로 북한산, 인왕산이 보였다. 그 아래에 경복궁, 오른쪽으로 국립민속박물관, 국립현대미술관이 있었다. 높은 꼭대기에서 아래를 내려다보는 도심지의 경관은 우리를 시원하고 상쾌하게 했다. 경관을 보면서 벤치에 앉아 커피와 몽블랑 빵을 즐겁게 먹으며 쉬었다. A 친구가 20년 전 옷이라는데 멋지다고 했다. B 친구 역시 오래된 잠바인데 그리스의 옛날 옷처럼 멋스러웠다. 아마도 그 당시 가죽바지와 반 털 부츠, 두툼한 털 잠바가 유행했으리라. 값이 꽤 비쌌을 것이다.

우리는 걸어서 이동했다. 건널목을 신호등에 따라 걸어서 경복궁 입구 쪽으로 갔다. 입구에 월대가 있었다. 여기서 의례나 행사, 외교, 백성들과 소통 등에 활용되는 높고 넓은 계단으로 된 곳이다. 경복궁 입구에는 많은 사람들이 기다렸다. 11시 수문장 교대식이 있어서일 거다. 외국인들은 한복을 입고 사진을 찍었다. 우리는 외국인을 보며 우리가 외국에 온 것처럼 나들이를 했다. 그들이 경회루로 가면 우리도 경회루를 구경했다. 그곳은 왕실에 경사가 있거나 사신이 왔을 때 연회를 베푸는 장소였다. 계속 궁궐을 돌아보며 이동하다가 청와대 쪽으로 나왔다. 청와대 정문을 지나 담벼락을 따라가다가 총리 공관 쪽으로 나왔다.

다시 삼청동길을 따라 북쪽으로 올라갔다. 가면서 맛집을 찾기로 했다. 어느 아담한 막국수집을 찾았다. 그곳에서 막국수와 수육, 막걸리로 축배를 들었다. 즐거운 마음으로 뮤지엄 한미 미술관으로 이동했다. 강운구씨의 암각화 또는 사진 전시회가 있었다. 이번 전시회는 한국의 반구대를 시작으로 중앙아시아 여러 나라와 러시아, 몽골, 중국의 여러 암각화 사이트를 답사하며, 주로 5천년 전쯤 제작된 암각화 속 사람들을 통해 당시 사람들의 삶을 탐구하는 것이다.

여기서 우리는 작가가 어떤 인물인가를 확인했다. 강운구 작가는 1960년대 이후 한국 다큐멘터리 사진과 초상 사진의 거장으로 꼽혔다. 그리고 그는 포토저널리즘과 예술적 시각의 교차점을 개척한 독보적인 인물임을 알았다.

작가 감상을 하고 뮤지엄을 나와 우리들은 다시 지하철 역으로 되돌아와서 헤어졌다. 친구들이여 안녕! 다음에 건강하게 다시 만나자.

*

명절이 돌아오고 있다

평생을 시끄럽게 괴롭히고 시끌벅적했던 명절이 조용하다. 시어머니의 참견과 지시는 사라졌다. 시동생의 완력도 사라졌다. 셋째 시동생은 형에게 말했다. 자기는 어머니에게 용돈을 드렸는데 형은 주고 있느냐는 식의 어투가 웃겼다. 형은 항상 빚을 내며 주고 살았는데. 자기가 더 많이 효도하는 것을 형에게 드러내고 싶은 어투가 가소로웠다. 명절에 가까우니까 시어머니는 큰아들에게 전화를 했다.

- 에비야, 제사는 대충 지내라. 텔레비전에서 간소화하더라. 이번에 참기름도 안 짰고, 된장도 안 보낼 거다.

- 안 보내도 됩니다. 걱정 마세요.

- 웬만하면 제사도 지내지 마라.

이게 무슨 소리신가 나는 생각했다. 지금 시어머니는 94세시다. 평생을 제사로 며느리들을 달달 볶으며 사셨는데 제사를 대충하라느니, 제사를 하지 말라느니 말하시는 게 웃긴다. 법칙과

규칙이 사라진 것이다. 물론 대부분 사람들이 이제 제사에서 벗어났다. 우리 세대가 사라지면 아마도 조선시대의 제사문화는 사라질 것이다. 이제 집집마다 어떤 형태의 문화가 존재하는지 나는 모르겠다. 그러나 요즘 명절의 제사문화는 가족의 단합대회로 보여진다. 서양의 추수감사절이나 크리스마스 날에 전국으로 퍼진 가족이 모여 즐기는 것처럼 말이다.

어쨌든 남편 형제들의 가족이 우리 집으로 모였다. 단지 오고 싶어도 근무를 하는 사람들은 참석하지 못했다. 우선 제사 음식의 대부분은 제사용품 나온 시장 제품으로 대체했다. 다행히 항상 보내는 분이 있었다. 내가 해도 되는데 남편은 나이가 많은 형님이 일을 하면 동서들이 불편해한다면서 하지 못하게 했다. 동서들도 이제 70세에 가까운데 그들도 오랫동안 시어머니한테 받은 불행한 시집살이에 대한 보상을 해주고 싶다는 것이다. 그 말도 맞았다. 나는 이제 모두가 즐거운 명절로 행복하기를 바랐다.

우선 나는 맛있는 음식을 준비했다. 소고기 1인 300g씩 스테이크든지 갈빗살이든지 마음껏 구워 먹게 했다. 그리고 피자 2판 주문하고 치킨을 주문하든지 닭불고기 요리를 한다. 다시 밑반찬과 샐러드, 국으로는 소고기 매운탕을 끓이고 회를 주문하면 된다. 김치, 깍두기, 상추, 과일로는 포도, 딸기, 사과 등을 차리려 한다. 음료로는 사이다, 콜라, 와인, 맥주, 양주 등으로 음식을 장만하면 되는 것이다. 예전에는 전을 중심으로 식사를 했지만 요즘은 좋아하는 육류 중심으로 식사를 하기 때문에 제사 음식을 사람들이 좋아하지 않았다.

 손님들은 작은 설날 오전에 도착할 것이다. 그들은 아점으로 오자마자 식사를 한다. 늦는 사람들은 점심을 먹는다. 후식으로 과일과 커피를 마신다. 뒷설거지를 하고 동서들은 고투 시장 탐방을 한다. 그들은 서너 시간 쇼핑을 하면서 다리운동도 하고 이바구도 하며 좋아하는 물건들을 산다. 그리고 돌아와서 저녁 준비를 하고 상차림을 할 것이다. 온 가족이 모여서 시끄럽게 축배를 하고 12시까지 웃으며 식사를 하고 놀 것이다. 그리고 이튿날 제사음식을 차리고 제례순에 따라 제사를 한 후 애기들에게 세배를 시킬 것이다.

 어른들은 애기들에게 세뱃돈을 나누어줄 것이다. 제사가 끝난 음식을 다시 상에 차려서 모두가 식사를 한다. 그리고 후식으로 과일과 커피를 마시고 남은 음식을 나누어서 봉지에 담아 각자에게 배분시킬 것이다. 그러면 동서들은 고속도로에서 차가 밀리기 전에 떠나야 하는 것이다. 나는 빨리 서두르라고 재촉하면서 각자의 차를 타는 것을 보고 잘 가라고 손을 혼들며 떠나보낼 것이다. 그러면 올해는 정말 조용한 설 명절이 될 것이다.

드디어 작은 설날에 가족들이 속속 집으로 왔다. 둘째네는 삼촌이 직장 당번이고, 며느리도 병원 당번이라 큰아들과 손자만 왔다. 손녀딸은 사춘기라 생각이 많다나. 그래서 3명이 참석했다. 오자마자 상차림을 했다. 새벽부터 끓여놓은 파채 육개장을 한 그릇씩 떠주었다. 땅콩, 멸치, 진미채, 김치, 깍두기, 양배추 초절임, 김, 양배추 샐러드를 내놓았다. '아이고 형님 육개장이 너무 맛있어요. 한 그릇 더 먹을 거예요.' '그러서.' '큰엄마 육개장 진짜 맛있네요.' '어서 먹어.' 그들은 정신없이 먹었다. 커피를 주고 사이다를 주었다.

조금 있다가 셋째네가 도착했다. '형수님 우리 왔어요.' '어서 오세요.' '여기 식탁에 앉으세요.' 똑같은 모양으로 다시 상을 차려주었다. 점심으로 우리와 함께 먹는 게 좋겠다며 우리도 그들같이 국을 떠서 맛있게 식사를 했다. 다시 모두들 모여 후식으로 과일과 커피를 마셨다. 뒷설거지를 하고 잠시 쉬었다. 한 시간 후 우리들은 고투몰 쪽으로 이동했다. 예전과 같이 사람들이 붐비지 않았다. 외국인도 없었다. 이러면 안 되는데? 왜 사람들이 없을까. 장사 못하는 주민들이 힘들 텐데…. 경기가 나빠져서일까? 그럴 것 같기도 했다. 엔터 6 입구부터 우리는 서쪽라인으로 걸었다.

티서츠 코너, 바지 코너, 모자점에서 쉬었다. 둘째와 셋째는 오랫동안 쓰고 벗고를 되풀이했다. 시골 아버님 귀마개를 사고 시동생 모자를 샀다. 다시 이동했다. 느리게 느리게 구경했다. 끝라인 가게에서 팬티를 사고 바지를 샀다. 다시 북쪽 라인으로 옮겨서 동쪽으로 이동했다. 셋째는 관심이 많았다. 상위, 하위, 마후라, 슬리퍼, 청바지 등을 골고루 샀다. 나는 지루했다. 힘도 들었다. 이동하며 쉴 곳도 찾고 화장실도 찾았다. 어느 코너에서 셋째가 티셔츠를 샀다. 둘째도 나도 사면서 하나씩 내가 사주었다. 다시 이동했다. 가볍고 편한 손가방이 좋았다. 남색 꽃무늬를 샀다. 셋째도 사겠다 해서 하나 추가했다. 둘째는 싫다 했다. 그는 내가 돈 쓰는 것을 싫어했다. 나는 둘째의 고운 마음이 속상했다.

셋째는 온갖 가게를 다 훑어 봤다. 목걸이, 반지도 확인하고 껴 봤다. 스카프 코너에서 대여섯 개를 샀다. 싸서 사고 예뻐서 샀다. 나는 힘들고 지루했다. 여하튼 3시간을 구경하며 걸었다. 집으로 돌아오면서 동서들은 집으로 보냈다. 남편과 나는 다시 슈퍼로 갔다. 참치회 3팩과 양념 튀김, 맞춰 놓은 피자 2판, 아이스크림 등을 잔뜩 사서 집으로 왔다. 피자는 이불로 덮고 찜질팩으로 따뜻하게 보존했다. 다시 저녁상을 차렸다. 주 메뉴는 스테이크였다. 거기에 닭찜, 참치회, 피자, 와인, 맥주, 가족이 좋아하는 양주 폭탄주로 모두가 모여 축배를 들었다. 곧 큰 딸네가 시댁에 갔다가 왔고, 작은딸 등 가족들은 거실과 식탁에 가득 찼다.

잔을 들고 돌아가면서 축배를 드는 것이 명절이었다. 이것이 화목이고 행복이었다. 결국 명절은 가족의 모임이고 결속인 것이었다. 가족 모두가 아프지 않고 건강하게 행복하기를 기원하면서 축배는 계속 이어졌다. 그런데 서로 자기의 이야기가 이어졌다. 각자 띠 이야기를 했다. 누구는 용띠 또 누구는 닭띠, 돼지띠, 원숭이띠, 쥐띠. 그럼 셋째네와 내 막내딸과 같은 띠네요. 셋째가 말하길 자기는 참는 형이라고. 아들에게도 참고, 딸에게도 참고, 남편에게도 참는다고. 그러나 자기가 참을 수 없을 때는 자기 딸에게 존댓말을 쓴다고. 그럼 딸이 긴장한다나. 아, 우리 엄마가 화가 났다고.

나의 작은딸이 자기는 모든 것을 참을 수 없으면 쏟아낸다고 했다. 그때, 내가 말했다. 그러니까 쟤는 시집을 못 간다고. 딸도 고개를 끄덕이며 자기도 그래서 시집 못 가는 것을 안다고 말했다. 우린 즉석에서 상처를 주듯 대놓고 서로 욕하는 것이었다. 그런데 셋째가 자기는 너무 참고 살았다며 눈물을 흘렸다. 갑자기 분위기가 이상했다. 셋째는 말했다. 자기는 매사 참는 성격이라고. 셋째 삼촌은 얼굴이 찌그러지며 자기가 큰 잘못을 한 사람으로서 어떻게 할 수 없어 했다. 남편은 이 자리에서 하고 싶은 말을 다 털어놓고 자기를 치유하는 것이 좋을 것 같다고 말했다.

다시 폭탄주가 돌려졌다. 큰 유리잔(맥주를 넣고)에 작은 유리잔

(양주 17년산)을 넣어 흔들면서 이동했다. 셋째가 말했다. 자기는 주식 1000만 원어치를 샀는데 3배가 올라서 마음이 뿌듯하고 든든하다고. 자기 아들이 4월에 장가를 간다고. 신부네 집에서 집값으로 1억을 대준다고. 자기가 다 하려고 했는데 그쪽에서 해줘서 돈을 1억 벌었다나. 그래서 살림은 남자가 다 사겠다고. 여자가 국세청을 다닌다고 했다. 나는 셋째에게 당신은 전생에 나라를 구했는지 아들 딸들이 어쩌면 그렇게 시집 장가를 잘 가나 모르겠다 했다.

셋째는 계속 자랑이 늘어졌다. 자기 집이 2채가 되고 동탄 집은 38평이라 넓다고. 수현(셋째네 딸)이도 집이 여기저기 있고 애들은 모두 영어 국제학교를 보내면서 공부를 시킨다 했다. 이번에 호주 여행을 가는데 자기는 남편을 데려갈 수 없다나. 너무 신경 쓰면 자기가 힘들어서 여행을 할 수 없다고 했다. 그 후 이튿날, 그런데 세배 시간이 되어 애기들이 세배를 했다. 첫째 나 둘째네는 애기들마다 5만 원씩 주었는데, 셋째네는 5만 원을 주면서 둘이씩(형제끼리) 나누어 가지라고 했다. 셋째네는 부자라고 온갖 자랑은 다 하지만 돈 쓰는 데는 인색했다.

나는 수년 동안 살면서 셋째네의 행동이 생각났다. 자기는 항상 아들, 딸, 남편을 위해서 헌신하며 참고 살았다고 울고불고 하는데 그것은 제 식구를 위해서였다. 시댁을 위해서는 한 적이 없었다. 시어머니 생신 때(30~40년)도 우리는 하루 전날 가서 육해 공군 음식을 다하고 차렸다. 그러면 셋째는 항상 상 차린 후에 와서 먹으면 시어머니는 와줘서 고맙단다. 거기에 온갖 음식과 케이크는 모두 다 싸서 가져갔다. 설거지도 안 하고 말이다. 그 생각을 하니 갑자기 내 안에서 열불이 났다. 그 당시는 케이크가 귀했던 시대였다. 우린 먹어보지도 못했던 것이다.

그런데 웃겼다. 그렇게 떠받들고 산 자식들한테 혼나고 사는 꼴이 웃겼다. 큰딸한테 뭐라 하면 엄마에게 딸이 더 야단을 하고 난리라서 말을 못 한다. 아들은 어떻냐 하면, 아빠나 엄마가 술을 먹으면 술 먹지 말라고 야단을 친다. 오히려 우리가 너네 아빠 엄마는 적당히 잘 먹고 있는데 왜 네가 난리냐고 한마디를 했더니, 웃기게 셋째는 명절 때마다 제 아들을 늦게 와서 제사할 때만 오게 했다. 셋째가 제 자식들한테 용돈은 잘 받을지 모르나 거꾸로 자식들이 부모를 지적질하며 사는 것은 맞지 않다는 생각이 들었다.

그런 짓은 정치인 이준석처럼 부모가 자식에게 싸가지 없이 교육시킨 대가를 이제 받는다고 생각했다. 제 새끼 귀한 줄만 알고 떠받들고 사는 것이 과연 제대로 잘 될 것인지는 두고 볼 일인 것이다. 셋째는 하는 짓이 베풀 줄을 모르고 모든 것을 움켜쥐고 혼자 다 가지려는 욕심이 너무 과하니까 꼴불견인 것이다. 물론 셋째 삼촌도 역시 마찬가지다. 제 새끼는 귀하기만 하면서 둘째네 애기 돌이 간신히 지났을 때 애기를 세우고 차렷 경례를 시키니까 애기가 무서워서 눈물 콧물을 흘리게 했는데…. 제 새끼가 4학년 때 아빠랑 여행을 가려고 비행기를 탔는데 그놈이 아빠는 복도로 가서 앉으라 하고 자기는 의자에서 발 뻗고 자야 한다며 아빠를 내몰았다니 웃기는 일이었다.

　결국 아빠는 통로에서 몇 시간을 서성대며 비행기를 탔다나. 그것은 자식을 위한 것이 아니란 것이다. 반듯한 공부를 시키려면 함께 불편함을 견딜 줄 아는 것을 가르치는 것도 공부인 것이다. 사실 교육이란 어느 것이 옳은지 모른다. 그러나 마음으로 남을 배려하고 서로 돕는 것을 가르치는 것도 참 공부가 아닐까 생각했다.

*

정리 정돈을 할 수 있는 공부

　나는 요즘 정리 정돈이 얼마나 중요한가를 깨닫는다. 나는 평생 정리 정돈에 대한 것을 생각하지 못하고 살았다. 내가 사는 시대는 무엇이든 아끼고 보존하고 쓰는 것에만 집중하고 살았던 것이다. 그런데 요즘은 물건이 너무 많은데 문제가 있는 것이다. 우리 때는 평생 신발도 하나만 샀다. 그것으로 봄, 여름, 가을, 겨울을 지냈다. 그런데 요즘 사람들의 신은 봄, 여름, 가을, 겨울의 신이 있다. 거기에 운동화, 축구화, 골프화, 테니스화, 등산화, 조깅화 등 기능성 신발이 있다. 또한 실내화, 실외화, 슬리퍼용, 다용도실용, 화장실용 등이 있다. 여기에 한복 입을 때 신는 신, 양장할 때 굽이 몇 센티미터로 3~9센치, 단화 등이 있다. 여하튼 많은 종류의 신이 신발장에 진열한다.

　식구 수대로면 100여 켤레가 진열될 것이다. 옷의 종류도 그럴 것이다. 잠옷부터 출근복까지 수많은 옷들이 장롱 속에 있어야 하고, 한 가구 4명에 몇백 벌이 존재할 것이다. 그런데 신던 신을 새로 샀을 때 더 문제다. 버리기는 아깝고 가지고 있다가 버릴 신들이 또 몇 가지가 더 있다. 새로운 재질과 새로운 형태의 질감이 매력적이라 사는 경우도 있는 것이다. 신발이 식구대로 진열하는 것이 쉽지 않은 것이다. 나는 물건에 대한 애착이 많아서 작년 것, 재작년 것, 올해 것 등을 버리지 못한다. 다른 종류도 또한 그렇다. 옷가지, 모자, 살림도구, 음식물 등도 못 버리고 가지고 있는 것이다.

그런데 요즘 우리 옆집 213호에서 문제가 생겼다. 주인은 정교수이고 부인은 정약사이다. 두 분은 딸 셋을 데리고 화목하게 살고 있다. 그런데 어느 날 짐덩이가 복도 난간으로 쏟아져나왔다. 어? 이 집 이사 가나 생각했죠. 그런데 짐덩이가 계속 밖으로 나오는 거죠. 아침 일찍 약사님이 출근하는 것을 봤죠. 정교수님을 우연히 만나서 인사하는데 저희 물건 때문에 미안하다는 거죠. 짐은 부풀게 많아져서 우리 복도까지 침입을 했죠. 우리 집 창 밑까지도. 그 짐은 몇 개월째 방치가 됐죠. 우리 집 방문하는 손님들은 옆집을 가리키며 저 집 이사 가나 보죠? 했죠. 나는 옆집이 안타까웠어요. 어느 누구 하나 정리 정돈을 할 줄 아는 사람이 없는 거죠.

사실 나도 정리 정돈을 하며 산 적이 없었죠. 그러니까 할 줄을 모르는 거였고요. 어렸을 때부터 부모들은 공부, 공부만 찾았으니까요. 어렸을 때부터 항상 입시 시험에만 신경 쓰고 살았잖아요. 입학시험을 통해 학교엘 가야 하니까요. 초등학교, 중학교, 대학교 후에 석사, 박사 과정을 거쳐야 하니 제대로 살림을 정리

해 본 적이 없는 거죠. 눈 뜨면 밥 먹고 학교 가고, 아니면 출근하고 돈 벌고 그렇게 60 인생을 살았죠. 그렇다고 자식들에게 정리정돈 하는 법을 나도 모르는데 가르쳤겠나요. 옆집을 나는 이해합니다. 그들도 이 짐들을 버릴 수도 없이 당장 사용하는 것들이니까 어쩌겠습니까.

나는 요즘 정리를 위해서 버리는 연습을 하고 있습니다. 그러나 20년동안 묵은 옷을 몇 번씩 버리기는 하는데 버리지 못하고 있는 것이 많습니다. 못 버리는 것들은 또다시 쓸 수 있다고 생각하기 때문인 거죠. 그런데 내 여동생이나 깔끔한 사람들은 또 잘 버려요. 그들의 철학은 한 가지를 사면 한 가지를 버려야 한다는 철학을 가졌어요. 그 말도 맞습니다. 그러나 그들은 성성한 것들도 쉽게 잘도 버려요. 우리 시어머니도 사실 잘 버려요. 시어머니는 음식을 한 번 먹으면 남은 것을 거의 다 버려요. 깔끔하게요. 부엌이 깨끗하죠. 그러나 나는 다음 식사할 경우 새롭게 음식을 항상 만들어야 하고 먹을 수 있는 음식이 버려져서 아깝기도 합니다.

우리는 제각각 각자의 철학대로 살겠지만 지혜롭게 낭비하지 말고 아끼면서 재활용을 잘 할 수 있었으면 좋겠다. 너무 쉽게 버리면 그만큼 경제적 낭비가 생겨나고 또 너무 많이 쌓아두고 사는 것은 집안에 물건이 가득 차서 물건 속에 인간이 구속받으며 사는 꼴이 되는 것이다. 여하튼 나는 정리 정돈을 잘 하고 사는 사람들이 무척 부럽다. 지혜롭게 정리 정돈을 잘 하는 그들을 나는 존경한다. 그리고 나도 요즘은 항상 정리 정돈을 어떻게 잘해 볼까를 궁리하며 살아가고 있는 것이다.

*

전화가 왔다

대학 동창 A는 나에게 말했다. 자기네 모임을 가졌다면서 친구 B가 이상하다는 것이다. 그 친구는 고등학교 동창이기도 했다. 그리고 B 친구의 남편은 대학동창의 선배였다. B 친구 부부는 평생 사이가 안 좋았다. 그들은 서로 딴 곳을 보고 사는 부부였다. 거기에 B는 조울증이 심하고 과대망상증이 심했다. 그리고 여기저기 아픈 곳이 많은 친구였다. 어느 때는 철없는 친구였다. 모임날 B 친구도 동창모임에 참석하기로 했다. 다만 그날 B 친구는 다른 모임이 많아서 모임 장소에 늦게 도착을 했다. 그런데 모임 전에 C 친구에게 전화를 해서 말하길 자기네 남편이 바람이 나서 싸웠는데 자기는 이혼을 하고 싶다고. 이혼을 해야 하는지 안 해야 하는지 모른다면서 내가 이혼을 안 하기를 바란다면 10만 원을 달라고 했다고. C 친구는 이혼하지 말라면서 얼른 10만 원을 송금했다는 것이다.

B 친구가 참석하기 전 동창들 사이에서 B가 동창들에게 했던 말들이 모아졌다. B 친구는 며칠 간격으로 친구들에게 전화를 했다. 돈 좀 빌려달라. 남편이 바람났다. 이혼해야겠다. 남편이 때렸다. 밥도 안 사준다. 하고 싶은 걸 돈이 부족해서 못한다 등등…. 동창들은 이미 B 친구에게 학을 떼고 있었던 것이다. 그런데 자비심 많은 한 친구가 돈을 걷어서 주자는 말을 했다. 다른 친구는 남은 회비를 주자는 말도 있었다. 전 총무는 B 친구에게 아파서 주고 병원에 입원해서 또 이런저런 일로 회비를 준 적이 많았다는 것이다. 하루 이틀에 끝나는 일은 아니라는 것이다.

B 친구는 남편이 80만 원을 준다는 것이다. 영화관을 일주일에 2번, 정기모임 4번 등을 하고 산다는데 나이 70세가 넘어서 그렇게 살면 충분하지 않을까라는 말도 했다. 나는 그 친구가 불쌍했다. 그러나 그가 하는 행동들은 예쁘지 않았다. 생각 없이 자기중심적으로 하는 행동을 그 누가 받아주겠는가. 남편이? 자식이? 그런 어머니를 받아줄 자식은 없을 것 같았다. 나는 B 친구가 건강할 때까지 우선 남편을 위해 밥상을 차려주는 부인이 되었으면 좋겠다. 그리고 자식에게 용돈을 달라고 하지 말고 남편이 주는

용돈을 적절히 아껴서 쓰는 사람으로 최소한 집 식구들에게 미움받지 않는 가족이었으면 좋겠다는 생각을 했다.

*

인간의 속성을 생각하다

 인간은 어떻게 태어났는가를 생각했다. 나는 아이들이 어렸을 때 그들을 열심히 공부시키면 그들이 잘 커서 직업을 선택하고 그냥 잘 살 것으로 생각했다. 그러나 그들은 뚜렷한 직업을 가지지 못했다. 다행인지 그들은 여자이기 때문에 시집이나 보내면 되겠다고 생각했다. 어차피 결혼을 하면 아기를 낳아서 아이를 키워야 하기 때문이었다. 여성이 아이를 키우며 직업을 가진다는 것은 어려운 일이기도 했다. 내 아이들은 대학을 졸업하고 이런저런 일을 했지만 오래가지 못했다. 큰애는 여행사에서 아르바이트를 하다가 여행사를 차렸다. 그리고 결혼했다.

 큰애는 아들 딸을 낳았다. 손자가 15살이 되었다. 큰애 집은 크게 잘 되는 것도 없고 나쁘게 안 되는 것도 없었다. 큰딸의 속성은 열심히 살림에 충실하지 못했다. 딸은 온갖 집안을 벌려진 상태로 방치하면서 애들에게 밥만은 잘 해서 먹였다. 애들이 공부를 하든 안 하든 상관없었다. 애들 공부를 위해서 온갖 것을 간섭하는 엄마가 아니었다. 애들은 애들끼리 살면서 자랐다. 여동생과 오빠는 둘이 손잡고 잘 지냈다. 걔네 엄마는 자기에게 더 관심이 많았다. 걔네 엄마는 자기가 좋아하는 테니스에 더 열정적이었다. 화장품, 옷, 라켓, 가방 등에는 애들과 남편보다 더 신경쓰고 사는 것을 즐겼다.

나는 사십이 넘은 딸을 어떻게 할 수 없었다. 나는 손자와 손녀가 열심히 공부하게 하고 싶었다. 그러나 내 딸은 그런 열정이 없었다. 나와 생활 철학이 달랐다. 나는 정열적으로 애들에게 철저히 공부를 열심히 하게 하려고 최선을 다했다. 그러나 우리 애들은 공부에 그런 열정이 없었다. 그리고 우리 애들은 무엇을 이루려고 노력하는 형이 아니었다. 남편과 나는 그것이 안타까웠다. 지금 큰딸은 어느 날 스타벅스에서 커피를 마시고 나오는데 직원 채용이라는 팸플릿을 보았다. 그리고 그 딸은 입회원서를 쓰고 다행히 합격을 했다. 대부분 이삼십 대가 입사하는데 딸애는 40대인 것이다. 다행히 붙었다.

회사에서 훈련을 받는 것은 쉽지 않았다. 딸은 나이 어린 선배에게 혼이 났다. 어느 날 나에게 전화를 하며 징징대며 울었다.

나는 입사 100일 잔치를 해줄 테니 참고 견디라고 충고했다. 어찌어찌 세월은 흘러갔다. 나는 김치와 깍두기를 담가다 주고 슈퍼에서 이거저거를 사서 갖다 주고 했다. 이번 겨울 방학은 길었다. 손자를 영어학원에 보내야 한다고 했다. 돈이 없다 해서 학원비를 보냈다. 그러나 손자는 영어학원은 다니지 않았다. 운동을 다니겠다고 했다. 운동도 다니지 않았다. 답답해서 내가 손자를 유도관으로 데리고 가서 등록을 했다. 과연 얼마나 다닐지 몰랐다.

 세월은 빨랐다. 이미 방학이 끝나버렸다. 나는 젊은이들이 미지근한 태도로 살아가는 것을 이해할 수 없었다. 작은딸도 그랬다. 결혼만 하라고 하면 경계선을 넘지 말라며 나를 협박했다. 근데 이제 그 딸이 벌써 43세다. 지금 나랑 수영을 함께 하러 다니고 있다. 그런데 옷을 입는 모습을 보면, 팽팽한 몸매는 나이가 들어 바람 빠진 풍선처럼 흐물거렸다. 이것아 넌 네 몸이 안 보이냐? 조금 있으면 너도 별수 없이 쭈그렁 늙은이가 되겠구나. 그렇게 협박하면서 어미를 일러바치고 지랄을 떨더니만, 홀로 외롭게 죽어가니 좋냐? 행복하냐고.

 아이고 불쌍한 것, 제 꿈이 커서 남자를 만날 수 없어서인지 아니면 남자라는 놈들이 그저 제 눈에 그놈이 그놈이라 결혼해서 살아 봐야 자기 인생이 별 수 없다는 것인지…. 어느 날 나는 아이가 어렸을 때를 생각했다. 큰딸은 눈만 뜨면 나가서 놀았다. 온 천지를 돌아다니며 놀이터를 헤매고 놀았다. 작은딸은 항상 조용히 놀았다. 책을 보고 종이 인형을 가위로 오리고 놀았다. 그러면 큰애는 번잡하고 시끄러운 것을 좋아하는 것이 아닐까. 작은애는 조용하며 실내에서 하는 일이 맞을 것 같은 생각이 들었다. 작은애는 수학 학원 선생을 하는데 자기는 맞는다는 것이다. 다만 경제성이 없다는 데 문제가 있지만 말이다.

큰애는 선생이 싫다고 했다. 그런데 스타벅스 직원은 힘들다면서 잘 견디며 하고 있는 것이다. 큰애가 사람을 상대로 하는 직업이 맞을 수 있다. 아무튼 제각각 자기에게 맞는 좋은 일을 자기가 선택해서 경제도 살리고 자신도 살려 행복한 삶이 되기를 어미는 기도할 뿐이었다.

*

부처처럼 산다는 것은 정말로 불가능하다고 불교 경전은 전했다

붓다는 어떻게 살아가는가? 그것을 깊이 생각해본 적이 있는가? 붓다는 어디를 가고자 하는 아무 욕망이 없지만 여전히 살아

간다. 그는 무엇을 하고자 하는 꿈이 없지만 여전히 살아간다. 그는 어떤 것을 성취하려는 욕망이 없지만 여전히 매일 아침 일어나서 사람들을 돕는다. 그는 이제 성취해야 할 것도 없고 가야 할 곳도 없는데 왜 계속해서 숨 쉬고 있는가? 그는 무(無)를 실천하고 있다. 그대는 없는데 여전히 존재한다는 것을 알게 되는 것, 그것은 가장 믿기지 않는 현상 중의 하나이다.

깨달음을 얻고 도(道)를 실천하기 어려우며, 구도자의 길을 따르기 어렵다. 구도자의 길을 따르는 것은 스스로 죽는 것이기 때문이다. 점점 자신이 녹아들어야 한다. 구도자에 가까워질수록 더욱 그대는 사라지고 또 사라져 간다. 가장 가까이 이르렀을 때, 그대는 거기에 없다. 녹아들 준비가 된 자는 제자가 될 준비가 된 것이다.

항상 자기 자신의 주인으로 존재하기 어렵고….

사소한 일들이 그대가 노예임을 증명한다. 누가 욕을 하면 화가 일어난다. 그대는 그가 주인이라는 것을 증명한다. 그는 아무 때라도 그대를 모욕해서 화나게 할 수 있다. 그 화의 주인은 그대가 아니다, 누가 칭찬하면 그대는 웃는다. 그는 그대에게 웃음을 주었다. 그가 주인이다. 그대가 주인이 아니다.

붓다는 그것이 참으로 어렵지만 노력하라고 말한다. 모든 방법을 동원해 주인으로 머물러라. 어느 누구도 그대를 조종하게 하지 말라. 어느 누구도 그대를 기계적으로 만들게 하지 말라. 모든 상황에서 주인으로 머물러라. 노력한다면 조만간에 그대는 새로운 힘, 그대 안의 새로운 에너지가 굽이치는 것을 느낄 것이다.

붓다의 말을 이해할 것도 같고 어쩌면 어려워서 이해할 수도 없는 것도 같다. 누가 욕을 하니까 화가 난다거나 누가 칭찬해 주면 웃는다는 것은 그대 자신이 주인이 아니라는 것으로 이해했다. 누구에 의해서 조종당하지 말고 스스로 주인으로 머물라는 것이다. 가끔 남편이랑 토닥거릴 때 화가 난다. 그때 얼른 근데 왜 내 안에서 화가 나나? 뭣 때문에 화가 나는가? 남편 때문에? 화 나는 것이 무엇인가?를 생각하면 내 자신이 웃긴다. 화의 본질이 맞지 않다고 생각할 때가 있는 것이다. 여하튼 이해하도록 열심히 노력하면 초월하는 힘이 생겨 모든 것을 이해할 수 있는 새로운 에너지가 발견된다는 것으로 이해했다.

*

새봄이 오고 있었다

　칠 학년이 넘은 새 학기라 생각하자. 봄비가 부슬부슬 내렸다. 기온이 서늘해졌다. 어제는 10도였는데 비가 오니까 3도가 됐다. 겨울 골프 흰 바지에 붉은 울티, 그 위에 회색 패딩조끼 그리고 다시 짧은 오리털 잠바를 입었다. 모자는 겹으로 박음질한 남색에 흰무늬가 있는 스포츠 모자를 썼다. 새벽에 남자는 여자에게 골프 연습장을 가자고 했다. 남성들은 나이 들어 매사 귀찮이즘 병에 걸리는 듯하는데 남자는 다행히 그러지 않았다. 여자도 사실 몸이 안 좋으면 그럴 수밖에 없었다. 그동안 여자는 근육파열이 팔과 다리 등에 생겨서 고생을 많이 했다. 여자는 고통을 참으면서 진통제를 복용하며 파열 근육을 보완하려고 애 많이 썼다.

　여자는 무조건 진통제를 복용하고 근육질 감소를 회복하려고 애썼다. 근육이 손상되면 걸을 수가 없다는 것을 친정어머니로부터 배웠다. 어머니가 누워서 3개월을 치료하는 사이 어머니는 근감소증으로 걸을 수가 없었다. 당신은 걸어보려고 무진 애를 썼는데 1년이 넘으니까 회생할 수 없었다. 결국 요양원으로 가셨다. 여자는 다리근육 파열로 3년을 버텼고 그 후 다시 그 옆 사이드 근육이 파열되었다. 지금도 온전하지는 않다. 그러나 진통제는 먹지 않았다. 그것이 감사했다. 근육보강은 잘 먹고 운동을 열심히 하는 방법이 최고였다.

다행히 여자는 스포츠를 좋아했다. 그러나 좋아하다 보니 파열 현상이 자주 일어나는 것이다. 여자는 이번에 근육보강을 위해 김호곤의 흑염소즙을 사서 먹었다. 다시 큰딸이 녹용즙을 소개해서 먹고 있다. 오래 사는 게 중한 것이 아니라 사는 날까지 건강하고 즐겁게 사는 것이 중요했다. 그런데 남자는 그런 즙류를 싫어했다. 여자는 신나는 운동을 하며 근육이 파열되지 않기 위해 싫지만 열심히 먹었다. 봄이 오니 이제 다시 스포츠 계절이 돌아오는 것이다. 여자는 신이 났다. 운동을 통해서 갇혀 있던 것들이 저 넓은 세상으로 확장되어 멀리멀리 날아가는 꿈을 줄 것 같았다.

처음으로 호수의 골프 연습장으로 직행했다. 연습이 즐거웠다. 안개 낀 호수로 신나게 공을 쳤다. 그러나 한참을 쉬었다고 공은 픽 사리가 나버렸다. 그래도 마음은 상쾌했다. 신나게 공을 던지는 맛이 좋았다. 이거야 이거 이렇게 즐기고 살면 행복인 거라고. 우리는 즐겁게 공을 치고 기내식으로 식사를 하고 커피를 마셨다. 집으로 오면서 여자는 감사했다. 아직 남자가 운전을 할 수 있고 여자가 공치는 것을 즐길 수 있으니, 이 같은 축복이 어디 있겠냐면서 감사 기도를 했다. 그리고 신은 나를 통해 만인들에게 자비와 덕을 베풀 수 있는 힘을 주시라는 기도도 했다.

*

정인하가 소풍을 갔다

- 사랑하는 친구야 우리의 인연은 여기까지인가 보다. 사랑 많이 받고 간다. 끝까지 날 붙잡아준 남편과 성실한 아들과 마음이 따뜻한 며느리들에게 애썼다고 위로의 말을 해주렴. 사랑해.

- 인하야 사랑해. 영원히 내 마음에 남아있을 너! 온 가족의 사랑과 보살핌을 오롯이 받은 너는 행복한 사람. 언제까지나 너와 함께 사랑을….

- 인하야 이게 무슨 소리냐?

- 정인하 사망(배우자 김용인)
  서울 아산병원 장례식장 35호
  발인: 2024년 2월 24일(토요일) 06시
  장지; 모란공원(마석)

- 천사처럼 살다 간 우리 인하를 영원히 마음에 간직하겠습니다.

- 어머나! 착하게 살다 간 모니카 영혼이 주님 곁에서 편안히 쉬도록 받아주소서.

- 갑자기 눈물이 나서 밥을 먹을 수가 없네요! 인하야 오래 고생했는데, 퇴원하면 밥 먹기로 했는데…. 우리들이 함께 골프를 치며 바닷가에서 사진을 찍었을 때 인하는 좋아서 웃으며 손을 들고 환호를 했었는데…. 그때 우리는 너무 즐거웠는데….

- 눈물이 자꾸 나고 마음이 아프다. 인하는 우리들 마음속에 정말 멋진 친구로 영원히 함께 할 거야.

- 눈이 많이 와서 미끄럽구나. 인하가 폐렴 때문에 잘 견디다 갔어. 인하 성격처럼 화끈하게 생을 마무리했다. 허리도 아프고 다리도 아프고 우선 쉬어야겠다. 많이 쉬고 빨리 나아서 토요일 장지 갔다 오려고 해.

인하가 소풍을 간 후 나의 시간은 갑자기 멈춰버렸다. 검게 끈적임이 내 몸을 짓눌렀다. 알 수 없는 검은 덩어리가 내 안을 돌아다녔다. 답답했다. 나를 어찌하지 못했다. 돌발적으로 폭발하려는 잘못된 에너지가 솟구치려 했다. 이러면 안 되지. 마음을 달래려 해도 좋아지지 않았다. 무거운 몸이 더 악화될 수 있었다. 고요해져야 한다며 마음을 달랬다. 이런 때는 눈 감고 고요히 시간을 보내는 것이 최선이 되리라. 그러다가 벌떡 일어났다. 아무래도 인하가 머물러서 있다가 소풍 가버린 곳을 찾아가는 편이 나을 것 같았다.

 나는 옷을 챙겨 입었다. 부조금을 넉넉히 넣었다. 퇴원하면 맛있게 먹자던 음식 값도 계산해서 넣었다. 집을 나서니 함박눈이 쏟아졌다. 아! 눈이 많이 내리네. 옛말에 시집갈 때 눈이 많이 내리면 복을 받아서 시집을 가서 잘 산다는데, 우리 인하가 떠나는 날 하얀 눈이 이렇게 쏟아지는 것을 보니 하늘나라에 가서 제일 좋은 천상으로 가는가 보구나! 그래 인하야 잘 가라고 내가 이렇게 기도했다. 사방에 눈이 쌓여서 걸을 수 없었다.

*

결혼식장을 가다

 아침부터 서둘렀다. 주말이라 차가 밀리면 T시의 S예식장에 참석할 수 없을 것 같아서다. 차표는 이미 끊었다. 나는 예식장에 들렀다가 노 교수님 댁에 들러서 오기로 마음먹었다. 서울 터미널은 완전 인천국제공항처럼 변모했다. 승객의 휴식처도 편안하고 아름다웠다. 화장실 내부도 최고의 수준이었다. 어느 호텔 화장실처럼 깨끗하고 품격을 갖추었다. 티켓을 가지고 차에 올랐다. 승차 자동기에 차표를 올리면 좌석이 확인되었다. 나는 내 좌석을 찾아 앉았다. 좌석은 편안했다. 심심하니까 가지고 간 책을 읽었다. 창밖은 비가 왔다. 터미널 쪽으로 걸어올 때 부슬부슬 왔는데 고속도로에는 비가 많이 쏟아졌다.

차는 밀리지 않았다. 이상했다. 경부고속도로는 항상 막힘 현상이 있었는데 말이다. 차가 빠르게 도착했다. 1시간 이상 여유가 생겼다. 하차했는데 터미널이 새로 복합단지로 지어져서 알 수가 없었다. 나는 느리게 건물 탐사를 했다. 하차장에서 사람들이 에스컬레이터를 타고 이동해서 나도 따라 움직였다. 위층은 백화점이었다. 다시 제자리로 돌아왔다. 아무래도 다시 서울로 버스를 탈 테니까 미리 승차하는 곳을 알아두어야 했다. 일하는 여직원에게 물었다. 승차장이 어디냐고. 이쪽 다리를 건너 서쪽으로 가라고 했다. 지시대로 이동했다. 1층에 승차장이 있었다.

다시 건물 밖으로 나왔다. 건물을 살펴보았다. 이쪽이 하차장, 저쪽이 승차장인 것 같았다. 이해할 수 있었다. 승차표를 3시간 더 늦은 것으로 바꾸었다. 그런데 갑자기 왼발에 통증이 생기면서 걸을 수가 없었다. 가끔 아픈 부위가 부풀면서 통증이 생겼는데 날씨가 추워서 그랬는지 심하게 아팠다. 약국을 찾아서 파스를 사서 붙여야겠다. 여기저기 일요일이라 약국이 안보였다. 구석에 하나 있었다 약국 표지를 따라 이동했더니 잠겨 있었다. 난감했다. 25시 편의점으로 들어가서 파스가 있는가를 물었다. 다행히 있었다.

터미널 객실로 돌아가서 파스를 붙이고 발 운동을 하면서 걷는 연습을 했다. 이렇게 발이 아프니까 초심으로 돌아가서 자비심도 생기고 주변 사람들을 돌아보는 마음이 생기는 것 같았다. 너무 건강해서 부족함이 없으면 금방 마음이 교만해서 안하무인으로 변하는 것이 아닐까. 오늘 어렵게 T시까지 왔으니 존경하는 K교수님을 찾아봬야겠다는 생각을 굳혔다. 서서히 예식 시간이 다가왔다. 나는 길 건너 예식장으로 갔다. 예식장은 훌륭했다. 신부와 신랑이 보였다. 신랑 어머니인 강 선생을 보며 축하인사를 했다. 곧 강 선생이 내 선물꾸러미를 챙겨줘서 감사했다.

바로 식당으로 들어갔다. 아는 사람이 없으니 식사하는 것이 불편했지만 어디를 가든 이제 혼자 식사하는 것에 익숙해져야 했다. 메뉴는 훌륭했다. 입에서는 따뜻한 우동과 맛있는 탄수화물이 좋겠지만 그러면 몸 균형이 깨진다고 들었다. 의사 선생님의 말을 듣기로 했다. 회초밥 2쪽, 갈비찜 2대, 연어회 3조각에 된장국을 가져다 먹었다. 심심했다. 핸드폰을 켜고 유튜브를 보며 먹었다. 애기들의 재롱 모습, 다큐에 나오는 세계여행 등을 보며 먹었다. 두 번째 접시를 들고 이동했다. 모듬 야채인 새싹, 양배추, 양상추, 오이, 당근, 토마토 등을 접시에 가득 채우고 소스를 뿌렸다. 그리고 스테이크 한 조각을 야채 위에 올렸다.

식탁으로 와서 맛있게 먹었다. 세 번째 접시를 들고 케이크 대신 달콤한 비스킷, 각종 과일에다 커피를 마시고 식당을 나왔다. 길을 건너서 택시를 기다렸다. 택시가 없었다. 카카오톡 택시만 있었다. 당황했다. 언제까지 기다려야 하나 생각하고 택시를 잡으려면 앱을 깔아야 하나를 고민했다. 그때 마침 빈 택시가 왔다. 기사에게 문화동 금호어울림 아파트를 외쳤다. 나이가 많은 기사였다. 잘 모른다고 구시렁거렸다. 내가 티맵을 찾아서 길을 가르쳐 주었다. 다행히 쉽게 찾았다. 교수님 동으로 가서 호출번호를 눌렀다. 문이 열렸다. 아파트로 들어갔다. 집의 위치는 시내 중심가라 좋았다.

교수님 부부는 반가워하셨다. 나는 작은 선물을 드렸다. 집은 깨끗했다. 남향 집이었다. 베란다에는 갖가지 화초가 많았다. 벽면에 TV가 있었고 마루는 흰색 나무판으로 보였다. 부엌은 하얀 대리석으로 불판을 중심으로 사방형 식탁으로 짜여졌다. 간이 부뚜막으로 활용도가 많았다. 부엌 옆에 작은 식탁이 있었고 의자 2개가 있었다. 거실은 소파가 없이 편하고 큰 의자가 2개 거실 벽 쪽에 있었다. 단둘이 사시니까 뭐든 두 개가 있었다. 사모님은 커피 한 봉이 있었는데 그것을 당신이 오늘 먹어서 커피가 없다고 했다. 나는 괜찮다고 말했다. 이미 친구들 만나서 먹을 것 다 먹고 왔다고.

교수님네 큰아들은 결혼을 못 했다. 물론 내 딸도 결혼 못 하고. 제가 실크로드의 흥망성쇠를 유튜브로 보는데 거기에 나오는 흥했던 나라들이 어느 날 사라지는 것을 보면 걱정이 된다고 교수님과 사모님께 말했다. 그리고 다시 지나간 역사를 보면 우리나라도 지금 이렇게 화려하고 대단한 나라로 부각되는데 언제 어떻게 갑자기 사라질 수도 있겠다는 생각을 하게 된다 했다. 공산권이 왕성하여 아시아 전체를 물들였는데 우리나라의 강한 좌파 성향이 맨 끝에 붙은 우리나라를 언제 다시 일제시대처럼 집권해서 북쪽 공산당에 바칠지 걱정스럽다 했다. 사모님은 고개를 끄덕이시며 젊은이들이 애기를 안 낳으니 걱정이라 하셨다.

그 교수님과의 역사는 많았다. 처음 우리 학교로 부임 받으셨을 때 조교는 우리 집으로 교수님을 소개했다. 우리 어머니가 숙박업을 했기 때문이다. 사실 난 잘 몰랐다. 어느 날 교수님이 계셨다. 난 길 건너 살림집에서 기거했기 때문이었다. 그 후 교수님네는 석교동에 집을 사서 가셨다. 그 당시 국문과는 20명이었는데 군대 가고 어찌해서 15명이었다. 교수님은 우리 동창을 다 기억했다. 그런데 후배들은 인원이 100명씩이라 교수님은 기억할 수 없었다. 우리 시대 교수님네 집을 방문해서 김장도 담갔던 기억이 있었다. 여하튼 이런저런 인연으로 교수님과는 친분이 있어 만나면 즐거웠다.

교수님은 남달리 여러 가지로 훌륭하셨다. 학문도 높으시고 제자들 생각하시는 것이 훌륭하셔서 학생들이 많이 따라다니는 편이었다. 항상 상대편을 위주로 생각하셨다. 식사를 해도 먼저 돈을 내셨다. 교수님들 중에 자기 돈으로 밥 사주시는 분은 한 번도 없었다. 그러나 그 교수님은 항상 제자든, 동료교수든 당신이 돈을 내셨다. 그렇다고 교수님이 부자여서는 아니었다. 원래 제자들이 무슨 돈이 있겠냐는 것이었다. 동료 교수와 제자들이 잘 쓴 논문을 내면 항상 칭찬하셨다. 제자나 동료 교수를 시기하고 질투하는 법이 없었다.

대학 내의 교정은 원래 교만한 제자와 시기 질투가 강한 교수들의 집단 같았다. 교수들은 자기 이익 챙기기에 바빴다. 제자를 위한 것도 자기 식구 챙기는 일일 것이었다. 아니면 자기 업적 쌓는 일의 일환으로 볼 수 있었다. 학문적 계파 갈등이 심화되면 볼썽사납게 싸우는 일도 많았다. 모두가 자기 주장만 옳다는 것을 강조하는 사람들이 많았다. 모두가 박사이고 모두가 교수들이니, 자신들은 대접만 받아야 하는 것이었다. 그들은 자신들이 잘 났으니 이해하기 힘든 집단일 수밖에 없었다.

아무튼 나는 그런 곳이 싫었다. 나는 알면서 모른 체하며 학교생활을 했다. 이런 곳에 K교수님이 계시다는 것은 얼마나 축복 받을 일인지 나는 항상 그분에게 감사를 드린다. 이번에 K교수님 댁을 찾아뵙고 오랫동안 재미난 이야기로 수다를 떨었다. 오히려 교수님 부부는 나에게 찾아와 주어서 고맙다고 말씀하셨다. 끝으로 교수님 부부가 항상 건강하시고 행복하시라며 손을 흔들고 헤어졌다.

*

요즘 인생 공부는 어려운 공부입니다

갑자기 내 안에서 작은딸에 대해 분통이 터졌다. 왜 쟤는 저러고 사는 것일까? 쟤만 보면 가슴이 답답하고 화가 솟아올랐다. 쟤의 루틴은 이랬다. 화, 목, 토요일은 우리와 함께 수영장을 가기 위해서 쟤네 집에서 우리 집까지 2킬로 좀 넘는 거리를 새벽 5시에 걸어왔다. 그러면 곧 내 차를 타고 수영장에 우리 3명이 가는 것이다. 수영장에서 수영을 끝내고 나는 바로 쟤네 집에 바래다 주었다. 그 후 쟤는 집에서 쉬다가 점심을 먹으러 밖으로 나오겠지. 식당에서 점심을 사 먹고 준비를 하고 학원에 가서 학생들에게 수학을 가르쳐 주겠지.

배가 조금 고프면 뭔가를 조금 먹겠지. 그리고 수업은 아마 오후 8시까지 하겠지. 집에 가서 또다시 저녁 겸 자신의 위로 주와 함께 뭔가를 사서 먹겠지. 평일은 늦게까지 쉬면서 잠을 푸지게 잘 자겠지. 오후 수업 근무를 위해서. 그러다가 금요일이 되면 우리 집으로 온갖 빨래를 챙겨서 집으로 오는 것이다. 우리가 식사하고 화장실을 사용하기 전에 올 때가 많았다. 우리는 서둘러 세수와 양치질을 해야 하는 것이다. 그러면 그놈은 빨래통 세탁기에 일주일 치를 다 돌리는 것이다.

그 사이 그놈은 욕조에 뜨거운 물을 가득 채우고 소금을 한 컵 탔다. 거기서 뜨겁게 두어 시간 욕조물에 몸을 지지고 몸을 닦았다. 11시 반경 목욕탕에서 나와 그놈은 빨래를 널고 손톱 발톱을 깎았다. 다시 그놈은 내 컴퓨터를 이용해서 자기가 필요한 생활용품을 주문하여 자기 집으로 배달할 것이다. 물론 카드 대금은 내 통장에서 자동 인출되는 것이다. 거의 10년 이상을 그렇게 살고 있는 것이다. 어디서 문제가 잘못된 것일까? 쟤는 나름 성실해서 학원 원장과 잘 맞았다. 한 번도 지각이나 결석을 10년 동안 안 했으니까. 칭찬할 만한 일인 것이다.

어느 날 아빠가 네 나이가 40대 중반인데 주말이 되면 늙은 부모와 날마다 밥을 먹고 노닥거리는 것은 아닌 거 같구나. 너도 이제 네 인맥을 쌓고 소통하는 사람이 있어야 하지 않겠느냐. 그러니까 주말에 테니스를 치고 우리 집으로 오는 것보다 네 인생을 변화해야 하는 시기니까 네 시간을 가졌으면 좋겠다고 설명을 했다는데… 내가 결혼식장을 갔다 왔을 때 그놈은 자기 집으로 가면서 인사도 없이 사라졌다. 다음 주말에 나는 그놈이 와도 슬프고 안 와도 슬플 것 같았다. 남은 다 제 가정을 꾸리고 애들 키우고 직장 다니며 자기 삶에 최선을 다하는 모습이 훌륭한데 이놈은 남자를 소개하려면 선을 넘는다고 나를 혼내더니, 정말 꼴 좋구나 이놈아! 하고 욕을 했다.

그래도 그놈은 내 책임이니 어찌합니까. 나는 항상 그놈이 시집가기를 기원하며 기도를 한다. 수 없이 눈 뜨면 눈 뜬 대로, 눈 감으면 눈 감고 잠잘 때까지 그놈에게 좋은 인연이 있기를 기원하며 기도하는 것이다. 이젠 그놈을 위해 기도하는 게 아니었다. 내 맘이 편하자고 기도하는 것이다. 가만히 있으면 불편하고 숙제를 못 해서 불편해지니까 말이다. 몇 년을 그렇게 살았다. 오히려 나 자신을 찾는 기도가 되었다. 그러다 보니 웃기게 그놈으로 인해서 내 마음을 살펴보게 되니까 오히려 그놈이 불쌍한 부처로 생각을 하게 되었다. 진정한 나만의 생불이 되는 것이다.

어찌 이런 일이 있을까. 그래 네놈이 나의 생불이구나. 그놈을 보면 자동으로 기도를 하게 되니 말이다. 우리는 말이 없다. 그놈도 나도. 왜 그놈이 더 성질을 내는 모습으로 내 곁을 다가왔다가 푸지게 밥만 먹고 사라지는지. 그래 넌 나의 생불이니 따로 공양할 필요도 없이 집으로 왔다가 그놈이 먹을 것을 무조건 다 챙겨 먹고 떠나는 놈인 것이다. 어미와 약속하기를 설거지를 하기로 했는데 부엌의 다른 일이 보이면 말없이 떠나는 이기적인 놈이다. 그래도 인생은 이렇게 계속 세월이 가는 것이다. 내 친구들도 하나씩 생을 떠나는데 나도 아마 어느 날 그 친구 뒤를 따라가겠지. 그놈은 그래도 잘 살아갈 것이리라.

*

새봄이 오니 뒷산으로 산책을 갔다

날씨가 갑자기 싸늘해졌다. 꽃샘추위였다. 혼자된 친구 Y를 불렀다. 함께 몸 챙기자고. 9시 20분에 만나자 했다. Y는 원래 성당 맨이었다. 서울과 경기도 주변 성당은 Y가 항상 기도하며 힐링하는 그만의 놀이터였다. 성당에 가서 조용히 성스럽게 기도하든지 아니면 여러 신부님들의 강론을 듣고 마음의 공부를 했다. Y의 아이들은 모두 외국에서 잘 살았다. 아들은 영국에서 계속 건축 공부를 하고 있었고, 딸은 싱가포르에서 그녀의 남편 직장을 따라가서 사는 것이었다. 그의 손자는 이미 미국에서 대학을 다니고 있었다. 남편이 소풍 간 지는 이미 6년이 넘었다.

 Y는 조곤조곤 말을 잘했다. 남편이 남겨준 건물에서 세 받는 이야기, 세입자가 월세를 내지 않고 도망간 일, 이사 가면 수리해 주는 것 등 이야기가 많았다. 오늘은 여동생네 아들 이야기를 했다. 아들이 지방에 사는데 전문학교를 졸업했다고. 그런데 사업을 잘 한다는 것이다. 순하고 착하다고. 그 조카가 회사를 다녔는데 한 친구가 함께 클럽을 운영하자고 했단다. 둘이 클럽을 운영하는데 꽤 돈을 잘 번다고 했다. Y 친구 아버지가 돌아가셨을 때 그 조카는 머리가 노랑인 아이돌을 버스로 대거 데려왔단다. 그리고 외할머니를 보면 주머니에서 뭉텅이 돈을 꺼내 할머니 맛있는 거 사 드시라고 용돈을 듬뿍 주고 간다는 것이다.

 어쩌다 며칠 만에 다시 보게 되면 또다시 뭉텅이 돈 한 무더기를 포켓에서 뽑아 할머니에게 주고 가서, 아니다 너 저번에 주었다고 해도 또 주고 간다는 것이다. 세상에 이런 조카가 어디 있냐며, 대한민국에 있을 수 없는 조카라며 칭찬을 해 주었다. 그렇지 않은가 말이다. 서울대학교, 하버드대학을 나온 조카나 아들들이 부모나 할미들에게 그럴 수 있는가 말이다. 클럽이 잘 돼서 다시 한 곳에 더 차렸더란다. 그런데 그 조카가 말하길 돈은 많이 버는데 나가는 곳이 너무 많아서 한 곳 하는 것보다 못하다는 것이다. 그래도 그 조카가 훌륭하다고 나는 칭찬을 해줬다.

요즘 유학 간 아들 딸들이 직업 없이 방황하는 자가 얼마나 많은가. 거기에 세계적 전쟁으로, 혹은 물가 상승으로 경제는 심각하게 악화되었던 것이다. 이런 것을 보면 나는 우리네 손자들이 한국에서 공부하기를 원한다. 그들이 성장하여 이 나라를 지키며 보존하는 것이 중요했다. 가끔 주변 친구들의 자식들이나 손자들이 유학을 가면 되돌아오지 않고 거기서 외국인하고 결혼했을 때 부모나 친족들과는 이민족이 되어 외국에서 국적을 얻고 사는 경우가 많은데 그것은 나라를 위해서나 부모를 위해서 좋은 일이 아닌 것 같았다. 삶에는 정답은 없지만 이 땅을 지키고 보존하려면 우선 우리 민족이 이곳에 존속해야 이 나라를 지키게 된다고 생각하는 것이었다.

갑자기 Y와 이야기를 하며 옆길로 빠져버렸다. 이야기를 하다 보니 점심식사 시간이 되었다. 우리는 국립중앙도서관으로 직행했다. 자리를 잡고 식권을 사서 배식을 받았다. 밥, 국, 양배추 샐러드, 돼지고기 오징어 볶음, 멸치와 마늘종 볶음, 김치, 무생채를 듬뿍 담아서 맛있게 식사를 했다. 산행을 해서 밥맛은 최고였다. 이렇게 꿀맛일 수가 없었다. 후식으로 커피와 과일을 먹고 우리는 헤어졌다. 안녕! 잘 가.

*

삶이 힘듭니다

후배는 말했다. 언니 나는 부자로 살기는 애초에 힘들었어요. 주변을 보면 사촌 동생은 살살거려서 오빠, 오빠 하며 따라다녔고, 결혼 전부터 휴일이면 오빠네 집에 가서 부모한테 아양을 떨더니 결국 결혼을 하더라고요. 그런데 그 오빠네가 부자였죠. 다른 동생도 성질이 지랄맞는데, 자기 애인한테는 그렇게 상냥하고 잘하더니만 결혼했잖아요. 그런데 나는 그렇게 살살거리며 아양을 떠는 인물이 아니더라구요. 어쩌다 만나서 지금 결혼해서 애가 둘이지만 그렇잖으면 결혼도 못 했을 거예요.

살면서 생각해 보았죠. 우리 시어머니는 못생겼죠. 그러나 친정부모가 자기 딸이 그런 줄 알고 건물을 하나 주고 잘생긴 신랑에게 시집을 보낸 거잖아요. 그런데 자기 시동생은 돈도 잘 벌고 대기업 다니잖아요. 키가 작고 못생겨서 여자들이 따르지를 않아요. 결혼을 못 하잖아요. 우리 자식을 생각해 봤죠. 아들이고 딸이고 간에 키 크고 멋지게 키우는 것이 공부 잘하는 것보다 경제성이 높다는 생각을 했죠. 요즘은 애들이 잘생기고 봐야 하는 것 같아요. 그래서 아들을 운동시켜 뚱뚱하지 않게 하는 것이 중요했어요. 그럼 부잣집 딸애들이 좋아할 것 같았어요. 딸도 물론 예쁘게 키워야 하고요. 딸이 예쁜 옷 사달라면 그래 예쁘게 입어라며 사준다니까요.

그리고 언니, 삶은 항상 잘 사는 게 아닌가 봐요. 내 아는 오빠가 있는데, 그는 처음에 잘나갔죠. 대기업 다니고 강남에 부유하게 살았는데, 어느 날 암이 걸린 거예요. 그래서 회사를 그만두고 암 치료에 집중했죠. 처음에 그 부인도 잘나가는 강남 사모님이었죠. 항암 치료로 모든 재산 다 먹어버렸죠. 다행히 5년 만에 암 치료가 끝난 거예요. 처음에 택배에 허드렛일 하다가 적당한 회사에 들어가서 이제 적당히 맞벌이하며 살더라고요. 그 오빠가 퇴사하고 아플 때가 최악 상태였던 거 같아요.

후배는 다시 말했다. 언니, 나도 언제 내 일을 그만둘지 몰라요. 그거야 모두가 똑같죠. 우리 시대는 불안한 시대잖아요. 중국이나 일본이 흥하면 우리나라를 집어먹고 싶어서 안달을 할 거에요. 그러면 전쟁이 일어나서 우리나라가 얼마나 혼란해지겠습니까. 지금은 모두가 불경기라 옆 나라를 넘볼 수 없는 거죠. 시진핑이 경제가 불안하고 코로나 여파로 온 나라를 꽁꽁 묶어놓고 통제하다가 아파트에 불이 나서 많은 사람이 죽었잖아요. 그래서 MZ세대가 백지시위를 강하게 하니까 다시 위드 코로나로 바꿨는데, 다시 심한 코로나로 사람이 죽으니까 안 되는 거잖아요.

어쨌든 중국이 힘들어서 우리도 힘들지만 중국에 잡아먹히지 않으려면 그놈들이 힘들어야 한다니까요. 아무튼 지금은 힘든 시기입니다. 어느 부자 왕언니네 가게가 완전 통째로 비었다는군요. 그곳에서 매달 삼사천만 원의 월세가 나왔는데 월세가 안 나온다네요. 그리고 폐차장 회사 40%가 망하고 있다네요. 젊은이들이 애기도 안 낳죠, 결혼도 안 하죠. 이러다가 몇십 년만 있으면 나라도 망해 가겠죠. 거기에 베트남 여인들이 장가 못 간 한국 늙은 남자에게 시집을 와서 한국 국적을 따고 바로 이혼을 한다네요. 그리고 바로 베트남 애인을 데리고 와서 결혼해서 사는 족이 엄청 많아서 큰일이라네요.

옛날 실크로드의 흥한 나라들이 얼마나 많았어요. 그런데 어느 날 그런 강대국들이 그림자처럼 사라졌잖아요. 우리나라도 언제 그렇게 될지 모르죠. 눈 뜨고 살아있으면 우리나라를 위해 최선을 다하고 살아야죠.

*

음식 만들기

평생 무얼 해 먹을까를 고민했다. 여기저기 방송에서 알려주는 음식 레시피가 꼭 맞지는 않았다. 맛있을 것 같았는데 내 취향인 것이 아니었다. 칠 학년이 되면서 입맛도 변해버렸다. 좋아했던 것들이 입맛이 없어서 먹지를 않았다. 여러 가지 음식을 만들어 놓아도 한 번 먹으면 그다음에 그 음식을 먹지를 않았다. 그 음식에는 젓가락질을 하지 않았다. 그 이유를 나는 모르겠다. 그러나 산행을 서너 시간 하고 나면 어떤 음식이라도 맛있었다. 필시 너무 편해서 입맛이 없을 것이라고 자책을 하는 것이었다. 그러니까 때가 되기 전에 산책을 하여서 배가 출출해지게 하는 것이 중요했다.

산책을 하거나 바쁜 일이 생겨서 정신없이 할 일을 하게 되면 그래도 입맛이 돋아서 식사를 충실히 할 수 있었다. 그러나 날마다 영양가 있는 음식 무엇인가를 만들어 먹어야 하는데 내가 좋아하는 맛있는 음식을 365일, 매끼에 즐길 수 있는 것을 찾는 것은 쉽지 않다는 것이다. 사실 내가 좋아하는 음식으로는 탄수화물 음식인 것이다. 뜨거운 흰쌀밥, 누룽지밥, 아니면 빨간 비빔면, 냉면 종류, 칼국수, 잔치국수, 떡국 등은 좋아했다. 그런데 탄수화물 종류를 먹어서 근육이 파열되는 현상을 겪고 나면 그 고통이 얼마나 힘든지를 알기 때문에 삼가야 하는 것이다.

나는 스포츠를 좋아한다. 특히 테니스를 좋아한다. 골프, 테니스, 수영, 등산 등 다양한 스포츠를 좋아하는데 단백질을 충분히 먹어줘야 근육과 관절 손상이 덜한 것이다. 그래서 소고기, 닭고기, 양고기, 돼지고기, 생선회 등 다양한 음식으로 단백질을 보충해야 하는데 먹으려 하면 목에 걸리고 약 먹듯이 힘들다는 것이다. 남자 따라 나는 섭생을 열심히 노력했다. 남자가 아침으로 만두를 즐기는데 이제 나도 만두를 따라 먹는 데 익숙해졌다. 점심은 된장국에 생선조림이나 튀김, 운동을 하면 육고기 100그램에 온갖 야채를 곁들여서 먹는 습관을 가졌다. 그런데 저녁은 아직 이렇다 할 루틴 음식이 없었다.

그런데 이번에 나와 남자가 좋아하는 새로운 음식을 발견했다. 그것은 잡채였다. 온갖 야채인 피망, 버섯, 당근, 시금치와 소고기 볶음채, 달걀 지단채 등을 섞은 잡채였다. 영양도 만점이었다. 먹기도 좋았다. 남자가 좋아하는 맥주 안주로도 좋고, 와인 안주, 막걸리 안주, 정종 안주로도 어울렸다. 거기에 회 간장과 와사비나 겨자를 곁들여도 좋았다. 잡채를 많이 만들어서 일 회분씩 배분하여 냉동시키면 운동 끝나고 집에 와서 한잔하며 먹으면 그만이었다. 그리고 어쩌다 마트에 가서 세일하는 야채 모두를 사다가 데쳐놓아 만들면 가격도 저렴하니 괜찮았다.

일단 내가 맛있게 먹을 수 있을 것 같았다. 이때는 신김치, 묵은김치를 곁들여도 먹을 수 있을 것 같았다. 아직 저녁 메뉴로 사용해보진 않았다. 그러나 성공할 것 같았다. 칠 학년이 넘으니까 친구들이 하나둘씩 아프고 세상을 떠나는 중이었다. 물론 우리 시어머니나 친정어머니 같은 분은 100살은 사실 것 같다. 친정어머니가 다리근육 때문에 요양원에 가신 것을 알기 때문에 나는 열심히 단백질을 챙겨 먹고 다리를 죽을 때까지 건강하게 하려고 애쓰는 것이다. 물론 치매도 안 걸리려고 이렇게 열심히 글쓰기를 하는 것이고. 나를 내세우고 뭔가 남에게 보여주기를 하는 것이 아니다.

나는 이 시대에 나만의 고유한 삶을 찾아내면 그만인 것이다. 글쓰기에는 나를 알며, 내 안의 나를 발견하는 작업도 있는 것이다. 그런데 건강하려면 당장 무엇을 먹을 것인가가 중요했다. 그리고 그 먹을 것을 어떻게 해결하는 것이 쉽고 빠르게 하며, 그것을 즐기면서 할 수 있을까를 생각했다. 결국 나만의 레시피를 찾았다. 아침은 만두, 점심은 반포 한정식, 저녁은 잡채였다. 그것은 곧 나의 루틴이 될 것이고, 쉽고 빠르게 만들어 내는 나만의 기술이 생겨날 것이었다. 그런데 저녁으로 나는 몇 번의 잡채를 시도했다. 그런데 그 잡채를 다시는 먹고 싶지 않았다. 그래서 새로운 레시피를 찾아야 했다.

 인생도 그럴 것이다. 처음에 좋아했는데 시간이 지나면서 더 이상 할 수 없는 경우! 어쩌겠는가? 새로운 인생 루틴을 찾아야 할 것이다. 그래서 우리 스스로, 나만의 루틴을 발견하는 것이 중요하지 않을까. 내가 좋아하는 루틴, 나만이 즐길 수 있는 루틴, 행복하게 발전할 수 있는 루틴을 발견하는 것이 중요하다는 것이다.

*

막내네 집에서 뒤풀이를 했다

우리의 만남은 6개월 만이었다. 막내 Y는 작년 9월 4일에 한국을 떠나 북미인 캐나다에서 남미 끝인 아르헨티나까지 갔다 오는 것이 목표였다. 나는 Y가 2개월이 지나면 아마도 한국으로 돌아올 것이라 생각했다. 자유 여행은 힘든 일인 것을 잘 알고 있기 때문이었다. 나도 23년 전인 2001년에 대학 1학년생 딸 둘을 데리고 나의 49잔치를 위해 유럽 여행을 갔었다. 그 당시 어느 책을 봤는데 인생의 49세 잔치가 중요하다고 읽었기 때문이었다. 칠 학년이 되고 보니 인생의 중간인 그 시대가 정말 중요했다. 한 달 보름 동안 자유여행을 하며 유럽 전체를 도는 것이 쉽지 않았다.

처음 보름이 지나니까 애들은 집으로 돌아가고 싶다고 아우성이었다. 그러나 나는 유레일패스를 600만 원에 끊었지, 은행에서 2,000만 원을 빚내서 여행을 왔는데 모두를 마치고 가야 했던 것이다. 여하튼 힘들게 유럽 순회를 마치고 돌아왔다. 20년 넘게 유럽에 대한 그리움은 없었다. 그사이 여러 번 다시 유럽의 동, 서, 남, 북을 패키지로 여행했고 즐기고 살았다. 그런데 Y네는 대륙이 커서 이동하는 시간도 길었고 먹거리도 쉽지 않았던 것이다. 우리는 유적이 많고 도시형 국가로 시가지가 많았다. 그런데

Y네는 자연이 크고 대단해서 시골스러운 곳이 대부분이라 먹거리를 찾는 게 힘들었던 것이다.

 그러면 적당히 즐기고 돌아올 것이지 뭔 대단한 업적을 이룬다고 끝까지 목표를 달성하겠다고 몸 축 나고 힘들어서 건강을 망쳐가며 여행을 했던 것인지 말이다. 다행히 건강하게 돌아온 것을 우리는 축하하며 축배를 들었다. Y는 말했다. 2달을 지나니까 아무리 멋있고 아름다운 곳도 아름답게 보이지를 않았다고. Y는 못 먹고 힘들며 지치니까 여행이 지겨웠던 것이다. 지겨우면서 여행을 마치는 것은 결국 불행을 지니고 다니는 것인데, 그것같이 어리석은 것은 없는 것 같았다. 여행은 즐겁고 행복하자고 가는 것이 아니겠는가? Y네는 퇴직하고 여행을 갔다.

 그러나 돌아오니까 생활은 더 빡빡하고 힘들었다. 결국 Y네는 다시 취직을 했다. 나는 Y네에게 말했다. 적당히 돈을 벌고 서울에 있는 집을 팔라고. 이제는 가진 것을 팔면서 사는 거라고. 얼마 남지 않은 인생인데 건강하고 즐겁게 살아야 한다고 했다. Y네는 지금 경제를 살리면서 세금을 덜 내는 방법을 모색하며 고민 중이었다. 사실 그랬다. 우리 주변 70세 넘어가는 사람들은 갑자기 빈곤층으로 떨어졌다. 그들은 열심히 살았고 자식들을 유학 보내느라 힘들게 살았다. 그들의 직업은 전문직이었다. 행정가, 교수, 의사들이었지만 어찌어찌 살다 보니 퇴직을 한 것이다.

결국 마지막은 자기 집을 팔아서 조그만 아파트로 이동해 역세권에 살기를 바랐다. 나이 드니까 몸이 말을 안 듣는 것이다. 그리고 병원에 가깝기를 바라는 것이다. 시장권도 가깝고 백화점도 가까우면 최상의 환경이 되는 것이다. 아무튼 칠 학년들은 마지막 경제를 잘 활용하는 지혜가 중요했다.

*

식당에서 갈비찜을 먹었다

여자도 한 번 갈비찜을 만들고 싶었다. 수영장을 갔다 와서 아침식사를 남자에게 차려 주고 함께 먹으며 갈비찜 레시피를 찾았다. 종류가 많았다. 대충 알맞은 메뉴를 찾았다. 레시피대로 갈비의 핏물을 설탕 넣고 뺐다. 씻어서 건졌다. 압력솥에 갈비와 월계수, 후추, 소주를 넣고 삶았다. 15분쯤 삶았다. 갈비를 건져서 채반에 물기를 빼고 다시 큰 솥에 넣고 소스인 간장, 올리고당, 설탕, 마늘, 파, 양파, 배, 후추, 생강, 소주를 넣고 그 위에 삶은 물을 넣고 간을 맞추었다. 배와 양파를 갈아서 면보에 짜서 넣는 것인데 여자는 힘들어서 그냥 마구 썰어 넣었다.

30분 끓이다가 다시 표고버섯과 꽈리고추를 넣었다. 맛이 어떨지 몰랐다. 점심에 먹어볼 예정이었다. 맛있고 오래 즐길 수 있으면 하루의 식사 루틴이 변경될 수 있었다. 어느 것이 영양가 있고 오랫동안 맛있게 즐길 수 있을까. 그것이 여자가 고민하는 것이었다. 고민이 해결되면 그것은 여자에게 좋은 식품일 것이었다. 그것을 찾으면 애기(손자)들에게도 만들어 줄 수 있을 텐데…. 그러나 요즘은 여자 자신을 위해서 살 수밖에 없었다. 칠 학년을 한참 넘겨 몸을 무리하면 탈이 생기고 가족을 괴롭히니까 말이다. 이제 가족들과 모이면 각자 자기만의 고집과 아집대로 주장을 세웠다. 여자가 아무리 좋은 것이라고 권고해도 그들 각자 자기 생각대로 행동을 하는 편이 많았다.

맛있는 것을 해주고 함께 먹어도 취향이 달라 여러 가지를 만들어 놓고 각자의 취향대로 즐겨야 하는 시대인 것이다. 그런데 여자의 입장에서 더 오래 살았으니, 여러 환경 중 어느 것이 더 경제성이 있는가를 더 잘 알 수 있었다. 그것을 알고 더 경제성 있는 것을 성년들에게 설명해 주는 것이다. 그러나 그 성년들은 자기가 더 잘 알고 있다고 생각했다. 물론 맞을 수도 있었지만 세월이 흐른 후 재고를 하면 그들은 분명 실패했다. 그러나 성년들은 그것을 깨닫지 못하고 항상 자기네 주장이 옳다고 생각했다. 성년들은 어리석음이 나타나는데 그 잘못을 시인하지 않았다.

성년들의 어리석음은 어쩔 수 없었다. 성년들이 자기 중심적으로 생각하는 오류로 경제성도 망가지고 건강도 나빠지는 것이 안타까웠다. 제발 성년들이여, 윗사람들의 말을 수용할 줄 아는 사람이 되었으면 좋겠다. 그리고 스스로 자신의 몸을 부려서 부지런한 무수리가 되었으면 좋겠다. 여자는 원래 태성이 게으르지는 않았다. 그러나 정리 정돈을 못 했다. 그런데 옛날에는 사실 특별한 정리 정돈이 필요하지 않았다. 대부분 사람들은 가난했기 때문이었다. 사람들은 봄 여름 가을 겨울 사계절의 옷은 대부분 단벌이었다. 신발도 한 켤레를 가지고 4계절을 신었으니까. 신발도 없어서 맨발로 다니는 사람들도 많았다.

그러니 그 시대는 오로지 식구 수대로만 신발이 있었다. 학창시절 운동화를 빨려면 휴일에 일찍 빨아서 월요일에 신었다. 교복과 양말 등도 그랬다. 어쩌다가 동생이 양말을 신고 도망가면 맨발로 학교를 가야 했다. 학용품도 빈약해서 정리하지 않아도 됐다. 그런데 요즘은 양말, 모자, 옷, 신발 등이 빨, 주, 노, 초, 파, 남, 보 식으로 다양한 색상, 다양한 디자인으로 집집마다 가득 찬 느낌이었다. 이미 너무 풍요로운 삶에 길들여진 젊은이들이었다. 그들은 가득 찬 물건에 새로운 종류의 물건을 보면 사야 하는 사람들이었다. 문제는 자기가 버는 돈으로 사는 물건을 따라갈 수 없었다.

그들은 사는 소비에 길들여진 젊은이로 절약하고 낭비하지 않는 사람으로 사는 것은 힘든 일이었다. 어쩌면 어른들도 사는 데 바빠서 아이들에게 저축하고 지혜롭게 절약하는 방법을 가르쳐 주지 못했을 것이다. 여자는 이제 삶이란 살아가며 스스로 터득하여야 하고 모르는 것은 네이버 선생에게 물어서 지식을 터득하고 지혜를 만들어 내야 하는 시대 같았다. 젊은이들은 어른이나 노인들에게 지혜를 얻을 필요가 없었다. 인터넷 네이버 선생이 있으니까 말이다. 여자는 네이버가 없어서 오로지 책을 통해서 지식을 얻고 주변 사람들이나 어른들의 말씀, 혹은 그들의 행동과 그들이 만들었던 것들을 배웠다. 그리고 그 배움을 이용하여 새로운 자기의 것을 만들어내는 지혜를 가졌었는데….

*

올해는 내 딸에게 철학자가 나타나는 해라고 사주에서 말했단다

여자는 딸애가 영원히 결혼을 하지 못하고 지나갈 것인가 걱정이 됐다. 그러면서 남자에게 아빠로서 역할을 해줄 것을 요구했

다. 스스로 연애를 해서 결혼을 하면 그것같이 좋은 일은 없는 것 같았다. 딸의 품성은 정직하고 바르지만 남을 포용하지 못했다. 사람들을 만나면 그 사람에 대해 색상별로 나누고 쪼개며 지적하여 시비를 가리는 성품이랄까. 자기 또래의 남성은 자기가 무슨 무적의 용사를 찌르듯이 상대방을 콕콕 찔러대서 도망가게 하고야 마는 것이다. 여자는 딸을 보면 한심스럽기만 하다.

친구가 있나 뭐가 있나. 뭐 잘났다고 정치에 대해서만 혼자 재미있다며 아빠랑 히히덕거리는 것이 여자는 꼴사납다. 금요일 날, 딸에게 여자는 점심으로 거하게 반포 한정식을 차려준다. 단백질이 필요하다고 달걀 프라이, 잡채, 등갈비, 된장국, 콩조림, 김치, 상추, 깻잎, 명태조림까지 말이다. 또래네 다른 집 딸은 결혼해서 아들 딸 잘 낳고 잘 사는데 이놈은 홀로 저 좋다며 산다는 것이 여자는 못마땅한데…. 어미가 설거지하려고 그릇을 나르면 저도 날라야 하는 것이 당연한 게 아닌가 말이다. 가만히 앉아서 입만 나불거리고 앉은 것이 왜 그리 얄미운지 말이다.

올해는 딸애에게 맘씨 좋은 철학자 같은 신랑감이 나타난다는데…. 믿어야 하는 건지 알 수 없지만 부모의 심정은 믿고만 싶은 것이다. 그러나 딸애의 하는 태도가 정말 한심스러워서 내 속이 썩는다는 것이다. 어쩔 수 없이 여자는 스스로를 달래는 공부를 해야 하는 것이다. 『장자, 도를 말하다』(오쇼)에서 장자는 다만, 진리 그 자체를 이해하라 했다. 이 세상에 태어날 때, 그대는 태어나기 위해 무슨 노력을 했는가? 숨을 쉬기 위해 지금 무슨 노력을 하고 있는가? 모든 것이 그 스스로 이루어진다. 그런데 왜 걱정하는가?

삶이 그 자체로 흘러가게 하라. 그러면 휴식할 수 있다. 투쟁하면서 물결의 상류로 거슬러 올라가려고 하지 말라. 헤엄치려고도 하지 말라. 그저 흐름에 내맡긴 채 흘러가라. 그 흐름이 그대를 어디로 데려가든 자신을 내맡기라. 하늘에 흘러가는 흰 구름이 되라. 목적지도 없고 특정한 방향도 없이 그냥 흘러갈 뿐, 그 흘러감 자체가 궁극의 깨달음이다.

이 글을 읽으며 여자는 반성을 했다. 여자가 태어날 때, 태어나기 위해서 노력? 안 했구나. 어린아이에서 어른이 되기 위해서도 노력을 한 것은 아니었다. 숨을 쉬기 위해서 무슨 노력을 하는 것도 없었다. 그렇다! 모든 것은 스스로 이루어진다는 것이다. 걱정할 필요가 없다는 것을 여자는 깨달아야 했다. 이 글을 읽으며 여자는 딸에 대한 마음의 평화를 얻게 되었다. 꼭 핸드폰에 적어 두고 마음의 화두로 삼을 일이었다.

*

엄마, 나 힘들어 죽겠다고요

- 자기가 가지고 있는 오피스텔 때문에 내가 죽겠다고요. 엄마 내가 먼저 죽으면 엄마가 애들을 봐달라고요.

큰딸이 울면서 나에게 전화를 했다. 나는 어이가 없었다. 그놈이 나한테 전화를 한 것은 좋은 일로 전화를 하는 일은 없었다. 그래서 전화가 오면 여자는 속으로 또 문제가 생겼나 보다라고 생각했다. 지가 먼저 죽겠다며 제 새끼를 봐 달라니…. 여자는 딸에게 한소리를 했다.

- 내가 왜? 니 새끼를 보냐? 네가 못 보면, 애들 아빠한테 보라고 해야지.

딸은 계속 울었다. 힘들다고. 여자가 어쩌라고. 오피스텔 수리 비용이 백만 원 든다고 했다. 자기만 안 냈다고. 자기 회사인 여행사를 없애겠다고 돈만 국가에 내야 한다고. 여자는 네 맘대로 하라고. 직원용인 여자는 외삼촌 회사로 옮기겠다 했다. 그런데 왜 딸은 여자에게 징징 울며 힘들어서 못 살겠다고 하소연을 하는 것인지 알 수가 없었다. 돈을 보태달라는 것이겠지만…. 부모는 퇴직한 지가 10년이 넘었고 지들은 젊어서 돈을 열심히 벌며 살아야 하는 것인데…. 거기에 여자는 부모를 위해 경제를 책임지고 살아가는데 말이다. 지들은 부모인 우리를 책임지고 살지 않는데도 여자를 괴롭히는 것이 못마땅한 것이다.

여자는 저녁 식사를 하는 중에 딸 전화를 받았다. 갑자기 입맛이 딱 떨어졌다. 대충 식사를 마치고 설거지를 하는 중에 다시 전화가 왔다. 틀림없이 큰딸의 전화일 것이라 생각했다. 확인했다. 맞았다. 그러나 받지 않았다. 다시 빨래와 집 청소를 했다. 거의 한 시간 동안 집안 일을 하고 차분한 마음으로 여자는 딸에게 전화를 다시 했다.

- 나야.

- 엄마, 나 못 살겠다. 용이가 자꾸 이 집 팔고 이사를 가겠다고 해.

- 그럼, 가야지 뭐.

- 난 가기 싫다고. 싫은데 가자는 거야. 빚이 많으니까.

- 네가 지금 돈을 벌잖아. 그러면 안 가겠다고 해. 네가 엄마잖아. 네 주장을 세워야지.

- 이자가 215만 원이야. 이자가 많으니까 그런 거라고.

- 네가 그 집을 이제까지 지켰잖아. 그렇게 지켜. 애들이 5년만 있으면 대학 가잖아. 그때까지 버텨. 여기로 이사 오고 싶어도 못 오잖아. 여기가 학군이 좋으니까. 그때까지 버티다가 이사를 가.

- 나도 그러고 싶어. 애들을 여기서 교육시키고 싶어.

- 그러면 그렇게 하라고. 엄마도 안양 살다가 너네 좋은 학교 보낸다고 빚내서 17평, 이 동네 아파트로 이사 왔잖아. 아직 그 빚 못 갚았지만 말이다. 그리고 어쩌다 보니까 집에 딸린 부금 30년이나 넣어서 그냥 소멸됐잖아. 그렇게 사는 거지. 살고 싶으면 애들은 우리 집에서 살게 하든지.

- 알았어. 이사 가고 싶으면 용 혼자 나가서 살라고 할 거야.

- 그게 엄마로서 훌륭한 거지.

- 알았어요.

- 그리고 우리가 재수 나쁘면 지금 친할머니나 외할머니와 같이 100세를 살 텐데, 우리 경제를 책임질 사람은 우리 자신이잖아. 그런데 우리는

우리 연금에서 친할머니 외할머니 경제를 책임지고 있잖냐. 병원비도 100만 원씩 내야 하고. 그런데 너네가 우리를 책임지지 못하니까 우리는 돈을 아껴 써야 하잖니?

- 알았어요.

그렇게 한 차례 폭풍이 지나갔다. 결혼한 놈이나 안 한 놈이나 삶의 무게는 비슷했다.

*

미셸 들라크루아의 전시회 탐방

미셸은 지난 50여 년간 1930년대의 파리 풍경과 생활상을 담은 프랑스 현존 파리지앵 화가였다. 미셸은 인생의 대부분을 파리에서 보냈으며 화가로서 거의 모든 시기에 파리에 대한 주제로 작업을 해온, 파리의 파리에 의한 파리를 위한 파리지앵 화가라 할 수 있다. 미셸이 주로 그리는 명소들은 물랭 루즈, 노트르담 성당, 에펠탑, 개선문 같은 파리의 상징 건물들이다. 일부 작품은 특정

거리 이름, 특정 건물에서 따왔지만, 그것은 그 장소를 모티브로 미셸이 기억하는 장면을 재현하는 것에 가깝다. 그것은 그가 살아온 이야기며, 그의 환경이자 그의 풍경이기 때문이라 했다.

그의 그림은 과거에 대한 사진이나 문서가 아니라 그의 인상에 대한 기록으로 인상파 같은 것이라 했다. 그는 그의 기억 속의 화폭임을 설명했다. 미셸은 다양한 풍경을 그렸지만 핵심적인 것은 파리의 풍경이고 파리의 아름다웠던 시절이 핵심 키워드였다. 미셸은 인생에서 가장 중요한 것은 사랑하고, 사랑받는 것이라고 설명했다. 미셸은 말했다. 사랑에 빠졌을 때는 파리에 가야 한다고.

미셸의 작품인 상젤리제 거리, 몽마르트 진입로에 위치한 물랭루즈, 오페라 광장, 오스만가의 모퉁이, 생 라자르 지구, 포르트 데 릴라 역, 뤽상부르 정원의 오후, 샤틀레 광장, 5월의 밤, 볼테르 부두…. 1930년부터 2023년까지 파리의 모습은 그대로였다. 봄날부터 겨울의 밤까지 파리의 모습이 그대로 나타나 있었다. 어떻게 이렇게 변하지 않았을까. 미셸이 평생 사랑하는 파리가 나도 그리워졌다. 내가 여행했던 2001년 여름이 지금도 그대로인 것이다. 23년 동안 변하지 않았다는 것이 신기했다. 언젠가 다시 한번 파리를 방문하고 싶었다.

미셸을 보면서 나의 글쓰기를 다시 한번 되돌아볼 필요가 있었다. 변하지 않는 곳을 항상 새롭게 사랑하며 그림을 그리는 미셸이 훌륭했다. 사계절을 항상 똑같이 맞이하지만 매년 우리는 새롭게 사계절을 맞이하고 있는 것처럼 말이다.

*

삼월의 마지막 주가 시작되었다

 겨울 방학이 끝나고 새 학년 새 학기가 시작한 지도 벌써 한 달이 되어 갔다. 여자는 아침 산책을 갔다. 뒷산 언덕에는 나무의 새순이 옹기종기 붙어서 나무 어미에게 속삭였다. 아, 봄이구나. 여기 라일락 꽃봉오리가 꽃 피려고 애쓰고 있네요. 어? 저기는 창가의 목련이 활짝 피었군요. 북쪽 창 옆 목련은 아직 피려면 멀었는데…. 여자는 아파트 주위를 돌며 개나리꽃이 활짝 피었음을 확인했네요. 마침, 친구에게서 어제 문자가 온 카톡을 확인하며 산책하네요.

- 아직 날씨가 차요. 안나의 집 갈 때 따뜻하게 옷 챙겨입으세요. 감기 들라. 우리는 몸 보호가 최고입니다.

- 많이 옷 입고 안나의 집 가고 있어요. 매일 바쁘더니만 오늘은 한가하니? 저녁에 손자가 캐나다에서 와서 며칠 우리 집에 있을 예정이다. 며느리와 손자가 온다니까 엄청 신경 쓰고 있어. 어른 노릇도 어렵다. 베란다도 정리해서 많이 버렸어. 앞으로 버리는 일만 남았어.

- 좋은 하루 오늘 Y와 강화도에 왔네요. 날씨가 좋아요. 바다가 잔잔해요. 멀리 섬들이 안개에 싸였네요. Y와 주민을 위한 강화페리호를 탔어요. 복잡한 전화가 머리를 시끄럽게 하지만 뒤로 미루고 잠시 쉽니다. 손자를 보니 반갑겠네요. 즐거운 시간 보내세요.

- 아이고 부러워라. 손자를 만나니 머리 아프고 영어로 떠들어대는 모습이 낯설고 속상하네요. 제 탓이요! 제 탓이요! 성당에서 가슴을 때리면서 읊던 구절이 생각났다. 항상 Y를 생각하는 마음과 나한테 대하는 마음이 당신이 대인입니다. 좋은 추억 쌓고 오세요. 지금 간접여행하고 있답니다.

페리호에서 여자는 바닥에 누워 있고 Y는 의자에 누워서 핸드폰 보는 장면, 저녁상 위에 회접시, 상추와 깻잎, 콩자반과 김치 3종 세트, 여러 샐러드 사진, 옆에서 Y가 노래 부르는 장면, 호숫가에서 Y와 함께 찍은 사진, 아름다운 카페에서 커피를 마시는 장면, Y가 배를 타고 바람을 몸으로 받아내는 장면을 사진으로 보냈다.

\- 간접 경험 진하게 하라고. 글쎄 막내 못된 놈이 뿔낸다고 테니스 치고 와서 샤워를 거하게 하고 맥주 두어 캔 마시고 내 침대에서 잠자고 우리 오기 전에 자기네 집 갔더라고. 얄밉기도하고. 한편, 고기 좋아라 하는 놈이 그냥 저녁도 안 먹고 엄마가 꼴 보기 싫다고 가버린 것도 가슴 아픈 거 있지. 나도 독하게 마음먹어야 그놈이 자립한다면서, 그놈을 떼어내는 공부를 해야 한다니까. 네비샘 우리는 인생공부를 다시 하는 중입니다.

\- 강화도에 가서 입 호강했구나. 회도 두 접시에 뒤풀이까지 좋습니다. 카페리호 타고 무슨 섬에 갔니. 강화도 근처 섬 탐험 아무나 할 수 없는 경험이오. 너같이 세상을 넓고 깊게 보고 지내는 삶이 최고입니다. 네 딸이나 내 아들이나 애증의 관계입니다. 내 아들 뒤치다꺼리로 70세를 넘겨서도 걱정하고 돈 때문에 위축되고…. 다른 친구들을 보면 부럽기만 하더라고. 아마도 인생공부 더 하라는 주님의 뜻인가 봐.

*

지금부터 25년 전에 여자는 무엇을 하고 살았나

새로운 곳으로 이사를 했다. 강남에서 강북으로 이사했다. 거의 한 달 동안 어수선한 자리를 정리하느라 바빴다. 작은애의 교통편이 힘들었다. 고 3학년인데 학교는 강남이고 집은 강북이니 2시간 버스를 타야 했다. 다른 사람들은 강남 학교 근처로 이사를 온다는데 자기는 강북 멀리 이사를 가는 엄마가 정상인가를 물었다. 물론 여자도 초등학교 때 우리 애들이 좋은 학교를 보내기 위해서 강남으로 빚을 내서 이사 갔다. 그러나 애들은 여자 마음과 달리 공부를 열심히 하지 않았다. 애들에 대해 배반이랄까 하는 마음이 생겼다. 좁은 집에, 남의 집에서 사는 것보다 여자네 집을 소유하는 편이 더 경제적이라는 판단을 했던 것이다.

그래서 여자는 자기네 집을 분양받아서 이사했지만 마음은 복잡했다. 한 달 후 정상적인 생활이 시작되었다. 여자는 안정적으로 정착할 수 있음에 감사했다. 새로운 시작에 모든 식구가 건강하기를 빌었다. 그리고 모두가 제자리를 지키며 10년 후에 제각각 자기 발전을 위하여 노력하고 향상하는 앞날이 되기를 기원했다. 큰애에게는 신문에 나오는 삼사십 대들의 기능사들의 성공을 소개했다. 너도 늦지 않았음을 말했다. 작은애는 그가 공부한 것을 체크하고 공부 방법을 모색하고 비법을 가르쳐주었다.

여자의 자신은 계속 열심히 공부하고 논문을 써야 했다. 자료 검색, 학문적 가치 탐사, 논문집 등을 확인하며 도서관에서 머물렀다. 그리고 자료수집에 힘썼다. 때가 되면 시장에서 장을 봤고 부엌에서 음식준비를 했다. 조금 남는 시간이 있으면 테니스장에 가서 테니스를 치고 몸 살리기를 했다. 시간은 빠르게 흘러갔고 어느 날 남자네 부처에 새로운 장관이 교체되었다. 교체된 사람들은 제각각 자기의 모습을 직원들에게 주입시켰다. 사무실은 새로운 인물에 맞추느라 더 바쁜 일들이 쏟아졌다. 남자는 바쁘게 뛰고 달리고를 반복했다. 봄 날씨는 변덕이 심했다. 아이들과 남자는 감기 몸살로 계속 힘들었다.

며칠 후 여자는 마지막 논문 심사를 받았다. 그러나 그 후유증으로 한동안 마음이 아팠다. 여자는 지도교수들의 비열함에 치를 떨었다. 그리고 인간의 욕심을 슬퍼했다. 거기에는 인간의 악과 선이 함께 있었다. 물론 교수들 사이에는 이해관계가 없이 제자들을 다독거리며 인정있게 지도하는 교수들이 있었다. 그에 비해 자기 욕심 채우기만으로 바쁜 노교수는 안타깝게도 추한 모습이 더 돋보였다. 그래도 모든 것을 떨쳐버리고 모든 교수들에게 감사의 마음을 가져보기로 마음을 먹었다. 여자가 진정으로 필요한 학위 논문을 위해 더 열심히 공부하기로 마음먹었다.

다시 며칠 후 K교수님의 화갑 논총이 있었다. 그 교수님은 여자가 제일 존경하는 분이시다. 그분은 외적, 내적으로 제자들에게 깊은 사랑을 주시는 분이시다. 그분에 대한 학문의 길을 쫓을 자는 없었다. 또한 그분의 인격에 있어서도 그분을 따를 자가 없었다. 여자는 여러 가지로 K교수님을 알고 있다는 사실이 자랑스러웠다. 그래서 항상 그 교수님처럼 열심히 공부하고 매사 최선을 다하려는 모습을 닮으려고 노력했다. 여하튼 K교수님이 연구실을 항상 개방하고 지켜주셔서 항상 여자의 마음이 든든했다.

여자의 논문심사는 결국 떨어졌다. 재심을 위해서 여자는 더 열심히 공부해야 했다. 후배들은 모두들 합격했다. 여자는 심리적으로 위축되고 실망스러워서 낭패했다. 그리고 자신을 자책했다. 여자에게 인덕이 없다느니, 자신에게 문제가 있다느니, 좀 더 포용적이고 부족함이 많아서라고 자책했다. 그러다가 심사가 잘못이 있어서가 아니라, 좀 더 심도 있는 논문이 쓰이기를 바라서 통과하지 못한 것이라고 생각했다. 그것은 분명 더 좋은 논문이 될 것이며 길게 영원히 남겨질 것으로 완성될 것이라 생각했다.

논문은 논문이고 시아버님의 제삿날을 위해 여자는 오늘 늦게까지 열심히 제사상을 차렸다. 셋째만 빼놓고 모든 가족이 참석했다. 그래도 가족은 화기애애하며 제사를 잘 끝냈다. 설거지를 끝내고 잠을 자려니 공부를 해야 한다는 강박관념이 생겼다. 공부를 해야 하는데…. 피곤했고, 마음도 잡히지 않아 공부가 되지 않았다. 내일부터 다시 마음을 가다듬고 시작해야겠다며 여자는 잠을 청했다.

*

좋은 아침

- 새벽부터 운동하려고 골프장으로 달려가네요. 하늘에는 아직 둥근 달이 떴네요. 새벽부터 나는 온몸에 파스로 도배를 했죠. 운동 가는 것은 정신 바짝 차리고 준비하는 것이죠. 그것은 곧 병원에서 물리치료 받는 것이라 생각하는 거죠. 거기에 운동하겠다고 새벽부터 밥 챙겨 먹고 화장실에서 일 보는 것도 출근하는 것처럼 훈련을 하는 거죠. 주변 친구들이 병원에서 아파 누워 있는 것보다 나의 이런 일상이 행복인 거죠. 네비샘도 그랬잖아요. 병원에 입원했을 때 집에서 밥해 먹고 청소하고 쉬고 싶다고. 그게 행복이었다고. 이제 그런 일상이 우리들의 축복이 되었습니다. 네비샘, 단백질 잘 챙기고 건강을 지킵시다!

- 어제저녁부터 준비하고 바쁠 것 같았다. 손자 데리고 삼성병원 가서 진료 보고 터미널로 데려다주고 나는 오후 강북 삼성병원 진료 보고 바빴어. 수요 골프 날은 지인들 만나는 날이네요. 화창한 날씨에 운동으로 즐기다 오세요. 나도 오늘은 10시에 예술의전당에서 연주회에 참가합니다. 브런치를 겸해서 11시에 시작이고 티타임이 있답니다. K친구와 가는데 오늘도 축복하는 하루를 보냅시다!

- 좋은 아침. 몸은 어쩌요? 몸이 굳으면 돌보미 케어를 받아야 합니다. 오늘 같이 비가 오고 날씨가 차가운 날은 뜨거운 탕에서 몸을 푹 담그고 몸을 풀며 명상을 하세요. 사실 난 명상이 뭔지 몰라요. 그러나 뜨거운 탕 속에서 눈을 감고 팔과 다리를 확인하고 그것들이 사라지는 시간을 기다립니다. 그럼, 한순간에 사라지더라고요. 그러다가 그냥 잠으로 빠져버릴 때도 있어요. 그런데 온몸의 것이 치유되는 느낌입니다.

- 바쁠 텐데…. 항상 문자를 보내준 정성에 정신이 번쩍 난다. 열심히 먹고 운동하고 뜨거운 탕에 몸을 담가서 몸이 굳지 않게 할게. 나도 너처럼 열심히 지내야지. 신안샘을 부러워하기만 하면 안 되지요. 스스로 깨우치면서 남아 있는 날들을 향해 진격! 테니스 잘 치고 단백질 꼭 챙겨 먹고 건강해야지. 친구가 떠나니까 어찌나 눈물이 나고 생각이 나는지…. 우리 같이 건강하자!

- 좋은 아침. 날씨가 쌀쌀합니다. 아침에 일어나니 몸이 굳어가는구나라

는 생각이 들더라구요. 그렇지요. 우리 몸은 70년 이상을 쓴 몸이니까요. 어기적거리며 걸어가는 모습이 완전 노할머니죠. 그래도 우리가 걸을 수 있으니 성공인 거죠. 네비샘 우리는 이제 항상 몸 풀기 운동을 해야 하죠. 수시로 온탕과 냉탕을 오가며 몸을 단련시켜 봅시다. 고대 로마의 왕들도 온천욕을 수시로 즐겼잖아요. 여하튼 우리는 도우미 케어를 받지 않도록 최선을 다 합시다!

- 딸네 집에 와서 손자 방을 치워주고 주방도 정리해 주었죠. 아줌마가 있어도 엉터리이다. 우리가 나이 들면 어떻게 될까 마음에 맞는 사람은 없고 사람 부리는 일도 힘들고, 지금이 제일 좋을 때지. 너 체기가 있었다며. 약 먹고 좀 쉬어야겠다.

- 좋은 아침. 김정민 박사 유튜브를 들었어. 모든 세계가 금융을 쥐고 있는 검은 그림자들이 세계를 지배한답니다. 속칭 큰형님이라네요. 그는 한국의 진정한 자립국가로는 박정희, 전두환, 노태우 정권까지만이라네요. 나머지는 큰형님들이 만든 바지사장 대통령이고요. 김대중, 노무현, 문재인 등이 모두 친미 하수인인 거죠. 물론 윤석열, 한동훈도 바지사장이고요. 좌파 우파 진영논리로 죽기 살기로 싸움을 만드는 것도 어쩌면 큰형님들의 작업일지도 몰라요. 일본이 너무 커 간다 하니까 대기업 모두 노조 시켜서 망가지게 해체시켜 국제 기업단체로 넘겨버린 거죠.

지금 삼성 때리기로 들어가고 있을 거고요. 이재용이 중국과 긴밀해져서 감옥에 가게 된 거고요. 우리는 적당히 아부하며 살리면서 빼앗겨야 한다네요. 그들은 북한도 죽지 않을 만큼만 살린다네요. 박정희는 핵 개발을 99% 미국 몰래 완성했기 때문에 죽임을 당했다고. 그리고 그 값진 핵자료는 모두 사라졌다는 거죠. 박근혜 대통령은 지나친 친중이기 때문에 제거된 거고요. 친중은 그 당시 다 제거되는 거죠. 중국 공산당인 모택동은 큰형님들이 세운 정권이죠. 그래야 중국이 더 이상 커지지 않게, 그리고 세상을 흔들지 못하게 하는 거고요. 모택동 전에는 중국이 세상의 패권국이었는데, 그 후는 패권국일 수 없게 한 거죠. 물론 시진핑도 큰형님들이 만든 정권이라네요.

　그러니까 큰형님들은 자기네가 더 큰 자금이 들어오게 하고, 그 자금을 이용해서 민주화라는 명목하에 국가를 장악하고 바지사장, 즉 대통령을 세운다는 것이죠. 한국도 결국 좌우로 편을 극도로 갈라치게 만드는 것도 큰형님네가 조작한다는 것이죠. 가장 좋은 방법은 결국 미국 큰형님들에게 아양 떨어서 우리 파이를 키워서 나누는 거죠. 문제는 한국이 더 이상 인구 소멸로 사라지지 않게 하는 것이 중요하다는 거죠. 그런데 웃기는 것이 김대중의 부인 이휘호가 이승만네 떨거지라네요. 또 이승만 부인 프란체스카도 유럽의 귀중한 주요인사 귀족층 자녀로 그들은 서로 연결될 수 없는 신분들이라네요.

아무튼 우리는 정치에 열 올리지 말고 몸을 지키며 누가 외치듯이 1234, 99, 88로 살아봅시다. 하루 입원, 이틀 앓고, 삼일에 죽어, 사일에 장사 지내자. 그런데 구십구까지 팔팔하게 살다 가자는 구호랍니다. 키신저는 100살까지 살았는데, 99살까지 세계 정치를 했잖아요!

*

바쁜 친척 후배네 집을 갔다

후배가 바쁘게 일을 했다. 공부를 많이 했지만 일할 자리가 없어서 여기저기 강의를 하다가 잘렸다 했다. 할 수 없이 일일 아르바이트라도 해야 했다. 모처럼 시간을 내서 그네 집에서 만나기로 했다. 집을 찾아갔다. 현관문을 열었다. 집안은 온통 포탄이 떨어져서 흩어진 모습이었다. 여자는 머리가 아팠다. 후배는 반가워했다. 발을 디딜 만한 공간이 없었다. 그래도 미안해할까 봐 성큼성큼 들어갔다. 현관에는 쓰레기봉투와 신발들이 엉겨 있었다. 나름 신발 정리를 했지만 짐이 너무 많아서 공간이 부족했다. 부엌의 싱크대는 음식과 그릇이 서로 맞붙어서 옹기종기 모여 있었다. 싱크대 앞에는 간장, 기름, 밀가루, 튀김가루 등이 모여서 사이좋게 서성댔다. 또 한쪽은 온갖 그릇들이 서로 부대끼며 벽 쪽에 붙어서 그들끼리 그릇 역할을 해보겠다고 버티고 있었다.

 여자는 어디 앉을 곳이 없었다. 안방의 침대 위에 철퍼덕 앉아 버렸다. 뭔가 도움을 주고 싶었다. 여자는 한쪽 벽에 수북이 쌓여 있는 곳을 정리하며 이야기를 했다. 일단 말하면서 정리 좀 해 보자고. 선생님 어제저녁 늦게 아르바이트를 해서 힘들어서 죽겠어요. 여자는 애들 책과 옷을 분류했다. 분류한 책을 종이 가방에 쑤셔 넣었다. 애들 옷은 큰애 것과 작은애 옷을 분류했다. 두꺼운 옷, 얇은 옷, 긴 것, 짧은 것 등을 큰 비닐 가방에 넣어 분류했다. 북측 쪽 벽에 붙어 있는 것들을 분류했다. 그리고 바닥에 깔려 있는 먼지와 머리카락 등을 물티슈로 닦아냈다.

 다시 남쪽 창 벽이 쌓여 있는 곳을 정리했다. 인형 종류가 많았다. 옷도 색깔마다 다른 종류들이 너무 많았다. 후배야 너무 옷이 많네요. 인터넷으로 이제 입고 사세요. 이거 다 못 입겠네요. 두꺼운 옷은 옷장에 넣으세요. 요즘 날씨가 따뜻하니 겨울 옷은 옷장에 넣으세요. 시간은 흘러도 짐은 줄지 않았다. 아침부터 와서 정리해도 끝이 없을 터였다. 허리가 아파 왔다. 이러다가 몸살 날 일이었다. 점심을 먹으러 가자고 제안했다. 후배는 컴퓨터 서류 정리를 해야 한다고 했다. 오후에 다시 아르바이트를 해야 한다고 말했다. 여자는 후배가 딱했다. 그럼 다음에 오겠다며 집으로 돌아왔다. 후배는 미안한지 먹을 것과 필요한 것들 이거저거 등을 챙겨줬다.

집으로 돌아오면서 높은 빌딩이 여자 눈에 띄었다. 4, 5층은 위너스 스테이, 2, 3층은 레지던스라고 간판에 적혀 있었다. 현대판 주거용 빌딩이었다. 스테이는 원룸 형태이고, 스테이는 외국 사람들이 한국에 와서 머무를 수 있는 곳인 것 같았다. 빌딩 주인은 적어도 한 달에 1000만 원 이상의 수입이 있을 것 같았다. 그 빌딩을 보면서 여자는 어머니가 생각났다. 여자가 고등학교에 들어갔을 때였다. 어머니는 아버지 친구의 집을 샀다. 그 집은 아버지 친구의 어머니 집이었다. 그 친구 어머니가 돌아가셨을 때 매물로 내놓아서 아버지가 그 집을 샀다. 그리고 그 집을 없애고, 고모부의 설계를 거쳐 방이 많은 여관집을 새로 지었다.

새집을 짓고 어머니는 고민을 많이 했다. 경제성이 좋은 간판은 무엇인가를 생각했다. 여관? 여인숙? 결국 신풍 여인숙이라는 간판을 걸었다. 그것은 공무원인 아버지 봉급을 능가하는 수입원일 것이고, 아이들 4명에 대한 학비를 충당할 수 있었기 때문이리라. 그 후 친할아버지의 반란으로 한동안 시끄럽게 난리가 났었다. 양반 집안에 먹칠을 하는 것이라며 온 동네를 발칵 뒤집어 놓았던 일. 그때 간신히 수습이 되었던 생각. 그리고 어머니는 무사히 우리 형제를 대학까지 잘 끝내주었다는 생각. 어머니의 그 생각은 지금 생각해도 대단히 훌륭한 일이었구나!를 생각했다.

지금 우리 세대에도 어머니 같은 일을 만들어 이렇게 레지던스나 스테이를 운영하며 임대료로 월 수입 1000만 원 이상을 얻는다는 것은 정말 대단한 일 같았다. 공부를 잘 해서 서울대를 나오고, 대기업을 다닌다 해도 죽을 때까지 다달이 1000만 원 이상 월수입을 만들 수 있겠는가? 하는 생각을 하며 집으로 돌아왔다.

*

오늘은 투표의 날이다

아침 6시 50분에 투표장으로 나갔다. 이미 사람들이 한 줄로 서서 미리 대기했다. 여자와 남자는 대기줄에서 20여 분을 기다렸고 각자 투표를 했다. 이번에는 치열한 투표였다. 좌파와 우파의 싸움이었다. 여자와 남자는 우파였다. 좌파의 거짓말에 치가 떨렸다. 이재명을 비롯하여 좌파는 완전 쓰레기 종족이었다. 친중에, 북한 빨갱이네가 합쳐져서 나라를 팔아먹을 놈들이었다.

그들은 거짓말의 대가였다. 역사 교수라는 김준혁은 '이화여대생 미군 장교 성 상납', 퇴계 이황 선생을 '성관계 지존', '유치원의 뿌리는 친일의 역사에서 시작됐다', '박정희 전 대통령의 일본군 위안부 성관계' 등의 발언으로 여당 측은 그에게 사퇴를 촉구했다.

선거는 근거 없이 모독하는 있을 수 없는 언어 폭력으로 이어졌고, 야당은 계속 역사 공부를 똑바로 하라며 강경한 입장을 보였다. 선거판은 아수라장이었다. 모두가 나와서 선거하기를 바랄 뿐이었다. 우파 좌파는 열심히 싸웠다. 다만 좌파들은 너무 죄가 많은 자들인 것이 문제였다. 특히 당 대표 이재명의 죄가 너무 많아 차고 넘쳤다는 점이다. 대장동 사건, 백현동 사건, 대북 송금, 돈 봉투 사건 등…. 그러나 그런 거와 상관없었다. 국민 대다수는 민주당을 죽도록 찍어댔다.

나라가 죽을 쓰든 말든 국민들은 세금을 퍼주고 쓰기를 바라는 쪽에 표를 주었죠. 좌파는 200석 이상을 받아 헌법을 개조하고 윤정부를 끌어내리는 데 힘을 모았죠. 여당도 한동훈을 비롯하여 최선을 다했지만 역부족이었죠. 여자와 남자는 속이 쓰렸죠. 이렇게 형편없이 지리라고는 생각 못 했죠. 우파를 욕할 수는 없죠. 어리석은 국민을 욕해야죠. 좌파들은 어린 학생들을 오래 전부터 좌파적 교육을 시켰고, 그 젊은이들이 좌파성 정치파가 되는 것이 당연했겠죠. 김대중부터 많은 좌파 정치인들이 얼마나 자기네식 정치 힘을 키웠겠나요. 거기에 호남지역 사람들은 태성이 좌파적 존재였죠. 변할 수 없는 존재죠.

얼마나 강한지 그들의 존재는 결혼하면 우파인 부인부터 자식까지 모두가 좌파가 됐죠. 당장 우리 주변 친인척들은 우파였는데 모두가 좌파가 됐죠. 여자는 좌파가 나쁘다는 게 아니죠. 나라를 망치는 길로 가는 게 나쁘다는 거죠. 좌파들은 나라를 팔아먹는다는 거죠. 쎼쎼하며 중공세력을 끌어들이고 러시아, 북한과 공조해서 그들과 함께 평생 공산세력으로 정권을 잡고 휘두르겠다는 거죠. 그게 문제라는 거죠. 그러나 세계를 장악하고 있는 글로벌 리스트들이 한국을 가만두지 않겠죠. 돈 많은 세력인 그들은 이익을 극대화하는 게 목적이겠죠.

한국의 대기업을 조여서 미국으로 대기업 모두를 이전시키게 만들겠죠. 아니면 서서히 대기업의 권한을 축소하고 자기네식으로 참여해서 허수아비를 만들든지 하겠죠. 좌파들은 상관없죠. 대기업이 사라지기를 바라고 국민이 못살아서 좌파정권의 하수인이나 노예가 되기를 바랄 테죠. 그것이 정권 유지에 좋을 테니까. 여자는 속이 탔죠. 어리석은 국민 때문에 힘들죠. 한국이 가난하게 쓰러져가는 것을 볼 것 같아서. 윤정권이 있으니 망해도 3년은 버티겠죠. 대기업도 숨 쉬고는 존재하겠죠.

그러나 윤정권이 법대로 말로만 하고 실천을 못 하는 게 문제죠. 진작 MBC의 허위 조작 뉴스를 퍼트리고 있는 것을 가만둡니까? 그냥 쇠망치로 내려쳐야죠. 아! 속 터지죠. 젊은이들과 저소득층은 좌파의 돈 뿌리기를 기대하고 있죠. 나라가 죽든 말든 돈 퍼주는 좌파를 찬양하죠. IT 산업이나 AI 먹거리에 투자해서 파이를 만들어야 국가가 살고 국민이 사는데, 좌파는 산업에 투자하는 돈을 국민에게 나누어주어 맛있는 거 사 먹으라는 거죠. 산업이 망가지면 좌파가 영원한 권력자로 존재할 수 있다는 거죠. 좌파들은 국민을 가난한 하층민과 무능한 국민으로 만드는 거죠.

대기업들은 모두 싹쓸이로 망하게 하는 것이죠. 미국이 그런 한국을 가만두겠습니까. 모든 기술 있는 기업을 미국으로 옮기겠죠.

*

라일락 향기가 코를 마비시켰다

아파트 꽃밭에는 보라색 라일락 향으로 가득 찼다. 진한 향기가 코를 찔러 숨을 멈추게 했다. 단풍나무 잎, 버드나무 잎이 이슬에 맺혀 보석같이 영롱했다. 하늘에는 해가 뜰 모양이었다. 새벽부터 보슬비가 보슬보슬 내렸는데…. 여자는 오전에 산책을 했다. 상큼한 꽃향기와 시원한 찬 공기가 즐거웠다. 아파트 담벼랑에는 바위를 심으로 박아 세웠다. 그 위로 바위취가 예쁘게 자랐다. 바위 위 언덕에는 분홍 철쭉꽃과 노랑 애기똥 풀꽃이 어울려 피고 있었다. 그 위 언덕은 산을 직선으로 깎아서 푸른 잔디로 스위스 산맥을 연상하게 했다. 여자는 산책을 자주 했다. 여자는 그곳을 지날 때마다 스위스 산에서 양 떼가 놀고 있는 생각이 나서 즐거웠다.

303동 모퉁이를 돌면 키 큰 소나무들이 산언덕에 빽 이 솟아 있었다. 그 소나무 숲을 보면 강원도 택백산이 생각났다. 여자의 머릿속은 곧 강원도의 울창한 숲이 와서 그녀를 따라다녔다. 태백산 물줄기를 따라 한없이 오르다가 다리를 건너 깊은 소나무 숲으로 들어가서 계단을 밟고 한참을 오르다가 중턱에서 샘물을 먹고 벤치에 쉬었다는 생각. 다시 301동 모퉁이를 돌아 아름다운 벚꽃이 지고 꽃비가 되어 자동차의 지붕이 되었다. 오늘은 아파트 정문을 지나 성당 쪽 산책길을 택했다. 좌회전을 하여 작은 골목길을 따라 내려갔다. 여기에 오면 불란서의 작은 골목이 생각났다.

길목은 깨끗했다. 초록색 인도를 따라 걸었다. 작은 빌라들은 예술적이었다. 담에 붙어 피어나는 꽃이 예뻤다. 분홍꽃은 꽃잎이 5장이었다. 여자는 네이버를 통해 꽃을 확인했다. 제목은 모과꽃이었다. 모과꽃이 이렇게 예뻤구나! 여자는 중얼거렸다. 모과꽃이 맞겠지. 근처 경비 아저씨가 모과가 맞다고 했다. 여자는 처음 보는 꽃으로 보았다. 평생 무엇이 바쁜지 이렇게 꽃을 보며 산책한 일이 없었다. 학창시절은 공부하느라, 결혼해서는 애기 키우며 직장 다니느라. 뭐 하여튼 바쁘게 살다 보니 여유롭게 꽃을 보며 살지 못하지 않았을까.

이곳은 정말 외국의 작은 마을을 조용히 산책하는 느낌이 들었다. 외국인 학원도 있고, 조용한 카페, 외국 브랜드의 옷가게, 일식점, 작은 공원, 롯데마트, 빵집, 문구 정리 세일, '그동안 감사했습니다'라는 문구 등이 동네를 장식했다. 그중 이십 년 동안 문구점을 열었던 곳이 폐쇄되는가 보았다. 처음 이사를 왔을 때 문구 주인은 IMF 시대에, 대기업에서 퇴출당한 후 문구점을 차렸다고 들었다. 그런데 벌써 이십오 년을 넘게 문구점을 했는데 퇴직하기로 마음먹었던 것이다. 그동안 애 많이 쓰셨구나. 이제 서서히 우리 세대들은 조용히 뒤로 물러나는 시대가 되었다. 씁쓸한 마음으로 세월의 무게를 느끼며 여자는 오후에 만날 사람을 위해 빵을 사서 집으로 돌아왔다. 그리고 조용한 아침 산책처럼 여자의 남은 시간들도 고요한 시간이 되기를 기원했다.

*

과학과 비과학

여자는 신비주의를 좋아했다. 신이 있다 없다는 것은 알 수 없다. 그러나 점괘를 보는 것은 좋아했다. 처음 국문과에 들어갔을 때 P 교수님을 우리 친구들은 잘 따라다녔다. P 교수님은 무속을 연구하셨다. 민속을 연구하면서 무속을 연구과제로 하셨다. 친한 친구 중에 한 명은 그쪽 계열의 무속을 연구했다. 무속인을 찾아가서 무속들의 언어를 취재하고 녹음해서 언어를 연구하기도 했다. 그래서 더러 친구들의 사주를 봤다. 어느 날 그 무속 연구하는 친구의 사주를 봤다. 그때 그 무당은 그 H 친구에게 당신은 지금 불교 신자지만 나중에는 성경책을 읽는 기독교인이 될 것이라 했다.

　수십 년이 지나고 친구들은 다 결혼했고 그들의 자녀들도 다 성장해서 결혼을 모두 했다. 그런데 그 친구는 기독교인이 되었다. 여자는 학창시절의 그때가 생각났고 맞았다는 생각을 했다. 여자는 그런데 어려울 때가 되면, 무당을 찾고 싶었다. 이성적으로 판단이 되지 않을 때 그랬다. 여자가 결혼해서 첫째 아이가 딸이었다. 두 번째 임신이었을 때 무당을 찾아갔다. 만일 딸이면 큰일이었기 때문이었다. 시어머니가 장남이 딸, 딸을 낳으면 안 되는 일이었던 것이다. 진해에 살 때였다. 이웃 아줌마들과 함께 갔다. 무당은 딸이라고 했다. 그런데 당신은 친정 집안에 초상이 생길 것이라 했다.

　여자네 집 초상이라고? 할머니가 계시니까 돌아가시려나? 집으로 와서 둘째가 딸이라고 남자에게 말했다. 낙태를 해야 하는가 고민했다. 남자는 무슨 소리냐? 절대 사내아기 안 낳고 잘 키울 것이라고 선언했다. 그 후 얼마 있다가 이십 대 남동생이 아프다는 연락이 왔다. 암이라 했다. 수술 후 한두 달 만에 동생은 세상을 떠났다. 점쟁이는 잘 맞혔다. 그 후 많은 가족사가 생겼다. 나이 드신 할머니가 세상을 떠났고, 뒤를 이어 아버지가 59세에 암으로 가셨다. 그리고 또다시 둘째 동생이 낳은 조카가 가버렸다. 몇 년 사이 집식구 4명이 세상을 떠나니까 여자는 초상 치르는 것이 무서웠다. 그래서 여자는 줄초상이 생긴다는 말이 무서웠다.

세월은 흘러갔다. 남자가 부처를 선정하는 것에 고민했다. 남자는 노동부에 있었다. 그런데 자기는 내무부에 가고 싶었다. 여자는 생각했다. 이성으로 해결할 수 없을 때는 신기가 있는 사람들에게 물어보는 것도 하나의 방법일 것이었다. 여자는 애기를 업고 앉고 하여 인천 근처의 무당집을 찾아갔다. 그 무당은 오로지 여자에게 당신은 나중에 성공할 것이라고만 말했다. 다시 다른 무당을 찾아야 했다. 세월은 다시 흘러갔다. 여자는 서울 쪽의 무당을 찾고 싶었다. 너무 더워서 상가로 들어갔다. 쉬면서 잡지책을 봤다. 선전문구가 나왔다. 동방천기가 사주팔자를 아주 뛰어나게 잘 본다고.

메모를 했다. 그리고 그곳을 찾아갔다. 오피스텔이었다. 젊은 여자였다. 뒷일 봐주는 여자도 있었다. 남자 사주를 넣었다. 동방천기가 부채를 부쳤다. 여자가 물었다. 지금 노동부에 있는데 내무부로 가고 싶다고. 동방천기는 말했다. 아니 고속버스 타고 가는데 왜? 시내버스 타고 가려고 하느냐고. 그리고 여자에게 당신은 조금 있으면 몇 억이 왔다 갔다 할 거라고 말했다. 그리고 여자는 집으로 돌아왔다. 여자는 전세방에 살고 있고, 전세비도 융자내서 간신히 세를 살고 있는데 무슨 그런 소리를 하느냐고. 여자는 동방천기를 욕했다. 여하튼 남자는 부처를 오랫동안 고민했는데 동방천기를 믿고 옮기지 않았다.

세월은 또다시 흘러갔다. 가끔 여자네 동생은 여자를 욕했다. 과학의 시대에 무슨 무당을 좋아하느냐면서 언니는 미쳤다고 욕했다. 여자는 동생의 말이 옳았다. 자신이 미친 거지 무슨 과학의 시대에 무당을 찾느냐고 반성했다. 그러나 막내딸이 시집을 못 가니까 언제 시집을 갈 수 있을까 하면서 수시로 찾아갔다. 그런 세월이 이십 대 후반부터 40대 중반까지였다. 무당이 돈을 내라 하면 냈다. 부적을 쓰라면 썼다. 그러나 그 딸은 결혼하지 못했다. 여동생은 계속 미쳤다고 했다. 돈이 썩어 문드러진다고. 그러나 어미의 마음은 그러지를 못했다. 혹시나 또 혹시나 하며 누가 좋다면 좋을 것이라 생각했다.

세월은 흘러갔다. 우리는 함께 새벽부터 남자, 여자, 딸이 수영하러 다녔다. 오동통한 딸의 몸 맵시는 축축 처진 모습으로 변해 갔다. 어미는 안타까웠다. 사지가 멀쩡한 놈이 늙어가는 것이 싫었다. 그런 중에 수영장 멤버가 남자를 소개하려 했다. 그럼 딸은 나에게 버럭 소리를 질렀다. '선 넘지 마쇼'라며 여자에게 협박하고 윽박질렀다. 여자는 미쳐 죽었다. 속으로 욕했다. 그래 이놈아 너 잘났구나. 세월은 계속 흘러갔다. 또 한번 다른 회원이 남자를 소개해 보겠다 했다. 또다시 '선 넘지 말라니까'라며 소리를 빽

질러댔다. 여자는 아이고 내 팔자야, 어디서 저런 놈이 태어나서 날 죽이는구나라며 한탄을 했다.

여자는 오래전에 동방천기를 찾았다. 큰딸이 둘째를 몸에 지녔을 때였다. 그 당시 여자는 친구와 집을 함께 샀다. 그런데 그 집 명의가 친구의 명의로 샀고 그 명의를 찾아와야 하는가 아니면 반쪽 집을 그 친구에게 팔아야 하는가를 물었다. 동방천기는 그 집이 나중에 돈이 되니까 명의 반쪽을 찾아오라 했다. 그리고 내 딸을 보더니 여자애가 뱃속에 있다고 했다. 딸은 자기가 딸을 낳기를 바랐다. 여자는 그래요? 하며 딸이 정말로 딸일까? 생각했다. 그런데 정말 손녀가 태어났다. 동방천기의 신뢰도가 높아졌다. 세월은 흘렀다. 사위가 추천한 남자가 있어서 결혼해도 되는가를 물으러 동방천기에게 갔다. 그는 그 남자는 안 좋다고 했다. 돌로 지붕 위로 던져서 나오는 사람과 결혼해도 그 남자보다 낫다고 했다.

세월은 또다시 흘러갔다. 남자 동생이 이혼한 지 10년이 되었다. 중국의 지점장으로 갔다가 한국으로 돌아왔다. 동방천기에게 물었다. 남동생이 짝이 생길 것인가를. 그는 좋은 짝이 생겨서 잘 살 거라 했다. 어느 날 지인의 소개로 여자를 만났고 둘이 오손도손 잘 살았다. 그래도 동방천기를 찾는 것은 과학의 시대에 맞지 않는 일이라 죄를 짓는 기분이었다. 사리에 맞지 않음을 시인했다. 그러다가 우연히 조선일보 주필인 조용헌 유튜브를 봤다. 그가 말하기를 한국은 기가 센 나라라 기독교와 불교, 천주교가 왕성하다는 것이다. 바위가 많은 산이 많아서 더 기가 세다는 것이다. 일본은 기독교와 천주교가 없다는 것이다.

그는 기가 있는 사람들, 기도하는 사람들, 신을 받은 사람들을 인정했다. 미국의 월가는 인도나 중국 유명한 철학자들이 많다는 것이다. 월가의 주식이 오를 것을 미리 그들의 조언에 따라 주식을 사고 판다는 것이었다. 옛날 삼성가의 주인도 유명한 도사를 불러놓고 앞일을 판단했다는 것이고. 그렇다면 우리 같이 소인의 삶에서 어려운 일을 묻는다는 것이 죄가 될 만큼 비과학적인 일이 되는 것은 아니라는 것이다. 그들의 신기를 이용해서 우리가 판단할 수 없는 것들을 참조할 수 있다는 것이다. 그럼 덜 실패할 수 있지 않을까 생각했다.

여자는 이성으로 판단한 일이 자연의 흐름에 따라 변화할 수 있는데 신기의 에너지를 이용하여 변화의 흐름을 따라 더 합리적인 것을 이끌어낼 수 있으면 좋겠다는 생각을 하는 것이다. 여하튼 여자는 비과학적이라는 것에서 벗어나는 마음을 가질 수 있어서 즐거웠다. 또한 과학적으로 해결할 수 없는 것들이 있다는 사실을 인정할 수 있었다. 조용헌의 말에 의하면 우주의 에너지 쪽 현상을 말하는 것에 수조원의 돈이 이동한다고 들었다. 과학적으로 말할 수 없는 곳에 천문학적 돈이 움직이고 있었다고 말할 수 있는 것이다.

조용헌은 강조했다. 돈을 많이 버는 것은 선조들 중에 누군가 사회에 많은 베풂이 있었기 때문에 후세들이 잘 살게 된다는 것이다. 그 이치가 맞는지 안 맞는지는 모른다. 그러나 경주의 최부자가 오랫동안 잘 살 수 있었던 것은 많은 베풂이 있었기 때문이라고 본다. 경작 논을 보통 7할을 받는데 그들은 4할을 받았다고 한다. 그리고 오고 가는 걸인에게 밥상을 항시 차려주어서 하루에도 많은 양의 쌀밥을 지었다나. 출세도 진사 이상의 벼슬을 하지 못하게 했다고. 매사 남이 봐서 사욕을 채우지 않고 적당히 함께 나누어서 불편 없이 평등한 논리로 살았던 것이다. 그러니까 시기와 질투가 생기지 않게 말이다.

조용헌의 이론은 태어나는 것이 90%라 했다. 그리고 교육받아서 공부하는 것이 10%라고 했다. 이것도 맞을 듯했다. 내가 아무리 우리 애들에게 공부를 열심히 시키려고 애썼지만 그 애들은 공부에 뜻이 없었다. 아무리 학원을 보내고 과외를 시켜도 별반 효용이 없었다. 여자나 남자는 스스로 열심히 최선을 다했던 생각을 하면 태어남대로 산다는 말이 맞다고 생각했다. 가끔 손자들이 하는 것을 여자는 지켜보고 있다. 과연 손자들이 자기의 삶을 어떻게 펼쳐나갈지 지켜보는 것이다.

*

김옥희의 삶

옥희씨의 어머니는 어느 날 꿈에 커다란 무지개가 떴고 그 무지개가 어머니 뱃속으로 깊이 들어와 버렸다. 그리고 옥희씨를 임신했고 옥희씨가 태어났다. 어렸을 때 집에서 제사를 지내는 일이 많았다. 아버지가 장남이라 일년내내 제사가 많았다. 옥희씨는 제삿날 제사상을 차리면 저 멀리서 할아버지 할머니가 두루마기를 입고 오는 것이 보였다. 그런데 엄마는 아직 탕국도 제사상에 안 올려서 옥희씨는 엄마에게 빨리 탕국을 올리라고 재촉했다. 그럼 할아버지 할머니 많이 먹고 가시라 했다. 옥희씨는 어릴 때부터 제삿날을 정확히 알았다. 그래서 부모님은 옥희씨가 총기가 좋은 애라고 생각했다.

밖에서 애들하고 뛰어놀 때는 친구들과 알지 못하는 애들과 잘 뛰어놀았다. 술래가 되어 그 모르는 애를 잡으려 하면 이미 끝에 가서 잡지를 못하고 사라졌다. 그런 일은 항상 있었다. 중학교 때 학교를 가면 교문 앞에 자기네 학교 아닌 여학생이 서성댔다. 친구에게 왜 저 친구는 우리 학교도 안 다니는데 교문 앞에서 서성대는지 모르겠다고 했다. 그 친구가 어디 있는데? 저기. 안 보이는데? 저기 있잖아. 친구 눈에는 그 애가 보이지 않았다. 그 후 그 친구는 여자 담임 선생에게 귀신이 보이는 아이라고 일렀다.

어느 날 담임 선생이 옥희씨를 불렀다. 옥희씨에게 담임은 자기 좀 봐 달라고 했다. 뭘 봐주는냐고 물었다. 자기는 그런 것 모른다고 답했다. 담임은 옥희씨에게 물었다. 내가 언제 시집을 가냐? 누구를 만나냐고 물었다. 그래서 나중에 알려줬다. 옥희씨가 시험을 보면 할아버지가 다 알려줬다. 그리고 어느 날 친구가 부모님에게 옥희씨를 일러바쳤다. 부모님은 깜짝 놀랐다. 양가 집에 그런 사람이 없었기 때문이었다. 옥희씨는 어렸을 때부터 보이는 것이 다른 사람들도 다 보인다고만 생각했다.

그 후 선을 봐서 남편과 결혼했다. 시누이가 부처를 믿는 보살이라 옥희씨를 좋아했다. 어느 날 시누이가 불교책을 갖다 줬다. 몇 번 봤는데 모두 다 외웠다. 남편이 회사를 했는데 그 일은 망하니까 하지 말라고 권했다. 그러나 남편은 그 회사를 해서 다 망가졌다. 다시 다른 회사를 차렸다. 옥희씨가 OO 배신자로 회사가 망가질 거라 말했는데도 회사를 해서 결국 망가졌다. 먹을 게 없었다. 남편이 어느 점집엘 들렀다. 그 점쟁이가 왜 왔냐면서 당신 부인한테 물어보라 했다고. 그리고 점집을 차리라 했다. 남편이 갑자기 그럼 자기가 점집을 차리겠다면서 산속 수도원으로 공부하러 가버렸다.

옥희씨가 화장품 회사를 다녔다. 알로에 수입 화장품이었다. 체인점을 돌며 특별지원으로 마켓을 하면 수당이 꽤 많았다. 한 달에 800만 원씩 받았는데 남편 수도원 공부로 비용이 다 들어갔다. 3년 후 남편은 옥희씨에게 마지막 굿제사를 올려서 신을 받아야 하는 일을 하고 싶다며 1000만 원을 만들어 달라고 졸라댔다. 결국 빚을 내서 신내림 굿을 받기로 했다. 공부하던 도사들이 함께 움직이는 곳은 과천이었다. 내림굿 제사는 온양에서 하기로 한 것이라 옥희씨가 도반 도사들을 모시고 온양으로 가기로 했고, 남편은 미리 가서 준비를 했다. 옥희씨가 도반들을 모시러 과천으로 갔다.

과천에 갔을 때 그곳의 제일 큰 도사님이 옥희씨를 보고 갑자기 큰절을 했다. 옥희씨가 놀라서 앞뒤를 둘러보았다. 아무도 없었다. 옥희씨는 '큰 도사님에게 손을 절레절레 흔들면서 저는 나이가 20대예요. 저에게 절하지 마세요.' 그러나 그 도사는 '옥희씨가 절을 받아야 한다'고 했다. 그 당시 옥희씨는 잡일을 하기 위해 몸빼바지 차림이었다. 그 도사님은 무조건 절을 받으시라 했다. 어찌했든 옥희씨는 도반들을 모시고 봉고차로 온양으로 이동했다. 그런데 큰 도사님이 옥희씨 옆에 앉아서 '내림굿 신을 옥희씨가 받아야 한다'고 말했다. 옥희씨는 아니라며 내 남편에게 내림굿 신을 받게 해달라고 간곡히 부탁했다.

도사님은 옥희씨에게 물론 그러겠다 그러나 어떤 일이 생기면 옥희씨가 내림굿 신을 받아서 남편에게 주면 좋겠다고 말했다. 어느덧 온양 굿당에 도착했다. 그런데 커다란 플래카드가 대문짝 만하게 쓰여진 것이 못마땅했다. 큰 도사님도 그렇게 느꼈는지 고개를 저었다. 여하튼 신내림 굿은 시작되었다. 깃대를 잡고 남편은 신굿내림을 받으려 애썼다. 그러나 신이 그의 허리를 내려쳐서 곤두박질을 당했다. 그렇게 몇 번을 당했다. 그때 도사님이 와서 옥희씨가 받아야 한다고 주장했다. 잘못하면 남편이 다쳐서 큰일을 당한다면서 옥희씨가 받아서 남편에게 주라는 것이었다.

할 수 없이 옥희씨가 내림굿 신을 받았다. 그 후 옥희씨에게 할아버지는 방이동 어느 집 위층에 점집을 차리라 했다. 옥희씨는 부정했다. 자기는 다니던 회사를 다녀야겠다고. 할아버지는 아니다 결국 그 회사는 망할 것이라 경고했다. 우연히 결국 그 회사가 망가져서 먹고 살 기 위해서 점집을 차려야 했다. 옥희씨는 돈이 없어서 방을 못 얻는 형편이었다. 할아버지는 차리고 한 달 후 방값을 지불할 것이라고 했다. 그런데 그 집에서 방세를 안 주면 세를 줄 수 없다고 했다. 한참 후 그 셋집에서 수도가 터져서 난리가 났다. 집 주인은 그 집을 수리했다. 다시 옥희씨가 방을 달라고 했다. 주인은 안 된다고 했다.

그 후 어느 날 주인이 옥희씨에게 방을 주겠다고 자기가 꿈을 꾸었는데 할아버지가 방을 주라고 했단다. 그렇지 않으면 다시 수도관이 터질 것이라 했다고. 그래서 그 집에서 점집을 차리기 시작했다는 것이었다. 어찌했든 여자는 삼십 대일 때 옥희씨를 만나게 되었고, 지금 칠십 대가 되어서도 친구가 되어 어려운 일을 묻게 되었다. 아무튼 옥희씨는 신을 섬기는 예언가이기 때문에 좀 더 나은 비법을 예언할 수 있을 것이었다.

조선일보 칼럼인 조용헌은 우주의 에너지, 우주의 신 등을 믿었다. 그의 말에 의하면 경주의 최부자 집에 대하여, 아니면 조상 대대로 부잣집 등이 그냥 생기는 것이 아니라는 것이다. 남에게 베풀어서 대대손손 부자가 된다는 것이다. 그리고 그는 전 세계를 움직이는 월가도, 다수의 인도 철학자들과 유럽의 다양한 예언가들이 월가에 모여서 어떤 주식을 빨리 사야 하는 예언을 토대로 돈을 번다는 것이다. 그래서 예언가들을 위한 자금 몇 조원씩이 운용된다는 것이다. 그리고 옛날이나 지금의 대기업 사모님들은 항상 그런 예언자들과 밀접한 관련을 맺고 있다는 사실을 설명했다. 삼성 이병철 회장도 직원을 뽑았을 때도 예언가를 이용했다고 했다.

이런 칼럼이나 유튜브를 통하여 여자는 자기가 생각한 것이 결코 돈지랄이 아니라는 확신이 들었다. 또한 비과학적으로 맹신하여 점을 치는 것이 아니라고 생각했다. 단지 앞일을 판단하기 어려울 때 신기운 있는 도사들의 도움을 받아보자는 것이었다. 그리하여 가끔 여자는 옥희씨를 10년 만에 또다시 찾았던 것이었다. 여자가 칠학년인데 죽음을 맞이할 시기에 무슨 앞일을 묻겠는가를 생각했다. 여자는 단지 마지막 소원으로 막내딸을 시집보내는 것이 꿈이었고, 여자의 생애 책임을 다해 보겠다는 숙제를 풀기 위해서 옥희씨를 찾았다.

오랜만에 옥희씨를 찾으니 옛날 집보다 많이 작아졌다. 옥희씨 남편이 쓰러져서 3~4세 아이가 되었다는 것도 들었다. 옥희씨가 신기운이 있었다고 하지만 자기네 가족인 남편의 사고는 막을 수 없었다. 여자가 바라는 것은 막내딸이 어려움을 잘 견디고 잘 살 수 있도록 부처님이든 산신령이든 우주의 존재계에게 특별한 기도를 따로 올려주기를 기원했다.

*

정서가 안 맞는다는 것

후배 K 선생은 강의를 다른 선생과 하기로 했다. K 선생은 강의 준비를 항상 미리미리 하는 타입이었다. 진도표를 짜고 그 진도표에 따라 각자 강의를 하면 되었다. K 선생은 수업준비를 철저히 했다. 이번 학기 강의 시간대로 파워포인트 작성을 했다. 그런데 어느 날 다른 A 선생이 K 선생이 강의할 것을 A 선생이 해버렸다. 그리고 자기가 했으니 K 선생은 다른 곳을 하라는 것이다. 그럼 K가 수업준비 해논 것은 쓸모가 없어졌다. 다시 A가 해야 하는 수업 분야를 다시 K가 강의 준비하고 파워포인트 작업도 다시 해야 하는 것이다. 자기가 시간 들여 만든 것들이 그냥 날아가 버리는 것이었다.

그런데 A 선생은 K 선생에 대해 미안해하지 않았고 아무렇지도 않았다. K 선생은 속으로 미쳐 죽었다. 이건 아니잖나? 민들레 모임이 있었다. 모임은 10명이었다. 수시로 모였고 식사 모임도 잘 했다. 모이면 가족 이야기, 주변 이야기들이 많았다. 그 모임은 20년이 넘었다. 가족관계처럼 친했다. 남편들도 함께하는 날이 많았다. 육학년이 넘어 거의 칠학년이 넘어갔다. 그런데 어느 날부터 P 친구는 도도했다. 모든 게 자기 중심으로 알렸다. P는 바쁘다는 핑계로 나오지 않는 일이 많았다. P는 정치적인 인물이었다. 해외에 참가할 일이 많았다. 예술계도 관여를 많이 했다.

민들레 회장이 모임을 갖자고 카톡에 공고를 해도 P는 얘기도 없이 잘 살면서 빠졌다. 보통 사람들은 아파서, 제사라서, 여행

가서 등으로 사연을 적어 놓아 참석여부를 기록했다. 그러나 P는 참석여부와 상관없는 사람이었다. 그러다가 어느 날 뜬금없이 자기네가 주최하는 음악회나 미술 전람회를 공고하고 참여하라는 초청장을 보내는 것이다. 여자는 갑자기 울화가 솟아올라 참을 수 없었다. 뭐 이런 매너가? 서울대 나왔다고? 교수라고? 그래도 되는 거라고? 참 어이없었다. P는 계속 모바일 초청장을 보냈죠.

나이가 들수록 푸근하고 매너 있는 사람이 되는 것은 아니었다. 나이 먹을수록 더 꼰대이며 남을 배려하는 마음이 부족해지는 것 같았다. 여자는 가끔 정서가 안 맞으면 (올바르지 않은 일이 생길 때) 화가 솟구쳤다. 다혈질이라 그런가, 아니면 노화현상인 것인가? 그에 비해 다른 사람들은 옳지 않은 일들에 대해 아무 반응을 일으키지 않았다. 그럼 옳지 않은 일을 옳다고 시인하는 것인데…. 그러다 보니 오히려 여자에게 문제가 있어 보이는 것이 되었다. 그러면서 시간이 흐를수록 오히려 여자의 화가 더 올바르지 않다는 인식으로 해석이 되는 것이었다. 여자는 이게 뭐지? 갑자기 멘붕 상태가 되는 기분이었다.

그래, 이제 머리 아프게 이론적인 것을 생각하지 말자. 무조건 여자 자신만 생각하자. 스스로 매사를 미안합니다, 고맙습니다, 감사합니다는 말을 읊조리며 자신을 달래주자. 그것이 자신을 지키고 자신을 사랑하는 것이 되지 않겠는가라고 생각했다.

*

5월의 첫 주말

세월은 빠르게 지나갔다. 5월5일 어린이날, 5월6일 대체공휴일, 5월8일 어버이날, 요양원 어머니 생신이 함께 겹치는 날이 이어졌다. 나는 올해 어머니를 주말 토요일에 모임을 가지기로 했다. 어머니의 생신과 어버이날을 합쳐서 주말인 토요일에 만나는 날로 하자고 동생네에게 연락했다. 나는 서울에서 8시에 출발했다. 고속도로는 붐볐다. 보통 1시간 10분이면 요양원에 도착할 수 있었다. 톨게이트에 진입하기가 어려웠다. 갈수록 더 붐볐다. 신갈쯤에 차는 멈췄다. 약속이 10시 반이었는데 갈 수 없었다. 요양원 간담회에 참가할 수 없었다. 먼저 가까이에 사는 제부가 먼저 간담회에 참가하기로 했다.

안산 남동생네도 도로가 주차장이라고 하소연했다. 나는 늦지만 즐기자고 했다. 남자가 좋아하는 대학시절 팝송을 틀어주었다. 남자는 힘들지만 학창시절을 생각하며 즐겁게 운전을 했다. i.o.u- changing partner- try to remember- this little bird- when I dream…. 팝송은 유튜브를 통해 계속 흘러나왔다. 나도 추억의 팝송을 들으니 학창시절이 생각났다. 50년 전의 흑색 필름이 내 머릿속을 장식했다. 그때가 아! 나의 젊은 시절이었구

나. 젊음이 언제 사라졌나. 이미 세상을 떠나간 친구도 있는데.

팝송을 좋아하던 P 친구가 있었다. 나는 그 친구 생각이 나면 전화와 문자를 주었다. 2016년에 '잘 살고 있냐? 가을 노래를 들으니까 네가 생각난다.' ' 가을에, 왜? 나 평화롭게 평온하게 잘 지내고 있어. 공부도 하고.' '그래 열심히 하서.' '고마워.' '근데 너 카톡 안 하네? 영어 공부만 하지 말고 카톡 좀 해.' '쓸데없는 일 같아서. 할 일도 너무 많고. 의미 없는 일 같아서. 지금 바빠요. 공부하느라.' '알았어.' '여기는 동영상이 안 되네' '미안해. 카톡이 아니라서 그런가 봐.' '올해도 다 갔네. 연말 마무리 잘 하서.' 다시 1년 후 2017년. '영어 공부 아직 열심히 하냐? 지금 산책 중인데 감을 보니까 네 생각이 나네.'

그 친구에게 계속 핸드폰 문자로 연락을 했었는데 지금은 문자를 보내도 답이 없다. 아무래도 뭔가 문제가 있어 보였다. 차창 밖은 차가 밀려 움직이지 못했다. 남동생과 제부에게 연락을 하며 먼저 가는 사람이 간담회에 참석을 하고 어머니를 식당으로 모셔가는 것이 좋겠다고 했다. 나는 남자가 지루하지 않도록 노래모음 종류를 찾아 이거저거를 틀어주었다. 도로는 풀리다가 막히고 다시 풀리다가 막혔다. 기흥 휴게소에서 잠시 쉬었다가 볼일을 보고 커피도 마셨다. 다시 도로로 진입했다. 빠르게 달릴 수 있었다. 쉬다 달리다 가다 보니 안성 톨게이트로 빠질 수 있었다.

잘 하면 10분 내로 갈 수 있을 것 같았다. 그러나 시골길도 역시 주차장이었다. 마음만 조급했다. 10킬로 구간을 30분은 더 걸렸다. 다행히 12시까지는 식당에 갈 수 있었다. 식당 손님으로 꽉 찰 것 같아서 걱정을 했다. 다행히 손님이 없었다. 12시 예약한 사람들이 4시경 도착한다고 식당으로 연락이 왔다고. 우리는 음식을 시켰다. 어머니는 고기를 안 먹겠다고 했다. 입맛이 없다고. 눈이 안 보인다고 했다. 넌 이제 제발 날 만나러 오지 말라고. 너나 사위나 다 같이 늙었는데 힘들게 여기 오지 말라고. 나는 가져간 떡, 인절미, 오징어튀김, 샐러드, 과일, 사이다 등을 펼쳤다. 어머니가 먹기 좋게 망고를 깎았다.

그리고 가져간 그릇에 차례로 과일과 떡을 담아서 앞에 놓았다. 어머니는 망고 하나를 다 드셨다. 인절미와 떡을 다시 드시고, 딸기와 튀김, 샐러드도 입에 넣었다. '이제 입맛이 없어서 못 먹어.' 그사이 다른 사람들은 갈비탕과 밥을 먹었다. 어머니는 이 거저거를 다 드셨고 사이다 한 병을 다 마셨다. 아마도 배가 부를 것이었다. 한참을 이야기했다. 나는 속으로 어머니가 이제 너는 오지 말라 하시는데 고기도 안 드시겠다면서, 내가 안 오면 그럼 굶고 가셨겠구려. 내가 싸간 음식으로 식사를 하셨구만…. 남자들이 모두 빈손으로 올 수밖에 없었을 텐데…. 여하튼 식사 후 우리는 커피를 먹으러 장소를 이동했다.

제부가 좋아하는 커피숍으로 이동했다. 어머니를 들어서 차에 태웠다. 쉽지 않았다. 힘이 없어서 다리 버티기를 하지 못했다. 당신도 힘들었다. 그리고 커피숍으로 갔다. 어머니는 싫다고, 자기를 요양원으로 보내달라는 것이었다. 눈도 안 보이고 힘이 없다고. 다시 우리는 요양원으로 이동해서 어머니를 보냈다. 커다란 가방에 어머니가 좋아하시는 고추장 볶음 2통, 나누어 먹을 카스테라, 케이크빵, 과일 등을 넣고 간호 선생님에게 인계했다. 그리고 서로 인사하며 헤어졌다. 제부가 좋아하는 커피 카페로 이동했다. 동생과 제부와 함께 커피를 마시며 살아가는 이야기, 힘든 이야기를 했다.

여동생은 묘목 아르바이트를 하는데 아침 7시부터 저녁 10시까지 한다고. 묘목 사장네 부인이 암이 걸려 죽었다고. 그 대신 막내가 그 자리에서 일을 해주고 있다고 했다. 제부는 회사에 다시 취업해서 다니고 있다는 것이다. 나는 그들이 퇴직을 했으니 이제 집을 팔아서라도 몸을 아끼고 여행하고 놀아야 한다고 말하고 싶었지만 모두가 소용없을 것 같았다. 조금 있다가 우리는 각자 헤어졌다. 바로 서울로 이동하려고 고속도로를 탔다. 또다시 주차장이었다. 저녁 타임은 손자들의 어린이날과 우리 각자의 어버이날을 위해서 주말 저녁을 예약했던 것이다.

우리는 최선으로 차를 몰았다. 서울 다 와서도 주차장이었다.

오는 데도 4시간은 걸렸다. 6시 예약시간이 넘었다. 아이들에게 미리 식당으로 가서 음식을 시켜 먹으라 했다. 집에 도착하자마자 식당으로 뛰어갔다. 양꼬치 집이었다. 숯불에 양갈비를 굽고 꿔바로, 만두, 고추잡채, 마라탕, 두부탕, 옥수수면, 새우볶음밥 등을 시켰다. 애들과 손자는 배가 터지도록 먹었다. 어른들은 맥주와 소주를 곁들였다. 어린이날 선물로 손자들에게 각자 돈을 주고 사고 싶은 것을 사게 했다. 끝으로 우리는 축배를 들고 헤어졌다.

긴 여정이 끝났다. 칠학년이 넘은 우리들은 스스로 건강함에 감사했다. 7~8시간을 쉬지 않고 운전했다는 것에 감사했다. 늦게 지각했는데, 또한 5월의 가정의 달을 함께 즐겁게 보낸 것도 감사했다. 끝으로 막내 손녀가 일본을 가고 싶다는 간절함에 하부가 가야겠다고 했는데, 잘 될 수 있는지는 알 수 없었다.

*

사고파는 것을 좋아하는 여자

여자는 감기가 걸렸다. 목에 알사탕이 박혀서 침을 삼킬 수 없었다. 하루가 지났다. 목은 덜 아픈데 귀가 아팠다. 하루가 지나 귀속에서 싸~ 싸~ 하면서 소리를 질렀다. 이게 무슨 소리야? 또 하루가 갔다. 계속 귀가 울렸다. 처음에는 왼쪽 귀에서 소리가 났다. 이제 오른쪽 귀에서도 소리가 났다. 머리가 혼란스럽게 아팠다. 그런데 갑자기 부동산 사장에게서 여자가 팔려고 한 집을 사겠다는 사람이 나타났다고 연락이 왔다. 갑자기 아팠던 귀에 소리가 나지 않았다. 이상했다. 여자는 20년 묵은 작은 집을 다른 집보다 이천만 원 싸게 팔기로 했다. 그러면서 다시 생각했다. 그 집을 팔고 세금을 내고, 현금을 통장에 넣어두면 틀림없이 현금이 사라질 것이라고.

그런 일을 몇 번 겪었다. 여자는 왜? 현금이 사라지는지 몰랐다. 주변 사람들도 그런 이야기를 자주 했다. 인간의 본능이 있으면 쓰고 없으면 안 쓰는 성향이라 그럴 것 같았다. 여하튼 여자는 현금이 존재하는 것이 무서웠다. 차라리 부족하여 빚이 있는 게 낫다. 빚이 있으면 돈에 대해 교만하지 않고 조심하며 빚이 늘어나지 않으려 애쓰는 것이다. 그러나 빚이 없고 현금이 쌓여 있으면 뭐든 하고 싶은 욕망을 채우면서 더 큰 욕망을 채우려 하다 보면 현금은 사라지는 것이다. 하여튼 여자는 현금이 생길 때 조심했다. 현금이 사라지고 후회해야 소용없었다.

그래서 그 욕망을 차단하고 스스로 현금 지키는 수단을 만들려 노력했다. 그 방법으로 여자는 작은 오피스텔을 사서 대체했다. 이번에도 투자 방법으로 작은 오피스텔을 찾았다. 여기저기를 알아봤다. 가격이 생각보다 비쌌다. 여자는 잘 아는 K 실장에게 급매를 찾아보라 일렀다. 한참 후 작은 것을 찾았다고 연락이 왔다. 반전세를 원했다. 그래야 반은 빚을 갚는 것이다. 약간의 투자도 해놓고. K 실장은 당장 계약금을 넣어야 한다 했다. 다른 곳에서 다음날 계약하기로 한 것이라 했다. 여자는 급했다. 아직 팔려는 아파트 계약은 이틀 후였기 때문이었다. 그런데 갑자기 사는 것이 더 빠르게 계약을 해야 하기 때문에 자금이 문제였다. 여자는 마이너스 통장에서 계약금을 뺐다.

그리고 K 실장에게 보냈다. 그곳에서 다시 임시 계약서를 작성하여 문자를 보냈다. 가격은 이천만 원 저렴하게 계약이 성사될 수 있다고. 여자는 빠르게 송금했다. 곧 계약은 체결되었다. 한순간에 모든 것이 이루어졌다. 여자는 갑자기 웃음이 나왔다. 그녀는 뭐든 신속히 이루어지는 것을 즐겼다. 빠르게 팔고 쉽게 취득하는 것을 좋아했다. 수십 년을 하다 보니 그것은 하나의 게임이었다. 돈만 있으면 뭐든 쉽게 샀다. 물론 팔겠다 마음먹으면 쉽게 팔았다. 그것은 쉬운 문제였다. 천만 원이나 이천만 원 더 싸게 팔면 되었다. 반면 사고 싶다면 천만 원이나 이천만 원 더 주고 사면 쉽게 살 수 있었기 때문이다.

여자는 뭔가 한 건을 한 것 같아서 즐거웠다. 그리고 돈이 벌리는 일이 계속 일어나는 것이 즐거웠다. 나이가 많아도 인간은 무엇인가 생산적인 일을 해서 돈을 번다는 것은 축복이었다. 시골 텃밭에서 야채를 가꾸어 머리에 이고 시장으로 가서 장사를 하는 할머니는 그 쌈짓돈을 버는 것을 좋아했다. 그래서 그 할머니들은 노인정에 와서 놀고 즐기는 것을 싫어했다. 오로지 장사하는 것을 즐겼다. 제주도 물질 할머니들도 그랬다. 물질해서 전복 미역 등 다양한 해물들을 캐서 구판장에 파는 것을 좋아했다.

인간은 자기 이익을 위해 노력하며 힘쓰는 일도 또한 좋아했다. 인간은 어쩌면 있는 돈을 흔들어 쓰는 쾌감도 있겠지만, 그보다도 돈을 아끼고 모아서 자기 재산을 축적하는 재미도 크기 때문에 돈 버는 것을 즐기는 것이 아닐까 생각했다. 아무튼 여자는 쓰는 것보다 축적하는 묘미가 더 컸다는 것이 사실이었다.

*

철학자는 단어 속에서 생을 산다

철학적일수록 현실의 삶은 더욱 멀어진다. 그때 그는 사랑에 대해 생각할 뿐 실제의 사랑과는 거리가 멀다. 신에 대해 사고할 뿐 결코 신적인 존재가 되지 못한다. 계속해서 단어와 단어를 늘어놓느라 에너지가 다 소모된다. 살아 있는 존재계로 들어갈 시간적 여유가 전혀 없다. 장자는 말한다. 철학을 경계하라고. 모든 철학을. 철학은 말에 기초하고 있기 때문이다. 실체는 언어가 아니다. 살아 있는 실체 속으로 들어가라. 그대와 실체 사이에 언어의 벽을 쌓아 올리지 말라. 그렇지 않으면 감옥에 갇히게 된다. 일단 갇히면 빠져나오는 일이 불가능한 감옥에.

> 철학자가 되지 말라. 모든 인간이 철학자다. 철학자가 아닌 사람을 발견하기는 실로 어렵다. 좋은 철학자도 있고 나쁜 철학자도 있지만 어쨌든 모두가 철학자다. 어떤 자는 더 논리적이고 어떤 자는 그렇지 않을 뿐 모두가 철학자라는 사실에선 다르지 않다. 철학의 덫에 걸리지 말라. 오직 그대만이 그대는 눈앞의 살아 있는 실체를 볼 수 있다. 진정으로 삶을 살 수 있다.
>
> (오쇼 라즈니쉬 글, 류시화 옮김, 『장자, 도를 말하다』, 청아출판사, 2006)

가끔 머리가 아플 때 나는 이 책을 읽는다. 철학자라? 결혼 안

한 딸을 생각해 봤다. 그도 철학자다. 딸은 모르는 것이 없었다. 온갖 책을 좋아하니 그랬다. 말과 글과 책 그리고 유튜브가 그의 친구였다. 잘 짜여진 이론과 논리는 그의 머리를 지배했다. 남의 소리는 듣지 못했다. 자기 이론만 맞았다. 그런데 실생활에서는 바보였다. 이것도 못하고 저것도 못했다. 손과 발, 머리를 함께 쓰는 일은 못했다. 예를 들어 편의점 일은 못할 것이다. 한 손님 받고 물건 찾아주고 가격 알려주고 다른 손님 필요한 물품 찾아주고 가격 알려주고 먼저 온 손님 계산을 해 줘야 하는 일 등을 절대 못한다는 것이다.

아마도 그래서 남자 고르는 일도 입으로만 잘하는 것이리라. 남자는 이래야 한다는 둥, 저래야 한다고. 여하튼 딸은 사랑을 할 수 없다는 것이다. 딸이, 남자는 미심쩍고 불확실하며 알 수 없는 존재로 끊임없이, 남자 속을 긁고 파는 일에 집중하고 만다. 결국 딸애는 순수하게 남자를 바라볼 필요가 없이 철학적으로 파고 파서 살이 떨어져 나가야 직성이 풀리는 것이다. 그러니까 결국 딸애는 철학적이라 결혼하기 힘들겠다는 생각을 했다. 그래서 어미는 딸에게 어느 시기부터 여성의 호르몬이 변화하듯이 마음의 변화가 일어나기를 기도했다. 그리고 획기적인 일이 생겨나서, 딸애의 마음이 남성에게 호의적인 마음이 나타나기를 기도할 뿐이었다.

윤 대통령이 희망이고 꿈이었는데…

선거에 지고 윤 대통령은 식물인간이 되어버린 것 같았다. 한동훈과 윤 대통령이 그렇게 바보인 줄은 꿈에도 몰랐다. 대통령이 되기 전에 우리 집 주위를 돌며 산책하는 것을 먼발치에서 오랫동안 보아왔는데. 그리고 그 두 사람을 열심히 응원했고 대통령이 되게 했는데…. 의사 정원을 늘려야겠다는 것을 왜 국회의원 선거 전에 토론장으로 끌어내서 국가를 흔들어 여당을 망치게 하는지 알 수가 없었다. 어쩌면 야당의 꼼수에 걸려서 여당을 망치게 하는 일일지도 모르지만 말이다. 그들의 정체성이 좌파 성향이라 더 문제가 많기는 했다.

그래도 법대로, 적어도 선관위들을 바로잡고 선거를 했어야 했다. 그렇게 똑똑하고 완벽하다는 한동훈이가 올바르지 못한 선관위를 방치한 상태에서 국회의원 선거를 했다는 사실이 실망스러웠다. 수학적이나 통계적으로 부정선거가 이루어졌다는 것을 우리는 알고 있다. 그러나 아무도 밝히지 않고 아무렇지도 않게 넘어갔다. 지배자가 된 윤 대통령은 허수아비인가? 한동훈은? 같은 좌파 패거리들이 함께 뭉쳐서 여당에 몰려 있든지 아는 처지라 어찌할 수 없는 것이 아닌지. 정권이 바뀌면 박근혜처럼 적어도 문재인도 감옥에 간다 생각했는데 한 번도 죄있다고 말한 적이 없으니….

　윤 대통령과 문재인은 한통속임이 틀림없는 것이리라. 좌파적인 성향은 아무래도 글로벌 리스트들이 한국의 기업을 키울 수 없겠다는 생각. 공산주의를 찬양하고 북한이나 중공, 러시아와 손을 잡고 그들의 연계성을 확대하면 불편해질 수 있는 문제가 많이 생기겠다는 것도 그렇고. 글로벌 리스트들은 먼저 한국의 대기업에 투자를 하지 않겠지. 그리고 대기업을 미국이나 일본으로 옮겨 투자하겠지. 결국 한국은 먹거리가 줄어들고 실업자가 늘면서 국가는 하락할 것이라는 생각. 빈 껍데기만 남은 나라가 되겠지. 나는 갑자기 마음이 우울해졌다. 갑자기 내 삶이 정지된 것이다. 내가 왜 정치적 갑옷에 갇혀서 나를 숨막히게 하고 있나? 내 나라가 죽어가는 것이 보이는 게 힘들다.

　그러나 시간의 흐름은 계속되고 있는 것이다. 윤 대통령이 박근혜 대통령처럼 탄핵을 당하든 아니면 끝까지 대통령을 지키든 우리는 함께 감옥 속에 갇혀서 삶의 흐름을 맞이할 것이다. 나는 이제 삶의 감옥에서 벗어나고 싶다. 여기 자연 전체가 즐겁다. 자연 전체는 생명의 기운을 즐기고 있다. 존재계 전체가 그 삶을 계속하고 있는 것이다. 장자는 말한다. 나무는 꽃을 피울 정확한 시기를 어떻게 아는 것일까? 별들은 운행하는 법을 어떻게 알까? 이 우주를 보라. 얼마나 신비하고 복잡하고 오묘한가! 그러면서도 노력함 없이 얼마나 쉽게 운행되는가?

그대에게 유일하게 필요한 것은 도에 대한 충실함이다. 그대 안의 본성, 진정성에 대한 충실함이다. 그 밖의 다른 충실함은 필요하지 않다. 그 충실함이 바로 진정한 종교성이다. 힌두교에서는 그것을 '리트'라고 부른다. 그리고 장자는 그것을 도라고 불렀다. 예수는 그것을 하늘나라고 불렀다. 어떤 용어를 사용하든 자신의 진정한 본성에 충실하라는 뜻이다. 어떤 제약이나 의도적인 계산 없이 그것과 함께 흘러가라는 뜻이다. 그것이 그대를 어디로 데려가든 신뢰하고 의식함이 없이 도의 넉넉한 무의식에 자신을 맡기라는 뜻이라 했다. 나는 나의 본성을 신뢰하며 장자가 말하는 눈에 보이지 않는 자연의 도(인위적이지 않고, 의식함이 없으며, 꾸미고 계산함이 없고, 의도적임이 없이)를 따르며 살 것이라 생각했다.

*

좋은 아침

- 안나의 집 갔다가 집에 가는 중이다. 어제는 친구 K 신랑이 직접 농사지은 머위를 보냈어. 유기농으로 키워서 벌레도 있고 어찌나 억센지 몇 시간 동안 다듬었어. 고마운데, 어찌나 힘들던지. 좋은 것을 힘 안 들이고 먹을 수가 있나요. 내일은 아픈 K친구한테 가보려고 해. K친구와 매일 통화하고 나도 그 애 상태가 항상 궁금해. 사람 노릇이 끝이 없네.

먼저번 문화 사랑방 모임 때 준 화과자 어디다 두었는지 못 찾았더니 김치냉장고에 얌전히 있네. 너무 잘 두었더니…. 어린이날 딸 주려고 얼마나 찾았는지 모른다. 아무튼 칠학년 되더니 이상한 짓 많이 한다. 친구 덕분에 고급진 빵 먹고 있답니다.

- 네비샘은 너무 훌륭해요. 자신도 아파 죽겠는데, 아픈 친구들 다 챙기니 말이에요. 몸 보살피며 챙기세요. 탈 날까 걱정입니다. 먼저 네비샘 몸이 건강한 다음 친구죠. 난 감기 기운으로 귀에서 소리가 나요. 염증이 심한지 이비인후과에서 계속 오라네요. 밥 먹고 가렵니다. 감기 조심하세요!

- 그냥 K 친구 얼굴 보고 가져간 음식으로 점심 먹고 오후에 산책시키려

고 해. 같이 놀다가도 노는 것이 힘드는지 자기가 조금만 자야겠다고 해서 나 혼자 거실에 앉아 있다. 귀가 먹먹하니 이비인후과 갔다가 많이 쉬어야겠다. 얼른 나아야지. 일도 많은데….

'천리길 마다 않고 찾아온 너를 그렇게 보내고 보니 너에 대한 그리움이 복받쳐 눈물이 가슴을 적신다. 너를 친구라 부르는 나는 행복한 사람!'

- K 친구 글이 좋아요. 몸이 힘들어서 수족을 잘 못 쓰는데, 거기에 말이 어눌하여 발음이 되지 않아 우리들이 못 알아듣는다면서. 그런데 글은 참 잘 쓰네요. 그럼 차라리 K친구에게 글을 쓰게 하는 것도 좋은 것 같은데요. 오늘 하루종일 네비샘이 K친구 돌보느라 애 많이 썼습니다. 가족도 어려운 일입니다. 똥 수발 돌보기는 아들 딸도 소용없다는데요. 우리 친정어머니가 외할머니 똥 수발 했는데 아들, 며느리, 손자들이 외할머니 만나러 와서 오자마자 삽짝(대문)거리로 다 도망갔대요. 그런 일을 네비샘이 다 했으니 대단합니다. 네비샘 더 큰 축복 받으세요. 당신은 정말 훌륭합니다.

- 웬 막걸리를 3병씩이나 배달했나요? 남편이 맛있다고. 9도니까 나에게 물 타서 먹으라고. 남편도 이제 늙어서 술을 못 먹어요. 2잔 먹더니만. 네비샘 많이도 챙겨 왔소. 잘 먹을게. 고맙소. 기온 차가 크니까 감기 조심하시고 뜨거운 족욕과 단백질도 잘 챙기시게.

- 오늘 경춘선 숲길에 왔어요. 생각보다 안 좋아서 속상하네요. 무수리가 너무 돌아다녀서 나름 힘들지만 그래도 알아가는 과정이 재미있어요. 이놈의 호기심 때문이죠.

*

추락하는 나라들

빠르게 병들어가는 과거의 부국 캐나다. 캐나다가 무너지고 있다. 2020년부터 망가져 가고 있다. 밴쿠버가 가장 가난한 장소이다. 2017년 이민을 왔을 때보다 물가가 많이 올랐다. 자원이 많은 나라인데 그때의 집권자가 지금까지 하고 있는데, 집의 월세가 너무 비싸다. 한 달 월세가 250만~300만 원이다. 월급이 500만~600만 원인데 집값이 너무 비싸서 주민들은 힘들다. 그림으로 여기서부터 초입인데 분위기가 좋지 않다. 예전에는 괜찮은 거리였는데 지금은 안 좋은 거리로 변했다. 갈수록 분위기가 더 심각하게 변했다.

여기서 여자들은 혼자 걸어 다닐 수 없는 곳이 되었다. 이쪽은 더 상당히 불안전한 거리가 되었다. 정말 위험한 곳이 되었다. 저기 웃통 벗고 있는 사람들이 많아졌다. 일반 사람들이 걸어 다니면 시비를 걸고 난리를 낸다. 저기 자전거가 이렇게 많죠. 그거 모두 다 훔친 것이죠. 도시의 나쁜 사이즈가 더 점점 커지고 있죠. 캐나다가 점점 더 안타깝게 변하고 있는 것이다. 마약을 허용하고부터 더 심각하게 변하고 있는 것이죠. 마약과 홈리스가 심각하게 증폭하고 있다는 것이다. 정부에서 규제가 더 심해지면서 생활은 더 나빠졌죠. 정부에서 생활 보조비는 600달러 받는다. 그런데 여기에 마약은 지금 더 쉽게 들어오고 있다는 것이 나쁜 것이죠.

뉴욕시티의 물가는 너무 비쌉니다. 아침부터, 뉴욕 분위기는 대중들이 아침 8시부터 강아지 산책을 시켰다. 뉴욕에서 어제 성인 2명에 아이 한 명이 삼겹살을 먹었는데 30만 원 나왔어요. 어이가 없었어요. 너무 비쌉니다. 지하철을 탔습니다. 롱아일랜드로 이동하는데 전경을 잘 볼 수 있습니다. 가격은 2.9달러입니다. 맨해튼에서 통행료로 승용차는 15달러이죠. 유튜버는 아침에 이민자들이 타는 지하철을 타고 이동했다. 최고의 도시 뉴욕은 한 정류장을 가는 데 2.9달러인 것이다. 그런데 맨해튼을 들어가려면 톨게이트비를 다시 냈다.

무단횡단 숫자가 40만 회를 넘는다. 무조건 그냥 넘어간다. 시민의식이 안 좋다. 식당으로 이동했다. 햄버거 주문 라인이 너무 길고 숫자가 너무 많았다. 햄버거는 23.81달러였다. 아침식사로 햄버거로 3만 원을 쓴다는 것은 너무 비싸다. 그러나 맛있었다. 1년 전에 햄버거는 2만 2천 원이었는데 지금은 3만 원이었다. 뉴욕은 너무 이쁘고 아름다웠다. 그런데 지금 노숙자가 너무 많아졌다. 싼 호텔들은 홈리스로 바뀌었다. 로미쌀롱은 209달러에 팁이 20%이면 33만 원이 되는 것이다.

여기는 뮤지컬과 맛있는 것이 너무 많았다. 유튜버는 K타운 근처로 이동했다. 거기는 한인마트가 있었다. 핫도그가 8.1달러이니 한국 돈으로 1만 5천 원이었다. 탕후루는 만 원이었다. 유튜버가 목이 많이 부었다. 병원으로 이동했다. 병원비는 고열 동반으로 190달러였다. 진찰은 10분이었다. 그래서 병원비에 침대, 화장실 사용료가 3,125불이었다. 개인의 월급은 세후 6000불 정도 받았다. K 타운 근처에는 기사식당과 김밥천국도 있었다. 다른 지역으로 이동할 때 버스비는 2.95달러였다.

이동하여 만난 친구는 한국에서 아버지가 남성 속옷을 만들어 파는 회장의 아들이었다. 그는 27살이었는데 우리는 한국식당에서 만나기로 했다. 그 형은 그곳에서 한식 3, 4인분을 시켰다고 했다. 유튜버는 택시를 타고 갔다. 택시 탄 시간은 14분이다. 택시비는 3만 8천 원이었다. 식당은 꽤 컸다. 부대찌개 1인분이 3만 원. 김치찌개도 시켰다. 한국적인 맛있는 것 시킨 것들의 총액은 14만 4천 원이었다. 달러로는 32.64달러였다. 후식으로는 뉴욕이 좋았다. 물론 뉴욕은 인프라가 좋은 편이었다. 참, 병원은 항생제나 위 보호제 같은 것을 주지 않았다. 한국은 주는데…. 여기는 그런 것도 안 줬다. 여기 병원은 제조한 것 하나만 주었네.

 그래도 유튜버는 예쁜 것이 많은 뉴욕이 좋아. 그런데 뉴욕은 또라이가 많다고. 유튜버는 또라이들을 보는 게 좋다네. 하여튼 비싸지만 미국의 뉴욕을 사랑한다고. 아프니까. 형은 LA 살다 왔잖아 거기는 날씨만 좋은 거 같아. 아파 보니까 여기는 항생제만 던져주는 곳이야. 그래서 뉴욕에서 안 좋을 때는 무조건 독감을 조심해야 해. 요즘 LA 다운타운 무법지로 심각하다고. 새벽 5시경 텐트족이나 수십 층 고층 다운타운들이 무법천지가 되었다고. 밤 12시부터 새벽 6시까지, 길거리는 노숙자들의 천국이고, 마약자들의 65%가 죽음을 기다리지. 6시부터 노숙자 무료음식이 있어. 시에서는 노숙자 약물과 질병치료의 어려움 때문에 그들은 일반적인 사람 되기가 어렵다는 것이지. 악순환이 반복되는 거지. 전에는 마약이 어려웠는데, 지금은 너무 쉬우니까.

*

고난이 몰려오고 있다

여자는 내적으로 고난을 극복하기 위해서 기도하고 있었다. 다행히 신체적인 고통은 아니었다. 평생 겪어왔던 경제적인 부담이었다. 여자가 너무 욕심을 부려서일까? 그동안 애써왔던 일을 하는 것뿐이었다. 세입자는 나가겠다고. 세입자가 들어오지 않는 일이 많았다. 넉넉한 자금이 있으면 쉽지만 자금은 그러지 못했다. 여자가 집을 살 때도 돈이 있어서 산 적은 없었다. 자금이 없으니까 융자 얻고 자금을 빌리는 과정이 항상 있었고 빌리면서 복잡한 과정이 생겼다. 빌릴 때 빌려주는 사람들의 태도가 못마땅할 때가 많았다. 나를 보증할 수 없어서 보증 설 사람을 세우라니, 아니면 언제까지 그 돈을 되돌려 줄 수 있느냐느니 따졌다.

세입자가 오든지 집을 팔든지 해야 하는데 그 시기를 알 수 없으니까 여자는 답답했다. 지금도 그랬다. 사정이 복잡하니까 돈을 빌려야 했다. 물론 빌려 줄 친구는 있지만 아직 해결하지 않은 돈이 있기 때문에 추가로 빌리는 것은 아니라는 생각이 들었다. 너무 다급하면 어쩔 수 없이 빌려야 할 것이다. 아직 열흘이 남았다. 내 마음이 어떻게 대처할지 모른다. 여하튼 여자 마음은 초조하고 조급했다. 그리고 그 마음을 달래고 극복하려고 애썼다.

너무 돈이 풍요로운 것도 여자는 싫어했다. 돈이 많아지면 교만하고 삶이 지나치게 자유로워서 망가질 수 있다는 논리였다.

여자 논리가 맞는지 틀리는지 알 수 없다. 다만 여자 자신을 견제하고 노력하며 매사 신중할 수 있을 때는 경제가 부족해서 안달이 날 때라는 생각이었다. 그러니까 경제가 어려울 때 마음과 몸을 통제하고 자제하는 힘이 생겼다는 이론이었다. 그때 번쩍이는 새로운 에너지의 창출이 생길 수 있다는 논리였다. 여자는 지금 급박한 자금의 압박이 나타났다. 한동안 마음의 고통이 일어났다. 그러면서 시간은 흘러갔다. 여자의 마음은 편하지 않았다. 불편함이 계속 심리적으로 압박을 가했다. 이럴 때는 강한 운동을 하면서 시간을 보냈다.

시간은 흘러갔다. 자금 압박이 여자의 마음속에서 요동을 쳤다. 산책을 하며 극복하려 마음을 다스렸다. 분명 헛된 마음과 욕심을 버리고 최선의 방법을 찾으려 했다. 아직 시간의 여유는 있었다. 막바지에 여자의 마음은 어떻게 변할지 자신도 몰랐다. 다만 친구 P에게, 아니면 J에게 모자라는 자금을 빌려서 세입자를 내보내려 했다. 빌린다는 자체가 싫었다. 그러나 다급하면 그런 싫은 것을 할 수 있을 것이라는 점. 그런 점이 최후 막바지 마지노선을 다하는 힘이 생기는 것이었다. 칠학년이 되어서 과연 이렇게 살아야 하느냐?라는 의문이 여자를 괴롭혔다.

그러나 어쩌면 죽을 때까지 불편하게 하고 사는 것이 삶에 대한 에너지를 활용하는 것일지도 몰랐다. 남자들은 그랬다. 모든 것을 정리해서 은행에 돈을 쌓아놓고 필요할 때 돈을 쓰는 것을 좋아할 것이었다. 그러나 여자는 그것만이 진리는 아니라는 생각이었다. X, Y 친구들도 그렇게 살 것이라 생각했다. 그러나 가지고 있던 재산을 팔아서 저축을 했는데 10년 후 어느 날 현금이 어떻게 사라지는지도 모르게 다 사라졌다는 것이었다. 그 현상을 보고 여자는 현금이 무서웠다. 힘들지만 어렵게 불편하게 사는 쪽을 선택한 것이었다. 써 보지도 못하고 재산만 지키는 그런 불편함을 말이다.

*

회식

오랜만에 테니스 멤버들의 회식이 있었다. 그것은 김 교수님이 테니스 멤버에 입단했다고 신고식을 하는 모임이었다. 처음에 테니스 멤버는 많았다. 4명씩 조를 짜서 게임을 했다. 4시에서 6시까지 6게임을 할 수 있는데, 한 사람당 2게임을 하면 되었다. 사람이 많으니까. 그런데 나이가 들면서 손자들도 봐 줘야 하고, 직장에서 늦게 퇴근하고 오는 사람이 있었고, 아니면 몸이 아파서 빠지는 사람들, 그리고 이사 가는 사람들도 나타났다. 서서히 테니스 멤버들이 줄기 시작했다. 나중에는 총 5명만 남았다. 한 사람이라도 빠지면 힘들었다. 그런데 칠학년이 되고부터는 무릎 아픈 사람이 생겨나 결석이 더 많이 생겼다.

여자는 할 수 없이 옆 코트에서 사람을 빌려왔다. 그래서 게임을 했다. 그러다가 여자는 30년 전에 함께 멤버였던 J친구를 불렀다. J친구는 옛 친구의 모습이 아니었다. 나이가 많아지면서 순수함이 없어지고 자기 주장만 강했다. 거기다 자신이 엄청 실력가로 착각을 하고 교만함을 나타내는 모습이 아름답지 못했다. 결국 자기 자신의 건강이 나빠져서 못 하겠다며 탈퇴를 했다. J친구를 보면서 여자는 생각했다. 여자는 죽을 때까지 교만하지 않으며 순수하고 아름답게 살겠다는 자신의 신념을 만들었다. 또한 여자가 다시는 옛날의 테니스 친구들을 우리의 회원 멤버로 초청을 해서는 안 된다는 생각을 했다.

그런데 이번에 옆 코트의 im 멤버와 옛날에 아파트단지에서 함께 테니스를 쳤던 김 교수님이 우리 멤버로 입단한 것이다. 얼마나 다행인지 모른다. 이제 부족한 게임 인원을 채우기 위해서 옆 코트에서 사람을 빌려오지 않아도 충분할 것 같았다. 월요일에 모든 회원들이 모였다. 김 교수님의 신고식을 했다. 모두들 화기애애했다. 새 멤버인 im을 멤버들이 어떤 이는 꽃송이라 불렀다. 꽃송이는 얼굴을 마스크로 도배를 하고 공을 쳤다. 그래서 어떤 이는 그를 검고 붉은 천으로 머리를 싸매서 아랍의 알카에다로 호칭을 불렀고, 또는 복면가왕이라 불렀다. 새로 온 멤버들은 각자 공에 대한 장점을 가졌다.

김 교수님은 슬라이스로 공을 깎아서 상대편에게 보냈다. 여자는 김 교수가 보내는 서비스 공을 하나도 못 받았다. 옆으로 튀면서 사이드로 나가버려 받을 수가 없었다. 그 공을 받아내려면 한참의 시간이 있어야 할 것 같았다. 알카에다 멤버도 공 구질이 쉽지 않았다. 거세면서 공격적인 공 구질이었다. 어느 때 어느 쪽으로 공격해 올지 몰랐다. 여자는 그 공 구질을 익혀 받아내는 시간이 오래 걸릴 것 같았다. 이제 한동안 새 멤버들의 공 구질에 익숙하도록 공부하는 데 꽤 시간이 걸릴 것이지만, 이 나이에 새 공 구질을 위하여 노력하고 공부한다는 사실이 즐거웠다. 인간은 뭐든 새롭고 어려운 것에 도전한다는 것이 어쩌면 삶의 활력이 되는 것이었다. 그래서 여자는 우리 테니스클럽이 영원하기를 기원하면서 모두를 위해 파이팅!을 외쳐보는 것이다.

*

좋은 아침

- 네비샘, 골프 치러 달려갔겠네요. 하늘을 보며 힘껏 공을 날려 보내세요. 네비샘의 공이 자유롭고 즐겁게 훨훨 날아갈 겁니다. 그럴 때 나는 날아라 공아, 내 자유가 거기에 있구나! 생각합니다. 테니스를 칠 때도 공은 곧 나로구나 하며 칩니다. 못 쳐도 좋고 잘 치면 더 좋구나 라면서…. 네비샘, 즐거운 라운딩이 되게 하소서. 파이팅!

- 날씨는 엄청 좋은데 드라이버가 안 맞아서 창피하다. 우드가 맞아서 그나마 다행이네. 지금 테니스 가겠네. 재미있게 치세요.

- 드라이버 안 맞아도 상관없죠. 그냥 힘껏 치셔요. 안 되면 우드로 한 번 더 치면 되죠. 우리는 병원에서 물리치료 받는다 생각합시다. 아무튼 신나게 곡갱이질 잘하고 오세요.

- 안개가 많이 낀 아침입니다. 골프 갔겠지. 우리는 칠학년인데도 운동할 수 있어서 다행입니다. 우리는 10시 티업이라 아침 시간이 많아. 영감이 6시부터 바둑을 두고 있어. 자기 좋아하는 것도 해야지. 우리는 연꽃처럼 환하게 피어나자.

- 몸은 괜찮죠? 무리하지 말고 공을 치셔. 나는 오늘 새벽부터 공 치러 달려왔죠. 안개가 자욱한 것이 날씨는 좋을 모양이요. 고속도로 오는 길목마다 벌판에 아파트만 잔뜩 지어놓고 살 사람은 없을 텐데…. 걱정되네요. 중국이 1억만 채가 비어서 도시가 사라졌다는데. 평택과 안성 쪽에 이렇게 많이 아파트를 지어 놓았으니…. 삼성 기업이 나빠지고 있는데, 삼성 기업이 살아나야 이 집들이 살아날 텐데. 웃기는 것이 좌파들이 삼성 돈 뜯어 먹으면서 삼성 망하게 정치를 했으면서 모든 산업을 일본에 뺏기고, 필리핀에 뺏겼다는데. 어리석은 국민은 좌파를 지지하잖아.

그러니까 삼성이 힘들지. 좌파들 웃겨요. 지네는 좌파가 아니고 진보래요. 그런데 너네들 좋아하는 진보 정치인들 국가를 위해서 한 것이 무엇이냐? 북한에 돈 퍼주고 무슨 평화상 받은 거? 좌파들은 지금도 건축노조에 산업노조들 있잖아, 여기저기 앞세워서 온 곳에서 국민들 세금이 제 것들 돈처럼, 국회의원들과 합세해서 돈 빼먹는 짓 하며, 나라를 거덜 내고 싶은 거잖아.

눈만 뜨면 건물 짓고 사무실 짓고 난리를 치고 등쳐 먹고 있네. 그것들은 좌파 정권의 행패를 이용하여 세금 빼 먹는 데 아주 달인들이잖아. 나라 살리는 데 힘을 써야지 쓸데없는 데 구멍을 파고 있으니.

모든 세계는 글로벌 리스트들이 자기네 금융자산을 누가 더 벌어다 주느냐에 좌지우지한다는 것인데…. 그 글로벌 리스트들이 한국을 지원해서 커다란 파이를 만들게 하려 했는데 국민이 좌파를 선호해서 그들의 투자를 뺏겼다는 거 아니겠냐고. 차기에는 우파정권이 아니라 좌파정권이 만들어져서 투자할 수 없다는 거죠. 좌파가 되면 중공권과 북한, 러시아가 공조할 텐데 그들이 한국을 지원 못 하겠다는 거죠. 그에 비해 대만은 이번 선거에 반중 정권이 들어섰으니 TSMC가 지금 7개 더 많은 공장을 건설하기로 했다는 거고. 우리나라는 건설하겠다는 평택지역과 안성지역에 공장이 아니라 지으려 했던 땅에 아파트만 지어대고 있으니…. 안타깝고 기가 막힌 것이죠.

어리석은 국민들은 웃겨요. 자기들은 좌파가 아니라 진보파라고 강조하죠. 북한이 쳐들어오면 옷 벗고 총 들고 나가 싸우겠다나. 공산주의가 아니라는 거죠. 민주당 정치인들은 공산주의인 중공과 북한과 러시아와 공조해서 한국을 집어먹고 계속 공산주의를 표방하며 권력을 유지하고 그들과 함께 통치하겠다는 거죠. 그렇다고 꼭 미국을 좋아하는 것은 아니죠. 다만 자유 민주주의를 지키자니 미국과 손을 잡아야 하니까 그래야 자유 민주주의를 지킬 수 있으니까. 물론 대기업의 사업도 파이를 불려서 함께 나누어 먹을 수 있으니까.

젊은이들이 애기를 안 낳으니 인구도 없어서 나라가 사라질지도 모른다는데…. 정치계는 어디다 초점을 맞추고 정치를 하는 것인지 나라가 걱정되는 거죠. 가는 곳마다 땅을 파고 시설을 만들고 비산업적인 곳에 온갖 것을 다 설치하며, 국민 세금을 빼 먹기에 혈안을 올리고 있으니 걱정이 되는 거죠. 멀쩡한 공원을 파헤치고 새로 나무 계단을 만들고 나무 의자를 설치하지를 않나. 등산길을 자연스럽게 걸으면 되는 곳을 무슨 마대포를 깔고 난리를 치나 않나. 설치된 화단을 부수고 새로 단장을 하지를 않나. 비싼 돌을 이용하여 둘레길을 만들고 온갖 꽃을 새로 심지를 않나. 하여튼 돈지랄을 해요.

모든 게 국민 세금 잡아먹으려고 환장들을 하고 있죠. 길거리 싱싱 자동차는 또 어쩌고. 중국 자본 들여와서 함께 사업한다며 국민 자금을 중국으로 들어가게 하는 짓 아닌가. 정치자들은 중국놈들과 합작해서 나라 팔아먹을 놈들인 거죠. 태양전기 중국놈들 데려다가 전국을 도배했죠. 전기 생산하면 중국으로 다 들어가게 한 거. 그들에게 공짜로 설계한 거죠. 정치인은 이미 정치자금 받아챙겼죠.

그런데 왜? 내가 정치에 관심이 있는 건가. 죽어갈 날이 가까운데 모두가 알아서 살 건데. 시끄럽게 개소리로 떠드는 건지. 나도 모르겠다. 한편으로 난 내가 하고 싶은 소리를 해서 좋구나를 생각했다. 난 유명 인사도 아니고 소시민으로 말할 수 있는 것을 말하니 말이다. 아직 한국은 살아있는 자유민주주의라 행복한 것이구나. 그러면서 나는 갈수록 정치자들에게 험한 말만을 쏟아내는가를 반성했다. 그것은 내가 가는 곳, 예를 들어 뒷산을 가다 보면 멀쩡한 산을 주민을 위한다고 파헤쳐서 수개월 동안 흉물스럽게 방치하는 모습을 보면 울화통이 터졌다.

정상적으로 주민이 불편 없이 산길을 오르고 내려갈 수 있는 곳이었다. 그런데 수시로 그 길을 수입한 갈대 부직포를 깔다가 1년이 지나면 망가졌다. 다시 층계 나무계단으로 쓸데없이 지그재그로 온 산을 뒤덮었다. 몇 년 있으면 또 바꾸겠지만 말이다. 할 일 없이 바꾼 지 얼마 안 되는 공원을 새롭게 조성한다며 벽을 허물고 꽃을 조성하고 담을 허물고 돌벽을 만들었다. 얼마 되지 않았던 나무의자나 쓸만한 운동기구도 모두 교체했다. 그러나 공사는 느리게 테두리를 하며 시간을 지연시켰다. 몇 개월씩을. 그래야 세금을 더 잘 빼앗아 먹을 수 있지 않겠나. 건설사의 농간과 구청이나 관리자들과의 합작으로 말이다.

국민의 세금이 수시로 낭비되는 느낌이었다. 그것이 저희들 돈이면 멀쩡한 것들을 부숴버리고 교체하겠는가 말이다. 물론 젊은이들은 지루해서 아니면 새롭고 좋은 것을 쓰기 위해 바꾸고 사겠지만. 나는 가끔 우리 애들이 부족하고 가난하고 힘들게 살아야 진짜 살아가는 공부를 하는 것이라 생각했다. 왜냐하면 요즘 젊은이들이 너무 풍요롭게 살았기 때문에 물질 귀한 것을 모르기 때문이었다. 우리가 자란 시대는 6.25 사변이 지나서 태어났기 때문에 모든 물자가 귀했다. 온 천지가 피란민에 불타서 사라졌고 고아가 많았으니 제대로 살 수 있는 환경이 아니었다.

전기도 없었고 물도 부족했으며 가는 곳마다 피란민들이 모여서 살았으니 제대로 사는 것이 아니었다. 그에 비해 요즘은 먹을 것이 너무 많았다. 그리고 젊은이들은 돈을 벌면 외제차부터 사는 시대가 되었다. 물론 상대적으로 빈곤을 느끼는 젊은이들도 많았다. 그러나 그 젊은이들이 새롭게 새 시대를 창조하여 자기만의 시대를 열어가야 할 시대이기도 했다. 그러기 때문에 나는 젊은이들이 자기만의 시대를 창조하려면, 자기 월급을 아끼고 저축하며 힘들게 어려움을 극복하려는 자기식의 노력이 필요한 시대라 생각했다. 그런 노력을 하는 젊은이만이 현실의 난관을 극복하고 미래의 비전을 창조하는 젊은이가 될 수 있을 것이다. 그래서 나는 참교육의 근본은 춥고 배고픈 것이라 생각한다. 춥고 배고픈 것을 참고 견딜 줄 아는 것, 그것만큼 좋은 교육은 없다고 여긴다.

*

요즘 까먹는 게 너무 많아서 걱정이네요

함께 테니스 치던 친구가 이제 사람을 몰라봐요. 전에는 만나면 반갑다고 웃으며 인사를 했는데 이제는 내가 웃으면 그 친구

눈이 내 눈과 맞추어도 멀거니 모르는 사람처럼 응했다. 그 친구 몸은 바짝 말라 구부정했으며 상 노인으로 변했다. 뒤따라가는 케어 언니가 그 친구를 돌봤다. 그 친구는 점점 더 스스로 자기 몸을 가누기가 힘들 것 같았다. 다리에 힘이 없어 보였다. 조금 있으면 케어하기도 힘들 것 같았다. 내 마음이 짠하게 아렸다. 그렇게 씩씩하고 똑똑했던 친구였다. 갑자기 어느 날부터 그 친구는 손자 돌보기에만 집중하고, 운동을 소홀히 한 것이 화근이 된 것처럼 느껴져 더 가슴이 아팠다.

이제 나이 든 사람들은 자신을 돌보는 것이 매우 중요한 거야. 아무리 애들과 손자가 중해도 자신의 몸을 능가하는 일은 자신을 위해 사양할 줄 알아야 해. 옛날 어머니들처럼 죽을 때까지 희생만 하다 보면 자신은 너무도 불행하게 마지막 인생을 보내게 되는 것이기 때문이지. 그 친구는 아마 자기 자식들에게 케어 받지 못하고 살 거야. 그네 자식들은 바쁘게 자기네 삶에 충실할 수밖에 없을 테니까. 결국 그 친구 남편이 그 친구를 돌보겠지. 모든 것을 케어하자면 얼마나 힘들겠나 생각이 들어.

그런데 나에게도 문제가 생겨서 걱정이 되었어. 새벽에 차를 타고 골프장에 가면서 남편이 함께 골프 치는 친구 이름이 뭐냐는 거야. 나는 깜짝 놀랐어. 갑자기 생각이 안 나는 거야. 항상 같이 골프 치는 멤버인데 말이지. 남편이 자기가 매번 가르쳐 주었는데 안 가르쳐 주겠다며 생각을 해보라는 거야. 내가 뭐든 잘 까먹거든. 뭐지? 호? 성? 골프장 로비에서 라커룸 티켓을 끊어야 하는데, 결국 남편이 가르쳐 주었어. 예약자와 멤버를 쓰고 키 번호표를 가지고 라커룸으로 갔는데, 곧 남편으로부터 전화가 온 거야. 웬일? 하고 받았는데 내가 가방을 바꾸어 가져갔다는 거야.

아차! 하며 확인하니까 그렇더라고. 내가 나를 못 믿게 되는 거지. 머리가 갑자기 아프더라고. 이러면 안 되는데. 다시 정신 바짝 차리고 살아야지 하며 나를 어쩌겠어. 이게 서서히 몸이 늙어가는 것을 실감하는 거지. 친한 친구가 올해 죽었고 다른 친구들이 몸이 안 좋아서 누워 있으니 우리들은 사는 동안에 열심히 몸을 만들어서 케어 받지 않도록 해야 될 것 같아. 단백질도 챙기고 운동도 열심히 해서 근력을 키워야지 하는 생각을 했어. 그리고 라커룸에서 나는 옷을 갈아입으려고 입고 온 검정 원피스를 벗었지. 속에는 흰 와이셔츠를 입었거든. 그 와이셔츠는 작년에 고투 지하상가를 거닐면서 산 거였어. 흰색 원피스가 너무 예뻐서 반소매와 긴소매 2개를 샀지.

그런데 집에 와서 외출 때 입으면 어울리지를 않는 거야. 운동을 많이 해서 얼굴이 까맣게 쩔어 시꺼머니까 흰 와이셔츠가 안 어울리는 거지. 옷걸이에 걸어두었는데 흰색 와이셔츠를 보면 버려야 하는가 그러면서 고민했지. 그러다가 헌 옷통에 넣어서 누군가 좋아하는 사람이 입게 해야지 했어. 그런데 우연히 '박원숙 같이 삽시다'라는 프로가 TV에 떴는데 거기에 가수 정수라가 나왔는데 흰 와이셔츠에 까만 원피스를 받쳐 입었는데 멋지더라고.

그래서 나는 오늘 골프 치러 갈 때 그 컨셉처럼 흰 와이셔츠에 까만 원피스를 받쳐 입었는데 딱 맞고 어울리는 것 있지? 갑자기 그 옷이 경제성 있고 젊어 보이는 멋진 컨셉에 얼마나 즐겁던지! 그리고 지금 즐거운 생각을 하니까 잊어버리는 것에 대한 자신의 슬픔이 사라지는 거야. 이제 슬퍼하지 말고 얼른 즐겁고 행복한 것만 생각해야겠어. 그러면 어쩌면 잊혀져 가는 것들을 재생시키는 역할을 할지도 모르겠어.

*

나의 올드 오크 영화를 봤어요

켄 로치 감독의 작품으로 중년의 주인공 토미 조발란타인은 일자리층의 연립주택이 있는 경사로에 위치한 한 마을의 주민이며 오크의 술집 주인이다. 이곳은 영국 북동 쪽에 위치한 마을이다.

예전엔 광산의 광부들로 활기찼던 마을이었지만 폐광 이후로 떠나지 못한 주민들만 살고 있다. 빈집이 늘어나고 마을의 집값이 떨어져서 주민들의 불만이 고조되어 갔다. 어느 날 영국 정부에서 허가한 시리아 난민들이 집단 이주를 했다. 가뜩이나 먹고 살기 힘든 주민과 시리아 난민들 사이에 묘한 긴장감이 생겼다. 그리고 한 시리아 여성 야라와 마을의 유일한 술집을 운영하는 한 남자인 TJ 사이에서 우정이 싹트기 시작한다.

사진 작가를 꿈꾸는 야라가 아버지로부터 물려받은 카메라로 도착한 난민들의 모습을 촬영하는 도중 한 명의 마을 사람이 야라의 카메라를 낚아챈다. 야라가 그 카메라를 돌려달라는 말을 무시하고 카메라는 땅에 떨어져 작동이 멈춘다. 친척을 구하다가 시리아 정부군에 체포된 아버지가 물려주신 카메라라 울상을 짓는 야라. 그 모습을 보던 TJ가 나중에 삼촌이 쓰던 카메라 두 개를 팔아 수리비에 쓰자고 제안한다. 그 공간에서 탄광 사람들의 사진을 통해 과거를 만나는 야라. 밥을 나눠 먹을 때 더 단단해진다는 과거의 탄광촌. TJ는 평생 이 마을에 살면서 아내와 이혼했고 아들은 말도 섞지 않았다.

TJ는 해안에서 아버지를 따라 바닷속으로 들어가려 했지만 강아지 마라를 만나서 살아남는다. 그런데 마라는 동네 큰 개에게 물려 죽는다. 야라와 그녀의 엄마가 찾아와 상심한 그를 위로해

준다. 다시 삶의 희망을 느낀 주인공은 친구와 야라의 제안으로 무료 급식소를 열게 된다. 그러나 누수와 합선으로 공간이 위험해진다. TJ는 다시 아버지의 뒤를 이을 것이라며 바닷가를 찾는다. 그때 야라의 아버지가 사망했다는 소식을 듣는다. 모든 동네 사람들이 그녀의 아버지를 추모하면서 결말을 맺게 된다. 지역을 넘어 사회적인 연대가 되어버린 기다란 행진과 함께. 이 작품을 통해 난민들의 슬픔을 보았다.

  나는 영화를 보면서 눈물이 쏟아졌다. 자기 나라를 떠난 이민족의 설움이 안타까웠다. 문득 우리나라의 소중함을 발견했다. 나의 조국은 당연히 내 것이라는 나의 오만이 내 안에 있었던 것이다. 우리 아버지 시대에 일제 침략기였음을 잊어버리고 말이다. 그 당시에 우리 국민은 노예로 전락한 시대였기 때문에 얼마나 고생을 했겠는가. 그런 사실을 까맣게 잊어버리고 지금 우리 국민은 선진국이라는 틀에 갇혀 자중하지를 못하는 부분이 너무 많아졌다. 정치계는 말할 것도 없고 마약이니 비트코인이니 돈에만 혈안이 되어 돈, 돈 하며 나라를 팔아먹을 지경이라 걱정스럽다. 그렇지만 우리는 또다시 힘을 모아 나라 살리기를 기원합니다.

친구 H에게 전화 왔어요

- 정 여사, 오늘 5시 40분경에 만날 수 있나요?

- 아, 예 근데 지금 급한 일이 있으니 다시 전화할게요.

- 밥 먹자는 건 아니고요. 5시 반쯤 고속터미널역에서 뭐 좀 전달하려고요.

- 온 김에 비어킹에서 맥주나 한잔 합시다. 6시에 비어킹에서 만나요.

- 저번에 집을 싸게 팔려고 했는데 그게 어렵게 됐네요.

- 엄마 집요?

- 네. 아마도 집값이 또이또이도 안될걸. 전세비 받아서 물어줘야 할 거야. 안 팔려서.

- 작년에 나도 엄마 집을 헐값에 던졌어요. 어머니, 적혈구 수치가 수혈을 받을 정도로 떨어지고 금방 돌아가실 것 같아서 1채는 정리해야 골치가

안 아플 것 같아서 본전에 팔았어요. 그때가 바닥이라 좀 기다리면 오를 줄은 알았지만 (그 후 1억 오름) 협조 안 하는 동생들도 얄밉고 해서 이익 남기면 뭐 하나 싶어 던졌어요.

- 물어주는 돈이 많을 텐데 또 충당하시는거?

- 그래야 될 듯…. 내가 뭘 많이 먹는다 생각하겠지. 그게 안 되는 거고. 언젠가 3천 물어줬거든. 관리비 5년 안 내서 법원 통해서 강제 내쫓았거든.

- 그럼 그동안 집값 오른 것까지 계산하면 본전치기는 되는거?

- 안 될 거 같은데. 그냥 사는 대로 살아. 부자 되고 싶다고 되는 게 아니잖아. 물어 줄 돈 있으면 된다 생각해.

- 그럼, 어쩐대. 오르락내리락 고생만 하고. 있는 것 먹고 살면 돼. 뭐, 결혼할 때 하나도 없었잖아. 지금은 내 집도 있고. 고맙지.

- 그래요. 마음을 내려놔야지. 속 편하지요. 엊그제 내 동생 세입자 내보내고 나니 고장난 데가 한두 군데가 아니더라구요. 도배도 엉망이라 새로 해야 되고, 각종 수리비만 해도 사오십은 되고 화장실도 이백삼십 만 원은 들어야 하고…. 우리는 왜 야물딱지게 챙기지를 못했나 싶어. 속이

상했지만 잊어버리기로 했어요. 정여사 말대로 맘대로 안 되는 게 인생이다 생각하고 털어버리려고요.

- 네. 맞습니다. 편하게 삽시다.

- 네.

우리는 비어킹에서 만났다. H친구는 끌고 다니는 배낭가방에 바다에서 남편이 잡은 한치를 냉동시켜 넣고, 맛있는 빵을 잔뜩 넣어 끌고 왔다. 어이가 없었다. 이렇게 무겁게 끌고 기차를 타고 왔단 말인가. 친구가 뭐라고. 창가 좌석에 자리를 잡았다. 그리고 주문했다. 닭날개 튀김과 피자, 생맥주를. 칠학년이 되어 이렇게 만나서 맥주를 한잔 할 수 있는 것은 축복이었다. 한 친구는 전달에 죽었고 또 한 친구는 치매로 몸을 못 쓰고 말이 어눌해서 소통이 되지 못하는데 말이다. 우리는 건배를 하며 축배를 하고 맛있게 먹고 헤어졌다. 그리고 다음 날 뒷산으로 등산을 하기로 했다.

이튿날 H친구는 우리 집으로 또 다른 선물로 콩샐러드를 만들어 왔다. 나는 그 친구에게 못 살겠구나, 그래 고마워 하며 받았다. 나는 집에 있는 모든 반찬을 챙겨 배낭에 담아 뒷산으로 향했다. 날씨는 맑았다. 파란 하늘에 새하얀 흰구름이 둥실둥실 떠

다녔다. 나는 하늘을 향해 사진을 찍었다. 어쩌면 이렇게 맑고 깨끗할 수가 있을까 하고. 오랫동안 중국의 오염이 서풍으로 몰려와서 쾌청한 날씨를 볼 수 없었는데…. 우리는 이런저런 이야기를 했다. 숲은 나무 키가 커서 가는 곳마다 시원한 그늘이었다. 꼭 깊은 산의 계곡처럼 보였다. 서울 한가운데에 이런 곳이 있다는 것이 고마웠다.

몇 고비 구릉지를 오르락내리락하며 산책을 했다. 물론 칠학년이니까 어깨와 무릎에 파스를 붙이고 밴드로 동여맸다. H친구는 미리 무릎약을 먹었다고. 두어 시간을 가서 나는 H를 데리고 숲 속으로 들어갔다. 나는 관악산을 향해 기도했다. 이렇게 우리가 건강하게 살고 있음에 감사하고 항상 바른 마음과 깨끗한 사람으로 살며 주변 모든 이들이 건강하고 행복하게 살기를…. 또한 결혼 못한 놈들이 좋은 인연을 맺어 시집가기를 기원했다. 잠시 쉬다가 다시 청권사 주변을 돌고 되돌아 나왔다. 가면서 산속 도서관을 향해 욕했다. 가까이에 국립도서관이 있는데 또 왜? 돈지랄을 하느라고 이 산속에 또 도서관을 만들었냐고.

사람도 없는데 무슨 큰 공부를 하느라 도서관을 세웠냐고. 나라 세금을 허투루 쓰고 있다고. 모두가 여당과 야당이 합작해서 업자와 합세하여 돈 나누어 먹기라고. 우리 때는 도서관이 없어서 얼마나 고생했냐고. 발만 벌리면 중앙도서관이 있는데 공부도 안 하면서 세웠다고. 관리비만 처들여서 세금을 또 낭비하고 있다고. 길바닥에 중국산 부직포를 깔았다가 없앴다가 돈 지랄한다고. 멀쩡한 산길 옆에 또다시 나무 계단을 온 곳에 빙글빙글 설치하며 세금 낭비한다고. 자연스레 산길을 걷게 하면 좋을 것을. 정치하는 놈들은 어떡하면 세금을 날로 나눠 먹을까 한다고.

중국놈들이 한국 정치인을 돈으로 구워삶아 여당이든 야당이든 쎄쎄하며 친중이 되어 함께 국민 세금을 자기네 것인 양 뜯어먹는 놈들이라고. 그러니까 여당이던 이준석, 그놈도 친중이라 이재명, 문재인을 편들었잖아. 젊은 놈이 돈이라면 환장을 해서 나라 망치는 데 한몫을 했죠. 그런데 좋다고 뽑아주는 국민들은 더 미치죠. 멀쩡한 화단을 부수고 새롭게 돌담과 철조망을 만들어서 쓸데없이 돈 처들이는 꼴이란. 그런 돈 모아서 아이티 산업에 쏟아부어 먹거리를 생산해야 되는데… 이제까지 박정희 대통령이 만들어 놓은 것을 파먹고 사는데 야당놈들은 김대중과 노무현과 문재인이 나라 살려 놓았다니… 아니 어리석은 국민들이 뽑은 건데 미쳐요. 그래, 그놈들이 뭘 해놓았는데?…

김대중이 북한에 퍼 준 돈으로 북한이 핵 만들었잖나? 노무현과 문재인이 또 얼마나 북한에 퍼줬는데? 웃겨요. 어리석은 국민이 더 문제죠. 서울대 인사, 이화여대 여성인사들이 더 날뛰며 국민을 속이고 자기네가 옳다나. 공부 잘 하는 것도 필요 없죠. 올바른 시각을 갖지 못하고 비주류로 데모만 하고 민주화라는 탈을 쓰고 노조들과 협박해서 국민 세금을 빼먹는 귀신들이죠. 언론은 더해요. 아주 나라를 팔아서 북한이나 중공에 갖다 바치려는 자들 같죠. 우리야 이제 조금 있으면 아무것도 모르는 식물인간이 되어가겠죠. 이제까지 우리나라는 너무 잘 살았죠. 유럽이나 일본, 중국이 함부로 할 수 없을 만큼 말이죠.

대기업들이 힘을 모아 힘들게 이룬 경제를 계속 유지해야 할 텐데⋯. 전 세계를 놀라게 한 삼성이 정치인들의 핍박으로 뒤떨어졌다는 소식이 얼마나 슬픈지⋯. 야당놈들은 대기업을 잡아 죽이는 게 목적이겠죠. 그래서 북한과 중공과 손잡고 영원히 자기네 정권을 유지하며 살고파서 말이유. 어리석은 국민은 그런 것이 당연하다는데⋯. 할 말이 없죠. 젊은이들은 어리석게도 그게 옳다고 말하겠죠. 왜? 일제 밑에 36년의 치욕을 알겠습니까. 그 당시에 왕권과 조정 대신들의 이권 문제, 그리고 일본의 첩자들에게 공조했을 것이고, 어리석은 백성이 함께했겠죠. 이런 것을 생각하면 올바른 늙은이들이 건강하게 오래 살아서 투표권 행사로 나라를 지켜보자는 마음이 생기는 거죠.

이야기가 또 옆길로 빠져버렸네요. 요즘 가는 곳마다 멀쩡하게 돈을 처들여 만드는 곳이 너무 많아 나라 세금이 거덜날까 봐 걱정이 됩니다. 실크로드 역사를 보면 그렇게 번창했던 나라들이 어느 날 사라져서 흔적도 없는 곳이 되었지요. 우리나라도 얼마든지 사라질 수 있다는 것을 국민이 깨달아야 하는데…. 청권사를 돌아오다 도서관을 보며 돈지랄한다고 욕하며 돌아와 몽마르뜨 공원 남쪽 언덕에 자리를 펴려 했다. 그런데 잔디 바닥과 나무 사이에 춥춥한 열기와 습기가 상큼하지 않았다. 다시 자리를 이동했다. 서쪽 언덕배기로 갔다. 바람이 살랑 살랑 불었다. 상큼했다.

여기가 딱이로구나 하며 돗자리를 폈다. 중앙 게시판에 30도라고 붉은 글씨가 새겨졌다. 나무숲이 깊어서 우리는 더위를 몰랐다. 배낭에서 도시락을 꺼냈다. 집 반찬 모두를 싸 왔다. 김치 3가지, 생선 2가지, 장아찌류, 나물류 등이 십여 가지가 되었다. 집에서 먹지 않던 음식이 얼마나 맛있던지, 눈 깜짝 할 사이에 다 먹어버렸다. 땀 흘리고 오래 걸었기 때문에 맛이 났던 것이다. 후식으로 과일과 커피를 먹었다. 친구에게 물었다. 딸의 재건축비가 얼마인가를. 34평에 4억~5억이라고 했다. 우리 아파트도 49층 올라가서 분담금이 6천만 원이라는데, 아마도 3억~4억을 내야 할 듯했다.

요즘 서울시가 재건축 붐으로 난리가 났다. 은퇴자들이 현금 4억~5억 낸다는 것은 쉬운 일이 아니었다. 건설사와 아파트 추진위원들과의 갈등이 심화되어 재건축이나 리모델은 쉽지 않을 것이었다. 건축 자재비가 오르고 일하는 인건비도 오르니까 비용이 두 배로 들어갈 수밖에 없었다. 나는 재건축을 바라지 않았다. 조밀하게 새 건물을 지어 건설업계의 돈만 벌어주는 일처럼 보였다. 그리고 조합원들끼리 서로 돈을 먹으려고 싸우는 장면만 나타났다. 건설사와 조합원들의 단합 자체가 불량스러워서 못마땅했다.

그런데 뉴스에 나타난 사건을 보았다. 남양주의 미주 아파트는 10년 전부터 건설사들이 여러 번 교체되어 싸움이 일어났다는데. 거기에 조합원들의 교체로 싸움은 더 심화되었고, 빚만 몇천억씩 늘어났다나. 그래서 칠십 넘은 할머니들의 집은 10년 동안 빚만 남았다네. 결국 헐려진 아파트 집이 사라졌다는 것이었죠. 정말, 해괴한 일 아니냐고. 재건축이나 리모델링을 잘못하면 빚만 남고 내 집이 사라진다니. 나는 손해를 본다 해도 가지고 있는 아파트를 차라리 현금 정산을 하고 싶어. 그런데 아파트 추진위원회에서 얼마나 협박성 문자를 보내는지 갈수록 가관이야. 이렇게 우리는 이런저런 이야기를 하며 앉은 자리와 돗자리를 정리했다. 그리고 다시 아파트 쪽으로 걸어 와서 친구와 헤어졌다. 야, 잘 가. 그리고 몸 잘 섬겨. 아프지 말고. 안녕!

좋은 아침

- 어제 효창공원에 갔다가 효창공원 옆에서 점심을 먹었어. 그 집은 효창운동장이 훤하게 보이는 곳이었어. 아이들이 운동하고 그 집에서 밥을 먹더라. 운동하는 아이들이라 그런지 예의도 바르고 조용하게 밥 먹는 모습이 요즈음 아이들하고는 다르더라. 요즘 아이들은 맨 핸드폰만 보고 장난치며, 시끄럽게 하고 밥을 먹잖아. 어릴 때 운동이나 합창 같은 것을 시키면 인성에 좋다고 하더라. 아침마당에 지인의 딸이 나온다고 해서, 목포로 유학 간 임사랑팬!을 보고 있어. 요즈음 삶의 모습도 다양하다.

- 아니 효창공원을 갔다고? 어떻게 가게 되었어?

- 내가 삼성병원으로 치료 받으러 다닐 때 그곳에 경교장이 있잖아. 경교장을 둘러봤거든(경교장은 대한민국 임시정부의 주석을 지낸 백범 김구가 집무실과 숙소로 사용하였던 역사적 장소) 그때 김구의 묘가 효창공원에 있다는 것을 알았고, 한번 가보겠다는 생각을 했지. 그런데 영감이 따라가고 싶어하더라고. 우리 집에서 버스 한 번 타고 가면 되니까. 숲길을 얼마나 잘해놓았던지.

- 테니스장에 핀 치자나무꽃과 두메바늘꽃 사진입니다. 잊어버리는 것이 많아서 치매 안 걸리려고 노력하는 중입니다.

- 꽃이 예쁘다. 치자는 향도 좋은데 귀족 취미로 우아한 노년을 보내고 계시네요.

- 어제 점심에 너무 욕심을 부려 억지로 밥을 많이 먹었나 봐 공 치려는 욕심으로. 공 치면서 위가 아프더라고. 공 친 후 저녁을 빵과 우유 한 잔 먹었는데, 새벽에도 위가 불편하더라고. 아침에 수영을 하고 오니까 좀 나아졌죠. 그리고 생각했어. 우리에게 뭐니 뭐니 해도 몸 건강한 것, 편안한 것이 제일이라고. 옛날에 많이 아프고 살았는데…. 다행히 잘 극복했고 열심히 운동했는데, 그 결과 건강하게 살다 보니 건강의 중요함을 모르다니. 아무튼 이 정도의 몸에 감사해야죠. 네비샘도 건강하시게. 그리고 단백질 잘 챙기셔.

- 지금 프랑스 오픈 8강 보고 있다. 튀니지 선수 온스 자베르 응원한다. 2022, 2023년 윔블던 여자 단식 준우승 선수가 팔레스타인에게 상금 일부를 보내는 인간애 넘치는 선수였다.

- 네비샘 스포츠를 좋아해서 좋아요. 나는 내가 하는 것을 좋아해. 테니스 선수들은 잘 모르죠. 볼 시간도 없고요. 테니스 치고 집에 오면 저녁 7~8시죠. 와서 밥 먹고 청소하고 샤워하고 빨래하면 10시거든요. 그리

고 다음 날 새벽에 수영 갔다 와서 아침밥 먹고 이거저거 일 처리 하면 오전 11시죠. 잠시 쉬었다가 가벼운 산책하고 점심 먹고 쉬다가 곧 저녁 먹고 새벽에 골프 치러 갔다 오면 금세 한 주가 가 버려요. 여하튼 몸 안 아프니까 감사하죠. 건강하려고 열심히 운동하는 거죠.

예전에 나는 병 덩어리였죠. 허리통증, 위장 장애, 빈혈증, 폐, 팔, 다리, 온전한 곳이 없었으니까요. 물 한 모금을 못 먹었죠. 위통이 심해서 10년 동안 위를 도포하는 약을 복용해야 물을 먹을 수 있었죠. 눈이 아파 안대를 한 달 동안 했기 때문에 시력 회복하는 데 시간이 많이 걸렸죠. 눈물이 쏟아져서 눈을 뜰 수 없었으니까요. 우리가 이렇게 걷고 달릴 수 있으면 성공 아닙니까? 네비샘이나 나나 이 정도면 대성공입니다. 우리에겐 몸이 곧 성당이고 절입니다. 우리는 매사 감사하고 고마워해야죠. 우리 몸을 위해 파이팅합시다.

- 좋은 아침. 오늘 골프 안 갔나요? 나는 지금 무수리지만 전생에는 양반 규수였나 봐. 몸으로는 운동을 안 하고 누워서만 구경한다. 남자 1위 조코비치가 다리부상으로 8강에서 기권. 무조건 안 아프고 부상 당하지 말아야지. 신안샘은 온전하지. 몸 많이 좋아지고 운동 잘하니 성공했어요.

깊은 숙고를 해라

뭘 깊은 숙고를 하라는 것인가? 동양 철학자인 공자나 맹자 등은 일찍 죽었다고 암 연구 의사는 말했다. 그러나 서양의 철학자는 오래 살았다며 여러분도 깊은 숙고를 하면 오래 산다고 설명했다. 꼭 오래 살기 위해서가 아니라 안 아프고 사는 것을 설명한 것일게다. 그 의사는 또 재미있게 살라고 했다. 그것이 건강하게 사는 것이라 설명했다. 깊은 숙고는 깊이 잘 생각하는 것으로 사전적 의미가 있었다. 고사성어로 심사숙고와도 같은 뜻일게다. 그것은 오래 사는, 또 안 아프고 사는, 다시 재미있게 사는, 그것이 건강하게 사는 것이리라. 한마디로 재미있고 행복한 일을 하며 사는 것이리라.

좋아하고 행복한 일? 그렇다. 나는 가끔 좋아하는 작가의 책을 읽다가 학창시절에 쓰기 공부를 하듯 그냥 그 작가의 글을 무작정 쓰는 것을 좋아했고, 행복했다. 지금도 그래서 이렇게 읽고 쓰며 즐기리라.

태백산이 해안을 바싹 압박하면서 가파른 경사로 물에 잠겼다. 해안 단애가 끊어지는 자리마다 포구마을이 들어섰고 무덤들은 경작지나 야산 어디에나 돋아났다. 마을들의 이름은 포,진, 항 자 돌림으로 제가끔이었지만 어느 마을이나 앞에는 바다, 뒤에는 산이었고 생선 쓰레기가 썩는 냄새와 어업용 면세 디젤이 타는 냄새도 해안의 여러 마을들이 다 똑같았다.

태백산맥에서 동해로 나아가는 하천들은 빠르고 맑았다. 깊은 골짜기를 돌아 나온 물줄기들은 하구에 닿아서도 소금기에 물들지 않고 봄 산의 풋내를 실어왔다. 수평선을 여는 아침햇살이 하구에 닿으면 빛들은 물줄기를 거슬러 퍼덕이며 상류 쪽 계곡으로 번져갔다. 물을 따라서 산냄새가 내려오고 빛이 골짜기로 올라갔는데, 보는 사람은 없었다.

시간은 메말라서 푸석거렸고 반죽되지 않은 가루로 흩어졌다. 저녁이 흐르고 또 익어서 밤이 되는 것이 아니라, 시간이 말라죽은 자리를 어둠이 차지했다. 몸이 시장하면 어둠의 가루들 속에 허기가 번져서 눈앞이 시장했다. 저녁의 시장기가 몸에 번지면 몸이 비어서 창자에 바람이 지나가는 느낌이었고, 길 건너편 사육신 묘지의 숲이 멀어 보였다.

나는 특히 김훈의 작품을 좋아했다. 그는 달빛, 햇빛, 바람의 자취, 물의 흔적, 사람의 냄새, 새벽과 저녁 그리고 물과 바다 냄새를 잘 구분했다. 그의 작품을 보면 산과 바다, 사람과 동물이

한 몸으로 함께 이동하고 움직였고 그들을 보면 우리의 삶이 보였다. 그 삶 속에 진리와 진실을 찾을 것 같았다. 아무튼 나는 이런저런 것을 마냥 쓰기를 좋아했다. 그럼 내 속의 무엇이 깨끗해졌다.

*

유부초밥

휴일에 참치 초밥을 만들어 먹었다. 막내딸이 예전에 옆집 성현이 아줌마가 맛있게 만들어 준 유부초밥이 생각났다고. 나는 그때를 회상했다. 삼사십 년 전 이야기다. 나는 안양의 작은 아파트에 살았다. 애들이 초등학교 1, 2학년 때였다. 우리 옆집은 성현이네가 살았다. 성현이가 5살이었다. 나는 석사 박사 과정을 밟느라 바빴다. 아이들을 성현네 집에 맡길 때가 있었다. 그때 성현이 엄마가 유부초밥을 만들어 주었던 것이다. 그런데 갑자기 성현네와 연락이 끊어졌다. 이십 년 전에는 더러 소통을 했는데 갑자기 끊어졌다.

나는 성현이가 아주대 의대를 다녔다는 것을 기억했다. 그리고 남편네 동창 딸이 아주대 의대를 졸업하고 의사인 것을 알았다. 곧 친구 부인한테 연락했다. 안양에 살던 성현이가 아주대 의대를 나왔는데 당신의 딸에게 연락을 해보라고. 혹 안양에 살던 누나네 진현이를 아느냐고. 부인은 의대생이 40명이라 선후배를 잘 알 거라고. 곧 문자가 왔다. 홍성현이도 진현이네를 기억하고 있다고 한다고. 나는 다시 그 부인에게 전화를 했다. 그럼 내 핸드폰 번호를 알려주고 성현이 엄마가 나에게 전화를 하라고 말해주었다. 조만간 진현 엄마한테 연락이 갈 것 같다고 문자가 왔다.

이튿날에 우리는 행대 부부모임이 있었다. 저녁을 먹으며 축배를 할 때 성현 엄마한테서 전화가 왔다. 나는 밖으로 나가 한참을 통화했다.

- 반가워요. 그러잖아도 동기 모임 중에 딸이 아주대 나온 사람이 있어서 성현이를 찾으라 했더니 찾았네요.

- 저 지금 영암에 살아요.

- 네? 아니 어떻게요?

- 성현 아빠의 대한항공 마지막 근무처가 광주 지점장이었어요. 그래서

여기에서 주변을 돌아다니다가 이 근처에 살면 좋겠다는 거예요, 남편이. 그래서 여기서 살게 됐죠.

- 오래전에는 김포에 살았잖아요?

- 네, 그랬죠. 그때 친구들 모임이 주로 강남 고속터미널 쪽이었어요. 거기서 많이 모였다 헤어졌죠. 친구들은 그쪽에 살았어요. 나는 김포 집으로 가기 위해 전철 타고 버스 타고 가는데 화가 났어요. 그래서 그냥 영암으로 이사 오게 된 거죠. 그러잖아도 우리 남편이 진현 아빠에게 신세 진 것도 있다고 갚아야 한다 했어요. 영암에 놀러 오세요.

- 우린 애들 맡겼다고 신세 졌으니 우리가 갚아야 한다고 한 거죠.

- 성현이는 지금 어디에 있어요?

- 학교에 교수로 있어요. 결혼해서 수원에 살아요. 그런데 작은놈이 연대 경영학과 나왔는데 결혼도 안 하고 영화 감독한다고 다녀서 속상해 죽겠어요.

- 우리 작은놈도 시집 안 가서 나를 미쳐 죽게 하고 있죠. 테니스광이라 주말만 되면 테니스 치러 간다니까요.

- 에이, 시집가서 고생하는 것보다 나을지도 모르죠.

- 성현이는 간호사와 결혼했는데 애기가 있어서 사표 내고 둘째가 뱃속에 있어요. 여기에 오면 처음에는 좋다가 너무 힘들어서 집에 가면 편해서 좋더라고요. 아무도 없고 처음에는 시간도 널널해서 너무 좋았어요. 지금 4년 차인데 이제 조금 외로워지려고 하는 거 같아요.

- 더 살아봐요. 나는 9년 전에 강화도 마니산을 올라갔는데 너무 좋더라고요. 그래서 힐리우드 배우들이 괌이나 사이판에 별장을 두고 사는데 우리도 여기에 방이 작은 거 있으면 별장 삼자고 했어요. 그래서 하산을 하자마자 복덕방에 가서 500만 원 주고 빌라 제일 작은 거를 계약해 놓으라고 했어요. 그래서 고려저수지 쪽의 내가면에 푸른 빌라를 사게 된 거죠. 거기는 외포리 젓갈시장이 있잖아요. 우리가 갔을 때는 석모도에 다리가 없어서 배가 떴죠.

- 우리가 김포에 살아서 그쪽에 많이 다녔어요. 강화도가 좋아요.

우리는 수십 년 동안 못 한 이야기를 다 할 수 없었다. 우리는 30대 초반 이야기를 끊임없이 하다가 결국 다시 만나기를 기약하고 이야기를 마쳤다.

*

나는 테니스를 좋아했다

주변 사람들에게 테니스를 친다고 하면 아직도 테니스를 치느냐고 반문했다. 그럼 나는 90 노인도 치고 있다고 말했다. 목요팀의 어르신이 테니스를 치고 라커룸으로 들어오면 우리는 물었다. 몇 게임 하셨어요?라고 물으면, 그럼 오늘은 4게임 했다고 말했다. 우리는 많이 하셨네요, 대단하세요라고 했다. 그 어른은 공을 잘 넘겼다. 허리가 굽어서 잘 칠 수 있을까 하는 생각은 괜한 걱정이었다. 나는 테니스를 치려고 식사를 잘 하려고 노력했다. 냉장고에서 스테이크를 꺼냈다. 공을 잘 치려고 먹기 싫은 고기도 잘 챙겨 먹었다. 밥도 덜 먹고 고기부터 먹었다. 야채도 덜 먹었다. 배가 불러서 고기를 먹을 수 없을 것 같아서.

고기를 섭취하지 않고 가면 나는 힘이 없었다. 어쩌다가 식사를 대충하고 가서 게임에 들어가면 날아오는 공을 받아칠 수 없었다. 거기에 한 게임이 끝나면 힘이 빠져버려서 몸이 허둥댔다. 한 친구가 오랜만에 라면을 먹고 오면 더 이상 게임 할 힘이 없다면서 초콜릿을 찾았다. 그런 거 보면 테니스 게임은 힘이 드는 운동인가 보다. 오랫동안 테니스를 쳐서 나는 그 운동에 대한 에너지 소모는 잘 알지 못했다. 그래 그러려니 하며 그냥 운동을 할 뿐이었다. 그러나 다리를 다쳐서 움직이지 못할 때는 그 운동이 대단했구나라는 생각이 들었다. 몸이 나른하고 아픈 곳은 없는데 정신이 흐릿하여 비몽사몽으로 존재할 때, 내가 지금 살고 있는 것인가 생각했다.

그러다가 테니스 게임을 하는 날이 되면 몸을 추슬러서 테니스 코트장에 가야지, 음식을 단단히 먹고 가는 것이 좋겠구나 생각한다. 음식도 골고루 차린다. 생선 종류를 있는 대로 굽고, 소고기 스테이크도 만들고, 상추와 야채, 김치, 밑반찬을 차린다. 먼저 스테이크를 먹어서 배를 부르게 한 다음 야채와 생선도 곁들여서 밥을 먹는다. 그것이 힘을 내는 것이라 생각하고, 그다음 과일, 커피로 후식을 한다. 설거지를 끝내고 뜨거운 팩에 몸을 지져서 아픈 곳을 치유하며 눈을 감고 잠시 휴식을 한다. 그리고 코트장으로 갈 때 얼음물과 쌍화차, 멤버들이 먹을 만주를 챙겨서 멤버 회장님 차를 타고 운동장으로 간다. 언제까지 건강하게 운동을 할지는 모른다. 다만 열심히 운동을 하는 것이다. 이것이 치매나 다른 합병증을 예방할 것이라고 생각한다.

테니스 게임에 들어가면 일단 정신을 바짝 차리게 된다. 상대편의 서브를 받을 때 오른쪽? 왼쪽? 공중으로? 낮게? 짧게? 뒤쪽으로 길게? 여하튼 나는 어떠한 형태의 공이든 받아서 넘겨야 하는 것이다. 새로운 멤버는 공의 구질을 탐색해야 한다. 강하게 내리

꽂는 공, 스핀을 강하게 먹여서 앞뒤로 튕겨지는 공을 유연하게 받을 수 있도록 새로운 공부도 필요하다. 여하튼 나는 어려운 공을 받을수록 불편하고 싫지만 그게 수행이고 공부라 생각한다. 또 불편한 공을 잘 받아서 넘기는 기술을 익히면 또 새로운 기쁨이 생긴다.

역시 모든 것은 새롭게 공부하는 것이 스스로를 위해 진보하고 발전하는 것일지도 몰랐다. 테니스 게임을 하면 긴장하고 스트레스를 이겨내는 공부가 생겨, 나태하고 비몽사몽으로 머리가 혼탁해지는 것을 벗어나는 것이 될 수 있었다. 어쨌든 나에게 테니스는 나를 살리는 운동이라 감사했다. 그래서 테니스는 내 인생 최고의 선물이 되었다.

*

내공을 쌓는 일

옛날 말로 내공을 쌓는다는 말을 나는 좋아한다. 내가 어렸을 때, 어른들은 공부를 잘하는 사람을 제일로 쳤다. 이웃에 사는 영자 언니나 철수 오빠가 공부를 잘하면 온 동네에 영희와 철수가 공부 잘한다고 소문이 났다. 코흘리개였던 나는 공부가 무엇인지 몰랐다. 다만 영희 언니와 철수 오빠는 커다란 뭔가가 있나 보다라고 생각했다. 그리고 그 언니와 오빠는 멀리 서울로 대학을 갔다. 항상 나는 그 언니와 오빠가 오빠가 알 수 없는 큰 것을 가져올 거라고만 생각했다. 세월은 흘러갔다. 공부 잘하는 언니 오빠는 세월에 묻혀 사라졌던 것이다. 가끔 그들은 미국에 산다는 소문만 들려왔다.

인생을 살면서 젊어서는 공부를 잘하는 것이 최고였고, 그것이 최고의 내공을 쌓는 일이었을 것이다. 그 후 학업을 마치고 각자의 직업을 가지고 한평생을 살며 각자의 또 다른 내공을 쌓으면서 살았을 것이다. 나는 이제 인생의 후반전 시대를 마주하며 살아가고 있는 것이다. 또 다른 내공을 쌓으며 살아가는 것이리라. 그중 나는 조용헌씨가 말하는 궁하면 통한다는 말이 내 안의 내면을 자극하는 것이었다. 돈이 풍족하면 생각을 덜하게 되고 돈이 궁색해야 난국을 타개하는 아이디어가 떠오른다는 것이다. 친구 남편들이 서서히 세상을 떠나갔다.

이제 혼자 살아가야 하는 내공을 또다시 공부해야 하는 것이었다. 그중 남편이 남기고 간 돈을 스스로 관리해서 끝까지 살 수 있는 내공을 공부할 것이다. 처음은 멋모르고 있는 돈을 쓸 뿐이었다. 그러다가 어느 날 돈이 사라졌음에 난감했다. 이제 돈을 버는 시기는 한참 멀리 동떨어진 시점에 놓여있는 것이다. 내 몸 하나도 건사하기 힘든 시기가 된 것이다. 그래서 나는 남은 돈을 적절히 분배해서 적절히 스스로를 지킬 수 있는 내공을 쌓는 공부를 해야 한다는 것이다. 그러기 때문에 나는 돈 공부가 곧 내공을 쌓는 일이며 나를 지키는 일로 여겨졌다.

그러다 보니 어렸을 때 공부를 잘하는 것도 돈을 잘 벌기 위해 쌓는 내공이 아니었을까?를 생각했다. 그런데 공부를 잘했다고 돈을 잘 벌지는 않는다는 사실이다. 서울대를 진학한 사람들은 모두가 잘 살아야 하는데 그렇지 못한 것이다. 그러면 또 돈을 잘 벌고 돈을 잘 모으며 잘 사는 것은 또 다른 내공이 있어야 된다는 것이다. 돈을 잘 벌었지만 말년에 못사는 사람들이 얼마나 많던가. 처음에 돈을 못 벌었는데 의외로 잘사는 사람들도 많다는 것이다. 여하튼 돈에 대한 공부, 즉 내공을 쌓는 공부가 있어야 한다는 생각이 들었다.

친구 사이

Y 친구는 답답했다. 여자는 그 친구와 전화를 주고받으면 짜증이 났다. Y 친구는 오랫동안 남편과 해외골프를 갔다 왔다. 그리고 H 친구가 병원에서 수술한 소식을 듣고 여자에게 전화를 한 것이다. H 친구가 입원한 병원을 가고 싶은 모양이었다.

- H 친구는 어떤가?

- 심각하다. 내장을 거의 잘라냈으니까. 가 보니까 움직이지도 못하고 불쌍했어. 힘 쓰기도 어렵고, 임파선까지 제거했으니 아마 엄청 힘들게야. H 친구는 등산을 좋아하잖아. 그런데 등산도 못하니까 몹시 슬퍼하더라.

- 오래되면 괜찮아. 우리 남편도 몇 년 되니 괜찮아.

- 자기 남편은 시술이지 잘라내는 수술은 아니잖아.

Y 친구는 자기주장만 옳다고 강조하는 것이 왜 그리 답답한지 얄미웠다.

- 시간이 가면 모든 사람은 평상시 사람과 같이 할 수 있을 거야.

- 그거야 그렇지만.

갑자기 Y와 말하고 싶지 않았다. 애는 왜 그리 답답한 소리만 해대는지 말이다. 꼭 늙은 시어머니의 주장 세우기라 생각했다. 뭐고 안 통하는…. 그런데 왜? 내가 열을 내며 화가 나지?

- 엊그제 병원에 갔다 왔어야 하는데.

- 그때는 H가 깨어나지도 않았는데 가느냐?

- 그래도 가주어야 했다.

- 그것은 아니지. 깨어나지도 않았는데 가면 무슨 소용이 있어.

- 그럴 때일수록 가줘야 하는 거라고.

나는 어이가 없었다. 애는 말을 하면 답답했다. 소통이 되어야 말을 하지. 속에서 열불이 났다. 수술해서 깨어나지 않은데도 갔어야 함을 주장하고 있는데…

- 그 친구 아직 퇴원을 안 했으니까 지금 전화하고 가면 좋겠네요.

이렇게 조그만 일에도 생각이 다르니 우리는 서로 멀리하며 사는 것이 좋을 듯했다. 상대방의 이야기를 존중하고 서로 이해할 수 있는 마음을 가져야 하는데 Y친구는 외골수에, 정신집착증이 강했다. 서로 만나면 아무 일도 아닌 것을 피곤하게 만들었다. 우리는 지나가다 만나면 잘살고 있죠? 하고 인사하며 스치는 사람처럼 지내고 사는 것이 편하고 좋았다. 부모 형제간에도 서로 소통이 안 되고 자기 주장에만 집착하는 친족들이 많다. 뭔가 자기 주장을 앞세워서 자기 이론이 맞다고 주장할 때 맞으면 얼마나 좋겠나요. 그러나 맞지 않을 때 난감하죠.

개인적인 자기네 일을 그르쳐서 손해가 날 때 말이죠. 여자는 참 안타깝죠. 평생 모은 돈을 다 날려 버렸으니 말이요. 다 늦게 아르바이트를 하고 사는 꼴을 보면 슬프죠. 그러나 어찌겠나요. 스스로 욕심과 허욕과 과시를 하다가 망쳐버린 것을. 우리는 항상 주의 깊게 주변 인사들에게 자문을 구하고 그들의 이야기를 참조해서 자신이 해야 하는 길을 찾는 것이 최선의 길이라 생각합니다.

수영장팀 모임

여자가 수영장에 들어가서 열심히 운동한 지가 6년이 넘었다. 수영장팀에서 여자는 왕언니로 통했다. 처음에 만날 때 그들은 40대 후반에서 50대 초반이었다. 처음 만나서 회원들은 식사를 하고 노래방을 갔다. 그때 오대장은 무대를 장악하고 화려한 춤과 노래로 온 회원을 기쁘고 재미있게 했죠. 또한 그는 방송 프로그램 못지않게 회원들을 즐겁게 했습니다. 회원들 열광도 대단했구요. 그 후 수영장팀은 수시로 모여 조찬회를 즐겼죠. 거기에 그들은 골프 운동의 선풍 바람이 불어서, 골프 연습에 도전을 했죠. 그들은 날마다 열심히 수영과 골프 연습에 최선을 다했죠.

어느 날부터 그들은 조를 짜서 각자 골프 회원을 만들어 골프장에 가서 함께 골프를 치게 됐죠. 특히 올해는 실력이 올라서 회원들이 100타 안쪽으로 실력을 겨루는 상태가 되었죠. 처음에는 골프를 꼭 배워야 하느냐를 묻고 또 물었죠. 그럼 여자는 말했죠. 나이 많아지면 뭘 하고 살겠냐고. 뭐니 뭐니해도 몸 건강하고 즐겁게 사는 것이 최고라고. 돈이 아무리 많아도 몸이 건강하지 않으면 할 수 있는 일도 없고 즐거운 일도 없으니까 꼭 배워야 한다고 했죠. 그리고 이제는 서서히 그들은 선수급으로 올라가고 있었죠.

그래서 이제 올해의 전반부 회원 모임을 갖고 저녁 식사를 하기로 했습니다. 회원들은 양꼬치 집에서 모였습니다. 모두가 4쌍이니까 8명이 모였습니다. 양꼬치와 꿔바로, 고추잡채, 옥수수면, 볶음밥, 만두 등 다양한 음식을 맛있게 먹었습니다. 우리 회원들은 수시로 시원한 맥주로 축배를 들었죠. 이야기의 주제는 역시 골프 이야기가 많았습니다. 드라이버가 연습장에서는 잘 되는데 필드에 나가면 왜 공이 뜨지 않고 쪼르륵 굴러가는지 모르겠다고 합니다. 아이언은 잘 되는데 우드는 왜 안 되는지 모르겠다고. 우드가 잘 되면 아이언이 안 된다고 합니다.

골프 이야기는 해도 해도 끝이 없죠. 그리고 골프 사고에 대해 이야기했죠. 며칠 전 경기도 어느 골프장에서 여자들이, 아는 지인 3명이 골프를 치다가 60대인 사람이 4미터 앞에 있었는데 50대인 사람이 골프를 쳐서 60대인 분 머리를 맞혔다고 합니다. 그래서 그분이 죽었다는 것이었다. 서로 아는 지인인데, 죽은 사람은 죽어서, 때린 사람은 때렸기 때문에, 그리고 그 광경을 본 사람은 심정이 어땠겠냐면서 그들은 이제 평생 트라우마로 골프를 칠 수 없을 것 같았다는 설이었다. 식사 후 회원은 노래방으로 이동했다. 모두들 각자가 선곡을 해서 노래를 불렀다. 오대장이 먼저 시작했다.

그런데 예전의 발랄하고 활기차며 씩씩한 모습이 아니었다. 축 처진 노래를 선곡했다. 누군가 아니 저쪽 방 노래팀이 잠자는 음악 같다더니 여기는 아예 장송곡이 울리는 것 같다나? 순서대로 노래를 했고, 장단을 맞추며 춤추고 노래했다. 그러나 모두들 예전만 못했다. 오육년 사이에 기가 빠지고 젊음의 패기가 사라졌던 것이었다. 초등학교 1학년과 6학년은 차이가 많이 나는 것과 같았다. 노래를 서로 부르려는 기색도 약해졌다. 후반전에는 조를 짜서 순번을 정하는 게임을 이용해서 순서대로 노래를 불렀다. 사실 노래를 즐기면 여자는 한 시간을 더 추가하려 했다.

그러나 모두들 뜨겁게 열기를 가지고 활기차게 즐기지를 못했다. 예전보다 다들 힘이 빠진 것이었다. 어쩌겠는가. 시간이 지나 세월이 가면 그와 같은 일은 자연적인 현상이 아니겠는가. 여자는 그들을 보면서 이제 매사 몸 관리에서 에너지 절제가 중요하다고 생각했다. 함부로 힘을 과하게 쓰면 몸 상할 일이 많기 때문이었다. 회원들 중 더러는 몸이 건강해졌다 하고 누구는 몸 균형이 깨져서 불편했다고 했다. 회원들은 이제 더 몸과 마음을 수련하여 나머지 인생을 더 행복하고 즐겁게 살 준비를 해야 하는 것이었다.

*

오늘의 즐거운 골프 샷

　오늘은 동생네랑 골프를 약속한 날이었다. 어제는 장맛비가 하늘을 뚫을 것처럼 쏟아졌다. 여자는 허리통증과 못에 찔린 손 때문에 불편한 점이 많았다. 그러나 약속을 지키기 위해 새벽부터 골프장으로 달려가야 했다. 새벽에 비는 그쳤다. 아마도 필드는 물에 잠겼으리라. 이런 날은 회원들도 취소를 많이 했으리라. 여자는 정상적으로 골프장에 도착했고 동생네도 도착했다. 여자는 동생네를 보면 인사가 땅 팔고 집 팔아서 같이 운동하며 놀자고 소리치는 것이었다. 그들에게 여자는 정프로, 임프로 빨리빨리 돈 없으니까 살고 있는 집이라도 팔아서 놀자고 꼬드긴다.

　남동생 정프로는 어제저녁부터 골프 치는 게 탐탁지 않았다. 비가 많이 왔으니 물구덩 속에서 골프 치는 것이 못마땅했던 것이다. 물론 정프로는 허리통증이 도진 상태라 힘들었다. 다행히 날씨요정이 도와줘서 비가 그쳤다. 거기에 날씨가 시원했죠. 완전 대통령골프 하는 거였죠. 여자는 처음에 에러가 많았는데, 오늘은 처음부터 드라이버가 시원하게 하늘로 날아갔죠. 두 번째는 우드 3번이 또르르 굴러가는 픽사리가 일어났죠. 뭐가 또 잘못된 걸까? 그다음은 7번 아이언으로 속상한 마음을 이겨보려고 냅다 쳐버렸죠. 그랬더니 그 공이 공중을 날아서 그린 가까이에 떨어졌죠. 속이 시원했죠.

그다음 마지막으로 아이언 S가 또 픽사리가 나 뱀샷으로 더 멀리 그린을 지나가더라고요. 에이 또 실수했죠. 여자는 공을 칠 때마다 반성을 해야 하는 거죠. 인생도 그렇겠죠. 인생이 공처럼 당장 그 즉시 나타나지 않아서 반성을 못 하며 사는 거겠죠. 다음 홀로 이동하는데 다른 때는 파 3홀이라 팀들이 막혀서 시간이 오래 걸리는 곳이었다. 오늘은 장맛비로 회원들이 해약을 많이 해서 팀들이 없었다. 날씨는 구름이 끼어 시원했다. 앞뒤로 팀들이 없으니 완전 대통령골프가 되었다. 재촉하는 사람들도 없었고 한 번 잘못 치면 캐디는 다시 한 번 더 치라고 권했다.

공을 치면 한 번은 잘 날아가다가도 두 번째, 혹은 세 번째 샷은 엉망으로 산 혹은 해저드로 날아갔다. 그럴 때 남자는 항상 말한다. 잘 안되는 것이 정상이라고. 잘 되는 것은 비정상이란다. 그럴지도 모른다. 항상 열심히 공을 쳐도 공은 반듯하게 날아가는 것은 20~30%다. 대부분 70~80%가 사이드로 날아가는 경우가 많다. 그러나 그 10~20%가 즐거워서 공을 치러 다닌다. 칠학년이 넘어서 즐거울 일은 그렇게 많지 않았다. 그러나 골프 치는 날은 여자를 긴장되게 하고 정신을 바짝 차리게 했다.

왜냐하면 우선 티업을 맞추려면 새벽타임이니까 한 시간 전에 클럽하우스에 도착해야 하고, 가는 데 한 시간 10분이 걸리니까 적어도 새벽 4시 반에는 집에서 출발해야 밀리는 고속도로를 지나갈 수 있었다. 가면서 햄버거나 아침요기를 기내식으로 먹으며 갔다. 전날에는 골프장에 가서 전반부가 끝나면 먹을 것을 준비했고 회원끼리 마실 것도 준비했다. 여하튼 운동하기 위해서 준비물이 많았다. 골프 비용도 적지 않게 비용이 매우 컸다. 생각해 보면 비경제적이고 시간과 돈이 많이 드는 것이었다.

그렇지만 여자는 골프가 여행을 즐기게 하는 일이었다. 그것은 멀리 여행하듯 시간을 내야 하고 우리 신체를 시간에 맞추는 긴장과 공에 집중하는 정신력을 기르게 했다. 공을 치는 것은 기술자가 되는 일이었다. 골프채 S, A, P, 9번, 8번, 7번, 6번, 5번, 우드 3번, 우드 5번, 우드 9번, 드라이브 등을 잘 활용하여 가려는 거리를 스스로 맞게 선택하여 공을 치는 기술자가 되는 것이다. 사람들은 손가락만 들 수 있으면 모두가 골프를 칠 수 있다고 하는데 그렇지는 않았다. 작은 공을 하늘 높이 날려 보내려면 온 힘을 곡갱이질 하듯 내려쳐야 공이 날아가는 것이었다.

공을 날아가게 하려는 힘은 정말 노인들의 근육질을 단련하게 하는 힘이 되었다. 자동차를 70년 이상 사용하겠는가? 30년 정도 간신히 사용할 것이다. 인간의 근육은 70년 이상 사용했으면 심줄이 끊어지고 파열되고 하는 것이 당연했다. 여하튼 여자는 몸에 단백질을 잘 섭생하고 끊어지고 파열된 근육을 치료해 가며 골프를 쳤다. 골프를 즐기는 것은 곧 병원에서 물리치료를 받는 것이기 때문이었다. 골프를 치기 위한 과정에서 여자는 자신의 머리를 체크하게 되었다. 예전에는 백 명 이상의 학생들 이름을 모두 기억할 수 있었지만 요즘은 엊그제 함께 골프 치던 동료의 이름을 까먹고 있었다.

여자가 좋아하던 과일의 모양이 머릿속에서 그려지지만 그 과일 이름이 생각나지 않았다. 노인이 되는 과정이 현실로 나타나는 것이 슬펐다. 그러나 겪어야 했다. 골프를 치는 것은 온 몸의 신체와 정신을 최대한 느리게 망가지게 하려는 작업일지도 몰랐다. 어찌했든 여자는 드라이버로 공이 하늘 높이 날아가는 자체가 행복했다. 공 잘 치는 친구는 여자를 만날 때마다 99, 88, 1234를 외쳤다. 그 친구 말이 구십구까지 팔팔하게 공을 치고 살다가 하루 만에 병원에 입원하고 이삼 일 앓다가 죽는 것이란다. 그럼 여자도 그 친구 따라 99, 88, 1234를 함께 외쳤다.

*

나는 내면의 평화를 찾을 수 있는 책이 좋다

나는 여행을 가거나 생활이 지루해지면 큰 책방을 찾는 버릇이 있었다. 올여름은 특히 무덥고 쪘다. 나는 이번에 무슨 특별한 책을 만날 수 있을까 하고 책방을 찾았다. 책방 가까이 가면서 나는 가슴이 설렜다. 『석가모니 인생수업』(석가모니 저/김지민 엮음, 삶의 지혜)이라는 책이 눈에 띄었다. 책을 펼쳤다. 1장 '무소의 뿔처럼 혼자서 가라', 2장 '삶에 힘을 빼라', 3장 '지금을 살아라', 4장 '진짜는 조용하다'.

'무소의 뿔처럼 혼자서 가라'는 누구나 다 인생에서 자신만의 길을 걷는다는 것이다. 수행을 하는 사람은 수행하는 것이 그 길일 것이고, 직장인에게는 회사를 잘 다니는 것이 길을 걷는 것이고, 학생에게 공부하는 것이 그 길일 수 있다. 그 길을 누군가와 함께 걷는 것은 좋지만 타인에게 지나치게 의존해서는 안 된다. 혹은 자아를 잃어버리게 하는 사람과 함께하는 것도 옳지 못하다. 외롭다고 아무하고 함께해서는 안 된다는 말과 같다.

'삶에 힘을 빼라'는 '일단 세상에 태어난 모든 것은 죽음으로 돌아간다. 반드시 생명이 다할 때가 있다. 이루어진 것은 반드시 없어지고 모아진 것은 반드시 흩어진다.' 곧 인생무상을 말하는 것이다. 인간은 영원한 것을 추구하고 안정적인 상태를 원하기 때문에 무상의 개념은 어려운 일인 것이다. 무상을 이해하고 받아들이는 것은 삶을 근본적으로 변화시킬 수 있는 힘이 된다. 모든 것은 생성과 소멸의 연속된 과정 속에 있으며 아무것도 영원하지 않다.

'지금을 살아라'는 지금의 내 모습은 무엇이 만든 걸까? 우리의 모습은 우리의 마음이 만들어낸 결과물이다. 나 자신의 행동뿐 아니라 나를 둘러싼 모든 순간은 마음에서 비롯된다. 결국 긍정적인 마음을 가지고 감사와 기쁨을 자주 느끼며 자신뿐만 아니라 타인을 사랑하려는 마음을 가진 사람이 더 만족스러운 현재를 살아갈 확률이 높다. 마음은 힘이 강하다.

'진짜는 조용하다'는 '비록 백 년을 산다 할지라도 마음이 어리석다면 고요한 마음을 지닌 사람이 단 하루를 사는 것만 못하다.'는 것이다. 고요한 마음을 가진다는 것은 자기 자신과 충분히 시간을 보냈다는 것이다. 무엇을 좋아하고 무엇을 싫어하는지 혹은 자신이 어떤 결핍이 있고 그것을 어떻게 극복할 것인지 충분히 대화를 나눴다는 뜻이다. 단순히 오래 사는 것은 의미가 없다. 그것보다는 깊이 있고 의미 있고 고요한 마음과 더 풍부한 자신으로 하루를 살아가는 것이 낫다. 이제는 나 자신과 시간을 보내면서 고요한 마음을 갖출 때다.

여자는 생각했다. 왜 책을 읽는 것인가? 우선 재미있고 즐거워서일 것이다. 그리고 세상의 흐름을 이해할 수 있기 때문이기도 했다. 이번 『석가모니 인생수업』은 내 안의 평정을 유지하는 데 도움을 주어서 기뻤다. 세상의 일이라는 것이 인간관계의 일이 대부분이라 했다. 슈퍼에 가면 물건을 살 때 파는 사람과 사는 사람의 관계가 있듯이 매사 인간관계가 일어나게 되는 것이고, 그 관계를 잘 이루고 사는 것이 성공이라 했다. 관계가 불통이 되면 나이 들어서 외롭고 고독한 것이라 했다. 만일 잘못된 관계가 생기게 되어 분노가 일어나면, 스스로에게 그 분노를 지켜보며 새로운 에너지로 바꾸는 것이 중요하다고 했다.

분노의 에너지와 자비의 에너지가 같은 에너지라는 것이다. 분노로 폭발하는 에너지가 사랑스러운 자비의 에너지로 변화시킨다는 것이 가능한 것인가? 그러나 같은 에너지라니까 어떻게 융합하여 에너지를 만들어 낼 수 있을까를 생각했다. 분노로 폭발했다가 사그라지면서 반전이 일어나면서 새 에너지가 생성하는 것일까? 인간의 마음이 요상한 것이다. 아무튼 인간은 주변 사람과 서로 영향을 주고받는 존재인 것이다. 복잡한 관계 속에서 사회적 연결이 중요한 것이다. 그러나 그 연결 속에서 우리는 속박하고 또는 속박을 받아서 자신의 진정한 모습을 잃게 되는 것이다.

그렇지만 그래도 또 우리는 누구나 각자 자기만의 길을 걷고 있다. 수행을 하는 사람은 수행하는 것이 그 길일 것이고 직장인에게는 회사를 잘 다니는 것이 길을 걷는 것이고 학생에게 공부하는 것이 그 길일 수 있다. 그 길을 누군가와 함께 걷는 것은 좋지만 타인에게 지나치게의존해서는 안 된다. 혹은 자아를 잃어버리게 하는 사람과 함께하는 것도 옳지 못하다. 그러니까 아무하고 함께해서는 안 된다는 것이다.

우리는 다른 사람의 소음이나 세상의 혼란에 휩쓸리지 않아야 한다. 나 자신과 대화하고 내면을 바라보고 고요함 속에서 독립과 자유를 확보해야 한다. 결국 진정으로 믿어야 하는 것은 자기 자신뿐이다. 주변에 괜찮은 사람이 없다면 무소의 뿔처럼 혼자서 가라는 것이다. '무소의 뿔처럼 혼자서 가라'라는 이 말은 내가 어디에서 누구와 무엇을 하든 결국 내 스스로가 이겨내야 하는 오로지 '나 혼자' 짊어져야만 하는 그것이 있다는 것이다.

말하자면 무소의 뿔처럼 혼자서 가야만 하는 인생의 몫이 누구에게나 있다는 것을 알아차리는 것이 중요합니다. 그러니까 이 세상 자체가 그러한 이치가 있다는 것입니다. 즉 혼자서 짊어져야만 하는 그것은 외롭고 힘들고 어렵다는 것이지만, 그 어려운 것을 묵묵히 해내고 나면 그것은 기쁨이 되고 결과가 가치있게 빛난다는 것이다. 무소의 뿔처럼 혼자서 가야 할 때 결코 외롭고 두려운 길이 아니라는 것입니다. 그 길은 자신을 성장시키고 더 나은 미래를 열어주는 길인 것입니다.

*

죽음과 행복에 대해

나는 죽음에 대하여를 써 보려고 애썼다. 그러나 모두가 억지스러웠다. 자연스럽지가 않았다. 그럼 반대로 행복에 대해 생각해 봤다. 그것은 죽음보다는 쉽게 생각할 수 있었다. 행복이란 무엇인가? 행복이란 불행의 다른 측면이었다. 행복해지기를 원한다면 불행해져야 한다는 것이다. 뭔가 논리적으로 맞지 않아 보였다. 그러나 가만히 생각하면 항상 행복한 생활을 하고 있으면 행복함을 느낄 수 없는 것이다. 으레 편하고 불편함이 없이 살았으니까. 그러나 갑자기 다리가 아파서 혹은 팔이 아파서 거동이 불편하면 마음이 불편하고 힘들어지면서 불행을 느낄 것이다.

그러다가 치료를 받고 약 먹고 고생하다가 불편함이 사라지면 그때 행복을 느끼고 감사함을 느끼지 않겠는가. 피타고라스도 그랬다. 불행한 사람만이 행복해질 수 있다고. 불행이 행복을 느낄 수 있는 상황을 만들어낸다는 것이다. 그리고 이것이 삶을 움직이는 방식이라 했다. 가난했던 사람이 갑자기 부자가 되면 행복해진다. 그러나 예전부터 부자였던 사람들은 부자라고 행복하지는 않다. 그러니까 그런 사람은 부자가 될수록 행복은 덜해진다. 그래서 세상에서 가장 부유한 사람이 된다면 그는 행복에 관해 완전히 잊어버릴 것이다.

이런 현상은 날마다 일어나고 있는 일인 것이다. 결국 행복은 부분에 지나지 않는다. 행복한 사람은 어쩌면 불행이라는 바다에 떠 있는 조그만 섬과 같은 것이다. 그래서 행복은 불행의 일부가 되는 것이기도 하다. 행복해지기를 원한다면 불행한 상태에 남아 있어야 하는 것이다. 그래야 가끔 행복의 순간을 느낄 수 있기 때문이다. 그래서 깨달은 선인들은 삶의 목표는 행복이 아니라 지복이라 했던 것이다. 그들은 행복보다 지복을 창조하기 위한 것이다. 그 지복은 행복과 불행을 초월할 수 있기 때문이다.

> 깨달은 자들은 행복이 오면 행복을 주시하고, 불행이 와도 불행을 주시합니다. 그들은 흰 구름이 지나가는구나. 검은 구름이 지나가는구나라고 주시합니다. 그들은 지켜보는 자들입니다. 지켜보는 자가 되는 것 그것이 명상이라 했습니다. 그저 지켜보라, 그렇게 지켜볼 때 그때 제3의 힘이 그대 안에 솟아난다고. 주시를 계속 하다 보면 제3차원인 지복을 가져다준다는 것이다. 지복은 행복과 불행 같은 2차원적인 것을 초월하는 것이다. 지복은 잔잔하고 고요하며 평온한 것

이다. 가장 중요한 것은 순수한 주시라는 것이다. 그게 초월할 수 있는 힘이고 지복이 되는 것이다.

(오쇼 라즈니쉬 글, 손민규 옮김, 『피타고라스 1』, 젠토피아, 2013)

나는 명상을 해보기로 했다. 사람들은 그랬다. 주는 사람은 항상 주기만 한다고 욕하고, 받는 사람은 항상 받기만 한다고 욕했다. 그러나 항상 주는 사람이 자주 주지만 어느 때는 주면서 갑자기 주는 것을 싫어하고, 주는 것이 미워하는 마음으로 나타나는 것이다. 그런 마음이 계속 일어나면 스스로 자신에게 말한다. 자기야 그럼 주지 마, 주고서 욕하면 안 되는 거잖아. 그러면 미운 마음이 사그라지면서 또 주고 싶어지는 것이다. 그래서 또 주고, 또 계속 주는 것이다. 주는 일을 반복하면? 자기의 마음은 미웠다가 괜찮다를 계속하면서 결국 주는 것을 반복하고, 스스로 주는 사람으로 만들어져서 어느 시기가 지나면 자연스럽게 주는 사람이 되어 주는 것 자체가 편한 일이 되는 것이지 않을까 생각했다.